"信毅教材大系"编委会

主　　任　王　乔

副 主 任　邓　辉　王秋石　刘子馨

秘 书 长　陈　曦

副秘书长　王联合

编　　委　许基南　匡小平　胡宇辰　李春根　章卫东
　　　　　　袁红林　陆长平　汪　洋　罗良清　毛小兵
　　　　　　邹勇文　蒋悟真　关爱浩　叶卫华　尹忠海
　　　　　　包礼祥　郑志强　陈始发　陆晓兵

联络秘书　宋朝阳　张步云

信毅教材大系

品牌管理

● 余可发　编著

Brand
Management

復旦大學出版社

内容提要

作者结合国内外品牌管理系统理论及品牌管理培训和咨询相关实践经验，对品牌本质进行了深入剖析，并对品牌创建、发展和升级措施进行了详细阐述。主要内容包括品牌概述、品牌战略、品牌定位、品牌设计、品牌推广、品牌资产、品牌文化、品牌升级、品牌国际化等。全书体系完整、结构清晰，高度关注企业品牌管理理论和实务操作，书中有不少原创性观点。本书既可以作为市场营销、工商管理等专业的在校本科生教材，也可用作企业管理等专业硕士研究生参考教材，还可作为企业品牌管理等相关操作人员的参考手册。

总　序

　　世界高等教育的起源可以追溯到1088年意大利建立的博洛尼亚大学，它运用社会化组织成批量培养社会所需要的人才，改变了知识、技能主要在师徒间、个体间传授的教育方式，满足了大家获取知识的需要，史称"博洛尼亚传统"。

　　19世纪初期，德国的教育家洪堡提出"教学与研究相统一"和"学术自由"的原则，并指出大学的主要职能是追求真理，学术研究在大学应当具有第一位的重要性，即"洪堡理念"，强调大学对学术研究人才的培养。

　　在洪堡理念广为传播和接受之际，英国的教育家纽曼发表了《大学的理想》的著名演说，旗帜鲜明地指出"从本质上讲，大学是教育的场所"，"我们不能借口履行大学的使命职责，而把它引向不属于它本身的目标"。强调培养人才是大学的唯一职能。纽曼关于"大学的理想"的演说让人们重新审视和思考大学为何而设、为谁而设的问题。

　　19世纪后期到20世纪初，美国威斯康星大学查尔斯·范海斯校长提出"大学必须为社会发展服务"的办学理念，更加关注大学与社会需求的结合，从而使大学走出了象牙塔。

　　2011年4月24日，胡锦涛总书记在清华大学百年校庆庆典上，指出高等教育是优秀文化传承的重要载体和思想文化创新的重要源泉，强调要充分发挥大学文化育人和文化传承创新的职能。

　　总而言之，随着社会的进步与变革，高等教育不断发展，大学的功能不断扩展，但始终都在围绕着人才培养这一大学的根本使命，致力于不断提高人才培养的质量和水平。

　　对大学而言，优秀人才的培养，离不开一些必要的物质条件保障，但更重要的是高效的执行体系。高效的执行体系应该体现在三个方面：一是科学合理的学科专业结构；二是能洞悉学科前沿的优秀的师资队伍；三是作为知识载体和传播媒介的优秀教材。教材是体现教学内容与教学方法的知识载体，是进行教学的基本工具，也是深化教育教学改革,提高人才培养质量的重要保证。

　　一本好的教材,要能反映该学科领域的学术水平和科研成就,能引导学生沿着正确的学术方向步入所向往的科学殿堂。因此,加强高校教材建设,对于提高教育质量、稳定教学秩序、实现高等教育人才培养目标起着重要的作用。正是基于这样的考虑,江西财经大学与复旦大学出版社达成共识,准备通过编写出版一套高质量的教材系列,以期进一步锻炼学校教师队伍,提高教师素质和教学水平,最终将学校的学科、师资等优势转化为人才培养优势,提升人才培养质量。为凸显江财特色,我们取校训"信敏廉毅"中一前一尾两个字,将这个系列的教材命名为"信毅教材大系"。

　　"信毅教材大系"将分期分批出版问世,江西财经大学教师将积极参与这一具有重大意义的学术事业,精益求精地不断提高写作质量,力争将"信毅教材大系"打造成业内有影响力的高端品牌。"信毅教材大系"的出版,得到了复旦大学出版社的大力支持,没有他们卓越视野和精心组织,就不可能有这套系列教材的问世。作为"信毅教材大系"的合作方和复旦大学出版社的一位多年的合作者,对他们的敬业精神和远见卓识,我感到由衷的钦佩。

王　乔

2012 年 9 月 19 日

前 言

当今社会品牌无处不在,品牌给人们的生活带来了更多的欢乐与方便。对顾客而言,在现实生活中,品牌代表着特定的品质和价值,有了品牌,顾客不仅能够实现最大效用地利用购物时间,使自己以最少的时间,购到高品质的产品,同时实现自我满足的最大化。对企业而言,品牌产生了溢价,构筑了竞争壁垒,带来了顾客忠诚等。对国家或地区而言,品牌成了其竞争力的主要构成要素之一。因此,塑造一个强势品牌已成为各类组织的最强烈愿望。

为了能有效地塑造一个强势品牌,国内外相关学者展开了诸多研究,从早期关注点(品牌本质、品牌资产、品牌延伸等问题)到今天关注面(品牌系统、品牌战略等问题),相关研究越来越多。品牌在不同阶段体现出不同的内涵,从最初的符号说,到现在的关系说、资源说等。正是因为品牌的内涵不断丰富,才使得我们需要不断对该问题加深研究。笔者从十多年来在校开设品牌管理类相关课程直观感受来看,明显感觉对品牌的塑造、管理、提升需要做一个系统的梳理。带着这么一种强烈的使命感,笔者在对前人品牌管理理论和实践进行研究、梳理的基础上,结合讲课的内容及时代变迁的要求,整理出了一套品牌塑造与管理的整体构架体系。全书共14章,主要内容包括品牌概述、品牌战略、品牌定位、品牌设计、品牌推广、品牌资产、品牌文化、品牌升级、品牌国际化等,其中每一章也相对独立地构成一个专题。书本中有不少创新之处,这里挑几点进行简要说明:

1. 对品牌内涵及发展路径进行了重新解析。目前,大多数关于品牌管理的教材对品牌本质的界定借鉴了菲利普·科特勒(Philip Kotler)的观点,将品牌内涵界定为一个复杂的系统,主要包括六层意思:属性、利益、价值、文化、个性、使用者。笔者在此基础上,进行了适当修订,认为品牌内涵主要主要包括以下六部分:属性、利益、用户、形象、个性、文化,认为品牌本质上是属于消费者的概念。而且这六个要素之间存在一定的发展逻辑关系,从而将品牌区分为初级品牌、中级品牌和高级品牌。

2. 对品牌战略部分进行了详细阐述。以往大多数关于品牌战略的描述都有点语焉不详,本书试以创建新品牌为例,来展现完整的品牌战略规划过程中所涉及的主要内容,增强了对品牌战略规划的可操作性。

3. 强化了品牌保护理念和方法的研究。品牌从本质上来说,是非常脆弱的,无论是来自企业内部的管理失误,还是外部竞争对手或假冒产品的出现,对品牌的生存和发展都会造成极大的负面影响,甚至带来灭顶之灾。

4. 对品牌升级进行了详细阐述。随着我国改革开放的深入,企业经营环境也发生了较大的变化,主要表现为客户消费观念和偏好的巨大改变、竞争的加剧、革命性新技术的出现、品牌忠诚度的大幅度下降、品牌老化、战略转型、进入全新市场、业务多元化等。品牌升级是品牌适应上述重大环境变化,并在变化中寻求保持或提升品牌资产的一种必然选择。基于此,本书对品牌升级进行了详细阐述。

5. 对品牌资产运用的主要方式进行重点阐述。随着品牌塑造的成功,品牌作为企业一种最宝贵的资产,大多数企业都希望能最大限度的利用好,在以往的教材中主要体现为品牌延伸。但实际上,今天对品牌资产的运用可以体现在多个方面,例如进行品牌联盟、品牌授权、品牌特许,甚至包括利用品牌作为投入要素进行投资,以实现控股、参股等。

本书在编写过程中除了这些较为前沿和新颖的内容之外,还极为关注知识体系的完整性,尽量参考和吸收国内外先进的品牌管理理论和方法,希望能向读者展示关于品牌管理知识和技能相对完整的体系。本书适合作为高等院校相关专业开设品牌塑造和管理课程的教材,对掌控企业品牌塑造和管理的相关人员来讲,也是一本不错的指导手册。

本书由余可发主持编著,在编写过程了得到了江西财经大学周玫教授、许基南教授、占小军博士、赵星博士、谌飞龙博士、钟岭博士等多位教师的大力支持,在此表示衷心的感谢。本书内容也参考了国内外有关论著、教材、和网络资料,在此向这些作者表示诚挚的谢意。同时,还要感谢复旦大学出版社的领导和编辑。但限于时间和水平,疏漏之处在所难免,甚至存在许多错误和不足,欢迎各位专家、学者及实务界的朋友批评指正,以助于我们以后修订改正。

余可发
2017 年 1 月于江西财经大学蛟桥园

目 录

第一章 品牌概论 ……………………………………………… 1
第一节 品牌发展历史 ……………………………………… 2
一、西方品牌发展历史 …………………………………… 3
二、中国品牌发展历史 …………………………………… 5
第二节 品牌主要功能 ……………………………………… 8
一、品牌对顾客的作用 …………………………………… 8
二、品牌对企业的作用 …………………………………… 10
三、品牌对国家的作用 …………………………………… 12
第三节 品牌本质剖析 ……………………………………… 12
一、品牌概念界定 ………………………………………… 12
二、品牌认知演变 ………………………………………… 14
第四节 品牌特征及内涵 …………………………………… 15
一、品牌特征 ……………………………………………… 15
二、品牌内涵 ……………………………………………… 16
三、品牌等级 ……………………………………………… 17
本章小结 ……………………………………………………… 18
思考与练习题 ………………………………………………… 18

第二章 品牌管理 ……………………………………………… 22
第一节 品牌管理概述 ……………………………………… 23
第二节 品牌管理内容 ……………………………………… 27
第三节 品牌管理组织 ……………………………………… 30
一、传统品牌管理组织 …………………………………… 30
二、产品品牌经理制 ……………………………………… 31
三、品类品牌经理制 ……………………………………… 34
四、企业品牌经理制 ……………………………………… 35
第四节 品牌管理变革 ……………………………………… 37
一、品牌管理变革压力 …………………………………… 38

二、品牌管理变化趋势 …………………………………… 39
　本章小结 ………………………………………………………… 45
　思考与练习题 …………………………………………………… 46

第三章　品牌战略 ……………………………………………… 48
第一节　品牌战略概述 ………………………………………… 49
　　一、战略基本概念 ……………………………………… 49
　　二、品牌战略概念 ……………………………………… 51
　　三、品牌战略规划主要内容 …………………………… 51
第二节　品牌战略环境分析 …………………………………… 52
第三节　品牌愿景规划 ………………………………………… 54
　　一、品牌愿景内涵 ……………………………………… 54
　　二、品牌愿景的作用 …………………………………… 55
　　三、品牌愿景的制定 …………………………………… 56
第四节　品牌核心价值确定 …………………………………… 56
　　一、品牌核心价值概念 ………………………………… 56
　　二、品牌核心价值类型 ………………………………… 57
　　三、品牌核心价值提炼 ………………………………… 60
第五节　品牌模式确立 ………………………………………… 61
　　一、单一品牌模式 ……………………………………… 61
　　二、多品牌模式 ………………………………………… 64
　　三、主副品牌模式 ……………………………………… 66
　　四、联合品牌模式 ……………………………………… 68
　本章小结 ………………………………………………………… 70
　思考与练习题 …………………………………………………… 70

第四章　品牌定位 ……………………………………………… 74
第一节　品牌定位概述 ………………………………………… 75
　　一、定位理论由来 ……………………………………… 75
　　二、品牌定位心理基础 ………………………………… 76
　　三、品牌定位内涵 ……………………………………… 77
第二节　品牌定位功能 ………………………………………… 77
第三节　品牌定位原则 ………………………………………… 79
第四节　品牌定位流程 ………………………………………… 81

第五节　品牌定位策略 ……………………………… 83
　一、产品视角定位 ………………………………… 83
　二、竞争视角定位 ………………………………… 86
　三、消费者视角定位 ……………………………… 88
　四、其他视角定位 ………………………………… 89
第六节　品牌定位修正 ……………………………… 90
　一、品牌定位修正原因 …………………………… 90
　二、修订定位步骤 ………………………………… 91
本章小结 ……………………………………………… 92
思考与练习题 ………………………………………… 92

第五章　品牌设计 …………………………………… 95
第一节　品牌名称设计 ……………………………… 96
　一、品牌名称功能 ………………………………… 96
　二、品牌名称类型 ………………………………… 97
　三、品牌名称设计原则 …………………………… 99
　四、品牌名称设计策略 …………………………… 101
　五、品牌名称设计程序 …………………………… 103
第二节　品牌标志设计 ……………………………… 105
　一、品牌标志功能 ………………………………… 105
　二、品牌标志设计原则 …………………………… 106
　三、品牌标志设计风格演变 ……………………… 108
第三节　品牌其他要素设计 ………………………… 109
　一、品牌代表性人物设计 ………………………… 109
　二、品牌吉祥物设计 ……………………………… 111
　三、品牌主流色彩设计 …………………………… 114
本章小结 ……………………………………………… 117
思考与练习题 ………………………………………… 117

第六章　品牌传播 …………………………………… 119
第一节　品牌传播概述 ……………………………… 120
　一、品牌传播的概念 ……………………………… 120
　二、品牌传播的特点 ……………………………… 121
第二节　品牌广告传播 ……………………………… 122
　一、广告在品牌传播中的作用 …………………… 123

二、品牌广告形式 ·· 124
　　三、广告媒体的选择 ·· 126
第三节　品牌公关传播 ·· 127
　　一、公共关系的含义 ·· 128
　　二、品牌公关传播的价值 ·· 128
　　三、品牌公关传播的优势 ·· 129
　　四、常用的品牌公关手段 ·· 129
第四节　品牌事件营销传播 ·· 130
第五节　品牌整合营销传播 ·· 137
　　一、整合营销传播概述 ·· 137
　　二、整合营销传播的必要性 ····································· 138
　　三、品牌整合营销传播策略 ····································· 140
本章小结 ·· 141
思考与练习题 ·· 142

第七章　品牌形象··· 147
第一节　品牌形象概述 ·· 148
　　一、品牌形象的定义 ·· 148
　　二、品牌形象的特征 ·· 150
第二节　品牌形象的构成 ··· 153
　　一、品牌外在形象 ·· 154
　　二、品牌内在形象 ·· 155
第三节　品牌形象塑造 ·· 156
　　一、塑造原则 ·· 156
　　二、塑造过程 ·· 157
　　三、塑造策略 ·· 160
　　四、塑造需要注意的问题 ·· 162
本章小结 ·· 164
思考与练习题 ·· 165

第八章　品牌个性··· 169
第一节　品牌个性及相关概念 ······································· 170
　　一、品牌个性概念 ·· 170
　　二、品牌个性与品牌定位 ·· 172

三、品牌个性与品牌形象 …………………………… 173
第二节　品牌个性特征与价值 …………………………… 174
　　一、品牌个性特征 ………………………………… 174
　　二、品牌个性价值 ………………………………… 175
第三节　品牌个性测量 …………………………………… 177
　　一、品牌个性"大五"模型 ……………………… 177
　　二、中国文化背景下的品牌个性维度 …………… 178
第四节　品牌个性的塑造 ………………………………… 179
　　一、品牌个性的心理学基础 ……………………… 182
　　二、品牌个性的来源 ……………………………… 183
　　三、塑造鲜明的品牌个性 ………………………… 186
本章小结 …………………………………………………… 188
思考与练习题 ……………………………………………… 188

第九章　品牌文化 …………………………………… 190

第一节　品牌文化概述 …………………………………… 191
　　一、文化基本概念 ………………………………… 191
　　二、品牌文化概念 ………………………………… 192
　　三、品牌文化特性 ………………………………… 193
第二节　品牌文化价值 …………………………………… 195
第三节　品牌文化体系 …………………………………… 200
　　一、品牌物质文化 ………………………………… 201
　　二、品牌行为文化 ………………………………… 202
　　三、品牌精神文化 ………………………………… 203
第四节　品牌文化的培育 ………………………………… 204
　　一、品牌文化建设步骤 …………………………… 204
　　二、品牌文化建设误区 …………………………… 205
　　三、品牌文化构建应注意的问题 ………………… 206
本章小结 …………………………………………………… 206
思考与练习题 ……………………………………………… 207

第十章　品牌资产 …………………………………… 211

第一节　品牌资产的含义 ………………………………… 212
　　一、品牌资产的提出 ……………………………… 212

二、品牌资产的概念 ……………………………………………………… 212
　　三、品牌资产的特征 ……………………………………………………… 213
第二节　品牌资产的构成 …………………………………………………… 217
　　一、有形要素 ……………………………………………………………… 217
　　二、无形要素 ……………………………………………………………… 218
第三节　品牌资产的建立 …………………………………………………… 219
　　一、创建品牌知名度 ……………………………………………………… 219
　　二、创建品牌美誉度 ……………………………………………………… 221
　　三、创建品牌认知度 ……………………………………………………… 223
　　四、创建品牌联想度 ……………………………………………………… 224
　　五、创建品牌忠诚度 ……………………………………………………… 226
第四节　品牌资产评估 ……………………………………………………… 228
　　一、品牌资产评估的意义 ………………………………………………… 228
　　二、品牌资产评估模型 …………………………………………………… 230
第五节　品牌资产评估方法 ………………………………………………… 234
　　一、品牌资产评估方法发展阶段 ………………………………………… 235
　　二、财务视角的评估方法 ………………………………………………… 236
　　三、市场视角的评估方法 ………………………………………………… 238
本章小结 ……………………………………………………………………… 241
思考与练习题 ………………………………………………………………… 242

第十一章　品牌保护 …………………………………………………… 246

第一节　品牌保护概述 ……………………………………………………… 247
　　一、品牌保护的背景 ……………………………………………………… 247
　　二、品牌保护的定义 ……………………………………………………… 248
　　三、品牌保护的机制 ……………………………………………………… 248
第二节　品牌的法律保护 …………………………………………………… 249
　　一、商标及其相关概念 …………………………………………………… 250
　　二、商标的种类 …………………………………………………………… 252
　　三、品牌法律保护策略 …………………………………………………… 258
第三节　品牌的经营保护 …………………………………………………… 259
第四节　品牌的危机管理 …………………………………………………… 262
　　一、品牌危机的含义 ……………………………………………………… 262
　　二、品牌危机的成因 ……………………………………………………… 263

三、品牌危机处理原则 ············· 265
　　四、品牌危机处理流程 ············· 267
本章小结 ························· 269
思考与练习题 ······················· 270

第十二章　品牌升级 ················· 274
第一节　品牌升级概述 ················ 276
　　一、品牌升级的定义 ··············· 276
　　二、品牌升级的驱动因素 ············· 276
第二节　品牌升级的步骤与风险 ············ 280
　　一、品牌升级的步骤 ··············· 280
　　二、品牌升级的困难 ··············· 283
第三节　品牌升级的策略 ··············· 284
　　一、品牌定位升级 ················ 284
　　二、品牌产品升级 ················ 285
　　三、品牌形象升级 ················ 286
　　四、品牌营销升级 ················ 289
　　五、品牌管理升级 ················ 290
第四节　品牌升级的契机 ··············· 291
本章小结 ························· 292
思考与练习题 ······················· 293

第十三章　品牌扩张 ················· 296
第一节　品牌扩张概述 ················ 297
　　一、品牌扩张的概念 ··············· 297
　　二、品牌扩张的动因 ··············· 298
第二节　品牌延伸 ·················· 299
　　一、品牌延伸的定义 ··············· 300
　　二、品牌延伸的优势 ··············· 302
　　三、品牌延伸的风险 ··············· 304
　　四、品牌延伸的影响因素 ············· 305
　　五、品牌延伸的策略 ··············· 307
第三节　品牌联盟 ·················· 309
　　一、品牌联盟的基本概念 ············· 309

二、品牌联盟的基本特征 …………………………………… 310
　　三、品牌联盟的主要优势 …………………………………… 310
第四节　品牌授权 ……………………………………………… 313
　　一、品牌授权的基本概念 …………………………………… 313
　　二、被授权企业的选择标准 ………………………………… 313
　　三、品牌授权的风险 ………………………………………… 314
本章小结 …………………………………………………………… 316
思考与练习题 ……………………………………………………… 317

第十四章　品牌国际化 …………………………………………… 320
第一节　品牌国际化概述 ……………………………………… 321
　　一、品牌国际化的含义 ……………………………………… 321
　　二、品牌国际化的意义 ……………………………………… 322
第二节　品牌国际化的方式 …………………………………… 323
　　一、贸易进入方式 …………………………………………… 323
　　二、契约进入方式 …………………………………………… 324
　　三、投资进入方式 …………………………………………… 325
第三节　品牌国际化要克服的困难及本土化方式 …………… 326
　　一、品牌国际化要克服的困难 ……………………………… 326
　　二、国际化品牌的本土化方式 ……………………………… 329
第四节　中国品牌国际化 ……………………………………… 330
　　一、中国品牌国际化现状 …………………………………… 330
　　二、中国品牌国际化发展路径 ……………………………… 332
第五节　品牌国际化相关法律与协定介绍 …………………… 333
本章小结 …………………………………………………………… 336
思考与练习题 ……………………………………………………… 336

主要参考文献 ……………………………………………………… 339

第一章　品牌概论

学习目的：

1. 了解品牌给消费者提供的利益
2. 了解品牌给企业提供的利益
3. 了解中西方品牌发展历史
4. 掌握品牌的内涵及本质
5. 掌握不同等级的品牌含义
6. 了解品牌的不同类型

开篇案例

品牌化生存：赢得客户要先打造个人品牌

我们都面临着同样的困境：不管你是注册会计师、美术设计师、电脑咨询师还是房地产经纪人，当你自己创业时，对未来的前景并没有什么洞察力。你知道自己擅长什么，而且想当然地认为别人——你的潜在客户——自然会看到你的价值。所以你找到一间办公室，印制名片，接下来可能拿出一本广告黄页，然后就坐在那儿等待生意上门。等啊，等啊……但事情当然不可能这么简单。如果你觉得别人会和你一样欣赏你的工作，尽管你的心情可以理解，然而得出这种错误的结论却是危险的。你得说服你的潜在客户，告诉他们为什么要选择你而不是别人。那么从现在开始，就遵循个人品牌打造法则吧：不论自己有多么出色，都要假定这个世界对你的生意毫无兴趣。你要做的就是抓住你的客户，使他们对你的生意感兴趣。

1. 个人品牌的影响力何在

个人品牌能影响你的目标市场对你的看法。如果下功夫找出你的目标市场看重的特性，你就能反过来营造一种氛围，使别人在和你谈生意时感觉舒服、自信。想要成功地做到这一点，你的个人品牌要唤起目标市场对你的三种基本认识：

（1）与众不同。使自己脱颖而出——能够使别人觉得你见解独到、有创造性——是个人品牌打造最重要的一个方面。如果你不能让别人觉得你与众不同，他们就会认为你是"墙上芦苇，头重脚轻根底浅"，这样你就很难抓住"市场份额"。

（2）出类拔萃。你的品牌要使别人相信，在你的领域中，你在某方面做得最好——速度更快、服务更好、技术更先进等等。如果你能被看作自己领域中的领头

品牌管理

羊,那么这对赢得那些与你没有私交的人的信任是非常重要的。

(3)值得信赖。伟大的个人品牌是不兜圈子的。你的品牌必须建立在准确的信息之上——你是谁,擅长哪一方面,喜欢工作的哪个部分——并把这些信息传达给你的目标市场。今天,聪明的消费者能够看清那些肤浅的骗局,就好比猎狗能够很容易地嗅到狐狸的气味。

2. 个人品牌的实质:一项承诺

你的个人品牌告诉潜在客户,当他们与你交易时,能期望得到什么,这也是为什么个人品牌如此强大的原因。它是服务供应商和客户之间的默认契约,是一项承诺,使客户相信"如果我买这个,就会得到那个"。从汽车到电脑所有的这些消费品中,你总能看到个人品牌的影子。人们购买某种商品,因为这一品牌在他们心中引起某种共鸣,他们的选择很少是理性的。但是品牌带来期望,如果这些期望得到满足,人们会再次购买这种品牌的商品。这就是"品牌忠诚"。如果这种品牌没能满足购买者的期望,那么他们就会转而购买别的商品。

个人品牌也是如此。它一刻不停地向别人传达你的信息——你的性格、能力和表现,在他们心目中产生一种期望,使他们期待与你合作会得到什么。如果你的品牌传达了正确的信息,告诉你的潜在合作者,与你合作他们肯定会得到他们所期望的,他们就会争着上门,打爆你的电话。

关于个人品牌承诺的巨大作用,查尔斯·施瓦布的成功会给你启示。可能你永远也不会直接与他合作,但他的个人品牌却给我们这样一个承诺:当我们通过他的公司进行投资时,我们会享受富人一般的待遇。沃尔特·迪士尼的个人品牌使我们更加肯定,在参观迪士尼公园、观赏迪士尼电影以及购买迪士尼产品时我们会得到什么样的享受。

(资料来源:http://www.worldbrandlab.com/magazine/2009/news_09_03.htm)

21世纪是品牌大行其道的时代,人们强烈地感受到了品牌在人们生活中的重要作用,品牌无处不在,品牌给人们的生活带来了更多的欢乐与方便。品牌管理学就是在这种背景下逐渐成长和发展起来的一门学科,它综合运用心理学、营销学、管理学、传播学、公共关系学、经济学等学科的理论和方法,形成了现代品牌管理理论。

第一节　品牌发展历史

犹如人类的进化史一般,品牌同样也有着它自己演化渐变的历史,从古代最初雕刻在陶罐上的标识到现代社会中让人眼花缭乱的各类世界名牌,品牌已经以各种各样的形式存在了几个世纪。

一、西方品牌发展历史

1. 原始品牌阶段(1860年以前)

"品牌"(Brand)一词可能起源于中世纪(公元476—1492)。根据词源学,英文中Brand一词来源于古挪威文字Brandr,其中文意思是"烙印",主要指西方游牧部落在马背上打上烙印,用以区分他自己和他人的财产。可见最初品牌的含义是区分产品。

品牌最初的原型是一些手工匠人在其制作的产品上做的一些简单的记号。由于当时的大多数人不识字,这些简单的记号就成了顾客区分产品的主要依据,以便顾客能轻易地认出他们的产品。品牌的历史,最早可以追溯到古代的陶器和石器匠人的标识——被标在手工制品上,用来说明其来源。在古希腊、古罗马出土的陶罐上,以及在公元前1300年印度的商品上,都发现了这种标识。在中世纪,除了陶艺匠人的标识之外,又增加了印刷匠人的标识、纸上的水印、面包上的标识,以及各种各样手工协会的标识。这些标识大多是用来吸引买主,使之忠实于个别匠人的产品。但同时,它也可用来防止侵害行业垄断的人,并找出低劣产品的制造者。1597年,英国就有两名被认定在金器上作假标识的金匠被送上了绞刑架。

2. 品牌繁荣发展阶段(1860—1950年)

现代品牌繁荣发展起源于美国,当欧洲人开始在北美定居之时,他们也带来了品牌化的传统万能药Swaim、杀虫剂Fahnestock、植物止痛剂Perry Davis等药品,因此,品牌开始变得家喻户晓了,在这期间也出现了一些世界知名品牌。在这期间,品牌塑造的主体范畴发生了很大的变化,品牌管理的基本框架基本得到了确立。

(1)制造商品牌阶段(1860—1930年)。制造商的全国品牌(National Brand),就是制造商用以在全国市场销售的产品品牌。从19世纪60年代到20世纪初,美国出现了制造商的全国品牌,这是现代品牌史的开端,也是美国制造业市场营销产生的阶段。两次科技革命使得现代制造业不仅进入了大规模的生产阶段,也进入了大规模的市场营销活动,而其中一个主要活动就是在全国市场实现品牌化。

交通和通信的改善、生产技术的进步、产品包装的变化等因素,都在一定程度上推动了美国制造商全国品牌的产生。公司的所有者和高级管理层也在很大程度上主宰了品牌的开发和管理。20世纪前30年,是制造商全国品牌繁荣发展的时期,这期间出现了一大批著名的制造商品牌,譬如可口可乐、宝洁、通用汽车、福特汽车、国际商用机器、通用电气、美国电报电话等。美国消费者对制造商的全国品牌也从了解、识别发展到偏爱和追崇。

相关链接

19世纪末20世纪初产生的世界级品牌

1886年,"可口可乐"横空出世;

1895年,"吉列"剃须刀出现;

> 1896年,路易·威登问世;
> 1898年,"柯达"相机出现;
> 1905年,美国普罗克特·甘布尔公司改为宝洁股份有限公司;
> 1907年,劳斯莱斯公司推出银色幽灵车;
> 1908年,劳力士手表诞生;
> 1908年,亨利·福特推出福特T型汽车;
> 1913年,法国"雪铁龙"品牌出现;
> 1917年,享誉全球的"波音"品牌悄然诞生。

(2) 零售商品牌阶段(1930年至今)。自1929年开始,美国陷入了经济大萧条的危机之中。在大萧条时期,产品的过剩和积压使得整个市场从卖方市场转向买方市场,零售商的地位开始提高,它们在营销渠道中拥有更多的决策权。零售商的自有品牌是20世纪30年代以来美国乃至欧洲品牌化的一个持续的发展趋势。尽管大萧条时期结束和二战后经济进入复苏和高涨,但零售商的自有品牌始终在发展。二战后的近60年来美国等发达国家的市场始终是买方市场,卖方之间的竞争愈演愈烈,竞争的焦点从制造商向中间商尤其是零售商转移。零售商越来越成为竞争舞台的主角,因此出现零售商建立自有品牌和利用自有品牌增强竞争力的行为是必然的。

3. 现代品牌管理阶段(1950年至今)

进入20世纪50年代,美国公司的品牌化又出现了一些新的趋势。一些名牌公司并不倾向于引入新品牌,而是坚持采用单一品牌策略,于是品牌延伸成为其中一个重要趋势。譬如,迪士尼公司将其卡通人物延伸至游乐场、儿童服装、食品商店等领域;而吉列则进入女性市场,将其专用于男士的剃须刀延伸到了女用剃毛刀市场。

20世纪80年代以来,品牌化的一个新的重要趋势是品牌收购。随着品牌管理的加强和系统化,许多公司开始拥有极具价值的成功品牌。成功的品牌尽管是无形资产,但也是资本市场上可以交易的优质资产,因而引起那些进行品牌投资的公司的注意。这些公司想通过品牌投资达到市场扩张的目的,这也是20世纪80年代以来美国及整个国际市场兴起的公司收购浪潮的一个重要因素。

20世纪90年代以来,品牌权益(资产、价值)理论研究成为实务界与学术界新的、重大的热点领域。Brand Asset(品牌资产)、Brand Equity(品牌权益)和Brand Value(品牌价值)等几个与品牌资产有关的概念,频频出现在人们的生活中。总体来说,它们之间的关系为:品牌资产是从资产分类的财务会计角度对品牌的静态描述,属于结果性概念;品牌权益描述的是品牌资产形成的动态过程以及各个影响因素之间的相互作用,属于过程性和关系性概念;而品牌价值是从哲学和经济学本源上描述品牌资产能够存在的根本原因,为品牌资产和品牌权益的研究奠定理论基础,属于原因性概念。

进入21世纪之后,随着对营销的认识逐渐由职能论、交易营销向过程论、关系营销的转变和对品牌权益(资产、价值)形成机理的深层反思,以及受新兴战略管理理论(如利益相关者、组织生态系统等)的交叉渗透,学术界开始出现了以"品牌关系"为研究中心的热潮。随着社会的进步和营销学的发展,品牌的历史演化还将继续,新的品牌化方式和新的品牌管理手段还将不断涌现。

二、中国品牌发展历史

1. 古代中国品牌发展概况

如同最初的商品来源于劳动产品一样,在远古时期的一些产品上,我们的祖先也曾有过区别器物的标志符号,如有一些产品的铭文、年号等。这些符号只起到表明制造人或所有人纪念的作用,而不是商业性的标志。在我国"三皇"时期,人们就已经在使用的陶器上绘图作画,使用各种标志符号,如在底部用竖、横、斜、漩涡、二角涡纹、三角纹、条纹和圆点纹以及一些不规则的图形组成二三十种符号,有的在陶器的底部还印着精致的席纹、麻布纹或同心圆线条的割断痕迹。历史证明,它们能够作为区别器物所有人、制造人的标志解释。可见,远古时期就有了区别器物的标志,算是品牌历史的源头。

在战国时期出土的楚国铜器,铭文里就已经发现有"工""顾客""冶师"等几种称呼,这时已经出现了某种名称去标志"谁的物品"或"谁生产的物品"的客观事实。这些标志还不具备现代商品的含义,但是它们确实是商品上区别生产者的标志。这时的商品标志,仅仅具有区别生产者的单一属性,还没有宣传产品和提供质量保证的功能,所以仍然不能够算是品牌。

图 1-1　我国远古时期陶器上的标志符号

汉朝时期的经济文化已经屹立于世界的前列,首都长安已经成为世界贸易中心,北有丝绸之路,南有通商之城。这个时期的商品上就有各种饰纹、图画、鸟兽或几何图案,以及"延年益寿""长乐光明"等祝福吉祥的文字或画图。在南北朝后期的北周(公元557—581年)文物中,就有以陶器工匠"郭彦"署名的"土定"(粗质陶器)。

唐朝时期(公元8世纪),民间生产的纸张已普遍使用水印暗纹标记。由于商品交换的进一步发展,商品上的标志也渐渐倾向于复杂。随着生产力的发展和商品经济的扩大,很多不同的手工业者、店铺或作坊制造同样的商品,同一行业的商品品种也逐渐增多。例如在同一地区,手工业者或作坊生产布料,式样各异、花纹不同,质量也不一样。此时生产商或商贩为了使自己所生产、加工、制造或经营的商品尽快地卖出去,就要进行宣传、推广,这样消费者也就逐渐养成了认牌购货的习惯。这时,商业性标志的作用就越来越显著,使用标志的范围也就越来越广泛,产品上的标志也就越来越完备。有的采用图案,有的采用文字,或者有文字又有图案。这些都是商标的雏形。

北宋时期(公元960—1279年),山东济南有一个专造功夫缝纫针的刘家针铺,所用的"白兔"品牌基本上具备了现代品牌的全部外貌。刘家针铺所用的"白兔"标志,其中的图是一只白兔,旁边刻有"认门前白兔儿为记",上端刻有"济南刘家功夫针铺"。图下的文字是"收买上等钢条,造功夫细针,不误宅院使用"。这个商标的印刷铜版,现陈列在中国历史博物馆,是世界商标史上极为珍贵的文物。

图1-2　北宋济南刘家针铺"白兔"商标

元朝时期我国商品经济没有得到迅速的发展,因此品牌发展也极为缓慢。清代的"六必居""泥人张""内联升"等字号,在使汉唐以后商业性的标记得以延续之外,品牌内涵没有实质性的发展,只不过是品牌的数量增多而已。这种标记主要起到类似今天厂商名称的作用,旨在向顾客提供信用保证,一旦发现问题,负责调换或者赔偿。"头顶马聚源,脚踏内联升,身穿瑞蚨祥"这句在旧社会流行于北京城的顺口溜就反映了当时的消费时尚。

清朝封建朝廷对品牌没有什么法令,日常的品牌管理一般是由商人行会办理的。如当时的上海布商差不多各家都有几个牌子(商标),由行会管理,牌号的登记不能相同。这些都是行业性的品牌制度。这种管理其目的在于保护行会商人的利益,防止品牌仿冒伪造,客观上也起到了维护消费者利益的作用,因为行会商人为了维护品牌会更关心商品质量。这种品牌制度不是由政府推行的,而是由商人行会来管理的,在行会、地区等方面都存在其局限性,如品牌发生纠纷后,还需要去官府打官司,由官府来决断。一些著名的手工业产品品牌,如王麻子剪刀、张小泉剪刀、曹正兴菜刀等先后出现,但是由于中国市场经济不发达,这些品牌建立在家庭式企业和手工业生产的基础上,因此,品牌只是处于萌芽和初步形成状态之中且很不完善。

2. 中国近代品牌发展概况

鸦片战争结束以后,殖民主义、帝国主义的枪炮打开了中国的市场,西方的商品和品牌纷纷涌入中国,洋货充斥着中国市场,除了一些老字号中药铺的品牌在苦苦挣扎外,国人开始接受西方的品牌。第一次世界大战期间,帝国主义忙于战事,无暇顾及中国,中国的民族工业出现了短暂的繁荣局面。但战事结束后,洋货再次卷土重来,先是美、英产品大肆倾销,后来日本货渐渐地占了上风。以法国白兰地"轩尼诗"为代表的酒类品牌在1872年就在上海登陆,并受到国人的认可。1928年,作为当今世界第一品牌,可口可乐开始将饮料销往上海和天津,并在上海等地建立了装瓶厂,到了1948年,上海的可口可乐装瓶厂成为美国境外最大规模的生产厂家。在中国倾销的大批洋货使弱小的民族工业受到极大的冲击,国内市场上洋货日销,国货日衰。

3. 新中国成立之后改革开放之前品牌的发展概况

1949年,中华人民共和国成立,废除了帝国主义在中国的商标特权和国民党政府的商标法令。1950年,中华人民共和国中央人民政府政务院批准公布了《商标注册暂行条例》,政务院财政经济委员会公布了《商标注册暂行条例》及实行细则,这是中华人民共和国第一个商标法规。实行商标全国统一注册制度,商标由当时的贸易部商标局统一注册。与此同时,还公布了《各地方人民政府商标注册更换方法》和《商标管理条例》。这样就形成了新中国新的品牌制度。这个品牌制度是为保护本国工业、促进生产服务的。

4. 改革开放之后品牌的发展概况

改革开放以后,随着国门的打开,我国经济得到了迅猛的发展,市场经济体制逐步得到完善。国内外商品在中国市场上演了激烈的品牌大战,从而推动和促进了我国品牌的发展。跨国品牌凭借其在媒体上投放的大量广告,树立起良好的品牌形象,进而取胜市场。可以说,中国企业和消费者品牌意识是这个年代在短缺经济时代伴随着日本家电的消费而建立起来的。特别是20世纪80年代初,以索尼、松下、日立等品牌为代表的日本家用电器捷足先登,进入中国的消费市场,各种世界名牌随之纷纷抢滩中国,国际上的著名品牌几乎均可以在中国找到踪迹。与之同时,由于境外品牌与合资品牌对中国的民族品牌的兼并与蚕食,导致大批民族品牌在竞争中纷纷败阵,中国企业开始真正意识到,品牌是企业最宝贵财富之一。

1987年9月,国务院决定成立国家工商行政管理局,下设商标局。随后对全国商标进行了全面清理,恢复了商标统一注册,重新着手制定新的商标法。1982年8月23日,第五届全国人民代表大会常务委员会第24次会议通过了《中华人民共和国商标法》,自1983年3月1日起施行。1983年3月10日,国务院发布了《商标法实施细则》,沿用了1963年的《商品分类法》。1983年2月23日,国家工商行政管理局还发布了《商标印制管理规定》,在此之前,1979年7月1日,第五届全国人民代表大会第二次会议通过了《中华人民共和国刑法》,其中规定了假冒商标罪,同时在通过的《中外合资经营企业法》中规定了包括商标在内的工业产权可以作为投资入股。我国的《商标法》是随着"社会主义商品经济"理论的提出而产生的。《商标法》的制定实施,标志着我国新的品牌制度和知识产权保护制度的正式诞生。这时,我国的品牌意识才有了较大的提高。但在此阶段,中国企业对品牌的认识普遍停留在商标层面,认为品牌只是一种"识别商品的标记"。

5. 进入 21 世纪之后品牌的发展概况

惨痛的教训让中国企业深切体会到品牌绝非只是商标,品牌知名度决定市场的占有率,只有创"名牌"才是出路。从 2000 年开始,在经济学家中间有一种观点:和平时期国与国之间的竞争,主要表现为企业与企业之间的竞争,而企业之间的竞争实质上就是品牌与品牌之间的较量。这样的观点也激发了中国企业家的自豪感和民族责任感。一方面,他们开始认识到,有没有中国自己的品牌,能不能在国际立足,已经不是一个企业的问题,而是关系到一个民族责任的问题;另一方面,我国政府和企业也开始关注品牌的发展、品牌的塑造。我国政府对创立有自己特色的品牌给予了极大的支持,提出了发展品牌、创立品牌的战略,形成了良好的品牌发展的外部环境。

加入 WTO 之后,随着更多国外品牌的进入和扩张,中外品牌开始了新一轮的激烈竞争,市场份额面临着重新分配。"中国是世界上品牌快速成长的最后一块处女地。"中国著名营销专家李广斗如此预言。在历史的不同时期,每一个国家的崛起都与一批著名品牌的成长密切相联。我们到世界各地都会发现,无论到哪儿都能买到"中国制造"的产品,"中国制造"的品牌变得日益响亮起来,中国正成为高附加值的复杂技术产品的可靠制造中心。洋品牌在中国激烈的市场竞争中,有的已被挤压到市场低端,其品牌的"含金量"也正在贬值;而"美加净""中华"等我国的老品牌得以恢复。中国涌现出了一批像海尔、联想、中国银行等入围世界 500 强的知名品牌,虽然其品牌价值与世界知名品牌还有差距,但这种差距在逐年缩小。

第二节　品牌主要功能

一、品牌对顾客的作用

案例赏析

销售经理×××的购物行为

销售经理×××整日忙着工作,一周至少工作 50 个小时。这是因为他的工作性质使他无法像大多数人那样一天工作 8 小时,每周工作 5 天。他要在客户方便的时候与客户会面、洽谈生意、谈判签约等。因此,节假日加班成了家常便饭。由于工作忙,他无暇逛街,悠然自得地购物。

他把他所喜欢的服装品牌、颜色和尺码告诉女朋友,并说不用考虑价格,只要是他喜欢的品牌,价格高点儿也无关紧要。女朋友笑称他是"被宰的羔羊",而他却说,

> 购买品牌实在是物有所值,可以节省时间成本、心理成本和体力成本。品牌服装对他来说意味着与客户的第一层沟通,只有穿上名牌服装才使他在与客户的接触中体会到自信和尊重——顾客对他的尊重,还有他对顾客的尊重,这些元素都从名牌西装的穿着中表露无遗。品牌服装给他带来了快乐和自信,也使他更加体会到工作的乐趣及成功的喜悦,那种欲达到自我实现的境界的动力,促使他将工作场所当成是实现人生价值的舞台。
>
> (资料来源:丁桂兰.品牌管理.武汉:华中科技大学出版社,2008)

1. 简化消费者购买程序

在现实生活中,品牌代表着特定的品质和价值。有了品牌,顾客不仅能够实现最大效用地利用购物时间,使自己以最少的时间,购到高品质的产品,而且实现自我满足的最大化。如果没有品牌,消费者即使购买一瓶饮料也相当麻烦。阅读各种饮料的标签和说明,不仅浪费了时间,而且选择到的商品可能远远低于我们的期望值,不能够满足我们的需求,甚至可能会使我们感到后悔不已。品牌可以帮助消费者处理产品的有关信息,降低购物风险,使购物决策更容易。

2. 有利于消费者权益的保护

1993年第八届全国人民代表大会常务委员第四次会议通过的《中华人民共和国消费者权益保护法》规定:"保护消费者的合法权益是全社会的共同责任","消费者因购买、使用商品或者接受服务受到人身、财产损害的,享有依法获得赔偿的权利","经营者应当标明其真实名称和标记"。通过品牌消费者能有效识别产品的来源或产品制造厂家,能明确责任主体,从而当发生消费侵权事故时,能有效地维护自己的权益。

3. 有助于消费者避免购买风险,降低消费者购买成本

行为学家研究表明,消费者在购买行为中存在五种可感知的风险:(1)金钱风险,买这个东西可能会浪费钱;(2)功能风险,买这个东西并不像期待中的那么好;(3)生理风险,我可能会受伤;(4)社会风险,买这个东西朋友会怎么看;(5)心理风险,买这个东西可能会感到内疚或是不负责任。卡菲勒认为:消费者的不安全感是品牌产品存在的基础。大多数对购物存有戒心的消费者最大的问题是产品本身的模糊性:只有在把产品买到手并使用后才能对产品的质量有所把握和了解。然而,许多消费者并不愿意这么做。这就要求产品的外观和外在因素能体现产品的内在特质。品牌是一种外在标志,把产品中无形的,仅靠视觉、听觉、嗅觉和经验无法感觉到的品质公之于众,给消费者安全感。

4. 有助于让消费者找到一种自豪感、认同感和归属感

消费者购买品牌不仅仅是钟情于品牌本身所具有的功能性利益,更在意品牌外的某些社会象征意义。不同的品牌往往蕴含着特定的社会意义,代表着不同的文化、品位和风格,能够让消费者自身感到极大的满足,让消费者不由得产生一种认同感。与此同时,当品牌作为一种标志被纳入整个社会文化之中去,在此文化背景下,会让人产生一种自豪感。例如皮尔·卡丹西装就代表着品质与优雅,开着宝马可以享受的不单单是驾驶的乐趣,劳斯莱斯轿车是尊贵与典雅的化身等。品牌的社会象征意义,可以显示出

消费者与众不同的个性特征,加强和突出个人的自我形象,从而帮助消费者有效地表达自我,让自己产生一种对品牌的归属感。

二、品牌对企业的作用

成功的品牌总是能牢牢地把握住消费者,引导他们逐渐建立对品牌的忠诚,从而节省营销成本,还可以利用顾客良好的口碑效应,不断增加企业的忠诚顾客,提升企业品牌价值。品牌对企业的价值归纳而言,可以总结为以下几点:

1. 便于产品/服务识别

品牌的基本功能是识别品牌主的产品或服务,并将它与竞争对手区分开来。品牌的识别功能来自品牌形式的独特性:可口可乐的"瓶子形象"设计、麦当劳的"金色拱门"标志、宝马汽车"蓝白相间的圆形小窗"、苹果电脑的光谱颜色和"被啃掉一块的苹果"等都具有很强的识别功能。现在,在世界各地,人们在大街上看到3层楼高的可口可乐大瓶子,在海滩上看到可口可乐漂流瓶,在展览馆看到可口可乐瓶型大展台,不仅能立即识别可口可乐,而且会由衷地为可口可乐品牌形式独特的创意而赞叹。

2. 可以获得较高溢价

品牌体现的质量实质上是种消费者的感性认识,是消费者对某一品牌产品或服务的全面质量或特征的感性认识。品牌体现的质量来源于有关某品牌产品的特征、性能的信息对消费者的长期影响。如果消费者经常谈到有关某品牌产品质量或售后服务等有问题的报道,那么他们就会认为该品牌质量较差。相反,如果他们认为某品牌产品质量上乘,那么较高的价格也是容易接受的。而这种较高的价格实际上就是溢价,即高于产品内在价值的价格。

案例赏析

三瓶矿泉水的价位之比

"三瓶矿泉水:一瓶普通的娃哈哈矿泉水,一瓶来自阿尔卑斯的依云矿泉水,一瓶来自喜马拉雅山的世界上最纯净的矿泉水,它们分别卖多少钱?"中欧国际工商学院副院长张维炯在由《北大商业评论》主办的"2005年中国高端品牌管理峰会"上问现场的几百位听众。谜底很快揭晓:娃哈哈矿泉水1.10元,依云矿泉水6.50元,喜马拉雅矿泉水2.50元。张维炯对此解释说:"其实这三瓶水的水质区别微乎其微,之所以出现这样的价格差异,主要在于每个品牌的价位各不相同,不同的品牌能够收取的品牌溢价各不相同。"在他看来,一件物品的价格由四部分构成:产品研发费用、生产制造费用、销售渠道费用和品牌溢价。目前来看,产品研发费用和品牌溢价占价格的比例正在上升,而生产制造的费用却在下降,销售渠道费用相对不变。随着竞争的加剧,品牌溢价效应将更趋明显。

(资料来源:第一财经日报,2006-06)

3. 便于拓展新业务

一个新产品进入市场,风险是相当大的,而且投入成本也相当高,但是企业可运用品牌延伸将新产品引入市场,借助已成功或成名的名牌,扩大企业的产品组合或延伸产品线,采用现有的强势品牌,利用其知名度和美誉度,推出新产品。采用品牌延伸,可节省新产品广告费。而在正常情况下使消费者熟悉一个新品牌名称花费是相当大的,据国际研究认为,现在创造一个名牌,一年至少需要 2 亿美元的广告投入,而且成功率不足 10%。而利用原有的品牌在社会上的认可度,可以大大降低新产品投入市场的风险。

案例赏析

Hello Kitty 的品牌延伸

在当代的卡通形象中,我们耳熟能详的就有 Kitty 猫、史努比、流氓兔、灌篮高手、维尼熊、机器猫、樱桃小丸子、蜡笔小新、名侦探柯南、圣斗士、变形金刚等。在这些卡通形象中,迄今为止可以说 Kitty 猫是做得比较成功和最有代表性的。

简单地说,Hello Kitty 就是一只白色的卡通猫,有一个硕大的脑袋和一双睁得大大的眼睛,憨厚可爱,充满童趣。然而如此简单的造型设计却已经渗透到了很多不简单的产品领域。例如,有 Hello Kitty 形象或标志的玩具、文具、手机、音响、手表、手提包、电视机等。针对年纪更大的成年人,Hello Kitty 也和 Daihatsu 合作,把那张可爱的猫脸印到了小汽车上,还把它印到了钻石手表、咖啡机上。根据 Marie Moss 写的 Hello Kitty Hello Everything,在 Hello Kitty 的主题公园里,你可以举办一场 Hello Kitty 式的婚礼,用特制的陶瓷和银质汤勺、水晶葡萄酒杯、台卡和 Hello Kitty 做新郎新娘的玩偶。这听上去就非常有趣。

Hello Kitty 所涉及的领域已经超越了我们对普通产品线延伸的认识,任何 Hello Kitty 的目标消费者会使用的产品,都有可能成为 Hello Kitty 涉足的对象。当然,这一切都需要以强大的品牌力量作为后盾。

(资料来源:http://www.dianliang.com/brand/anli/yanjiu/)

4. 可以构筑竞争壁垒

但凡是某一种新产品在市场上取得成功,模仿的竞争者就会蜂拥而至。对于现今这样一个信息快速传递的社会而言,很多企业自以为壁垒的核心竞争力其实都不足以抵御竞争者的进攻。在一定程度上来说,技术是可以模仿的,渠道是可以模仿的,甚至于经营模式也是可以被模仿的。而唯有品牌才是真正能阻击竞争者的有力武器。一个品牌一旦成为其领域的强势品牌,它所具有的独特的品牌形象、鲜明的品牌个性、广泛的知名度和美誉度,以及它所拥有的一大批忠诚客户,都是其跟随者偷不走、拿不走而又难以逾越的一道鸿沟。这种通过品牌的力量所树立的竞争壁垒也才是最牢固、最持久的。

总之，品牌是企业重要的无形资产，企业开始重视品牌价值主要还是因为市场激烈的竞争和企业面临各方面的压力发生了变化。全新产品一经推出市场，如果畅销，很容易被竞争者模仿，但品牌是企业特有的一种资产，它可以通过注册得到法律保护，品牌忠诚是竞争者通过模仿无法达到的。所以，从某种程度上说，品牌可以看成企业保持竞争优势的一种强有力工具。可口可乐公司总经理伍德·拉夫扬言："即使我的工厂在一夜之间烧光，只要我的品牌还在，我就马上能够恢复生产。"可见，品牌对企业而言，价值是如此之大。

三、品牌对国家的作用

品牌不仅是一个企业开拓市场、战胜对手的有利武器，更是一个国家实力和整个民族财富的象征。日本前首相中曾根就说过："在国际交往中，索尼是我的左脸，松下是我的右脸。"民族品牌不仅代表着国家产业的高端水平，而且代表了国家的国际形象，承载着重构民族自尊心和自信心的历史责任。

在经济全球化时代，如果一个国家没有优秀的民族品牌，它可能永远只能充当他国的贴牌生产基地，耗费大量的人力、物力来赚取可怜的加工费。从英特品牌公司（Interbrand）、福布斯（Forbes）等各类机构对全球最有价值的品牌和最大企业业绩的排行榜来看，一个国家或地区的经济实力和地位，与品牌的多与寡、强与弱密切相关。目前我国有170多类产品的产量居世界第一位，却少有世界水平的品牌，是典型的"制造大国、品牌小国"。

据联合国工业计划署统计，世界上各类名牌商品共约8.5万种，其中发达国家和新兴工业化经济体拥有90%以上的名牌所有权，处于垄断地位，而我国拥有的国际知名品牌却寥寥无几。近年来，世界经济开始进入品牌竞争的时代，品牌对国家经济发展的贡献度也在不断提高，目前美国品牌所创造的价值占GDP的比重达60%，而中国名牌产品对经济增长的贡献率才25%。由于品牌少而弱，虽然我国对外贸易规模不断壮大，但效益并不是很高。因此，培育品牌无疑是中国经济实现强大目标的关键路径。

第三节 品牌本质剖析

一、品牌概念界定

通过对品牌功能和品牌发展历史的分析，不难发现在不同阶段以及站在不同角度，对品牌本质的认识是存在较大区别的，其中对品牌本质进行界定的典型观点有以下几种：

（1）1960年，美国市场营销协会（American Marketing Association，AMA）就对品牌给出了如下定义：品牌是一个名称、名词、标记、符号或设计，或是它们的组合，其目的是识别某个销售者或某群销售者的产品或劳务,并使之同竞争对手的产品和劳务区别开来。

(2) 1998年,英国学者德·彻纳守尼和麦克唐纳也给品牌下了一个定义:一个成功的品牌是一个可辨认的产品、服务、个人或场所,以某种方式增加自身的意义,使得买方或用户觉察到相关的、独特的、可持续的附加价值,这些附加价值最可能满足他们的需要。该定义以"成功的品牌"作为开头,说明了现代品牌不局限于产品或服务,甚至个人(如政治家、流行歌星、公司总裁等)、场所(如夏威夷、芭堤雅、九寨沟等旅游胜地)都可以成为品牌。该定义的另一个重要术语是"可辨认的",这说明品牌具有迅速识别的功能。此外,该定义对成功的品牌的解释是必须具有相关的、独特的、可持续的附加价值。

(3) 著名广告公司O&M则认为:品牌是一个商品透过消费者生活中的认知、体验、信任及感情,挣到一席之地后所建立的关系。广告界权威大卫·奥格威也对品牌内涵作过深刻的描述:"品牌是一种错综复杂的象征,它是品牌属性、名称、包装、价格、历史声誉、广告方式的无形组合。品牌同时也因消费者对其使用的印象以及自身的经验而有所界定。""品牌是产品与消费者的关系。"

以上概念林林总总,没有形成共识。中国著名品牌研究学者、上海交通大学品牌战略研究所所长余明阳先生在其《品牌学》中将对品牌本质的认知观点归纳为四类。

(1) 符号说。上述美国市场营销协会对品牌的定义即属此类。美国营销学家菲利普·科特勒将品牌定义为:"品牌就是一个名字、称谓、符号或设计,或是上述的总和,其目的是要使自己的产品或服务有别于其他竞争者。"在国内外其他学者的著作中,对于品牌的解释其基本内容都与上面的两种说法相类似,主要从品牌的识别功能进行表述。这种观点从最直观、最外在的表现出发,将品牌看作是一种标榜个性、区别其他的特殊符号。这些定义只将品牌看成单纯地用以区别的标志或名称,而没有揭示品牌的完整内涵,不免有些浅显。

(2) 综合说。上述大卫·奥格威对品牌的定义即属此类。美国品牌学者Lynn Bupshaw在谈及品牌特征的意义时说:"从更广的意义上说,品牌是消费者眼中的产品和服务的全部,也就是人们看到的各种因素集合起来所形成的产品表现,包括销售策略、人性化的产品个性及两者的结合等,或是全部有形或无形要素的自然参与,比如,品牌名称、标识、图案这些要素等。"

这一类定义从品牌的信息整合功能入手,将品牌置于营销乃至整个社会的大环境中加以分析,不仅包括了品牌名、包装、标志等有形的东西,而且将品牌故事、人物、历史等作横向和纵向的分析,指出和品牌密不可分的环节,如历史、声誉问题、法律意义、市场经济意义、社会文化心理意义等。这些东西都是无形的,很容易被人忽略,但它们又是事实存在的,是构成品牌的一部分,只有将这些要素最大限度地加以整合,品牌才是个完整的概念。

(3) 关系说。奥美广告公司把品牌定义为"消费者与产品间的关系",认为"消费者才是品牌的最后拥有者,品牌是消费者经验的总和"。上海财经大学商学院教授王新新也认为:"品牌是一种关系性契约,品牌不仅包含物品之间的交换关系,而且还包括其他社会关系,如企业与顾客之间的情感关系;企业之所以要建立品牌,是为了维持一种长期、稳定的交易关系,着眼于与顾客在未来的合作。"笔者认为:品牌从本质上来讲就是顾客理解的一份心理契约。消费者对品牌的认知会拟人化,会把品牌当作一个人物来看待,从而与品牌构建特殊的关系。

(4) 资源说。美国学者 Alexander L. Biel 认为:"品牌资产是一种超越生产、商品及所有有形资产以外的价值。"品牌带来的好处是:其未来的品牌价值远远超过推出具有竞争力的其他品牌所需的扩充成本。《大营销——新世纪营销战略》一书对品牌这样定义:"品牌是一种独立的资源和资本,它是能够进行营运的……品牌是一种知识产权,也可以像资本一样营运,实现增值。"这一类定义的共同点是把品牌视为一种资产,是一种可以在未来产生现金流的极具价值的资源。

以上四类对于品牌的定义都有其一定的合理性,无所谓孰优孰劣,只是各自侧重的视角不同而已。如果我们能很好地综合这四种观点,对于品牌概念的整体把握就会更加全面。

二、品牌认知演变

当然,对于现代品牌的认识并非一蹴而就,它断断续续地经历了上百年的历史,归纳起来大致可以分为五个阶段。

第一阶段:品牌符号阶段。

早期的品牌只作为一种区别标识,其主要的功能是作为一种速记符号,代表产品的相关信息。消费者通过对品牌进行记忆,也就能够将众多产品信息储存在头脑中,此时,品牌也就成为他们对产品搜索的线索,其内涵集中表现为品牌属性和利益。

第二阶段:品牌个性阶段。

符号毕竟只是品牌的外在识别,因为缺乏内在识别机理的支撑,即使有法律的保护也很难防止竞争者的模仿竞争。于是一种以塑造品牌内在形象,力图从深层次区别竞争品牌的理论应运而生,集中反映在广告大师大卫·奥格威的自传《一个广告人的自白》里,他认为,"最终决定品牌的市场地位的是品牌总体上的性格,而不是产品间微不足道的差异"。这一观点很快得到广告业界的首肯。与此相继,美国精倍广告公司在20世纪80年代提出了品牌个性论。其主要理论观点是主张品牌的人格化,极力主张从性格走向个性,认为奥格威的理论太过宽泛,正因为如此,品牌个性论者着重强调,个性可以造成崇拜,而不仅仅是认同。毫无疑问,品牌个性论是对品牌认识的极大发展,超出了品牌的功能利益,突出了心理上的利益。

第三阶段:品牌关系阶段。

在这一阶段,品牌的内涵发生了质变,认为品牌是各种关系的总和,可以勾勒出品牌关系的基本框架,即符号、企业、产品、消费者之间的关系。这一阶段品牌被视为一种消费者能亲身参与的更深层次的关系,一种与消费者进行理性和感性互动的总和,强调品牌的最终实现是由消费者来决定的,是在产品与消费者的互动过程中形成的。朱向群认为:"品牌是人们对组织、产品或服务提供的一切利益关系、情感关系和社会关系等综合信息及独特印象,表达为具有权属关系之符号的形象机制,并由此形成的能为特定所有者持续带来超值收益的非实体资产。"品牌关系理论的应用是相当广泛的,是现代品牌运作以及广告制作实践的主要理论依据。

第四阶段:品牌资产阶段。

与品牌发展同步,对品牌的认识也渐渐脱离了识别性主轴,逐步由品牌关系过渡到品牌资产管理的认识上来。20世纪末,著名品牌专家大卫·艾克从管理的角度提出了品牌资产论。品牌资产论认为品牌是一项重要的资产,包含正反两个方面的价值,形成4个方面的价值:知名度、品质、忠诚度和关联性。凯文·莱恩·凯勒提出了基于顾客的品牌资产概念,是指"由于顾客对品牌的认识而引起的对该品牌营销的不同反应"。我国品牌学者祝合良(2007)对品牌资产定义加以总结,认为:"品牌资产就是品牌所产生的市场效应。"这类认识以品牌是一类特殊的无形资产为假定条件,突出品牌给企业带来的利润、给产品带来的溢价等。认为品牌是可以独立存在的资产,可以交易转让,具有获利能力。

第五阶段:品牌的经济学解释阶段。

最近几年,对品牌的解释又有了长足的进步,尤其是品牌经济学的发展。孙曰瑶(2007)将品牌的作用归结为通过品牌信用降低消费者的选择成本、提高选择效率,并定义:"所谓品牌,是与目标顾客达成长期利益均衡,从而降低选择成本的排他性品类符号。通俗地讲,品牌就是使目标顾客不假思索且持久购买的理由。"品牌定义和对品牌本质认识的发展过程是相辅相成的,品牌定义的发展来自对品牌本质认识的深化。

第四节 品牌特征及内涵

一、品牌特征

品牌的特征主要表现在四个方面:

1. 品牌是以消费者为中心

在对于品牌的概念认识上,普遍存在着一种误区:把品牌看成企业自己的东西、一种商标权,忽略消费者作用。然而,国际现代品牌理论特别重视和强调品牌是一个以消费者为中心的概念,没有消费者,就没有品牌。品牌的价值体现在品牌与消费者的关系之中,品牌具有一定的知名度和美誉度是因为它能够给消费者带来利益、创造价值。而且品牌知名度和美誉度,本身就是与消费者相联系、建立在消费者基础上的概念,市场才是品牌的试金石,只有消费者和用户才是评判品牌优劣的权威。

2. 品牌是一种无形资产

品牌是有价值的,品牌的拥有者凭借品牌能够不断地获取利润,但品牌价值是无形的,它不像企业的其他有形资产直接体现在资产负债上。品牌价值有时已经超过企业有形资产的价值。当然,现在对品牌价值的评估还未形成统一的标准,但品牌是企业的一项重要无形资产已是事实。正因为品牌是无形资产,所以其收益具有不确定性,它需要不断的投资,企业若不注意市场的变化及时地调整品牌产品的结构,就可能面临"品牌贬值"的危险。

3. 品牌具有排他专有性

品牌排他专有性是指产品一经企业注册或申请专利等,其他企业不得再用。一件产品可以被竞争者模仿,但品牌却是独一无二的,品牌在其经营过程中,通过良好的质量、优质的服务建立良好的信誉,这种信誉一经消费者认可,很容易形成品牌忠诚,它也强化了品牌的专有性。

4. 品牌是一种重要竞争工具

品牌可以向消费者传递信息、提供价值,它在企业的营销过程中占有举足轻重的地位,品牌使消费者与产品之间产生联系,消费者以品牌为准,在媒体不断多样化信息爆炸的时代,消费者需要品牌作为标识,也准备为他们崇拜的品牌多付钱。因此,品牌策略备受关注,品牌经营成了企业经营活动中的重要组成部分,品牌作为进军市场的一面"大旗"具有举足轻重的作用。正如美国著名广告研究专家 Larry Light 所言,未来的营销是品牌的战争——品牌互争长短的竞争。商界与投资者将认清品牌是公司最珍贵的资产。此概念极为重要,因为它是有关如何发展、强化、防卫等管理生产业务的一种远景,拥有市场比拥有工厂重要多了,唯一拥有市场的途径是先拥有具有市场优势的品牌。

二、品牌内涵

菲利普·科特勒(Philip Kotler)认为,品牌从本质上说,是销售者向购买者长期提供的一组特定的特点、利益和服务的允诺,最好的品牌不仅传达了质量的保证,还向顾客传递了更为深层处的含义,例如价值观念、生活态度、生活方式。他将品牌内涵界定为一个复杂的系统,主要包括六层意思:属性、利益、价值、文化、个性、使用者。笔者在此基础上进行了适当修订,认为品牌内涵主要包括以下六部分:属性、利益、用户、形象、个性、文化,并以奔驰车品牌为例进行深入分析。

(1) 属性。品牌首先使人们想到某种属性,品牌属性是指产品自身的特性,主要包括那些包含在产品说明书中的物理参数、技术参数、性能参数等。例如,奔驰 07 款 VIANO 商务车的技术参数包括:5 前速自动变速箱、v 型 6 缸气缸、3.199 升的排量、最高车速为 181 km/h……当然,这些参数还可以进一步概括为技术精良、耐用、高车速等。公司可以采用一种或几种属性为汽车做广告。多年来,奔驰的广告一直强调"世界上工艺最佳的汽车"。

(2) 利益。品牌利益既包括功能性利益,也包括情感性利益。功能性利益是指产品的属性能给消费者带来的好处和收益。耐久的属性可转化成功能性利益:"多年内我不需要买一辆新车。"昂贵的属性可转化成情感性利益:"这辆车让我感觉到自己很重要并受人尊重。"制作精良的属性可转化成功能性和情感性利益:"一旦出事时我很安全。"情感性利益是指产品功效上的利益,可以是对消费者情感满足上的价值性,还可以是关于消费者自我表达方面的象征性价值。例如,奔驰轿车能象征其拥有者成功与高贵的社会地位。

（3）用户。品牌暗示了购买者或使用产品的消费者类型。品牌将消费者区隔开来,这种区隔不仅从消费者的年龄、收入等表象特征体现出来,更多地体现在消费者心理特征和生活方式上。例如,欧莱雅的使用者是时尚、高雅的成熟女性,而麦当劳的目标市场是青少年和儿童。奔驰车的用户主要特征是有身份、有社会地位、成熟稳重的成功人士。

（4）形象。随着消费者对品牌认知的加深,对品牌会进行拟人化认知加工处理。例如 20 世纪 50 年代的芭比娃娃穿着当时最流行的黑白条纹游泳衣,戴着太阳镜,穿着高跟鞋,一幅热带沙滩女郎的形象。60 年代以后,芭比娃娃成了派头十足的女明星：身穿华贵的晚礼服,戴钻石项链,出入在各种派对聚会中。而在 70 年代,当时嬉皮士风行,芭比娃娃也趋于野性和随意,牛仔 T 恤和短发成为其形象代表。到了 80 年代,随着女性自我价值的觉醒,女权运动轰轰烈烈,芭比娃娃则变成了职业女性。同时,其着装开始具有民族特色,芭比娃娃成了世界女孩的梦想。

（5）个性。每个成功的品牌都有自己独特的形象,而其中个性是最能体现品牌形象的因素。品牌个性是与品牌相关的一系列人类性格,是品牌形象人格化后所具有的个性。例如提到奔驰,大多数人可能会想到一位严谨的老板、一只狮子或庄严的建筑。品牌个性与品牌文化密切相关。品牌个性是品牌人格化以后所具有的"人"的个性,而人的个性的形成离不开他所处的社会环境,特别是文化环境。

（6）文化。品牌文化是指隐含在品牌精神层面中的内容。市场上很多领导品牌的文化常常代表着一种国家文化或民族文化。譬如,可口可乐代表着热情奔放的美国文化；香奈尔代表着浪漫而高雅的法国文化；松下电器代表着严谨而又团结的日本文化；奔驰代表了德国文化,表现出一种严谨、可靠、值得信赖的价值观念。任何一个成功的品牌其实都是在向消费者传递一种核心价值观念,这种核心价值观念与目标消费者的生活方式、生活理念息息相关,当消费者接受了这种理念之后,品牌就变成了一种信仰,表现了一种生活态度,例如哈雷品牌理念："用拇指按下哈雷的启动钮,不仅仅意味着点燃了发动机,而且还点燃了你的想象。"哈雷的经销商认为："我们在这里出售一个梦想,我们的顾客过着辛劳的职业或以计算机为导向的生活。拥有一辆哈雷可以为你消除障碍,使你在一个更加随和的基础上与人交往,而且它还可以使你在自己的空间最大程度地表现自我。"

三、品牌等级

对于一个品牌而言,属性、利益、用户、形象、个性、文化,这六者是一个紧密联系的统一体,同时又隶属于不同的层级,它们之间的具体关系如图 1-3 所示。其中,处于第一层次的"属性、利益、用户"是形成一个品牌的基础,一个品牌如果只具备这三个基本要素,我们称之为初级品牌,同时具备了六大要素的品牌被称为高级品牌；"文化、个性"属于第二层次,它们是第一层次中三个基本要素的浓缩提炼和升华,品牌的某些属性或利益象征着一种文化,而品牌的使用者诠释了品牌所代表的个性,处于第二层次的品牌我们称之为中级品牌;处于第三层次的"文化"(主要体现为品牌理念),是六大要素的中心,品牌理念是一个品牌的精髓所在,是其成为高级品牌的关键。品牌理念是在中级品牌的基础上升华,一个品牌最独一无二、最有价值的部分通常都会表现在品牌理念。例如,沃尔沃的"安全",诺基亚的"科技,以人为本",舒肤佳的"有效除菌",海尔的"真诚到永远",这些强势品牌都是依靠其品牌理念来获得消费者的认同的。

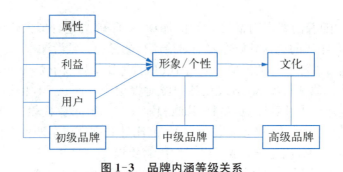

图 1-3　品牌内涵等级关系

本 章 小 结

21世纪是品牌大行其道的时代,人们强烈地感受到了品牌在人们生活中的重要作用,品牌无处不在,品牌给人们的生活带来了更多的欢乐与方便。品牌管理学就是在这种背景下逐渐成长和发展起来的一门学科,它综合运用心理学、营销学、管理学、传播学、公共关系学、经济学等学科的理论和方法,形成了现代品牌管理理论。

本章首先对品牌的功能进行了总结,主要从顾客和企业角度进行了论述。对顾客而言,在现实生活中,品牌代表着特定的品质和价值。有了品牌,顾客不仅能够实现最大效用的利用购物时间,使自己以最少的时间,购到高品质的产品,同时实现自我满足的最大化。对企业而言,品牌产生了溢价,构筑了竞争壁垒,带来了顾客忠诚度等。

其次,对中西方品牌发展历史进行了归纳,把西方品牌发展历史分为传统阶段和现代阶段;把中国品牌发展历史分为古代、近代、新中国成立之后改革开放之前和改革开放之后四个阶段,并对每个阶段品牌发展的情况进行了简要介绍。

再次,对品牌本质进行了阐述,总结出目前对品牌定义的四种典型学说,即符号说、综合说、关系说和资源说;在此基础上,进一步将品牌的内涵界定为六个方面:属性、利益、用户、形象、个性和文化,对拥有不同内涵的品牌进行了分级,分为初级品牌、中级品牌和高级品牌三等级。

最后,对品牌的类型进行了简要说明。今天所说的品牌已经不但是产品品牌、企业品牌、个人品牌、组织品牌、事件品牌、区域品牌、国家品牌等各种品牌的塑造已蔚然成风,各种事物、各个层面均强调品牌的塑造。

思考与练习题

1. 什么是现代品牌管理理论?

2. 品牌带给消费者的利益有哪些?
3. 品牌带给企业的利益有哪些?
4. 西方品牌发展史分为哪几个阶段?
5. 对品牌本质认知的观点有哪些?
6. 品牌本质认知的发展过程是怎样的?
7. 品牌的特征主要表现在什么方面?
8. 品牌内涵主要包括哪些?
9. 品牌可以分为哪些类型?

案例讨论

"动感地带"品牌塑造,创造通信"神话"

自2003年3月上市以来,中国移动的"动感地带"(M-ZONE)取得了巨大成功。截至2003年底,在不到10个月的时间内,"动感地带"的用户规模已经超过1 000万,2004年4月底,"动感地带"的用户数已超过1 500万,月用户平均增长数过百万。在15—25岁的目标受众中,"动感地带"的品牌知名度和美誉度分别达到了80%和73%。据中国移动通信集团公司(下称"中国移动")披露,在2004年一年中,每3秒钟就会有一个新的"动感地带"用户产生。纵观竞争日益激烈的电信市场,拥有像"动感地带"这样发展业绩的电信业务屈指可数。与中国移动旗下"全球通""神州行"业务品牌不同,"动感地带"不以业务为区分,而以消费者为导向,目标消费群体直指15—25岁的年轻时尚族群,以打造"年轻人的通信自治区"为己任,倾力营造"时尚、好玩、探索"的品牌魅力空间。打造出令人心动的通信业的市场新宠儿,短短几年,已经把"星星之火,燃成燎原之势"。中国移动作为国内专注于移动通信发展的通信运营公司,曾成功推出了"全球通""神州行"两大子品牌,成为中国移动通信领域的市场霸主。但市场的进一步饱和、联通的反击、小灵通的搅局,使中国移动通信市场弥漫着价格战的狼烟,如何吸引更多的客户资源、提升客户品牌忠诚度、充分挖掘客户的价值,成为运营商成功突围的关键,"动感地带"由此孕育而生。

而中国移动对"动感地带"的成功营销也被誉为电信业进入品牌竞争时代的标志。"动感地带"的成功是中国移动对客户和市场细分的结果,更是中国移动针对不同客户群展开有效营销的结果。然而,在当前的电信市场中,正是由于缺乏这样有效的细分和营销,许多业务品牌都是对各类消费者"通吃",同质化的市场定位和无差异市场细分致使许多电信产品和电信业务丧失了应有的市场份额和市场活力。中国移动在推广"动感地带"业务的过程中缔造了中国电信业品牌经营的典范,诸多业界专家和营销大师指出,"动感地带"现象能够为中国通信业在品牌经营和客户细分等方面带来相当的启示。

1."我的地盘,以舞会友"

中国移动经过反复思量,在2003年初终于做出了战略抉择:将"动感地带"作为与"全球通"和"神州行"并行的第三大子品牌,以"全球通"为利润品牌,"神州行"为大路品牌,"动感地带"为狙击和种子品牌。动感地带仅仅推出15个月时间,就"感动"了2 000万目标人群,也就是说,平均每3秒钟就有一个"动感地带"新用户诞生。为了更好地塑造"动感地带"品牌形象,让更多的人亲身体验"动感地带"品牌文化,传播主题"扩张我的地盘",在赛事渗透力、声势、媒体影响力、学生参与体验度、数据业务宣传等方面进行了大力的扩张。中国移动于2003年9—12月,在全国举办"2003'动感地带'(M-ZONE)中国大学生街舞挑战赛",也就是第一届动感地带中国大学生街舞挑战赛。大赛直接面向200多所重点高校,共有150支大学生街舞组合参加,"动感地带"携600万大学生掀起了街舞狂潮。"动感地带"产品功能支撑点:"四大特权"——话费节约、业务任选、联盟优惠、手机常新。"动感地带"品牌情感支撑点:新新人类的族群归属感。"动感地带"品牌核心人群的DNA描述是:年龄在15—25岁,追求时尚,崇尚个性,乐于接受新事物,容易相互影响,尝试新事物,有成长性,是未来高端客户的生力军。而"街舞"最好地诠释了健康、时尚与动感,已经成为中国大学生最喜爱的娱乐方式。

"街舞"起源于美国街头黑人舞者的即兴舞蹈动作,因其轻松随意、自由个性和前卫精神而理所当然地受到年轻人的喜欢,时尚男女穿着宽腿裤、松身恤,或自我陶醉或尽情痴迷地做着各种摆手扭胯的动作,即使街头也可以变成舞者的迪厅。动感地带的街舞大赛使各大赛区现场观众爆满。轻松的节拍,开心的笑容,动感的舞步,选手们一举手,一投足,无不传达了年轻人和爱追求时尚的大学生们对街舞艺术的深刻理解。观众被深深地吸引住了,他们被带到了一个自由动感的国度!年轻人"以舞会友"不仅使彼此加深了交流,增加了亲和力,而且使"动感地带"以街舞为切入点抓住品牌渗透的契机,锁定以大学生和公司白领为主的年轻客户对移动数据业务的潜在需求大,且购买力会不断增长的特点,使之成为三五年后的高端客户,逐步培育起了稳固市场,为中国移动在未来竞争中占有优势埋下了伏笔。

2. 玩转年轻人的心智

"动感地带"不同于"全球通"和"神州行"。因为"全球通"和"神州行"是业务品牌,它是根据业务本身的特性来制定的,它的定位方式以生产为导向,只是使客户明确了解产品的特点;而"动感地带"有明确的目标客户群,即15—25岁的年轻族,他们对新鲜事物充满强烈的好奇感,思维活跃,敢于挑战,他们有强烈的品牌意识,容易相互影响,对移动通信的需求偏向于娱乐休闲和社交。"动感地带"一经推出,就因其"好玩、时尚、探索"的品牌元素受到了年轻人的追捧。"动感地带"的网站上的广告有:"不管你是'学生族''好玩族'还是'时尚族',都可以在这里选一款属于自己的服务和资费组合……想要更自由,想要更新奇,还是想要更多的未知?拿起你的手机,跟我来,一起冲进'动感地带'(M-ZONE),在这里我们说了算。"

"动感地带"玩转年轻人的心理,并斥巨资邀请周杰伦作为其形象代言人,在全国范围内进行了立体式媒体轰炸。周杰伦被称为"飘一代"的代言人,他以个性飞扬和青春叛逆深受年轻人的疯狂追捧。"动感地带"广告语"我的地盘,我做主"也极具煽动性和个性的挑战,反映了年轻人追求独立、叛逆、自主的个性,《新周刊》杂志社主办的"2003年度新锐榜"全面启动。"年度艺人"周杰伦榜上有名,广告语——"我的地盘,我做主"也被评为"年度最佳广告语",可谓是中国移动"动感地带"的双丰收。

"动感地带"定位为年轻人的品牌,做年轻人喜欢做的事,为了不断地迎合动感年轻人的爱好和消费特征,从最初的"以信会友"到现在的"以舞会友",再到"动感地带"与麦当劳联合推出动感套餐的"以吃会友",并且计划在上海淮海路最繁华的地段建立最大、最全、最专业的业务与服务展示、体验平台——旗舰店,"动感地带"品牌店:宽敞、明亮,甚至带点奢侈的味道。"动感地带"这一系列大手笔的举动不断地给动感一族带来惊喜和兴奋。因而,我们可以说"动感地带"的成功是定位的成功,是细分消费者的成功,它是第一个真正细分消费者,按照消费者的消费行为和心理来运作的移动通信品牌。"动感地带"令人心动的定位明确性是中国移动策划"动感地带"最成功的地方之一。在当前包括中国移动自身品牌"全球通""神州行",以及中国联通的"自由行"等各种品牌都对市场上各类消费者有着"全部通吃"的同质化市场定位和无明确市场细分的情况下,中国移动瞄准学生、白领等年轻人群,为这一群体专门打造一种新品牌。而这个新品牌所定义的群体当前手机需求量正在不断加剧,日后需求更是不可估量。他们会很快成长为手机市场中的消费主力军。无疑,"动感地带"一旦成功推行,势必为客户的积累及其各方面的数据带来良性发展,又会是另一个响当当的"全球通"品牌。就品牌特色性而言,"动感地带"无论是从服务还是宣传上,都有其独特的方面。宣传上,抓住了年轻人的偶像周杰伦。凭"动感地带"套装中的会员卡,不但可以根据不同阶段的活动安排领取"动感地带"独有的纪念品,更可以在与"动感地带"建立会员合作关系的商家、娱乐场所等享受折扣和优惠,还与腾讯公司联合推出"动感QQ一对一"会员专享服务,"动感地带"客户开通"移动QQ"后,即可免费获赠后6位与该用户手机号码后6位相同的9位QQ号码。大费苦心,但很可能得到消费群体簇拥的"低投入、大收成"的效果。就"价格"优惠性而言,可以说,中国移动在对"动感地带"的资费定价上,针对年轻用户尤其是高校大学生在实际对外通话量较少、对网外或所谓的区域外通话费没有太大期望的情况下,紧紧盯住他们对网内通话、区域内通话、国内长途及短信业务的强烈需求,推出很是实惠的区域内通话资费、国内长途0.20元/分及20元发300条短信、30元发500条短信等短信套餐等等。不仅能让目标客户切实感受到"动感地带"在短信和区域内通话资费上的实惠,更让大家感受到了"竞争带来的好处——优惠"。

(资料来源:http://www.mba163.com/)

【案例思考题】
1. 试用品牌的六层内涵来阐释"动感地带"是怎样一个品牌?
2. 你认为"动感地带"在塑造品牌的过程中有哪些独到之处?

第二章 品牌管理

学习目的：

1. 了解品牌管理的概念
2. 掌握品牌管理的内容
3. 掌握品牌管理的流程
4. 了解品牌管理人员的要求
5. 了解品牌管理组织的类型
6. 了解品牌管理的变革趋势

开篇案例

品牌经理的职业前景

据国家人事部门预测，在未来中国最热门的十大职业中，品牌经理人居前三名。这对于具有前瞻性眼光的年轻人来说，是个使自己的人生走向辉煌的机遇。企业要建立品牌，就必须有人来管理，这就是品牌管理方面的最高执行者——品牌经理。

据有关数据统计，我国市场上前10名产品（还不能称为品牌）的消费占有率高达70%—80%，我国的消费者已经逐步从"商品消费"进入"品牌消费"，着力于品牌策划工作的人才也成为"抢手货"。

就招聘情况来看，品牌策划已经成为一个热门的招聘职位了。据相关媒体报道，仅一天的招聘广告就有近十家企业招聘相关的品牌策划人才，包括品牌策划经理、助理等职位，其中以化妆品公司招收这类人才居多，占去近一半的份额。这些化妆品企业大都是一些民营企业。他们认为，国内化妆品要与国际知名品牌竞争，就必须建立具有自己特色的品牌，这就需要一些优秀的品牌策划人才去管理。此外，外资企业要进入我国市场，也需要对本地的市场有充分的了解，确立合理的品牌路线是抢占新市场的关键，因而吸纳优秀的本土品牌策划人才也是必不可少的事情。

除了化妆品行业外，诸如房地产、广告、服装等行业都有发出招聘品牌策划人才的需求信息。可见，品牌策划人才确实是近年来招聘市场的热点。同时，从事品牌管理工作人员的月薪也从6 000元到上万元不等；一些外资企业的品牌经理年薪则高达30万元。有专家预测，未来品牌管理人才的身价还将保持每年近5%的增幅。

当然，有的大企业的CBO（首席品牌官）的年薪高达几百万甚至上千万元也是很正常的。无数的中国企业需要建立自己的品牌,无数的企业品牌需要国际化,这都需要人才来管理。因此,CBO职位的提出与设立,将最有力地迎合这个时代。在21世纪,CBO品牌管理模式与制度的建立,将打造一个品牌经理职业阶层,使品牌经理成为"成色"最高的金领职业。

星巴克创始人霍华德·舒尔茨曾说过:"管理品牌是一项终身的事业。品牌其实是很脆弱的。你不得不承认,星巴克或任何一种品牌的成功都不是一种一次性授予的封号和爵位,它必须以每一天的努力来保持和维护。"品牌需要精心管理才能茁壮成长,但品牌管理是一项非常复杂的工作,在品牌管理过程中,虽然各企业面临的环境以及采用的策略有所不同,但品牌管理也有一些共同的基本规律。因此,企业高层领导或品牌管理的有关人员需要把握品牌管理的主要内容和基本决策,设置合理的品牌管理组织形式,有效地对品牌进行管理。

第一节 品牌管理概述

所谓品牌管理,是指企业以战略为指引,以品牌资产为核心,围绕企业创建、维护和发展品牌这一主线,综合运用各种资源和手段,以达到增加品牌资产、打造强势品牌的目的的一系列管理活动的统称。

由于品牌是在消费者的基础上建立起来的,品牌管理必须根据消费者心理与行为,有针对性地开发、维护、巩固和发展消费者喜爱的品牌。品牌管理涉及很多方面的活动,需要企业各个部门及全体员工的支持。因此,企业高层应对品牌管理进行总体的谋划,明确品牌管理的方向与目标,协调各部门的行动;市场营销部门或品牌管理机构则制定和组织实施品牌定位、品牌设计、品牌推广、品牌延伸等各种策略。

品牌管理的目的是最终形成品牌的相对竞争优势,使品牌在整个企业运营中起到良好的驱动作用,使企业行为更服从和体现品牌的核心价值与精神,不断提高企业的品牌资产,为企业造就百年金字招牌打下坚实的基础。

相 关 链 接

中华人民共和国商务部发布的《品牌管理专业人员技术条件》

1 范围

本标准规定了品牌管理专业人员的技术条件。本标准适用于各类企事业组织中的品牌管理专业人员,其他社会组织的相关人员可参照执行。

2 术语和定义

下列术语和定义适用于本标准。

品牌管理

2.1 品牌管理专业人员 brand management professional
从事品牌规划、品牌塑造、品牌推广、品牌维护、品牌运营等工作的专业人员。
3 品牌管理专业人员等级划分
3.1 等级划分
品牌管理专业人员划分为三个等级：助理品牌管理师、品牌管理师、高级品牌管理师。
4 品牌管理专业人员技术条件
4.1 基本条件
4.1.1 职业道德要求
4.1.1.1 遵纪守法，敬业爱岗，严守保密制度。
4.1.1.2 实事求是，工作认真，精研业务，尽职尽责，具有团队和创新精神。
4.1.2 基础知识要求
4.1.2.1 市场营销学基础知识。
4.1.2.2 消费心理学基础知识。
4.1.2.3 消费者行为学基础知识。
4.1.2.4 公共关系学基础知识。
4.1.2.5 广告学基础知识。
4.1.2.6 传播学基础知识。
4.1.2.7 商务交流基础知识。
4.1.2.8 设计学基础知识。
4.1.2.9 管理学基础知识。
4.1.2.10 组织行为学基础知识。
4.1.2.11 商品学基础知识。
4.1.2.12 计算机基础知识。
4.1.2.13 知识产权、商品质量相关法律知识。
4.2 资格条件
4.2.1 助理品牌管理师
4.2.1.1 学历及经历要求
具备下列条件之一者。
4.2.1.1.1 取得国民教育序列的大专学历，从事本专业或相关工作满一年。
4.2.1.1.2 取得国民教育序列的本科及以上学历。
4.2.1.2 工作要求
4.2.1.2.1 品牌要素建构
4.2.1.2.1.1 能够进行市场调研问卷的甄别和验收工作，通过现场、媒体、统计资料等各种途径收集品牌相关的市场信息。
4.2.1.2.1.2 能够进行顾客分类，概括不同顾客群的相似点和差异点；组织顾客访谈，深入了解顾客行为特点和潜在需求；进行产品功能价值点的总结和概括，提出品牌定位建议方案。

4.2.1.2.1.3　能够协助选择品牌要素类型，设计和创建品牌要素。

4.2.1.2.2　品牌系统管理

4.2.1.2.2.1　能够按照要求编制品牌营销报表和文件，进行品牌系统管理文件存档和管理。

4.2.1.2.2.2　能够协助实施新品牌营销组合方案、传播推广计划和品牌策划计划。

4.2.1.2.2.3　能够收集销售代表和经销商品牌营销信息，执行人员和渠道品牌绩效激励计划。

4.2.1.2.3　品牌传播推广

4.2.1.2.3.1　能够协助实施品牌广告和公关计划并进行效果监测。

4.2.1.2.3.2　能够收集品牌促销信息，组织实施品牌促销计划，进行促销品的制作和发放管理、终端促销宣传策划和陈列管理等工作。

4.2.1.2.3.3　能够收集品牌展览信息，组织品牌展览布展、陈列和接待等活动。

4.2.1.2.4　品牌资产管理

4.2.1.2.4.1　能够进行商标注册查询，完成商标申请和注册工作。

4.2.1.2.4.2　能够了解类似商标信息，提出商标保护和管理建议。

4.2.2　品牌管理师

4.2.2.1　学历及经历要求

具备下列条件之一者。

4.2.2.1.1　取得国民教育序列的大专学历，从事本专业或相关工作满六年。

4.2.2.1.2　取得国民教育序列的本科学历，从事本专业或相关工作满四年。

4.2.2.1.3　取得国民教育序列的第二学士学位或研究生班毕业，从事本专业或相关工作满二年。

4.2.2.1.4　取得国民教育序列的硕士学位，从事本专业或相关工作满一年。

4.2.2.1.5　取得国民教育序列的博士学位。

4.2.2.2　工作要求

4.2.2.2.1　品牌要素建构

4.2.2.2.1.1　能够分析品牌市场调研成果、顾客需求特点和趋势以及品牌市场竞争格局。

4.2.2.2.1.2　能够进行目标顾客定位和市场竞争定位，确定品牌定位。

4.2.2.2.1.3　能够进行品牌要素选择并且提出品牌要素构成方案，制定品牌要素建立计划并且组织实施。

4.2.2.2.2　品牌系统管理

4.2.2.2.2.1　能够分析品牌市场营销现状、存在的机会和问题，制定品牌营销目标、营销战略、营销行动方案、预计损益表和营销控制方案并进行实施。

4.2.2.2.2.2　能够制定品牌管理目标和原则以及管理制度，与研发、制造、市场和销售等业务相关部门进行交涉合作。

4.2.2.2.2.3 能够制定品牌的销售目标和奖励制度、人员和渠道品牌绩效激励计划,并能够培训下属和进行绩效评估。

4.2.2.2.2.4 能够主持及驱动新产品开发,协助制定新产品开发计划,并与研发部门共同组织实施,制定新产品上市计划并组织实施。

4.2.2.2.3 品牌传播推广

4.2.2.2.3.1 能够制定品牌推广计划、整合传播方案和推广预算。

4.2.2.2.3.2 能够编制品牌广告和公关宣传方案,组织品牌信息发布会,与公关、媒体广告策划、市场研究等品牌服务部门进行交涉合作。

4.2.2.2.3.3 能够制定品牌终端推广和阶段促销计划,制定并且评估品牌促销方案。

4.2.2.2.3.4 能够制定品牌展览计划,组织品牌展览活动。

4.2.2.2.4 品牌资产管理

4.2.2.2.4.1 能够主持商标创意设计和申请注册工作,制定并实施商标管理制度和措施。

4.2.2.2.4.2 能够制定品牌保护管理制度,组织实施品牌保护专项和日常活动。

4.2.3 高级品牌管理师

4.2.3.1 学历及经历要求

具备下列条件之一者。

4.2.3.1.1 取得国民教育序列的大专学历,从事本专业或相关工作满十二年。

4.2.3.1.2 取得国民教育序列的本科学历后从事本专业或相关工作满八年。

4.2.3.1.3 取得国民教育序列的硕士学历后从事本专业或相关工作满五年。

4.2.3.1.4 取得国民教育序列的博士学历后从事本专业或相关工作满两年。

4.2.3.2 工作要求

4.2.3.2.1 品牌要素建构

4.2.3.2.1.1 能够分析品牌市场调研成果和市场竞争格局、顾客需求特点和趋势。

4.2.3.2.1.2 能够识别品牌目标顾客区隔,分析类别中不同品牌生命周期,整合协调品牌定位。

4.2.3.2.2 品牌系统管理

4.2.3.2.2.1 能够制定品牌营销目标、营销战略、营销行动方案、预计损益表和营销渠道建设方案。

4.2.3.2.2.2 能够制定并组织实施品牌管理制度,审核品牌管理制度和措施的制定并监督实施,协调研发、制造、市场和销售等业务相关部门业务协同职能,与人事、财务、供应和后勤等支持部门进行品牌支持交涉合作,并能够培训和激励下属。

4.2.3.2.2.3 能够编制品牌经费预算,审核和监督品牌预算的制定与实施。

4.2.3.2.2.4 能够制定新产品开发规划,与企业研发负责人共同审查新产品开发计划。

4.2.3.2.3 品牌传播推广

4.2.3.2.3.1 能够制定并实施品牌整合传播推广计划、品牌广告计划和品牌公关宣传计划,协调公关、广告、市场研究等品牌外部服务部门合作职能。

4.2.3.2.3.2 能够制定并实施品牌促销计划,审查并监督实施品牌促销计划。

4.2.3.2.4 品牌资产管理

4.2.3.2.4.1 能够制定品牌运作监控计划,组织品牌运作信息收集工作。

4.2.3.2.4.2 能够分析品牌受损问题,策划和组织品牌保护活动。

4.2.3.2.4.3 能够制定品牌危机处理方案并组织实施,提出品牌危机防范计划并监督执行。

4.2.3.2.5 品牌战略规划

4.2.3.2.5.1 能够根据品牌战略目标和原则制定品牌发展规划,审查和批准品牌发展规划。

4.2.3.2.5.2 能够提出品牌延伸方案并组织实施,提出品牌重建与退出方案并组织实施。

4.2.3.2.5.3 能够设计品牌架构体系,确定品牌架构体系中各品牌的角色和管理规范。

第二节　品牌管理内容

品牌管理的具体活动贯穿于品牌创立、品牌维护、品牌发展以及品牌更新等品牌建设与成长全过程的每一环节,是一项长期、系统的工作。当企业建立起品牌管理体系,其品牌经营就逐步从纯粹的产品管理、市场管理中超越出来,进而将产品经营与品牌这一无形资产结合成统一整体。同时,品牌管理的业务活动也超出了品牌命名、品牌推广,扩大为涉及品牌创造全过程的各方面工作,基本内容如图 2-1 所示。

1. 设定品牌管理的目标

环境是企业生存与发展的空间,环境分析为企业制定战略和管理品牌提供了主要依据。品牌发展服从于企业战略,打造著名品牌往往是企业战略的重要组成部分。根据企业发展战略,品牌管理的目标是通过研究目标消费者的需求,通过整合企业资源和有效运用各种营销手段,使目标消费者对品牌有深入的了解,在消费者的心目中建立品牌地位,促进品牌忠诚。一般而言,品牌管理的目标有三:一是品牌的增值(品牌创利能力);二是潜力挖掘(扩大品牌的获利范围);三是延长品牌作用时间(防止品牌随主导产品的过时而失去依托,造成品牌价值的流失和浪费)。

2. 建立品牌管理组织

建立品牌管理组织是企业的一个重要决策。在现实中,一些企业并没有设立专

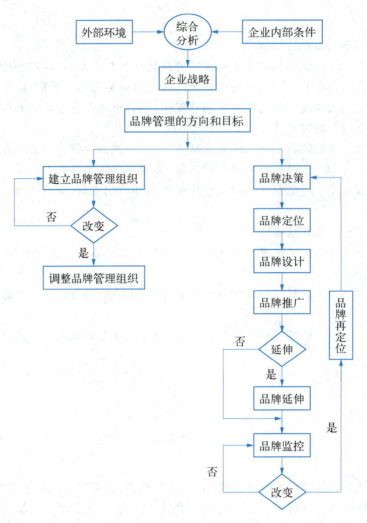

图 2-1　品牌管理流程及内容

门的品牌管理机构,品牌管理由某些相关部门来执行,如市场部、销售部或营销部。因此,企业应该对自己的实际情况做具体的分析,然后决定企业是否有建立品牌组织管理的需要以及建立后该如何进行。品牌管理组织由企业内部组织与企业外部组织构成。对于外部品牌管理组织而言,企业可以选择专业机构介入的方式,请它们担任品牌管理与部分执行工作的代理人。欧美等发达国家有些已经实行了品牌管家制等。

3. 品牌决策

品牌决策是品牌管理的基础,在品牌管理体系中占有举足轻重的地位。随着企业的发展,又将考虑如何对品牌进行发展和维护,选择怎样的品牌组合,是否需要进行品牌延伸等。解决这些问题,就需要制定和实施有效的品牌战略,从是否需要品牌到品牌如何建立和维护,直至品牌战略,都是一个连贯的决策程序。品牌决策是决定企业是否使用品牌、使用哪种类型的品牌,以及使用什么形式的品牌等一系列决策过程。品牌决策包括品牌建立决策、品牌使用者决策、品牌名称决策、品牌战略决策和品牌再定位决策。在品牌决策过程中，企业上层需要关注市场的变化，对需求和竞争态势进行判断，并结合企业自身的实际情况，制定创建强势品牌的战略目标，然后下达给营销管理者，让其严格执行并适时控制与反馈。

4. 品牌定位

品牌定位是企业品牌建设的一个重要的环节。品牌建设是一种长远的、永续的规划，它改变现有的产品秩序，冲破人们既有的价值观念，重新排列同类产品市场份额的分配。品牌定位战略就是旨在建立新秩序，确立新价值，从更长远的角度实现长久占领市场的目标；在这个战略中，品牌定位是品牌发展的前提和基础，更是品牌腾越的起跑器。面对众多同类产品和竞争性品牌，企业的品牌定位决定了品牌的特性以及品牌未来发展的潜力。品牌定位必须在深入调查的基础上，对准目标顾客，体现差异，凸现个性，并以此来赢得消费者的青睐。

5. 品牌设计

品牌命名与设计是实现品牌定位的重要环节。通过这一工作，企业制定了以核心价值为中心的品牌识别系统，使品牌识别与企业营销传播活动具有可操作性。一个优秀的品牌设计，不仅可以触动消费者内心世界，而且能够完善企业的品牌形象。一整套的品牌识别系统包括：品牌理念识别、品牌行为识别、品牌视觉识别、品牌听觉识别以及品牌网络识别。在品牌设计中，品牌管理组织要注意针对消费者的感知与体验过程而进行，由此品牌设计可以分为两大层次：品牌感知与品牌体验。在品牌感知层次中，企业设计什么品牌和风格与消费者的感知是紧密相连的。在品牌体验层次中，企业设计的品牌主题应当考虑消费者的体验层次，从而通过市场行动激发消费者对品牌的购买与拥有欲望。另外，品牌识别系统需要反映品牌的核心价值，保持相对的稳定。同时，应根据环境状况的变化，对品牌的识别部分内容进行适度创新性的调整。

6. 品牌推广

品牌推广的主要工作是通过营销传播活动影响目标顾客。品牌管理人员应当力图使每一次营销行为都传达品牌的核心价值，不折不扣地在任何一次营销和广告活动中演绎出核心价值，诸如包装设计、电视报纸电台广告、海报等，促销品、新闻报道等活动，都要把握与消费者沟通的机会，从而使消费者在任何一次接触品牌时都能感受到核心价值的信息。

整合营销传播分为间隔性的整合营销传播和持续的整合营销传播。间隔性的整合营销传播包括广告、公共关系、直接营销、事件营销、销售促进，以及产品与服务、价格、销售渠道。从传播角度看，这些因素都是向顾客传达信息的载体，都应纳入传播途径中。这个阶段的品牌形象，更多是满足特定的某一时期顾客与竞争的要求，或者是特定的某一市场区域顾客群与竞争的要求，因此，它具有阶段性特点。

持续的整合营销传播是运用统一的大众传播组合以及互动式沟通的办法，按照既定的品牌设计，调动沟通性传播与非沟通性传播的各方面创造性努力，形成面向顾客的统一品牌形象与品牌价值实证。而品牌的传播并不是一个短期的过程。由此，品牌的创造需要一个较长的时间周期和覆盖一个较大的市场，只有在长期的、持续的传播过程中保持品牌的一致性,才能在消费者心中形成深刻的品牌形象。

7. 品牌监控

品牌管理是一个动态运作系统,品牌监测是其中一项不可忽视的重要工作。品牌监控的目的是及时掌握品牌的市场表现,为品牌的有效管理提供信息和决策依据。品牌监控可以由企业的品牌管理机构来完成,也可借助外部机构来完成。通过品牌监控,企业可以客观、系统地对品牌定位、品牌设计以及品牌的整合传播等做出全面、客观评估,修订完善整体品牌的管理方案,进而不断地完善与提升品牌。企业还可以通过权威机构对品牌的评估,把品牌确定为量化的资本财富,这是将品牌资产运用到融资与合作、合资上的必要手段。

第三节 品牌管理组织

在企业品牌管理的实践中,并不是所有企业都设有专门的品牌管理机构与人员。但从企业的长远发展来看,相当部分企业有必要建立品牌管理组织,尤其是那些多品牌的消费品公司。随着经济的全球化,企业的规模与经营方式正不断地膨胀与转换,企业的品牌管理方式也由此发生了巨大的变革。特别是一个企业有多种品牌时,企业应注意多种品牌之间的协调与管理,并保证支撑品牌的生产与供货,避免损害品牌形象。同时,品牌管理需要企业各部门之间协调合作,这也要求品牌管理方式必须不断变革与完善,使之与企业的发展相适应。以下是几种常见的品牌管理组织形式。

一、传统品牌管理组织

1. 业主负责制

业主(或公司经理)负责制是指品牌(或产品层次)的决策活动乃至更多的组织实施活动全由业主或公司经理以及公司的高层领导承担,而只有那些低层次的具体活动才授权下属去执行的一种高度集权的品牌管理制度。在 20 世纪 20 年代以前,这种品牌管理方式在西方国家企业中占统治地位。例如,可口可乐公司的业主和总经理坎德勒(Candler)从 1888 年买下可口可乐专有权后至 1916 年,他用一种几乎宗教般的激情建造全国性的分销网络,并亲自参与选择广告代理商等活动。

业主负责制的优点是决策迅速,协调能力强,同时可以注入业主(或公司经理)的企业家精神,从而为品牌发展提供强大的推动力。但是业主负责制先天不适合规模较大的企业,换句话说,当企业规模到达一定程度,需要与各方面的组织和机构打交道时,业主负责制这种品牌管理组织形式就会显示其越来越大的局限性。从这个意义上来说,业主负责制并不属于严格意义上的品牌管理组织形式。

2. 职能负责制

职能负责制是指在公司统一协调下,品牌管理职责主要由公司各职能部门分担,各职能部门在各自的权责范围内分别对品牌进行管理,其中通行的做法主要由市场部或广告部制定有关的品牌管理制度。职能负责制是在20世纪20年代以后兴起的,它的出现标志着品牌管理真正发展并逐步完善起来。职能管理制在20世纪20年代至50年代的西方国家比较盛行,至今仍被一些西方企业所采用。随着我国经济的快速发展,大量的企业兴起,职能负责制也为一些企业所青睐。

(1) 职能管理制的优点。职能管理制的优点如下:

① 可使公司领导摆脱很多具体事务的纠缠,集中精力思考和解决企业发展的重大问题。职能部门承担了品牌管理的职能,使得公司领导能将时间分配到构建公司发展的总体战略,塑造适应公司特征、有利公司经营业绩的企业文化等有关公司发展的重大问题上。

② 可使品牌管理由传统的直觉与经验型转向以知识为基础的科学管理,从而提高管理水平。

③ 可以促进品牌管理的科学化。

(2) 职能管理制的缺点。与业主负责制相比较,职能管理制可谓是一种巨大的进步,其明确的分工和职能分配极大地提高了工作效率。但是,随着社会的发展,职能管理制也日益暴露出它与品牌管理的新要求不相适应的弱点,概括起来,主要有以下几点:

① 彼此平行的职能部门之间缺乏有效的沟通与协调。由于各职能部门属于同级关系,不存在谁领导谁的问题,因此在遇到利益冲突时,往往各自从部门利益出发而不顾大局,结果使得各职能部门间难以进行有效的沟通及协调,各个品牌无法整合,甚至在同一企业内部也经常出现各品牌互相残杀的现象。

② 容易导致品牌管理责任不明确。当公司拥有多个品牌,尤其是同一业务内已发展出几个不同品牌时,到底该由谁来对某个品牌的发展负主要责任表现得模棱两可。在这种情况下,公司不得不将更多的决策权力下放,但不可让彼此平行的各职能部门共同承担品牌经营的责任,导致各个品牌的定位和经营目标出现管理"真空"。

以上两方面问题的存在,使得职能管理制面临捉襟见肘的困窘处境。1929年,全球性经济危机爆发,在大危机冲击下,很多生产者品牌受到了严峻的挑战,为了生存,企业不得不开始寻求更为有效的品牌管理方法,就是在这种背景下,产品品牌经理制应运而生。

二、产品品牌经理制

1. 品牌经理制概念

产品品牌经理制(product brand manager),又称品牌经理制(brand manager),由美国宝洁公司(P&G)于1931年首创。其基本操作思路是,企业为每一品牌安排一位品牌经理,由其负责协调该品牌的各项活动。其基本结构如图2-2所示。产品品牌经理制的推行为宝洁公司创建成功品牌(国际知名品牌)立下了汗马功劳。事实证明,宝洁的品牌经理制管理系统确实相当有效,之后许多美国公司,如庄臣公司,甚至连服务业的银行、邮局也都竞相采用这套做法。

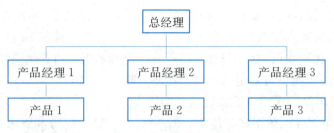

图 2-2　产品品牌经理制

> **相 关 链 接**
>
> ### 品牌经理制的诞生
>
> 产品品牌经理制诞生于1931年,创始者是美国宝洁公司负责佳美香皂销售的尼尔·麦克·爱尔洛埃。1926年,刚从哈佛大学毕业的麦克·爱尔洛埃被指派协助规划宝洁公司新上市的第二个香皂品牌"佳美"(Camay)的广告活动。此前宝洁公司已有一个招牌香皂品牌"象牙"。当时象牙和佳美的广告都是由黑人(Blackman)广告代理。麦克·爱尔洛埃全心想为佳美打开市场,但销售一直不见起色。宝洁于是决定将佳美的广告业务转给新的代理商派乐·理扬(Pedlar&Ryan),麦克·爱尔格埃也被公司正式任命为佳美香皂的"品牌经理",这也是美国历史上第一位品牌经理。在专任经理的照顾下,佳美的生意开始有了转机。麦克·爱尔洛埃对一个品牌由一个经理负责的做法深有信心。他在对品牌竞争进行观察和思考的基础上于1931年5月初写了一份长达三页的备忘录,得到了当时任宝洁总裁的杜布里(Deupeer)先生的首肯,使得"品牌经理"从实验性质转变为真正具有资源和职权保证的管理职位。从此宝洁公司的市场营销理念和营销管理体系逐步建立。美国《时代》杂志称赞道:"麦克·爱尔洛埃赢得了最后的胜利。他成功地说服了他的前辈们,使宝洁公司保持高速发展的策略其实非常简单:让自己和自己竞争。"

品牌经理作为产品品牌的主要责任人,不仅要制定品牌的发展计划,还要督导计划的执行、采取纠正行动等等。品牌经理的任务大致包括以下六项内容:

(1) 制定品牌的长期经营目标和竞争战略;

(2) 编制详细的产品品牌年度营销计划,并对销售额进行预测;

(3) 与广告和销售代理商共同策划广告方案、节目方案和宣传活动;

(4) 激发销售人员和经销商对该产品品牌的推销兴趣;

(5) 不断收集市场上有关客户、经销商、竞争者等方面的信息问题和新机会;

(6) 组织产品的改进和创新计划,以适应不断变化的市场需求。

为完成这些任务,一般来说品牌经理在企业内部要承担以下四项职责:

(1) 分析。品牌经理必须综合所有的市场数据来分析所管理品牌的强势、弱势、所存在的问题及拥有的发展机会。因此,品牌经理必须具有对数据的高度敏感性和良好的分析能力。

(2) 计划。品牌经理必须制定出该品牌发展的目标,以及实现该目标的途径和方法。

(3) 协调。一旦计划获得批准,一般来说计划人就应承担该项计划执行的职责。然而品牌经理却并不一定拥有直接指挥各职能部门的权力,很多情况下都要通过协调工作才能使计划得到施行。为使计划能够顺利执行,品牌经理不仅必须与企业内部几乎所有的部门发生联系,还必须协调和企业外部相关联组织的关系。因此,如果说计划工作需要品牌经理具备良好的判断能力和创造力的话,那么协调工作则要求品牌经理具备更强的领导能力以及耐心。

(4) 控制。品牌经理必须衡量计划的执行结果是否与计划存在重大的偏差,然后决定是否采取行动纠正偏差或进一步改进计划。

2. 品牌经理制的优点

品牌经理制是宝洁公司创造的独特的管理机制,历经70多年仍受到采用。品牌经理的组织方式符合品牌的规划逻辑,职责明确,是对企业管理职能的创新。品牌经理制在企业内部全面负责品牌的构思、设计、宣传、保护、品牌管理和品牌资源的经营,从而在组织上保证全面地、有效地实施品牌战略,形成有效的管理机制。概括起来,品牌经理制有以下优点:

(1) 加快企业创建品牌的进程。在品牌经理制下,企业委任品牌经理负责某品牌运营的全过程,具体负责该品牌产品的开发、生产与销售,协调品牌产品的开发部门、生产部门和销售部门的工作。我们知道,承担品牌经理工作的经理人员都是熟悉企业生产经营活动的、具有高度组织能力的人。这样一名熟悉企业生产经营活动全过程及各环节衔接的业务经理,从品牌和企业整体利益出发,并借助制度的力量围绕品牌运营,坚持整合运作原则,协调各职能部门的矛盾与利益。品牌经理制使企业对品牌的设计、品牌的注册、品牌的发展和品牌的投资组合等各个阶段的管理有了完整的保证体系,有专门的人才和专门部门实施对品牌的全面管理,使企业的品牌资源和营销活动能最大限度地协调一致,并最终能通过满足消费者对品牌商品的需求来实现企业的经营目标。

(2) 有利于培养消费者对品牌的偏好和忠诚。以前,企业习惯于先开发新产品,再定价,最后卖给消费者,产品市场定位趋同。在品牌经理制下,人们会极大地关注品牌竞争的差别性优势,包括价格成本差别性、产品特点差别性、服务质量差别性、品牌风格差别性、促销手段差别性,有效消除产品、品牌的趋同现象。以差别性改进品牌的市场定位,以差别化战略参与竞争并最终赢得胜利。这样能够增强消费者对品牌的偏好,从而促进消费者忠诚于该品牌。

(3) 有利于形成双赢或多赢的局面。让企业、消费者、经销商和品牌经理都能从这一制度中赢得各自所需的利益,创造一个双赢或多赢的局面,这是一切企业推行品牌经理制度的目标所在。品牌经理制度不是要求某一个品牌成功,而是要求每一个品牌在企业内部和市场上获得全面的平衡,形成"1+1>2"的市场效应。对零售商及消费者来说,品牌经理制度的建立,可使其获得更为宽广的选择空间。企业不再以产品为出发点,而是以品牌所服务的消费者和零售商的需要为出发点,使消费者和零售商的需求从一开始就得到品牌经理的关注与重视,以便获得更多、更丰富、更满意、更符合个性需求的产品。

3. 品牌经理制的缺点

品牌经理制固然有许多优点，但它也存在着一些有待完善的地方。因为品牌经理处于企业内部各种力量的不断协调之中，他虽然对企业的品牌负全责，但又无权指挥其他职能部门，必须依赖其他相关职能部门的协助。所以，他处于看似"总经理"又不过是个基层管理者的地位。同样，由于品牌经理有一个工作的期限，在他调离去负责另一个品牌之后，原来的品牌市场表现又可能受到影响。如果公司品牌太多，则有太多品牌经理，同产品不同品牌经理间为争夺预算而产生矛盾，并且可能导致企业产品品牌之间的内部竞争，浪费企业的资源。

具体来说，品牌经理制的缺点表现在以下几方面：

（1）品牌管理缺乏统一的规划和领导，而且容易滋生腐败；

（2）品牌众多，往往得不到消费者足够的注意，难以建立品牌价值，形成不了强势品牌，易被竞争对手击破；

（3）面对同一消费群体的品牌，往往竞争有余而合作不足；

（4）品牌经理制所需的费用常常高出预算，不能较准确地把握；

（5）多个品牌不同风格的出现往往难以形成完整、统一、鲜明的企业形象。

总之，产品品牌经理制的意义在于不仅有助于培养营销管理人才，增强了各职能部门围绕品牌运作的协调性，为企业创造一种健康的内部竞争环境，而且有助于企业贯彻执行市场导向战略，维持品牌的长期发展和整体形象，为企业每一种产品或品牌的营销提供了强有力的保证。

三、品类品牌经理制

然而，到了 20 世纪 80 年代中后期，这种状况开始有了改变，品牌经理制的弊端开始逐步显现。这种弊端主要反映在：由于施行以单个品牌为基点的管理，使得产品大类中品牌的数目大幅度膨胀。尽管品牌的差异性是建立在市场细分的基础之上，但是事实上，品牌之间的蚕食是存在的，这样不仅造成了资源配置的分散和浪费，不利于企业的有效经营，也在一定意义上给大型经销商的发展设置了阻碍。例如，像沃尔玛这种大型零售企业为了经营洗衣粉这种产品，需要同十个具有不同想法和战略意图的品牌管理者谈判，并在货架管理、产品宣传等方面采用各具差异的方法和手段，这无疑大大增加了零售商的运营成本，加大了管理的复杂性，不利于零售企业有效地管理店铺。因此，改善品牌经理制不仅是生产企业发展的迫切需要，也是大型零售企业发展必须解决的问题。

品类经理制是品牌经理制的演变，通常被称为品类管理，其特点为依据不同类别或性质的产品分别设置管理部门，目的在于减轻由于品牌过多产生的内部矛盾，提高资源的有效利用及管理的效率，同时也是为了适应经销渠道及零售渠道对同类别产品采购的要求。在这一制度下，品牌经理向种类经理负责，种类经理对整个产品线负责，这使得产品种类管理更加完整、协调，并能更好地连接新的零售商"种类采购"系统。

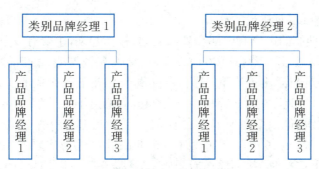

图 2-3　类别品牌经理制

相对于品牌经理制，品类经理制有以下的优点：

首先，不再局限于具体的品牌，协调与其他类别品牌的关系。

其次，确保同类的各产品的各品牌间不出现过度竞争。

再次，品类部门对本品类的运作具备较高的专业水准，对于推广可以采取有针对性的策略，同时也具有经验上的优势。

最后，由于品类部门专注于本品类的市场发展形势，对市场的反应较为敏感，对于竞争形势的变化、产品的发展、促销形式的运用、消费者态度的变化等，品类部门都能在很快的时间内得到信息，并及时做出反应。

但是，品类经理制也存在着以下问题：

第一，品类部门在协调上有一定难度，可能降低效率。由于品类管理部门不是权力部门，因此对于工作的进程无法准确把握，在品类部门与其他部门进行工作协调时，常常会碰到有关部门不能按时完成工作的情况，往往需要品类部门进行大量的协调。

第二，品类部门的专业化能力没能充分发挥。各品类部门在本行业都应该是专家，对于产品的发展和市场形势都要非常清楚，但在实际的运作中，有很多方面由于品类部门无法直接控制，使得很多关键环节的工作（如产品研发、分销网络、促销方式等）不能做到位，显得不够专业，面对竞争非常被动。

第三，品类部门的策略不能充分贯彻到办事处。在与各办事处的协调过程中，品类部门往往感到制订的策略不能有效地贯彻到办事处，实际执行的效果与设想的结果有较大差距；而品类部门向办事处进行有关的策略指导时，办事处也执行不到位，这就影响了策略的效果。

四、企业品牌经理制

近年来，许多企业出现了一个新的职位——CBO（首席品牌官），即站在企业整体层面来对品牌进行综合管理，这种品牌管理方式（企业品牌经理制）与传统的品牌管理方式不同，它重点培育企业品牌（或旗帜品牌），并通过明确企业品牌与其他品牌的关系，使品牌系统中各品牌能够相互支持，从而实现品牌建设整体最忧。企业品牌经理制的出现说明企业在品牌建设中，正逐渐脱离孤立、局部建设，并走向系统、整合建设，从而在完全意义上实现企业品牌的系统管理。

1. 企业品牌经理制产生的原因

企业品牌经理制的产生有内部和外部原因,概括起来,主要有以下几个:

(1) 营销环境改变。营销环境改变集中反映在消费者对产品所持态度的转变上。以往消费者对产品比较倚重,至于谁提供产品并不怎么关心。随着互联网络的发展和消费者主导地位的建立,消费者开始趋向理性购买。他们不仅关心产品,也关心提供产品的组织,他们希望所购买的任何产品背后都有一个值得信赖的组织。正如英国品牌专家 King(1991)指出的那样,企业品牌将成为重要的识别标志。也就是说,消费者在做出选择时,并不那么看重产品或服务给他们提供的功能性利益,而是更多地考虑他们选择产品或服务前对公司人员的评价,他们的技能、态度、行为、风格、语言、环保意识、是否为他人着想、交流模式和反应速度等。宝洁公司前总裁 Ed Artz 也指出,现在的消费者希望了解公司,而不是产品。一项对美国消费者的大型调查发现(Keller, 1998),89%的被调查者认为,企业的声誉常常决定他们购买哪家的产品;71%的被调查者说,他们对一个企业越了解,他们对其感觉就越好。这种营销环境的变化,使得企业开始探讨新的品牌管理方式,这也就成了企业品牌经理制产生的原因之一。

(2) 市场竞争压力加大。随着技术的发展,尤其是信息技术的发展,一方面,新产品的仿效变得十分容易,这使得市场上竞争品牌的数量急剧增多,消费者每天都要被成千上万的营销信息所包围;另一方面,由于中间商掌握了大量的信息而变得日益强大,再加上它们的货架空间有限,所以它们通常只选择那些强势品牌的产品销售。这样,那些处于非主导地位的品牌就面临着很大的压力,建立一个强有力的品牌变得刻不容缓,因此亟须在品牌管理方式上进行变革,有一个专门的组织形式来集中对企业品牌进行管理和建设。这是导致企业品牌经理制产生的原因之二。

(3) 创建和维持品牌费用昂贵。创建和维持品牌的费用越来越高,迫使企业集中于部分品牌,重点培育企业品牌或旗帜品牌。销售专家认为,在未来的市场竞争中,要想在北美及欧亚顾客中夺得显著的"印象占有率",需要约10亿美元的广告费用。但索尼的产品一上市,就会立即被公众认可,原因就是索尼拥有一个强有力的品牌,而这一优势就来源于公司对其企业品牌的培养。培育企业品牌是现代市场条件下取得竞争优势的有力手段,而建立企业品牌经理制则有利于企业更好地培育企业品牌。

(4) 品牌分散管理削弱品牌竞争力。品牌是识别产品的标志,是企业向其最终消费者、客户、股东、管理层传递信息的工具。因此,品牌必须能够传递一个企业所具有的共同文化,共同的目标、语言、方法、风格。但是如果企业有很多独立品牌的话,那么是把这些信息放在一个品牌上,还是放在多个品牌上?如果只放在一个品牌上,那么其他品牌又代表什么呢?如果缺乏系统管理,品牌分散的结果不仅造成企业形象的混乱,而且使企业内大多数品牌缺乏竞争力。而建立企业品牌经理制,重点培育企业品牌,则可以较好地解决这些问题,这也是推动企业推行企业品牌经理制的又一个原因。

(5) 产品品牌经理制的缺陷越来越明显。产品品牌经理制缺陷越来越明显也是间接推动企业品牌经理制产生的原因之一。由于产品品牌经理制一度是企业进行品牌管理的"经典"方法,一旦其缺陷暴露,则大多数企业都面临寻求一种新管理方法的任务,于是从类别品牌经理制开始,到企业品牌经理制的建立,都说明了企业只有适应环境变化,不断调整品牌管理方法,才有可能在竞争日趋激烈的市场中立稳脚跟。

2. 企业品牌经理的职责

企业品牌经理的主要职责包括:

(1) 制定品牌管理的战略性文件;

(2) 建立母品牌的核心价值及定位,并使之适应公司的文化及发展需要;

(3) 定义品牌架构与沟通组织的整体关系,并规划整个品牌系统,使公司每一个品牌都有明确的角色;

(4) 品牌延伸、提升等方面战略性问题的解决;

(5) 品牌体检、品牌资产评估、品牌传播的战略性监控等。

当然,企业品牌经理完成这些职责并不一定非得完全靠自己的力量或内部力量,有时企业也可借助"外脑",即专业的品牌顾问咨询公司来完成任务。

3. 建立企业品牌经理制的意义

建立企业品牌经理制对企业来说,具有重大意义:

(1) 可使企业从战略高度对品牌进行管理,而不再像以往那样,将品牌交由处于较低层次的产品品牌经理进行分散、孤立的管理。由于企业品牌经理制赋予了企业品牌管理层最高管理地位,同时负责品牌建设的总体规划和布局,因此避免了产品品牌经理制下缺乏协作的致命缺陷,使得企业品牌经理可从大局和整体利益出发,对企业品牌实行统一的系统管理,从而有利于企业品牌达到整体最优的状态。

(2) 可使众多品牌相互支持,成为一个有机整体,而不是彼此独立,从而有利于企业形成"1+1>2"的整合效应。

(3) 有利于企业集中培育企业品牌(或旗帜品牌),以维持统一的公众形象。一般来说,产品品牌更多地代表产品、配方、专有技术等;而企业品牌或旗帜品牌则代表企业利益、价值理念、企业文化等,是更高层次企业理念的表述。重点培育企业品牌或旗帜品牌,可使企业产品品牌在其理念的支持下,共同维持统一的对外形象。

(4) 有利于企业更好地实现资源(用于品牌建设)的合理配置。

(5) 有利于企业从更高、更远的角度选择适合自我发展的品牌管理模式。

第四节 品牌管理变革

品牌的起源可以追溯到公元前 13 世纪,古代中国、希腊和印度的手工业者把自己的名字刻在自己制作的手工艺品上,以此作为识别自己产品及产品质量的象征。品牌管理的历史迄今为止已有几千年的历史了,然而作为真正意义上的品牌管理却仅有几十年的历史。随着日趋复杂、竞争压力不断加大、媒体发生巨变和消费者消费心理日趋成熟,仅仅是品牌管理已无法让消费者保持足够高的品牌忠诚度。传统的品牌管理模式已经不能够满足企业的要求，因此品牌管理的变革就迫不可待了。

一、品牌管理变革压力

随着科学技术的快速发展，最近几年来所发生的变化对品牌管理这套过去似乎行之有效的制度提出了疑问和挑战。那究竟有哪些方面呢？

1. 信息技术（IT）的不断发展

IT技术的发展，将对营销领域，包括品牌与品牌管理，产生深刻的影响。由于IT技术的发展，将使得基于网络的直销方式成为可能。在所有的直销形式中，最具革命性的是基于互联网的网络营销。网络营销被认为是当今最具有优势的一种直销方式。然而具有讽刺意味的是，网络营销对于所有的营销人员来说都不啻是一场噩梦。一方面，它显著地降低了消费者的搜寻成本；另一方面，消费者在互联网上使用各种搜索引擎，甚至可以实现邀请多个供应商同时进行投标竞争，从而获取最低的购买价格。这样一来，买方和卖方就完全可以在一个既定的价格条件下实现交易从而使市场变得越来越有效。然而，市场越来越有效反过来对传统的基于市场不是十分有效的条件下才出现的以品牌管理为导向的营销的存在提出了质疑。因此，随着IT技术的发展，市场将越来越有效，品牌对于消费者减少寻找成本的作用将大大降低，而各种以提供搜索引擎为目的企业或者信息提供者的作用和重要性将大大提高。

2. 消费者价值观念的转变

消费者价值观念在不断地改变。一方面，随着竞争的加剧、产品供给的增加，消费者面临着更多的选择，他们变得愈加精明；另一方面，人口老龄化的趋势，意味着有经验的购买者数量在增多。而且企业在提供高质量的产品的同时，还向消费者提供越来越多的附加服务，又导致消费者对价值期望的提高。所有这些趋势，都意味着未来消费者可能更加成熟，更加重视价值导向。消费者对价值的进一步关注，对品牌和品牌管理会产生什么影响呢？品牌的情感利益对于消费者来说将不像过去那么重要了吗？

3. 零售商力量的不断增长

规模更大、势力更强、信息更灵通的零售商正要求更多的贸易促销来交换稀有的货架空间。贸易促销费用的增多，减少了品牌经理的基本营销手段，即全国性广告的利润。零售商还要求更多的"多种品牌"促销以满足不同的顾客偏好，以便能兼顾制造商的众多品牌并帮助零售商更好地竞争。这些促销手段都超过了单个品牌经理的职能范围，其设计必须在企业的更高层次进行。

4. 品牌延伸策略的滥用

过去，很多企业认为：品牌延伸可以扩大品牌的范围，削减广告成本、提高产品的销量。然而为了追求短期利益而过度的延伸很可能将导致品牌核心利益的模糊，从而最终对品牌本身造成致命的伤害。最近许多公司已经开始意识到这一问题，并开始大量削减可能的品牌延伸。

> **相关链接**
>
> **阿尔·里斯和劳拉·里斯"打造品牌的 22 条法则"**
>
> （1）扩展法则：一个品牌的力量和它的规模成反比。
> （2）收缩法则：当收缩你的重点时，你的品牌才会更强大。
> （3）公关法则：品牌的诞生是由公关达成的，而不是广告。
> （4）广告法则：一旦诞生，一个品牌需要广告保持健康。
> （5）词汇法则：一个品牌应力争在消费者心中形成一个词汇。
> （6）信誉法则：任何品牌成功的关键因素是其诉求的真实性。
> （7）质量法则：质量是重要的，但是品牌的创建不能仅仅依靠质量。
> （8）类目法则：一个领导品牌应该促进该类目的发展，而不是品牌。
> （9）命名法则：从长远来看，对一个品牌来说，最重要的是名字。
> （10）延伸法则：毁灭一个品牌最容易的方法就是把这个品牌名称用在所有的事物上。
> （11）伙伴法则：为了建设一个商品类目，一个品牌应该欢迎其他的品牌。
> （12）通用法则：给一个品牌起一个通用的名称，是招致失败的最快途径之一。
> （13）公司法则：品牌就是品牌，公司就是公司，它们是有区别的。
> （14）副品牌法则：凡是打造品牌所创建的一切，打造副品牌都能将它破坏。
> （15）同胞法则：推出第二个品牌需要适当的时间和地点。
> （16）外形法则：一个品牌的标志应该设计得符合两只眼睛的视觉感受。
> （17）颜色法则：一个品牌应该使用一种与它的主要竞争对手的品牌相反的颜色。
> （18）国界法则：品牌全球化是没有屏障的。应该清楚一个品牌是没有国界的。
> （19）连贯法则：一个品牌绝不是一个晚上能建立的。成功要以几十年来衡量，而非几年。
> （20）变化法则：品牌可以改变，但只能是偶然的，而且只能是极其小心的。
> （21）死亡法则：没有一个品牌能够永远存在。安乐死是最好的解决方法。
> （22）单一法则：一个品牌最重要的特性就是它的单一性。

二、品牌管理变化趋势

1. 品牌管理组织高级化

今天，很多跨国企业已经开始对企业内部品牌管理机构的组织进行变革，品牌管理组织呈现高级化，过去的品牌经理只是中层干部，任职不超过 2—3 年；今天的品牌经理不但是营销部门的最高主管，而且许多都是由执行长官担任，有多年丰富的工作经验。

变革的方向是强化企业品牌、品类品牌的管理职能、品牌战略管理职能和产品线品牌的管理职能。同时负责两个以上品牌的品牌经理和产品线品牌经理的出现不但能够尽量减少子品牌之间的冲突，而且可以更好地实现资源整合、应对激烈的外部竞争；而企业品牌、品类品牌的管理职能和品牌战略管理职能的强化则可以帮助企业更有效地管理品牌形象和品牌资产。

新型的企业内部品牌管理机构是金字塔形的结构，金字塔的最上层是主管品牌的总裁、品牌副总裁或品牌管理委员会，金字塔的中层是品类（家族）品牌经理，而金字塔的基座则是各个产品线品牌经理和产品品牌经理。

如今，很多成功的跨国企业都设有品牌副总裁或品牌总监这一职务，比如宝洁公司、大众公司、微软公司等等。美国金融服务市场第三大品牌曼哈顿银行的个人业务主管就是全面品牌经理，负责公司的品牌战略的开发和实施，公司还设有品牌管理委员会，委员会成员由各业务部门的品牌维护者组成，品牌管理委员会直接向该银行的董事会汇报工作。

新型的品牌管理组织对品牌管理团队的能力方面也提出了更高的要求：

（1）品牌管理人员不仅必须具有市场营销方面的专业知识和技能，还应该以更宽广的胸怀广泛吸收外部专家顾问和内部资深人士的建议；

（2）品牌管理人员必须对目标客户群需求和个性有深入的感性认识和敏锐的洞察力以及创新意识；

（3）品牌管理人员自身的价值观和个性要与品牌的核心价值保持高度一致等。

2．品牌管理中心化

无论创建一个强势品牌，还是维护一个强势品牌，都需要从战略的高度对企业运营流程进行管理和监控，并建立起品牌驱动的业务流程管理体系和与之相配套的品牌管理绩效考核体系。国内很多企业都把品牌管理职能放在营销部门。这种让品牌管理人员主要从事广告、公关、促销、策划等工作的作法是典型的业绩驱动而非品牌驱动。以业绩驱动的业务流程管理体系去实现管理品牌的职能，无异于南辕北辙。品牌驱动的业务流程管理体系不仅强调协调、沟通，更强调监控；不仅要监控营销行为，更要监控与品牌有关的所有企业经营决策（如投资、预算、财务和兼并等等）对品牌可能造成的影响。

案 例 赏 析

以品牌驱动的业务流程管理体系

F企业是一家内资企业。为了管理企业的品牌，F企业在2000年以后逐渐建立起了品牌驱动的业务流程管理体系。在F企业内部，参与品牌管理的部门主要是品牌战略管理委员会和营销中心品牌管理部。品牌战略管理委员会的成员来自企业的高层，是品牌管理工作的最高统率机构；品牌管理部是品牌管理的执行机构，主要职能是负责品牌建设与管理的日常工作和各项品牌管理活动的执行。这些工作主要包括：起草制订品牌宪章、品牌规划、品牌管理制度、负责品牌规划执行的推动、品牌管理制度执行情况的监控、建立和维护品牌管理信息系统、就品牌管理事宜所进行的跨部门跨职能的协调等等。

F企业的品牌管理制度涵盖产品设计开发、质量控制、渠道、广告、公共关系、价格管理、售后服务、供应链管理、人力资源、投资、预算、外部并购、危机管理等几乎所有业务,并对每一项业务在开展时需要报请品牌战略管理委员会和营销中心品牌管理部评估和审批的事项作了详细的规定。同时,F企业还建立了科学的绩效考核体系,对品牌管理制度的执行进行严格的考核。对营销中心品牌管理部的绩效考核,既有依据品牌生命周期制定的阶段性目标考核(例如:近期目标——提高品牌知名度、接受度;中期目标——提高市场份额、顾客满意度;长期目标——提高利润率、品牌忠诚度,持续提升品牌价值等),也有由品牌知名度、品质认知度、品牌忠诚度、品牌联想和品牌其他资产等可量化指标构成的品牌资产考核,还有市场占有率提升、品牌溢价水平提升和品牌管理成本等业绩指标的考核,形成了科学而全面的品牌驱动绩效考核体系。

经过几年的努力,以品牌驱动的业务流程管理体系为F企业带来了丰厚的回报。权威调查机构的数据显示:2006年,F企业的品牌价值比2004年的16亿元增加近一倍,达到30亿元。

(资料来源:http://www.china-b.com/jyzy/ggch/)

3. 品牌沟通管理一致化

顾客需要花足够的时间去理解一个品牌,并对品牌信息做出反应,如果品牌与客户在沟通过程中缺乏一致性,顾客就会感到困惑。所以品牌传播必须保持长期的一致性。保持品牌沟通一致性的挑战首先来自建立内部品牌沟通机制。品牌管理虽然是高层的责任,员工却是品牌对外沟通的最重要的媒介。想要实现品牌对外的一致性沟通,首先需要从内部沟通开始,只有当企业的每一名员工都能对品牌形成一致性的认知并最终融入到品牌文化之中,成为品牌的保护者和传播者,品牌才有可能以一致的形象被传播并最终被客户所认可。正如可口可乐公司的一句著名口号所说:"在公司悠长的发展历史中,我们一次次地证明,当我们的员工、我们的品牌和我们的合作伙伴一起努力并出色工作的时候,谁都无法击败我们。"

对内的品牌沟通是一种跨越职能、跨越部门、跨越级别的全面沟通,这种沟通势必要打破传统的企业内部沟通模式。内部品牌沟通的最终目的是使所有员工都成为品牌的拥护者、忠实信徒和传播者。很多跨国企业的品牌管理部门都非常重视企业内部的品牌沟通。它们制订分并分发内部品牌介绍手册,组织不同层次、不同岗位的品牌知识培训,使用标准化的沟通文件,把对品牌内涵(包括品牌定位、品牌核心价值、品牌文化、品牌基因等等)的理解程度和执行效果纳入各岗位考核,最终使所有员工都成为品牌最坚定的拥护者和忠实信徒;它们定期把品牌管理的相关信息、动态传递给非市场部门,并听取他们对品牌管理的想法和建议;它们在全公司范围内建立可以信息共享的交流平台,让所有的员工共享顾客态度、市场变化、成功案例和其他品牌的经验、教训。

品牌管理

> **相 关 案 例**
>
> ### 新加坡航空:"品牌内部化"——新加坡空姐
>
> 1972年成立的新加坡航空公司从一开始就面临没有国内航线,必须直接与国际航空公司展开竞争的严峻形势。为打开困境,新航坚定地实行差异化的品牌战略,在发展历程中始终坚持以不断创新的空乘体验及高品质的服务吸引消费者,成功地打造了新航的品牌形象。人们一想到新航,"新加坡空姐"的形象也会自然浮现脑海,"新加坡空姐"很好地传递了新航的品牌理念,为新航的品牌塑造起到了巨大的作用。"新加坡空姐"代表亚洲价值观和盛情,她是亲切的、热情的、温和的、优雅的。它是新航服务承诺及优异质量的完美的人性化表现。"新加坡空姐"的形象非常成功,以至于1994年作为第一个商业人物陈列在伦敦的杜莎夫人蜡像馆。
>
> 为确保新航的品牌体验能够得到充分及持续的贯彻,新加坡航空公司对其机组及空乘人员进行全面和严格的培训。新航的首席执行官这样看待员工培训:培训是必须的,而不是可选的。即便是经济波动时,培训也不会被省去。从办公室助理、包裹处理员到首席执行官,每个人都要接受培训。"我们不会节省培训方面的开支。我们购买最好的软件和硬件设施用来培训员工,因为我们从长计议来看待培训。我们对员工发展的投资不会受经济波动的影响。培训是永远的,没有人会因为太年轻或太老而不需要接受培训。"
>
> 据了解,新航对待培训几乎到了虔诚的程度。每年在员工培训上的花费会达到1亿美元。培训课程分为职能培训和一般管理培训:职能培训是训练员工具体工作的技能,让他们在技术方面有足够的能力和信心,而公司的管理发展中心负责提供一般的管理培训。新航的相关员工解释说,公司最近进行了一个外部调查,发现一些"要求苛刻"的乘客往往会选择新加坡航空,所以公司员工的确有一种压力。尽管如此,公司还是鼓励员工选择那些困难的事情尽力去做,让客户满意。而员工在为顾客提供服务时,顾客满意与否势必会带来情绪上的波动,因此公司下一步培训的重点,就是要帮助员工如何处理那些"困难"的境况和贬责的话。
>
> (资料来源:http://www.docin.com/p-1417690438.html,笔者做了一定修改)

保持品牌沟通一致性的挑战还来自外部品牌沟通策略和品牌接触点管理。实现外部一致性沟通的关键在于真正做到坚持一种声音对外传播。1993年以前,IBM公司把广告交给了很多家互不相干的广告公司代理,从而导致品牌信息混乱。1994年5月,公司新任总裁郭士纳做出了一个重要决定:将IBM全球广告业务全部交给奥美广告公司代理,并提出了"One Voice"(一种声音)的核心传播策略并取得了巨大成功。"One Voice"(一种声音)是品牌沟通的最高境界。客户对品牌的体验不仅仅来自媒体,更多的来自被很多企业所忽略的客户与品牌的接触点。品牌代表一种承诺,许下诺言也许很容易,而在每时、每刻、任何地方都能履行诺言却是一件非常不容易做到的事情。为了保证在每个客户接触点上,品牌承诺都能很一致地被履行,企业必须把每一个可能出现的接触点都纳入品牌管理的范畴并对品牌接触点进行科学的管理。品牌接触点管理的第一步是创造客户渴望的品牌承诺;然后是明确所有品牌接触点,思考应该如何在这些接触点上兑现品牌承诺,通过培训和考核手段使每一位接触点上的员工明确如何实现承诺,并在最具影响力的接触点上凸显品牌承诺;最后是评估绩效并对不足之处进行改进。维珍大西洋航空公司(Virgin Atlantic)、米其林轮胎等很多跨国企业都是品牌接触点管理的典范。

4. 品牌管理战略化

美国营销学家凯文·莱恩·凯勒认为:品牌战略反映了公司出售不同产品时所采用的品牌数目和性质,即品牌战略决定的是在什么产品中应用什么品牌要素,或者新产品中的新要素和现有要素之间的关系。

品牌战略管理可以分为品牌的纵向(深度)管理、品牌的横向(宽度)管理和品牌的垂直管理。品牌的纵向(深度)管理是对品牌组合进行决策和管理;品牌的横向(宽度)管理是对品牌延伸进行决策和管理;品牌的垂直管理是对企业品牌、家族品牌和产品品牌的组合进行决策和管理。品牌战略管理的重点是如何针对企业的产品架构进行纵向、横向和垂直的品牌管理。

品牌纵向(深度)管理的目的是通过品牌组合来保证细分市场的专业性,即选择实施单品牌战略还是多品牌战略。多品牌战略虽由美国通用汽车公司首创,但却是被宝洁公司发扬光大。通过多年的实践,多品牌战略对于占领不同细分市场、扩大总体市场份额、引导内部竞争的优点和分散资源、增加传播成本、内部冲突的缺点早已清楚地显现出来。为了扬长避短,很多实施多品牌战略的公司开始对原有的品牌构架进行变革。精简品牌数量是品牌纵向(深度)管理的第一个显著趋势。专注于单一细分市场的强势品牌迅速崛起,蚂蚁雄兵般地蚕食着像宝洁公司、IBM 和通用电气公司、联合利华这样的庞然大物,并试图把这些巨人般的企业拖进深渊。精简那些利润微薄甚至亏损的子品牌,集中资源提升强势子品牌已经成为拯救这些巨人的一剂灵丹妙药,更成为未来品牌纵向(深度)管理的主要趋势。

品牌纵向(深度)管理的第二个趋势是"金字塔式"的品牌结构的普遍使用。一个长期困扰实施多品牌战略企业的问题就是应该如何划分各个子品牌之间的界限,以防止子品牌之间的"越位"。在多品牌战略实施过程中,如果由于品牌之间的定位或市场重叠而失去它们的差异性,品牌形象和品牌价值都将严重受损。"金字塔式"品牌结构成功地解决了这个问题。所谓"金字塔式"的品牌结构,就是把市场定位不同的品牌归入不同的层次中,并保证层与层之间的界限分明,从而构建一种和谐的品牌矩阵,从根本上预防品牌"越位"。例如,欧莱雅收购了小护士和羽西之后,在中国市场上一共有 12 个品牌。欧莱雅按照"金字塔式"的品牌结构对这 12 个品牌进行了清晰的布局:兰蔻、碧欧泉、赫莲娜是定位在塔顶的高端化妆品品牌;薇姿、理肤泉是定位在塔中的保健化妆品品牌;而巴黎欧莱雅、美宝莲、卡尼尔、小护士、羽西等则是定位在塔底的大众化品牌。这样的品牌布局使欧莱雅的 12 个品牌保持了清晰的定位和严格的边界。通过科学的细分市场制定明确的分层标准,随时关注并避免那些影响层次重叠的因素是实施"金字塔式"的品牌结构的关键。如果层与层之间的界限并不分明,那么每个品牌经理在业绩压力下都有可能向其他细分市场推进，就会造成各个品牌的边界模糊，从而导致竞争对手入侵和品牌形象受损。

品牌的横向(宽度)管理就是管理品牌延伸。品牌延伸的好处毋庸置疑：它可以使新产品很快打开市场；它可以节约新产品进入市场的费用，节约营销成本；它可以丰富母品牌旗下的产品线，给客户带来更加完整的选择；它可以给母品牌注入新鲜感，有助于母品牌资产与价值的提升，树立行业综合品牌；它可以依靠使不同产品在各自的市场上取得成功而提升母品牌形象。

品牌延伸所带来的问题也不少：它会使原本清晰的母品牌形象变得模糊不清；它降低了母品牌在市场上的专业化形象；而且一旦个别产品在市场上失败，就可能会给其他产品和母品牌带来连带损失。一个正确的品牌延伸决策，必须要坚持客户导向和品牌资产提升导向。一个业绩导向的品牌延伸决策很有可能反而是个可怕的陷阱。品牌延伸必须慎之又慎，有所为，有所不为。

5. 品牌管理更新化

品牌与企业的生存都依赖于市场。客户消费观念和偏好的变化，新竞争对手和新技术的出现，社会变革等因素都要求品牌不断更新，需要不断重塑。品牌重塑是一种品牌适应环境变化的行为，品牌也需要与时俱进。品牌重塑不仅仅用来应对品牌老化问题，也被更多的用于解决业务转型、新市场进入、品牌合并等情况下品牌所必需进行的变革。运用品牌重塑保持品牌基业常青已经成为未来品牌管理的趋势。

按目的来划分，品牌重塑可分为以下四种情形：

第一种品牌重塑：为改变老化的品牌形象、赢得新客户而进行的品牌重塑。客户大都是喜新厌旧的。一个存在多年的成功品牌尽管仍然值得信赖，但却难免因为缺乏活力而令人生厌。当竞争对手以全新的形象出现在客户面前时，那些有着较高的知名度、美誉度而销售额却日见萎缩的老品牌，就必须立即改变品牌形象以重新唤起客户的激情。改变老化的品牌形象可以通过不断推出新产品、拓展品牌意识、重新定位品牌、改变品牌要素、创造全新品牌识别系统、推出全新广告等方式来实现。

第二种品牌重塑：为战略转型或进入新市场而进行的品牌重塑。企业战略的重大转型要求品牌的定位与内涵也要随之变化。2005年3月，英特尔对公司的架构进行了重新布局，形成了包括数字企业、数字家庭、移动事业平台、数字医疗在内的四大平台战略架构，英特尔公司宣布自己将从一个传统的电脑芯片制造商逐渐向整体解决方案提供商转型，因此就必然需要有一个新的品牌标识和口号诠释这一变化。2006年1月4日凌晨，英特尔公司宣布，作为一项重大品牌重塑计划的一部分，它将放弃其使用了37年的公司标识和使用了15年的口号，而启用全新品牌标识和口号。英特尔此前使用的"Intel"标识中，"e"略低其他字母；而在新标识中，"Intel"五个字母周围多了一个圆圈。此外，英特尔闻名全球的"Intel inside"口号也将改为"Leap ahead"(超越未来)，新的口号代表了英特尔公司独有的品牌承诺，旨在传达英特尔公司发展的原动力以及英特尔公司所追求的永无止境、超越未来的目标，并力图更加贴近终端消费者。

第三种品牌重塑：为业务多元化而进行的品牌重塑。1998年刚成立时的腾讯科技

新的"Intel"标识　　　　　　　旧的"Intel"标识

只是一个单纯的即时通信服务提供商。七年之后,腾讯已经发展成为一个集即时通信、新闻门户、在线游戏、互动娱乐等为一体的综合性互联网公司,在这种情况下,以往的腾讯网品牌标识已经不足以覆盖和体现腾讯网现有的产业布局和经营模式。重新更换一个能够全面体现腾讯网品牌内涵和多元化业务的品牌标识,已经成为必然。2005年12月31日,腾讯科技QQ的品牌标志变成了绿、黄、红三色轨迹线环绕的小企鹅标识,过去的QQ企鹅图案从此消失,而中文标识"腾讯网"和英文标识"QQ.com"也在外观上做了一些改变。

第四种品牌重塑:为重组与并购而进行的品牌重塑。2001年4月24日,日本索尼(Sony)公司与瑞典爱立信(Ericsson)公司联合宣布:将在6个月之后组建一个新的合资手机公司,并且将为新公司生产的手机创立一个新的品牌。合资公司成立之前,爱立信的手机业务全球亏损已经高达160亿瑞典克朗(约合18亿美元)。索尼公司擅长的是视听技术产品规划和设计、消费电子产品营销以及品牌管理,而爱立信公司的强项是移动通信技术、运营商关系和网络基本设施。这两个品牌以互补型合作方式重新塑造了一个全新的索尼爱立信(Sony Ericsson)品牌并在短短几年时间内获得巨大成功。如今,索尼爱立信公司已经成为世界第四大手机生产商,2007年一季度营业额近30亿欧元。

本 章 小 结

品牌管理的目的就是为了使企业的品牌最大限度地被消费者、企业员工所接受和认可。品牌管理是一个整体的系统,品牌对外需要进行管理维护,对内也同样需要进行精心的呵护与传达。

本章首先对品牌管理的含义、品牌管理的目的进行了阐述。所谓品牌管理,是指企业以战略为指引,以品牌资产为核心,围绕企业创建、维护和发展品牌这一主线,综合运用各种资源和手段,以达到增加品牌资产,打造强势品牌的目的的一系列管理活动的统称。

其次对品牌管理的内容进行了描述。品牌管理内容主要包括品牌环境分析、品牌战略规划、品牌定位、品牌设计、品牌传播、品牌组织规划、品牌监控、品牌延伸等各项内容。

品牌管理

再次对品牌管理组织及演变进行了分析。其中，品牌管理组织经历了传统的品牌管理组织和产品品牌经理制、品类品牌经理制、企业品牌经理制等组织形态的变更，品牌管理职位在企业中的位置越来越重要。

最后对品牌管理的变革以及变革所面临的压力、今后品牌管理模式的变化趋势做了详细的描述。突出变现为品牌管理职位高级化、品牌管理中心化、品牌沟通统一化等。

思考与练习题

1. 什么是品牌管理？
2. 品牌管理的目的是什么？
3. 品牌管理的内容包括哪些？
4. 简述传统的品牌管理组织中的业主负责制和职能负责制的优缺点。
5. 了解产品品牌经理制、品类品牌经理制和企业品牌经理制。
6. 品牌管理模式目前面临着哪些压力？
7. 今后的品牌管理模式将朝哪些方向发展？
8. 品牌重塑有哪些类型？
9. 你能讲述你所了解的一个品牌重塑成功的案例吗？

案 例 分 析

宝洁——品牌管理的先驱

宝洁连续多年被评为美国十大最受尊敬的企业之一，被《财富》杂志评为最值得长期投资的企业。宝洁每年花费30多亿美元，在全球进行品牌营销，所营销的300多个品牌的产品畅销全世界140多个国家和地区，拥有50亿消费者。美国98%的家庭使用宝洁的产品，远胜过世界上任何一家企业。宝洁成功的原因除了160多年来一直恪守产品高质量的原则之外，先进的品牌理念与独特的品牌管理系统也是其获得成功的最重要因素。

始创于1837年的宝洁公司，1931年引入品牌管理系统，成为日后品牌管理的先驱。宝洁公司品牌管理系统的基本原则是：让品牌经理像管理不同的公司一样来管理不同的品牌，此管理系统是展牌管理的鼻祖。这一管理理念目前已成为宝洁公司经营运作的基石之一。1930年，理查德·杜普利出任宝洁公司总裁。宝洁公司自1923年推出了新的香皂展牌佳美后，佳美的发展业绩一直不尽如人意。市场部的人员认为：这主要是由于佳美的广告及市场营销太过于象牙皂化的思维。象牙皂是宝洁公司的重要产品之一，自1879年诞生以来，象牙皂通过印刷广告等形式，已成为消费者心目中的名牌产品，销售业绩一直很好。宝洁市场部的人员感觉到：佳美皂之所以不能畅销的原因是佳美的广告受到象牙皂广告的影响，广告意念被削弱，不同程度上成了象牙皂的翻版。

此时，公司认为指派专人负责该品牌的促销和与广告公司的日常联系是非常必要的，这一重任落在了尼尔·麦凯瑞的身上。1931年，麦凯瑞来到宝洁总部，发现当时市场部规模仍然不大。这与麦凯瑞心目中所设想的特别的管理系统无法匹配。麦凯瑞于是和罗根副总裁谈起了他的一个人负责一个品牌的构想。罗根虽然很喜欢这个构思，但他指出如果公司总裁不批准在市场部增设人员的话，这个计划就不可行。麦凯瑞说："我想我们能说服他，这个系统绝对超值"。这个他，就是当时的总裁杜普利。在宝洁的历任总裁中，杜普利以醉心于改革创新而闻名。杜普利有一句名言：对我来说，宝洁的经营运作没有什么是不可以不断发生改变的，而又应该越变越好。

从1931年以来，宝洁公司的最高主管都是品牌管理出身，而90%的管理阶层人员也都来自品牌管理队伍。如今，宝洁的品牌管理系统已经被全世界很多公司企业承继和演绎，成为营销战略中的一种模式，其品牌管理系统更被哈佛大学列为教学课程。

（资料来源：张兵武.品牌营销大未来.北京：机械工业出版社，2006）

1. 宝洁产品品牌经理在其运营过程中存在哪些问题？
2. 宝洁90%以上高管人员都出身于品牌管理的主要原因在哪里？

第三章　品牌战略

学习目的：

1. 掌握品牌战略基本概念
2. 了解品牌战略规划的主要内容
3. 了解品牌愿景的含义及意义
4. 掌握品牌核心价值的内涵及类型
5. 掌握常用的品牌模式

品牌战略失误，再牛品牌也不行

　　以成功的品牌战略为先导，宝马在全球取得了巨大的成功，但宝马在中国品牌战略上的表现却很难与其全球地位相符。尤其是宝马在中国偏离了固有的品牌定位，宝马品牌形象在中国出现了异化——"暴发户"的车。宝马决定在中国大陆设厂之前，对外部信息资源和内部信息资源进行了充分的研究，将宝马在中国的目标消费者，主体定位于新兴的、现代的企业家、新职业精英、向上攀登的年轻人，代表能量和活力。然而宝马在中国品牌战略的执行却有意无意地偏离了正确方向。由于我国进口车一直实行高关税、高定价，受此限制，宝马成了国内车迷们一个遥不可及的梦想，宝马在中国也成了奢侈品的代名词、身价的象征。当国产宝马面世后，展现给人们的是3系原来的尺寸，40万—50万间的价位；在5系60万—79万的价位对比下，吸引到的客户，给人的感觉自然大多是拿宝马来炫耀身份的"暴发户"，与宝马全球的客户定位"成功的专业人士"相去甚远。

　　此外，一系列偶然必然的负面事件都波及到宝马的品牌形象，"宝马到底是谁开的车"这一本来清晰的概念到了中国却日益模糊。"暴发户开的车"这一负面品牌联想无形中成为宝马品牌目标沟通对象购买宝马的最大心理障碍。例如在西安宝马彩票案中，宝马开上彩票奖台，本身就是一种营销失误。彩票台下成百上千的购买者中，会有几个"成功的专业人士"，成功的专业人士又有哪一个是靠买彩票来实现自身价值的？假彩票案的风波，又使宝马——"暴发户"的车这一品牌误读被急剧放大。另外，宝马花了不菲的价格赞助《天下无贼》，换来了一句最经典的嘲笑："开好车的就是好人吗？"这样的广告，宝马做得越成功，越会直接影响其目标用户——"成功的专业人士"的购车意向。加之宝马的品牌特性不太适合做公务车,其用户因而被狭隘地理解为高收入人群,甚至是低素质的暴富阶层。

这种理解渐渐被固化,以至于许多喜欢追求驾驶乐趣的高素质专业人士,即便有经济实力,也以"太扎眼"为由下不了买宝马的决心。这不但影响了宝马销量的扩大,而且直接导致宝马给人以缺乏亲和力的印象,虽然这只是一种误解。因此,在品牌竞争力时代,品牌建设的基础是品牌战略,企业战略的核心是品牌战略。无论中外品牌,概莫能外!

(资料来源:http://www.rztong.com.cn/newshtml/200696/ns5054.shtml,笔者做了一定修改)

品牌的创建、发展、维护与创新是一项长期而复杂的系统工程,必须把它当作一项战略来实施,并进行长期投资。品牌战略是品牌运营和管理的起点,没有品牌战略作导向,品牌管理工作就像没有方向的船只,只能随风任意漂流,这对品牌管理工作来说,是非常不利的。因此,本章主要就品牌战略管理的主要内容及方法进行详细阐述。

第一节 品牌战略概述

一、战略基本概念

战略、企业战略、品牌战略是一连串相关的概念。要理解品牌战略,首先要搞清什么是战略和企业战略。战略是一个军事学的概念,指关于战争全局和未来发展的谋划;企业战略是把战略的概念移植到企业管理领域里,它是指关于企业全局和未来发展的谋划。企业战略管理的实践和理论,首先产生于发达国家的企业,形成于20世纪60年代,在美国一批管理学家的研究和推广下,逐渐成为系统的管理理论。其代表性人物彼得·德鲁克在所著《管理实践》一书中提出了战略问题。他指出,"战略的核心是明确企业的远期目标和中期目标,以目标来指导经营,度量企业绩效"。钱德勒撰写的《战略与结构》一书,为企业战略下了这样的定义:"企业战略就是决定企业的长期目的和目标,并通过经营活动和分配资源来实现战略目的"。安德鲁斯认为战略是目标、意图或目的,以及为达到这些目的而制定的主要方针和计划的一种模式。这种模式界定着企业正在从事的或者应该从事的经营业务,以及界定着企业所属的或应该属于的经营类型。迈克·波特在1980—1990年间先后出版的《竞争战略》《竞争优势》和《国家竞争优势》被誉为"战略管理三部曲"。他认为,"战略是公司为之奋斗的一些终点与公司为达到它们而寻求的途径的结合物"。安索夫在其出版的《企业战略》一书中提出:"企业战略就是决定企业将从事什么事业,以及是否要从事这一事业。"

目前关于企业战略定义的认识还没有达成统一意见,不过大多数定义都涉及了战略的核心思想：如设立企业的长远目标、制定经营管理方针、对企业资源的分配进行决策、谋求持久的竞争优势等。其中具有代表性的如加拿大麦吉尔大学管理学教授明茨伯格对于企业战略的定义。明茨伯格借鉴市场营销学中的四要素（4P's）的提法，即产品、价格、地点、促销，提出了企业战略是由五种规范的定义阐明的，即计划、计策、模式、定位和观念构成了企业战略的5P's。这五个方面的定义从不同角度对战略这一概念进行阐述。

（1）战略是一种计划。从本质上来讲，战略具有"行动之前"的含义。明茨伯格指出，战略是一种有意识的、有预谋的行动，一种处理某种局势的方针。根据这个定义，战略具有两个本质属性：一是前导性，战略是在企业发展经营活动之前制定的，以备人们使用；二是主观性，战略是有意识有目的地制定的，更多地反映了人们对未来行动的主观愿望。在实践中，企业战略是公开而又明确的，是作为一种计划写进企业的正式文件中的。

（2）战略是一种计策。在特定的情况和环境下，企业把战略作为威慑和战胜竞争对手的一种"手段"。例如，一个企业得知竞争对手想要扩大生产能力时，便提出自己的战略是扩大厂房面积和生产能力。由于该企业资金雄厚、产品质量优异，竞争对手无力竞争下去，便放弃扩大生产能力的设想。然而，实际情况却是，一旦竞争对手采取了放弃的态度，该企业并没有将扩大能力的战略付诸实施。因此，这种战略只能称为一种计策，旨在对竞争对手构成一种威胁作用。事实上，在战略管理领域和一般谈判过程中，人们越来越多地注意到战略的这一特点，波特（Porter）在《竞争战略》一书中，用一章的篇幅讨论了"市场信号"的问题，而发送市场信号实际上就是一种竞争性的策略。

（3）战略是一种模式。明茨伯格认为，战略是一种模式，它反映企业的一系列行动，这就是说，无论企业是否事先对战略有所考虑，只要有具体的经营行为，就是企业的战略。战略作为一种计划与作为一种模式，两个定义是相互独立的。在实践中，计划往往可能在最后没有实施，而模式可能没有事先具体的计划，但最后在实际中却形成了。这就是说，战略可能是人类行为的结果，而不是人类设计的结果。

（4）战略是一种定位。前三种定义没有准确地回答一个基本问题，即战略到底是什么？鲁梅尔特（Rumelt）指出："一个人的战略会是另一个人的战术，即一件事情是否是战略，主要取决于当事人所处的地位。同时，它也取决于当事人所处的时间。今天看来是战术的问题，明天可能就会被证实是战略的问题。"显而易见，战略是随时间变化而不断变化的，是一种动态的变动过程。战略的范围非常广泛，它可以包括产品及生产过程、顾客及市场、企业的社会责任与自我利益等任何经营活动及行为。不过，最重要的是，战略应是一种定位，是一个组织在自身环境和利益之中所确定的位置。对于企业来讲，其战略和重要任务在于确定自己在市场中的位置。总之，把战略看成一种定位的概念，是通过正确地配置企业的资源，形成企业有力的竞争优势。

（5）战略是一种观念。以上的几种定义或者强调企业的外部环境对企业战略形成的制约和影响，或者重视企业内部资源和能力在创造和维持竞争优势方面的作用，而"战略是一种观念"这一定义是把注意力放在企业战略的思维上。把战略看成为一种观念，它体现组织中人们对客观世界固有的认识方式。例如，一些企业具有进取精神，属于一种进取型企业,它不断创造出新的技术,固定在早已建成的市场上。企业经营者对客观世界的不同认识会产生不同的经营效果,会导致迥然不同的效率。由此可以看出,战略也是一种观念,它强调了战略是一种抽象的概念,只存在于需要战略的人们的头脑之中,尽管没有人见过或触摸过企业战略,但它却可以通过一定的方式被企业成员拥有和共享,从而变成一种集体意识并可能成为组织成员保持行为一致性的思想基础。

二、品牌战略概念

通过以上关于战略和企业战略的论述,品牌战略(Brand Strategy)可以被定义为:"组织为取得竞争优势而充分利用外部环境和内部资源创建、维护和发展品牌的一整套长期性、根本性和全局性的谋划和行动。品牌战略的直接目标是建立、维护、巩固和发展消费者对企业、产品或服务的独特的综合认知关系。"具体而言,品牌战略有以下内涵:

(1)品牌战略的目的同样是为了组织获得竞争优势。竞争优势可以让企业获得高于行业平均水平的超额利润。超额利润是指一项投资的利润超过投资者预期能从其他相同风险的投资项目可获得的利润。尽管也有学者称"品牌将死"和"战略将亡",但更多的业界经营者和学界专家认为品牌战略是企业获取相对持久的核心竞争力的一种有效方式。

(2)品牌战略也需要企业整合外部资源和内部资源。特别是要使内部资源、能力和目标适应外部环境,或者对资源利用能力加以延伸,创造新的机会和市场以适当改变外部环境。实现外部和内部的最佳适应和匹配是各企业追求的理想境界。

(3)品牌战略是一项事关全局的长期系统工程。大卫·奥格威在《奥格威谈广告》一书中谈道:"我们坚信每一则广告都必须被看成是对品牌形象这种复杂的象征符号作贡献,被看成是对品牌声誉所作的长期投资的一部分。"

(4)品牌战略的实施包括品牌创建、维护和发展等活动,在整个过程中,为实现目标,必然涉及对这些活动的计划、组织、协调、控制、评估和修正等管理活动。管理是"一个协调工作活动的过程,以便能够有效率和有效果地同别人一起或通过别人实现组织的目标"。因此,从不太严格的意义上讲,品牌战略过程也是对品牌战略实施进行管理的过程。前者强调实施与操作,后者强调控制与评价,实际上是从不同角度对同一过程的认识。

三、品牌战略规划主要内容

就像我们前面论述的那样,品牌战略是高屋建瓴的谋划和行动,是一个动态的过程。这个过程可能是从无到有地创建一个品牌,也可能是维护和发展已建立起来的品牌,甚至可能是终止某个品牌以调整整个品牌家族之间的谱系关系。本书试以创建新品牌为例,来展现完整的品牌战略规划过程中所涉及的主要内容。

(1)品牌战略环境分析。企业的品牌战略必须建立在客观环境要求的基础之上,而不能凭主观想象。因此，准确地把握环境要求是成功地进行品牌战略策划的前提。品牌战略环境分析主要内容为市场需求分析、竞争品牌战略分析、品牌政策环境分析及企业自身品牌建设资源分析，这部分内容将在本章接下来进行阐述。

（2）明确品牌使命、价值和愿景。愿景是前进的方向，是企业行动的指南，是凝聚员工的力量，更是企业家追求事业的动力源泉。因此品牌的愿景目标一定具有超前性，体现一种大视野和长远追求，而品牌使命体现了品牌对目标客户的一种价值承诺。品牌发展的过程就是企业持续超值兑现对客户承诺，赢得客户信赖的过程。本章接下来将对此进行详细阐述。

（3）确定品牌差异化定位。接下来或者与此同时，企业需要知道它们希望消费者知晓什么内容，想要在其心目中为产品或企业树立怎样的形象和位置。品牌定位需要了解哪些因素以及采用什么样的策略定位更加有效以便使品牌增值等，这些内容将在第四章予以详细阐述。

（4）进行品牌识别界定规划。品牌首先是一套符号系统，需要有鲜明特色的识别体系。为一个产品创建品牌，首先需要解决的问题是给这个产品取一个不同凡响的名字。这包括商标注册、名称、拼写、符号、颜色、图形图案以及它们怎么体现在产品的包装设计等因素上。通常状况下，品牌命名会经过论证和调查，一旦确定下来，它们中的核心因素会采用标准化原则固定下来，第五章将对此展开详细论述。

（5）进行品牌整合传播规划。无论品牌采用怎样的定位和设计怎样的识别系统，必须推广出去方能奏效。这就需要企业利用各种现存的或开发新的售销传播渠道来达到这一目的。当前各种营销传播渠道的整合是占主流地位的推广模式，第六章将对此展开专门的论述。

（6）确定品牌模式。现在企业经营的产品越来越多，在创建品牌的过程中也面临是使用单一品牌、多品牌、主副品牌还是其他品牌模式的选择，其中每一种模式的优缺点和适用性如何，将在本章接下来的部分进行详细阐述。

（7）对品牌运营结果进行评估与监控。品牌战略的成功实施和创建品牌的同时，品牌会逐渐呈现出不同的形象和个性，同时也会赋予品牌以无形资产，它能够形成强有力的沟通和拓展市场的能力，带来超值回报。因此，如何对品牌形象、品牌个性、品牌文化和品牌资产进行评估和监控等就显得非常重要，这些内容将在第七至十一章展开。

第二节　品牌战略环境分析

1. 市场需求分析

市场需求分析是指对消费者需求的分析。消费者对品牌的需求表现为两种形式：一是功能性需求，即对品牌具有作为识别标志，帮助消费者或用户识别特定企业的特定产品的功能的要求；二是情感性需求，即品牌能够寄托消费者或用户的某种情感，如愉悦、信任、夸耀、联想、自豪、舒适等复杂的心理需求。分析市场需求一般从市场调查开始。大多数企业的市场调查仅限于对产品的调查，如了解消费者或用户喜欢什么样的产品,能够接受何种价格,通过什么渠道购买等。很少有对品牌的调查研究。其实,消费者对品牌也是有自己的看法的。例如:要求品牌名称好读易记,朗朗上口;品牌商标特征明显,易于与同类商品相区别;对于品牌的文字、图案、颜色有文化认同等。

2. 竞争者品牌战略分析

品牌是企业竞争的工具。因此,竞争者品牌战略的分析对于企业有针对性地确定自己的品牌战略很重要。第一是分析竞争者品牌的定位,即竞争者品牌是针对哪一类消费者的,要给消费者留下什么样的印象。第二是分析竞争者品牌设计的合理性,即能否充分满足消费者的功能性需求和情感性需求。第三是分析竞争者品牌的基础,即商品的质量、技术水平和服务能力。第四是分析竞争者品牌的延伸空间,即能否将该品牌应用到竞争者的其他商品。

通过对竞争者品牌战略的分析,就可以帮助企业找到竞争者在品牌方面的弱点,从而确定企业更有竞争力的品牌战略。例如,在中国乳品市场上,各大品牌展开了激烈的竞争,在权威品牌研究机构"世界品牌实验室"发布的"2006年中国500最具价值品牌"中,伊利品牌以高达152.36亿元的品牌价值蝉联行业首位。伊利之所以能够取得这样的品牌价值,主要原因是通过对竞争者品牌战略的研究,有针对性地确定自己的品牌战略。特别是抓住2008年北京奥运会的历史机遇,在成功成为2008年北京奥运会唯一饮用乳制品后,伊利集团先后签约刘翔、郭晶晶等奥运会冠军选手,搭建起"奥运十冠军"的品牌体系,先后推出金典纯牛奶、LGG酸牛奶等高品质产品,以及将"健康中国"计划付诸一系列实践,把乳品与运动、健康等理念联结起来,超越了竞争对手的品牌策略。

3. 品牌政策环境分析

品牌政策环境是指国家对企业品牌的法律保护和知名品牌的产业支持政策。品牌政策对企业品牌战略的制定和实施有着重要的引导作用。例如。在我国"十一五"规划中,就明确提出要形成一批拥有自主知识产权和知名品牌、国际竞争力较强的优势企业。品牌法律保护主要指依据各种法律和采取法律措施来保护企业利益和消费者利益,如打击假冒伪劣、采取有力措施保护消费者利益,提供质量担保、质量承诺等一系列措施与手段。品牌政策环境分析就是对企业制定品牌战略的宏观环境进行分析,充分利用政府制定的优惠产业政策,发展自主品牌。同时,利用法律手段保护好自己的品牌。

4. 企业现有的品牌资源分析

大多数企业在其生产经营活动中已经形成和积累了一些品牌,但是,很少有企业从战略的高度认识这些品牌资源,更未能充分开发利用已有的品牌资源。因此,对现有的品牌资源进行品牌定位分析,从企业整体发展战略目标的角度去劣取优,对于有发展前景的品牌进行保护和拓展,是既节约人、物、财力,又可以在较短时间内见到效果的品牌战略。

企业创新品牌是一个需要较多的资源投入的事业,自主创新品牌不是仅仅注册一个商标那么简单的事,从品牌战略的角度来看,企业需要长期的努力才能使品牌获得消费者的认同,也才能发挥品牌竞争的优势。实际上,自主创建新品牌的成本及风险很大,即使投入巨额资金,也无法确保新品牌一定在市场上成功。企业自主创新品牌的资源条件主要包括以下几个方面:

(1) 自主创新品牌的财力资源。一个创新品牌要给予消费者持续不断的影响和刺激，才能产生影响效果。这就需要广告费用和营业推广费用长期持续的投入。一般情况下，投入的资金越大，持续时间越长，其影响效果越好。所以，企业要根据自己可能投入的资金量来决定是否采用创新品牌。

(2) 自主创新品牌的人力资源。创新品牌最终是要靠人员去实现的，构建以品牌为核心的企业价值体系，使企业全部生产经营活动围绕品牌展开，需要企业必须拥有相当丰富人力资源才能够实现，尤其是创新性的工作，是必须要依靠一大批创新性人才来完成的。

(3) 自主创新品牌的技术资源。创新品牌的技术水平是消费者关注的焦点。如果没有新技术的注入，单纯靠宣传很难获得消费者认同。企业必须拥有相当的技术开发能力、质量保障体系，使得产品的技术性能保持领先，才能创新品牌的内涵。例如，日本索尼公司的"Sony"品牌给消费者的印象就是新产品和新技术。索尼的发展过程可以说是不惜投入创新的过程，多年来，盛田昭夫领导下的索尼公司每年保持6%的开支用于研究开发新产品，有些年多达10%，比如1991年该公司用于研究开发的预算达15亿美元。盛田昭夫说："我们的计划是用产品领导潮流，而不是问需要哪一种产品。"索尼公司就是要生产某些市场上从未销售过的产品，实际上是未制造出的产品。据统计，索尼公司平均每日推出4种新产品，每年推出1 000种，其中800种是平均每日推出4种新产品的改进型，其余完全是新创的。索尼公司推出新产品的效率是全世界最高的。

第三节　品牌愿景规划

一、品牌愿景内涵

品牌愿景是指一个品牌为自己确定的未来蓝图和终极目标，向人们明确地告知品牌今天代表什么，明天代表什么。它主要由品牌蓝图、品牌范围、品牌价值观三个部分组成。品牌愿景不是企业老板、董事会一厢情愿地制定的。它不仅仅代表了为品牌工作的员工的共同愿望和目标，更是对品牌的所有显在和潜在目标受众使用这类品牌的终极欲望的表达和描述。同时，品牌愿景必须与企业的使命、价值观和愿景描述保持一致。具体而言，品牌愿景必须要所有的企业员工清晰地回答以下问题：

(1) 品牌参与竞争的市场、业务或产品线、渠道是什么？
(2) 企业的战略和财务目标是什么？品牌在实现这些目标过程中发挥什么样的作用？
(3) 品牌今天代表的是什么？明天又是什么？
(4) 我们能够为品牌投入什么样级别和水平的资源？
(5) 我们要通过现在的品牌实现目标还是重新界定我们的业务？

与此同时,在确定品牌愿景的时候,不能仅仅依赖于内部信息,还要格外关注外部信息的收集。譬如,深度研究公司最重要的两个竞争者,以及一个即将赶上的竞争者,只有当你搜集到包括竞争对手资料在内的内外部资料后,才不会做出脱离市场现况和内部员工期望的品牌愿景。

相关品牌愿景

迪士尼的品牌愿景:成为全球的超级娱乐公司。
高盛的品牌愿景:在每一方面都成为全球优秀的投资银行。
苹果的品牌愿景:让每人都有一台计算机。
华为的品牌愿景:丰富人们的沟通和生活。
万科的品牌愿景:成为中国房地产行业领跑者。
三星的品牌愿景:在所从事的行业中,居于全球市场领导者的地位。
欧亚达家居的品牌愿景:做中国专业化的高端主流家居连锁商场。
联想的品牌愿景:高科技的联想、服务的联想、国际化的联想。

二、品牌愿景的作用

品牌愿景不仅能够为品牌带来清晰的、长远的目标,还可以增加内部员工的凝聚力和工作的积极性,同时,对品牌延伸范围进行严格的界定,并对品牌核心价值、识别系统等方面的规划限定了基调。具体作用如下:

(1)品牌愿景驱使管理层必须一致努力实现品牌长期的财务和战略目标,并且敢于把赌注押在能够促进品牌增长的业务和方向上。

(2)品牌愿景指引企业对市场和消费者的深入洞察,时刻把握市场和消费需求的变化,根据变化迅速调整产品、服务,以满足消费者未被满足的需求。

(3)品牌愿景可以清楚地告诉消费者、股东、社会利益相关者企业和品牌向何处去、如何到达,以及品牌在实现公司战略目标上发挥什么作用。

(4)品牌愿景激励公司员工为了共同的使命、更远大的战略目标而奋斗,这样可以避免品牌由于没有远大目标、漂浮不定而陷入巨大的旋涡和陷阱之中。

(5)品牌愿景可以避免当面对不曾预见的威胁时,一个短期解决方案可能导致的品牌方向的偏移。

(6)品牌愿景为品牌战略规划中的品牌核心价值、品牌识别系统,甚至为在进行品牌营销活动中的调性和原则进行界定。

(7)品牌愿景为品牌延伸确定了清晰的范围界定。在品牌资产允许的情况下,规定了品牌可以延伸的行业、品类和不可以延伸的行业、品类。

三、品牌愿景的制定

品牌愿景的制定,首先要考虑以下问题:
(1) 我们想进入什么市场?市场环境怎样?竞争者怎样?
(2) 企业可以投入的有效资源是什么?
(3) 企业的财务目标是什么?品牌又在这些目标里扮演什么角色?
(4) 品牌现在地位怎样?未来预期目标又如何?
(5) 现在的品牌能够达到未来目标吗?

企业在确定品牌愿景过程中,应该注意以下关键点,以避免品牌愿景成了大而空的套话,或者不能够被相关人员认同,最终成为纸上谈兵。

第一,要有认同的企业文化氛围。品牌愿景的建立要依据企业内部文化,如果企业内部文化对品牌愿景非常认同,则品牌愿景的实施则会非常顺畅和高效,如果品牌愿景有悖企业文化氛围,其实施成功的可能性则会很低。

第二,要有企业员工的参与互动。品牌愿景最终是由每个员工具体参与实现的,因此,品牌愿景的确定应有不同层次员工的参与互动。通过与基层员工沟通,倾听愿景实施的现实情况;与中层管理人员沟通,了解愿景的实施方案;与高层管理者沟通,掌握愿景形成的关键因素等等。

第三,要深入洞察市场和消费者。品牌愿景不是企业董事会、管理者一厢情愿的事,它不仅代表了品牌经营者的愿望和目标,更是消费者使用这个品牌的终极欲望的体现。品牌愿景要求品牌经营者必须对市场和消费者深入洞悉,权衡品牌所承担的社会责任,增强对社会的使命感。

第四节 品牌核心价值确定

一、品牌核心价值概念

1997年,美国学者Walker Chip在"The Perils of Popularity"一文中首次使用"品牌核心价值"这一概念,他认为领导品牌特别是当一个品牌几乎成为某一类产品的代名词时是非常危险的。因为,强势品牌的存在使得其所在行业的进入壁垒很高,在这种情况下,企业会失去创新的压力与动力,长此以往,企业将面临被边缘化的危险。因此,为保持品牌的领导地位,企业必须与顾客在品牌核心价值上建立一种持久的关系,因为品牌核心价值向消费者提供了一个选择该品牌的理由。同时,Walker Chip还指出,品牌核心价值应该是品牌导向,而不是产品导向。

国内的很多品牌,几乎不存在对品牌核心价值的定位。营销战略经常受到战术目标的左右而偏离对核心价值的追求,广告十分随意,诉求主题月月新、年年变,成了"信天游"。尽管大量的营销广告投入多少也能促进产品销售,但几年下来却发现品牌的整体价值感与品牌美誉、忠诚度并没有得到提升。品牌核心价值的游离甚至于缺失成为这些国内企业品牌管理中的一块"硬伤"。

什么是品牌的核心价值呢?品牌核心价值是一个品牌的灵魂,它是品牌资产的主体部分,它让消费者明确清晰地识别并记住品牌的利益点与个性,是驱动消费者认同、喜欢乃至爱上一个品牌的主要力量。一个品牌要区别于竞争品牌,必须拥有独特的核心价值,品牌的核心价值是品牌的 DNA,它是企业欲传达给消费者的一种独特价值主张、一种个性、一种承诺,这种核心价值事实上是指,相对于竞争者而言,企业为目标消费者所带来的独特利益。

核心价值是品牌的终极追求,是一个品牌营销传播活动的中心,即企业的一切价值活动都要围绕品牌核心价值展开,并丰满和强化品牌核心价值。品牌管理的中心工作就是清晰地规划勾勒出品牌的核心价值,并且在以后的十年、二十年乃至上百年的品牌建设过程中,始终不渝地坚持这个核心价值。只有在漫长的岁月中以非凡的定力去做到这一点,不被风吹草动所干扰,让品牌的每一次营销活动、每一分广告费都为品牌作加法,起到向消费者传达核心价值或提示消费者联想到核心价值的作用,久而久之,核心价值才会在消费者大脑中烙上深深的烙印,并成为品牌对消费者最具有感染力的内涵。

案例赏析

奥迪品牌核心价值

说到奥迪,在最初的时间里,似乎只是官车的代表。在政府示范作用的带动下,社会地位、低调内敛、事业成就成为奥迪形象的代表。"大小是个官,都坐四个圈",成为奥迪的主流形象,也是社会的深刻刻画。在发展早期,奥迪面临的是有产品而无品牌的尴尬境地,当然这与当时中国没有品牌营销有着直接的关系。但很快,奥迪就奠定了明确的品牌营销思路,让中国消费者先认识到奥迪四环的价值,再感受奥迪四环内在蕴含的精神。

汽车并不仅仅是交通工具,更是社会属性对个人自我实现的情感诉求。这也是所有高端汽车品牌所面临的共同发展要素之一。经过不断努力和摸索,奥迪最终确定"进取"这一鲜明的内在个性。从品牌上说,奥迪的核心理念"突破科技、启迪未来"恰恰体现了永不满足、开拓创新的内在属性。从社会角度,如果说当初奥迪品牌迎合了中国社会低调沉稳、不事张扬的主流文化心理,那么在当今复杂的社会环境下,进取则无疑是社会精英阶层的成功法则。

▶ 二、品牌核心价值类型

1986 年,美国三位学者 Park,Jaworsk 和 MacInnis 在其联合发表的"Strategic

品牌管理

Brand Concept-Image Management"一文中提出：品牌为消费者提供了三种利益，即功能性利益、体验性利益和象征性利益。在此基础上，品牌核心价值内涵分为三个层面，即功能性价值、情感性价值及象征性价值。这三个层面价值宛如交相辉映的三重奏，为品牌演奏出悦耳动听的音乐旋律。

1. 功能性价值

功能性价值是品牌立足的基石，它主要体现产品的功能性利益或物理属性，如手表的计时准确和防水、钢笔的书写流畅、洗衣粉的去污、香皂的除菌、白酒的顺口和不上头等等。功能性价值是绝大多数品牌在发展初期的立身之本，没有功能性价值为基础，品牌只能是空中楼阁。宝洁旗下的洗发水品牌核心价值大都定位在功能性价值层面：飘柔突出"头发更飘，更柔顺"；潘婷强调"拥有健康，当然亮泽"；沙宣追求"专业头发护理"；海飞丝表达"头屑去无踪，秀发更出众"；伊卡璐诉求"草本精华"。

案 例 欣 赏

沃尔沃——将"安全"进行到底

安全，是人最基本的需求之一，而"安全"也正是驾车的人最关心的问题了。为了响应人们的这一需求，沃尔沃公司将其品牌的核心价值明确为"安全"。在汽车的设计过程中，如果操纵性、舒适性等其他性能的强化会不得不降低安全性能，就毫不犹豫地宁可降低一点别的性能指标来确保安全。

在品牌宣传时，沃尔沃的宣传重心也一直是"安全"，从未曾听说沃尔沃头脑一发热去宣传"驾驶的乐趣"。但这不是说宝马就不够安全，驾驶沃尔沃就没有乐趣，而是说"安全"是沃尔沃在品牌宣传过程中的核心利益点。久而久之，沃尔沃的品牌核心价值在消费者大脑中就有了明确的印记，获得独占的山头。

沃尔沃能成为2000年全美销量最大、最受推崇的豪华车品牌，与其对品牌核心价值的精心维护是分不开的，不仅投入巨资研发安全技术，而且在广告、事件公关上总是不失时机地围绕着"安全"的核心价值而展开。英国戴安娜王妃因一场车祸去世，《澳门日报》就刊登了一幅沃尔沃的广告，标题赫然写着"如果乘坐的是沃尔沃，戴妃会香消玉殒吗？"，并又从技术上洋洋洒洒地分析了一番后得出结论"以沃而沃的安全技术，戴妃能保全性命"。

"安全"构建了沃尔沃品牌的核心价值，而消费者也因为对核心价值的认同，而产生对品牌的美好联想，对品牌有了忠诚度。沃尔沃凭借比其他名车的安全性高出的"一点点"，造就了独具一格的个性化优势，人们提及"最安全的车"，率先想到的总是沃尔沃。消费者安全需求的满足是沃尔沃成为2000年全美销量最大、最受推崇的豪华车品牌的主要原因。

（案例来源：翁向东.中国品牌低成本营销策略.重庆：重庆出版社,2003）

2. 情感性价值

品牌的核心价值也可以表现为情感性利益。品牌所具有的情感性利益指的是消费者在购买、使用某品牌的过程中获得的情感满足。"钻石恒久远,一颗永流传"让我们洗除尘世的浮躁,以一颗宁静的心灵感受纯真爱情的伟大;"不在乎天长地久,只在乎曾经拥有""此情可待成追忆"让多少历经沧桑的老人回首往事时不禁产生一种刻骨铭心的共鸣;美加净护手霜"就像妈妈的手温柔依旧"让我们的内心掀起阵阵涟漪,感觉到美加净的呵护有如妈妈一样温柔体贴;大白兔奶糖让人们沉浸在对童年天真无邪岁月的温馨回忆之中。品牌的情感性利益让消费者拥有一段美好的情感体验。在产品同质化、替代品日益丰富的时代,如果产品只有功能性利益而缺乏"爱、友谊、关怀、温暖、真情"等情感诉求,就会变得十分苍白无力。如果丽珠得乐仅仅是高科技的胃药,没有"其实男人更需要关怀"这样的情感价值去撼动顾客的内心世界,恐怕也不会受到如此多患者的青睐。

数以百计的品牌调查说明,消费者比较倾向于能传达感性利益,而不仅仅是在功能利益上做文章的品牌。纵观世界名牌,我们不难发现,某些产品在内在质量和功能方面并无什么明显的优点或独到之处,但都能成为举世公认的名牌;只不过在这种情况下,其核心价值的提炼转向于获得消费者精神的、心理的和情感的认同。"可口可乐"之所以让全世界的人跟着感觉走,就是因为通过广告的渲染,"可口可乐"不仅仅是用来解渴的饮料,而且成为年轻人无拘无束、活泼热情的生活方式的一部分。其广告已经使"你每饮一杯'可口可乐',就增加你一份热情"深入人心。德国大众汽车与奔驰、宝马等相比无什么优点可言,但其"满载乡愁"概念的宣泄赢得了众多消费者的青睐。狠抓产品特点,洞悉内隐于消费者心中说不清、道不明的精神和情感需求,为企业品牌形象及个性塑造提供了广阔的空间。

3. 象征性价值

象征性价值主要诠释品牌所蕴含的人生哲理、价值观、审美品味、身份地位等,人们往往通过使用这样的品牌产品,体验人生追求,张扬自我个性,寻找精神寄托。例如,奔驰车体现着"权势、财富、成功";百事可乐张扬"青春活力和激情";麦当劳代表"欢笑";香奈尔香水演绎"时尚、浪漫"情怀;劳力士让消费者体验"尊贵、成就、完美、优雅"的感受;派牌服饰彰显"自由自在,洒脱轻松"的品质个性;哈利波特展示"神奇的童年";哈雷机车则主张"无拘无束"的个性……

品牌核心价值既可以是功能性价值,也可以是情感性价值或象征性价值,还可以是三者的和谐统一。其实每种模式都不乏成功的案例:"中药滋养"成就了夏士莲,"科技以人为本"成就了诺基亚,"滋润、高贵"成就了力士……那么,品牌核心价值究竟选择哪种模式为最佳呢?

这主要以品牌核心价值能否对目标消费群体产生最大感染力,并同竞争品牌形成差异为原则。比如使用洗涤、洗发用品,消费者更关注产品的使用功效,所以这类品牌大都选择了功能性品牌核心价值,如霸王洗发水的"中药去屑"、汰渍的"领干净、袖无渍"等;使用汽车、手表、服饰、香水、酒等产品,消费者更希望借此体现自己的身份,寻找精神寄托,所以这类品牌大都定位于情感性或象征性品牌核心价值,如宝马的"驾驶乐趣"、欧米茄手表的"代表成就与完美"、登喜路服饰的"贵族的、经典的"、人头马XO"人头马一开,好事自然来"等;保健品、药品主要体现关怀,强调功效,所以这类品牌核心价值中,功能性和情感性兼而有之,如静心口服液"买静心,送给妈妈一个心"、三精葡萄糖酸液"聪明的妈妈会用'锌'"、斯达舒的"胃酸、胃痛、胃胀,请用斯达舒胶囊"等等……

应该看到的是,在产品日益同质化的今天,产品的物理属性几乎相差无几,通过产品的功能性价值战胜竞争对手的几率越来越小,这就要求品牌更多地依赖情感性或象征性的品牌核心价值才能与竞争对手形成差异。而且,随着社会进步,人们生活水平不断提高,消费者选择品牌往往更注重情感精神感受,情感性或象征性的品牌核心价值日益成为消费者认同品牌的驱动力。比如阿迪达斯早期非常强调品牌的功能性价值,然而随着市场的发展,阿迪达斯的竞争优势越来越弱化,20世纪90年代,阿迪达斯为品牌注入新的个性和情感元素,提炼出"没有什么不可能的"(Nothing is impossible)的核心价值,又重新焕发了生命力。

当然,功能性价值是情感性价值和象征性价值的基石,情感性价值和象征性价值只有在坚实可靠的功能性价值强力支撑下,才更有说服力和感染力。比如劳力士诠释"尊贵、成就、优雅"的品牌内涵,但劳力士对产品品质的追求几近苛刻,每个制表工艺环节都严格讲究,除了表身质料的选择之外,宝石的镶配位置以及做工都经过反复的草图设计,深思熟虑后才最终成型。劳力士的每块表都进入气压室测试防水性能,然后用每一百年误差两秒的原子钟作准确度校准,只要发现稍有不合格的,即弃之不用。劳力士精良的品质有力支撑了"尊贵、成就、优雅"的品牌核心价值。

三、品牌核心价值提炼

品牌核心价值的提炼是一个深奥的战略问题,并无放之四海而皆准的准则,企业要想提炼出精准的品牌核心价值,必须做好深入细致的市场调研,了解市场及竞争对手情况,最重要的是洞察消费者的内心。总体而言,有以下几个原则可供参考:

1. 原则之一——高度的差异化

开阔思路、发挥创造性思维,提炼个性化品牌核心价值。一个品牌的核心价值与竞争品牌没有鲜明的差异,就很难引起公众的关注,会石沉大海,更别谈认同与接受了。缺乏个性的品牌核心价值是没有销售力量的,不能给品牌带来增值,或者说不能创造销售奇迹。高度差异化的核心价值一亮相市场,就能成为"万绿丛中一点红",低成本获得眼球,引发消费者的内心共鸣。差异化的品牌核心价值还是避开正面竞争、低成本营销的有效策略。

2. 原则之二——富有感染力

深深触动消费者的内心世界。一个品牌具有了触动消费者的内心世界的核心价值,就能引发消费者共鸣,即使花较少的广告传播费用也能使消费者认同和喜欢上品牌。就像哈雷网站的网页宣传的那样:"用拇指按下哈雷的启动钮,不仅仅意味着点燃了发动机,而且还点燃了你的想象。"哈雷的经销商认为:"我们在这里出售一个梦想,我们的顾客过着辛劳的职业或以计算机为导向的生活。拥有一辆哈雷可以为你消除障碍,使你在一个更加随和的基础上与人交往,而且他还可以使你在自己的空间最大程度地表现自我。"哈雷品牌所宣扬的核心价值非常富有感染力,引发了消费者的高度共鸣。

3. 原则之三——核心价值与企业资源能力相匹配

尽管传播能让消费者知晓品牌的核心价值并且为核心价值加分,但品牌核心价值就其本质而言不是一个传播概念,而是价值概念。核心价值不仅要通过传播来体现,更要通过产品、服务不断地把价值长期一致地交付给消费者,才能使消费者真正地认同核心价值。否则,核心价值就成了空洞的概念而已,不能成为打动消费者的主要力量。而企业的产品和服务需要相应的资源和能力的支持,才能确保产品和服务达到核心价值的要求。因此,核心价值在提炼过程中,必须把企业资源能力能否支持核心价值作为重要的衡量标准。

4. 原则之四——具备广阔的包容力

由于无形资产的利用不仅是免费的而且还能进一步提高无形资产,所以不少企业期望通过品牌延伸提高品牌无形资产的利用率来获得更大的利润。因此,要在提炼规划品牌核心价值时充分考虑前瞻性和包容力,预埋好品牌延伸的管线。否则,想延伸时发现核心价值缺乏应有的包容力,就要伤筋动骨地改造核心价值,意味着前面付出的大量品牌建设成本有很大一部分是浪费的,就像市政工程中造路时没有预设好煤气管线,等到要铺煤气管道时必须掘地三尺,损失有多大可想而知。

5. 原则之五——有利于获得较高溢价

品牌的溢价能力是指同样的或类似的产品能比竞争品牌卖出更高价格。品牌核心价值对品牌的溢价能力有直接而重大的影响。一个高溢价能力的品牌核心价值与品牌识别有如下特点:(1)功能性利益有明显优于竞争者的地方,如技术上的领先乃至垄断、原料的精挑细选、原产地等。(2)在情感型与自我表达型利益方面要突出"豪华、经典、时尚、优雅、活力"等特点。

第五节 品牌模式确立

对于现代的很多企业,尤其对于多产品经营的企业,如何有效地管理多个品牌,搭建科学有效的品牌结构,建立合理的品牌组合战略,以确保清晰、统一、协调、平衡的展现品牌的形象,最终促进企业实现其发展战略,已成为不可忽视的任务。目前,企业常用的品牌模式包括下列四种:单一品牌模式、多品牌模式、主副品牌模式、联合品牌模式。

一、单一品牌模式

1. 单一品牌模式概念

单一品牌模式也称统一品牌模式,是指企业的多种产品使用同一品牌名称。运用单一品牌模式的典型代表有美国的通用电气公司、亨利公司,日本的三菱公司以及我国的成都彩虹电器股份有限公司。另外,单一品牌模式是相对于多品牌模式而言的,它是指企业所生产的所有产品都同时使用一个品牌的情形。为了最大限度地节省传播费用,实现新产品的快速切入市场,彰显强势品牌形象,很多企业在所有产品上用同一个品牌。如佳能公司,它所生产的照相机、传真机、复印机等产品统一使用"Canon"品牌。

案例赏析

松下将公司及商标名称统一为"Panasonic"

为提高"Panasonic"商标在海外市场的知名度,2008年日本松下电器计划将海外子公司名称中的"松下"汉字全部更换掉,公司名称将与商标统一为"Panasonic"。除中国公司外,松下计划到年底将其余230余家海外子公司全部更名。松下电器在实行了多年的双品牌战略之后,选择了单一品牌"Panasonic"。这项工程耗资200亿—300亿日元,相当于14亿元人民币。松下统一品牌的主要原因就是"Panasonic"和"National"两个品牌经常会混淆用户的概念,让消费者搞不清它们与松下的关系,大大分散了品牌资源,不利于增强整体竞争力。单一品牌战略将使松下显得更加专注和专业,有利于建立消费者的品牌信任。

2. 单一品牌模式的优缺点

单一化品牌模式下,所有的产品共用一个品牌名称(通常为企业品牌)、一种核心定位、一套基本品牌识别。这样最大的好处即为"集中优势兵力打歼灭战",将所有的品牌资产集中于一个品牌之上,容易壮大企业的声势与实力感,提高新产品的成功率,减少顾客的认知不协调等。如宝马将自己定位为"终极驾驶机车",推出的3系列、5系列、7系列虽然面对不同的消费群体、有差异化的品牌个性,但在传播过程中,统一使用宝马品牌,这样,产品品牌与企业品牌都统一在了"终极驾驶机车"这一内涵之下,体现了单一品牌模式的优势。

企业实施单一品牌模式有三个优点:

(1) 有利于新产品进入市场,缩短投入期。新产品最初进入市场时,消费者对其比较陌生,一般不愿主动购买。如果新产品使用老品牌则可以给消费者提供认识该产品的捷径,从而迅速消除消费者对该产品的不信任感。

(2) 能降低产品的广告宣传和促销费用。只要对一个品牌做广告或其他促销活动,就意味着对该企业的所有产品都进行了宣传促销,尤其是在当今广告宣传费用在产品总营销费用中的比重越来越大的情形下,这一优势对企业极有吸引力。

(3) 单一品牌有利于增强企业知名度,树立良好企业形象。不同的产品使用同一品牌,不同的产品针对的又是不同的目标消费群体,因而不同的目标消费群体接触到的只有一个品牌,这无疑会强化品牌的感染力,有利于提高品牌的知名度;同时,品牌与企业名称交相辉映,有利于树立企业形象,壮大企业声势。

企业实施单一品牌模式的缺点也非常明显:

(1) 容易忽视产品宣传。人们通常认为,有强大的品牌作后盾,只要挂上强势品牌,产品销售不成问题,但是这样做的结果是,产品特色的具体宣传得不到足够的人力和财力资源。事实上,品牌的影响力会随着运用范围的扩大而下降,产品特色也会因运用范围的扩大而逐渐丧失。比如说若干年前,美国美能公司推出了一种洗发精和润发乳二合一的产品,取名为"蛋白21"。它很快在市场上打开销路,并取得了13%的占有率,成为知名品牌。公司受到品牌扩展的诱惑,又接连使用这一品牌推出蛋白21发胶、润发乳、浓缩洗发精等产品,结果事与愿违。

(2) 品牌名称的纵向延伸存在问题。品牌名称在同一产品档次的横向延伸一般问题不大,但向不同产品档次的纵向延伸较困难,因为纵向延伸意味着品牌要囊括不同质量和水平的产品。例如,卡迪莱克是通用汽车公司的主导品牌,该公司为应付激烈的市场竞争,曾于20世纪80年代推出了卡迪莱克牌子的经济型轿车 Cadillac Cimarron,让顾客花雪佛兰的价钱就可以买到卡迪莱克,结果却使人们对卡迪莱克品牌传统的豪华车的象征意义发生动摇,直接影响到高档车的销售。

(3) 优先效应和近因效应。所谓优先效应,是指在某个行为过程中,最先接触到的事物给人留下较深刻的印象和影响,起着第一印象和先入为主的作用。例如,"雪佛兰"汽车是美国家庭轿车的代名词,但是在"雪佛兰"将生产线扩大至卡车、赛车后,消费者心中原有的"雪佛兰就是美国家庭轿车"的印象焦点就模糊掉了,而"福特"汽车则乘虚而入坐上了第一品牌的宝座。至于近因效应,则是指在某个行为过程中,最近一次接触到的事物给人留下较深刻的印象和影响。由于它能对最初形成的优先效应起到巩固、维持、否定、修改或调整的作用,并且与消费者的下一次购买行为在时间上最为接近,所以它能促进或阻滞新名产品的销售。

(4) 可能遭受连带损失。由于品牌系统中的所有产品均使用单一品牌,因此很可能导致"一荣俱荣,一损俱损"的结局。在企业的营销实践活动中,因某个产品而影响企业所有产品的事件也不胜枚举,由此导致企业效益滑坡甚至破产的案例也不少。如果企业在危机出现后能够及时调整品牌策略,也许还能扭转局面,但即便这样,对企业来说也是一记重创。比如三株口服液,1996年因受"常德事件"影响,使"三株"品牌一落千丈,这时,遭受巨大损失的三株集团领导为了避免企业受到更大的损失,立即将三株系列中的护肤品品牌"生态美"产品包装中的"三株"字样去掉,由此保存了今天发展势头良好的国产护肤品品牌"生态美"。不过,遭受重创的三株公司再也没有回过神来,从此告别了昔日在保健品行业的辉煌,"三株"品牌也从此一蹶不振。

3. 单一品牌模式适用条件

(1) 企业产品的关联度。企业采用单一品牌模式是为了借助已有品牌的声誉和影响迅速向市场推出新产品。单一品牌模式实质上是采用品牌延伸的方式推出新产品。要想使得新产品被市场所接受,原有品牌的产品与新产品之间是否有较强的关联度至关重要。

(2) 企业的品牌定位。品牌定位一旦确定,企业的经营决策就必须与之保持价值取向一致,否则就会造成品牌形象的混乱,引起消费者的困惑和不满。一般说来,品牌定位的最大范围是第一次使用这一品牌的商品所属的行业,如果企业想跨行业经营,则应考虑选用多品牌模式。

(3) 企业采用单一品牌模式所推出的新产品必须具备相当的质量保证。如果新产品发生了质量问题,就会牵连到整个品牌的产品,在销售量短期增加的同时,使消费者对品牌产生不满,从而让更多的消费者迅速地远离这一品牌的产品。

二、多品牌模式

随着消费需求日趋多样化和差异化,越来越多的企业必须在深入科学的市场调查基础上,积极发展多个品牌,来针对每一细分群体进行产品设计、价格定位、分销规划及广告活动,这样才能保证品牌和产品利益点能够满足消费者的个性需要。

1. 多品牌模式定义

多品牌模式是指企业给每一个产品或者同一类产品都使用一个或者一个以上独立品牌,这些独立品牌有不同的品牌名称、不同的定位及不同的品牌识别。这种策略是宝洁公司(P&G)首创的,获得了巨大的成功。宝洁公司以生产经营洗涤用品为主,并涉足织物软化剂、化妆品、卫生用纸、纸尿布以及一些食品和软饮料,在美国市场上拥有8个领域的市场占有率桂冠,是世界日化领域的超级巨人。据统计,宝洁公司有300多个品牌。很多学者都反对过多地拥有品牌,像宝洁公司这样大胆贯彻多品牌策略并且富有成效的确实不多。宝洁公司的产品大多是一种产品多个牌子(一品多牌)。以洗衣粉为例,它推出的品牌就有汰渍、洗好、波特、时代等近10个品牌。在中国市场上,香皂用"舒肤佳",牙膏用"佳洁士",卫生巾用的是"护舒宝",仅洗发水就有"飘柔""潘婷""海飞丝""沙宣""润妍"等多个品牌。市场细分使宝洁公司获得了巨大的品牌延伸拓展空间,个性差异化服务为宝洁公司提供了丰厚的利润回报。在我国,实施多品牌策略的企业也不乏其例,如五粮液酒厂除拥有"五粮液"这个重量级品牌外,旗下还有五粮神、五粮春、五粮醉、尖庄、川酒王、五湖液、浏阳河、圣酒等20多个品牌。

案例赏析

阿玛尼黄金原则:多品牌线塑造品牌资产

阿玛尼是世界著名时装品牌,1975年由时尚设计大师乔治·阿玛尼(Giorgio Armani)创立于米兰,乔治·阿玛尼是在美国销量最大的欧洲设计师品牌,他以使用新型面料及优良制作而闻名。在两性性别日趋混淆的年代,服装不再是绝对的男女有别,乔治·阿玛尼即是打破阳刚与阴柔的界线,引领女装迈向中性风格的设计师之一。阿玛尼在校内主修科学课程,大学念医科,服兵役时担任助理医官,理性态度的分析训练,以及世界均衡的概念是他设计服装的准则。阿玛尼创造服装并非凭空想,而是来自观察,在街上看见别人优雅的穿着方式,便用他的方式重组再创造出他自己属于阿玛尼风格的优雅形态。许多世界高阶主管、好莱坞影星们就是看上这般自我的创作风格,而成为阿玛尼的追随者。好莱坞甚至还流行了一句话:"当你不知道要穿什么的时候,穿阿玛尼就没错了!"朱迪·福斯特就是阿玛尼忠实的拥护者。

男女服装中,简单的套装搭配完美的中性化剪裁,不论在任何时间、场合,都没有不合宜或褪流行的问题,来自全球的拥护者更是跨职业、跨年龄。阿玛尼的配件包括了皮件、鞋子、眼镜、领带、丝巾等,与服装一样讲究精致的质感与简单的线条,清楚地衬托款式单纯的意大利风格服装。即使是泳装,也都省去繁复的装饰线条,以雕塑性感曲线的剪接为主,有着一种无法形容的优雅气质。阿玛尼的副牌有很多,如Armani Jeans男女牛仔系列、Giorgio Armani Junior男女童装系列,还有雪衣、高尔夫球装系列等等,其中发展得最成熟的应该是以老鹰作为标志的Emporio Armani男女装。各样品牌皆吸引了忠实的支持者,时尚圈中俨然吹起一股"阿玛尼"风。

2. 多品牌模式的优缺点

采用多品牌模式的好处主要表现在以下几个方面:

(1) 有利于培育市场。独木不成林,一花不是春。多品牌模式有利于市场的培育和成熟。

(2) 可以使战略管理具有一定的灵活性,限制竞争对手的延伸领域。欧洲行李生产厂家达尔西(Delsey)就是采用这种策略,限制了对手三松企业的扩张。它们通过创建一个新品牌——维萨,在价格上抢在了三松产品前面,同时又限制了三松向高档商品市场的发展。

(3) 多种不同的品牌一旦被零售商接受,就能够获得更多的货品陈列机会,取得更多的货架面积,相对减少竞争者的机会,从而有利于保持竞争优势。

(4) 有助于企业全面占领一个大市场,满足不同偏好消费群的需要。一种品牌有一个独特的定位,可以赢得某一消费群,多个品牌各有特色,就可以赢得众多消费者,广泛占领市场。一般单一品牌的市场占有率达到20%已经相当不错,而宝洁公司三个洗发水品牌(飘柔、潘婷、海飞丝)曾为其带来66.7%的市场占有率。

(5) 企业内部多个品牌之间的适度竞争,有利于提高效率,从而提高企业的整体经营业绩。

(6) 有利于提高企业的抗风险能力。采用多品牌模式的公司赋予每种产品一个品牌,而每一个品牌之间又是相互独立的,个别品牌的失败不至于殃及其他品牌及企业的整体形象。这不同于单一品牌模式。如果实行单一品牌模式,企业的形象或企业所生产的产品特征往往由一个品牌全权代表,一旦其中一种产品出现了问题,就会殃及其他产品。

采用多品牌模式也有不利的一面,具体来说,主要包括以下几点:

(1) 增大投入。由于对不同品牌进行各自不同的广告宣传促销活动,大大增加了产品营销成本,影响企业经济效益,不符合营销集约化原则。

(2) 引起企业内部各品牌之间的激烈竞争,从而使得新品牌的推出导致老品牌的没落;或者在老品牌的重压下,新品牌根本无法顺利登陆上市。

(3) 新品牌的品牌知名度低,在每个新品牌的市场生命周期中的导入期,需花费巨资和很长时间进行品牌宣传,新品进入市场的里程就相对缓慢,不利于打开新产品市场,品牌投资获利较慢。

（4）由于企业分散人力、物力、财力于多品牌推介，因此不利于企业品牌和旗帜品牌的培育，更不利于名牌的打造。事实上，如果企业规模过小，实施多品牌经营策略对企业来说并不见得是好事。有营销专家认为，一个企业在年销售额不到三五百亿元的情况下进行多品牌经营，其实只是削弱自身的竞争力。

（5）新增品牌的边际效益递减。尽管为了占领市场等需要企业使用多品牌策略，但随着多品牌的推出，新品牌的边际效益呈递减趋势。在宝洁的洗发水品牌中，收益最好的还是率先推出的飘柔品牌，而丝宝旗下的舒蕾同样是公司的主要利润来源。

3. 多品牌模式的运用条件

实行多品牌模式，品牌并非越多越好。如果品牌使用过多，项目分散过细，可能导致每种品牌都只有很小的市场占有率，而没有一个特别获利的。因而，企业的资源过于分散，不能形成规模效益。这就要求企业在实施多品牌策略时，要充分注意到品牌的数量是否合适，而一旦发现品牌过多，致使企业不能集中着力于重点品牌时，就应当果断放弃较弱的品牌。概括来说，实施多品牌战略，必须注重是否具备运用多品牌的前提条件。

（1）企业的规模和经营实力。多品牌策略是企业实力的象征。企业的资金实力、对多品牌的市场驾驭能力是实施多品牌战略的重要条件，中小企业无力经营多品牌。无论是宝洁，还是五粮液、丝宝皆是实力雄厚的企业。

（2）产品与行业特点。一般而言，消费者更注重个性化的产品适合采用多品牌，如生活用品、食品、服饰等日用消费品；而家用电器等耐用消费品适合采用单一品牌策略，如松下、东芝、日立、LG、海尔等，无论洗衣机、彩电、音响、空调、冰箱均采用同一品牌，这是因为耐用消费品的产品技术、品质等共性化形象对消费者来说更为重要，而其个性化形象相对来说已退居其次。

（3）各品牌之间的定位有明显的差异，可实施严格的市场隔离，开展品牌差异化营销，并协同对外。实施多品牌策略的最终目的是通过新品牌去占领不同的细分市场，夺取竞争者的市场份额。如果引入的新品牌与原有品牌没有足够的差异，就等于企业自己与自己竞争，毫无意义。同时品牌间的差异要具有可识别性。可识别性是指多品牌间的差别能够让消费者较轻松地感受到。当品牌做出定位的同时，这种定位的设计就应该是消费者能够轻易识别的，因为我们的产品是卖给消费者的，只有让消费者识别出品牌间的差异才具有真正的经济价值，如果品牌宣传所传播的信息让消费者无法识别或识别时感到吃力，那么定位是没有意义的。

（4）每一品牌所面对的细分市场都应具有规模性。同种产品下的多品牌策略应特别要注意品牌的目标市场是否有足够的市场容量。在激烈的市场竞争格局下，许多成熟市场已被分为碎片。企业过多推出多品牌势必造成品牌间的恶性竞争。

三、主副品牌模式

多品牌模式的"多子多福"虽然降低了弱化原有品牌的风险，但又带来了宣传费用大幅提升的弊端，如何才能"鱼和熊掌兼而得之"呢？这时可以在保持主品牌的基础上对新产品或服务使用其他品牌名称，来凸显新产品或服务不同的个性形象，这就是被越来越多的国际知名企业视为现代品牌经营妙招的主副品牌模式。

1. 主副品牌模式概念

所谓主副品牌模式，就是指在主品牌保持不变的情况下，在主品牌后面为新产品添加一个副品牌，以便消费者识别该产品，拉近消费者与该品牌之间的情感距离，促使消费者认知并购买该产品。简言之，就是在品牌（商标）不变的情况下，给新产品起一个"小名"，如三星——名品、松下——画王、红心——小厨娘、海尔——小神童、TCL——巡洋舰、长虹——金太阳、乐百氏——健康快车等，均属于主副品牌产品。与其他的品牌模式相比，主副品牌模式最突出的特点是它具有极强的针对性。主副品牌模式解决了单一品牌模式容易导致的品牌个性模糊和多品牌模式容易导致的资源浪费问题。

2. 主副品牌模式的优缺点

副品牌的作用主要是用来陪饰主品牌。采用主副品牌模式的好处主要有三点：

（1）可以在同一时间，从整体上对公司或家族品牌的联想和态度加以利用。副品牌产品可以有效地利用已经取得成功的主品牌的社会影响力，以较低的营销成本迅速进入市场，打开局面。从而降低了新产品上市的风险和压力，最大限度地发挥了企业品牌资本的优势。同时，主副品牌模式在企业品牌系统及所有相关的品牌联想之间建立了更加紧密的联系。

（2）可以为产品创造具体的品牌个性。每个品牌都有着其标识的产品的特点，都是属性、利益、价值、文化、个性和用户的无形组合；而副品牌更加直观、形象地表达产品的特点和个性，让消费者一看就可联想到更具体的产品特点和个性形象，如格力—蜂鸟空调，其主要特点就是小巧、精致、省电。

（3）可以节省营销费用。采用主副品牌后，广告宣传的重心仍是主品牌，副品牌从不单独对外宣传，都是依附于主品牌联合进行广告活动。所以企业可以把主品牌的宣传预算用在主副品牌的共同宣传上。这样，副品牌就能在节省宣传成本的同时尽享主品牌的影响力。

虽然主副品牌模式为企业的品牌系统管理带来诸多好处，但对企业品牌管理也造成了一定的负面影响：

（1）副品牌由于要直接表现产品特点，与某一具体产品相对应，大多选择内涵丰富的宣传词汇，因此适用面比较窄。过于细分的市场使副品牌在取得足够的产品份额方面困难较大。因此，选择有利可图的目标市场在主副品牌模式中十分重要。

（2）副品牌可能失败并影响主品牌的形象。采用主副品牌模式，就将副品牌与企业品牌系统中所有的品牌联系起来了，企业的风险随之增大。如果企业品牌系统中的某个副品牌发生了问题，就有可能使主品牌和其他同样采用主副品牌模式的品牌的形象受损。所谓"一荣俱荣，一损俱损"。

（3）成功的副品牌也可能淡化企业主品牌的形象。如果副品牌与主品牌的品牌联想不一致甚至相互冲突，都会改变消费者对企业主品牌或者其他副品牌的印象。

3. 主副品牌模式的运用条件

企业是否采用主副品牌模式，得视具体情况（如企业状况、行业状况、产品状况等）

具体分析,一般来说:

(1) 若由于技术不断进步等原因,产品不断更新换代,更新期较短,则最好使用主副品牌模式,因为这样既可以区别于以往产品,又可给予消费者以企业不断发展的形象,这种情况在移动电话和计算机等行业中比较典型。

(2) 若企业经营同一类产品,而且该市场竞争激烈,产品使用周期较长时,也可使用主副品牌模式。如家电行业就属于这种情况,我国的洗衣机、冰箱、空调等行业企业多采取主副品牌模式。

以下几种场合不适合采用主副品牌模式:

(1) 企业品牌或其主导产品品牌已经定位,品牌使用范围又基本界定,若企业还想进行品牌延伸或扩张时,最好不用主副品牌模式。例如,派克公司使用主副品牌模式进军低档笔市场导致失败,便是有力的证明;同样,"金利来"是"男人的世界"这一高度定位便决定了该公司不宜利用主副品牌模式生产女性服饰。

(2) 如果企业生产产品跨度太大,与已成功品牌产品相关性不大,也不宜使用主副品牌模式,这时最好使用多品牌模式。如杭州华立集团对它的机械电子类产品使用"华立"品牌,而对其食品类产品则使用"太一"品牌,就属于这种情况。

(3) 产品的使用周期较短,或客观需要换品牌时,使用主副品牌模式的效果也会很有限。例如在个人清洁用品、洗发护发用品、护肤用品等行业中,保健医生可能呼吁,要求消费者从保健的角度出发,不要经常使用一种品牌的牙膏或洗发水、护肤品;同样在医药行业,医生的忠告也使消费者为避免抗药性而拒绝长时间服用一种品牌的药品。所有这些情况,都在客观上制约了主副品牌模式的应用范围。

当然,这也不是绝对的。比如说登喜路将烟草品牌用到服装上也获得了成功。这就是说,企业应根据自己的实际情况及产品的不同特征,结合外部环境辩证地做出决策,而不能机械地套用条条框框。

四、联合品牌模式

1. 联合品牌模式概念

联合品牌模式是指两个或更多的品牌合并为一个联合产品和地域以某种方式共同销售。每个品牌都期望另一个品牌能强化整体形象或购买意愿。企业在面临品牌投资日益增高的压力下,要实现品牌建设工作更加有效,最好的办法就是尝试联合品牌。联合品牌涉及两个或两个以上的公司,它们把品牌联合起来或者创造更高、更好的产品开发市场,或者从事有效的营销活动来提升品牌。通过联合,借助相互的竞争优势,形成单个企业品牌不具有的竞争力。通过品牌合作,共同创造更高的价值。

2. 联合品牌的优缺点

联合品牌能够创造具备差别点的产品,当合作双方的品牌之间存在真正的协同作用以及当各方的品牌联想都很强而且双方形成互补的时候,联合品牌的影响力将超出人们的期望。具体来说,联合品牌的作用表现在以下几个方面。

(1) 实现优势互补,开拓新市场。联合品牌中的各个品牌要素,可能在某些方面具有自己独特的优势,而一个品牌所具有的某种优势有可能恰恰是另一个品牌缺乏并且是必需的。因此,进行品牌联合可以更好地实现各个品牌间的优势互补。尤其是当开拓新市场时,企业就需要寻找一个良好的当地企业来合作开拓市场。

(2) 强化品牌形象,提升品牌价值。当品牌单独出现没有说服力时,推行品牌联合策略也许可以更好地提升品牌价值、改善品牌形象。同样,如果某个品牌单独出现不太能说明问题时,进行品牌联合也许可以更好地标明品质、强化形象。

(3) 暗中联合有时效益更大。当然,也并非所有的品牌联合项目都对外公开。

在某些领域,为保密起见,暗中联合不失为一种上策。例如,在汽车行业,奔驰与斯沃琪(Swatch)合资生产出一种叫司马特(Smart)的新型轿车,但奔驰并没有把它的商标贴在司马特汽车上。同样,在冰茶市场,雀巢和可口可乐公司决定联手对付联合利华的立顿(Lipton)产品,由雀巢负责产品创意、设计,可口可乐负责销售,共同推出"雀茶",但这个被称为"雀茶"的产品并没有标明是联合品牌,可口可乐的大名也只是在产品包装上一带而过。

当然,在实施联合品牌过程中,也蕴藏着许多风险,如果运用不当,就会造成消极后果。联合品牌模式最大的风险在于:

(1) 企业对品牌控制力的降低。在与另一个品牌结成联盟时如果出现问题,企业不能保证及时和完满地解决。同时,消费者对于联合的各品牌的介入度和期望通常都很高,不尽如人意的表现会对所有相关的品牌都产生不利的影响。

(2) 联合品牌的一方经营出现问题会殃及另一方。例如,当联合品牌中的一方申请破产时,另一方就会受到牵连,带来股市下挫、失去投资商以及消费者信任等危险。

(3) 如果联合品牌中的另一方加入了多个联合品牌协定,则会带来过分暴露的风险,使品牌联想传递被削弱,淡化品牌的原有意义。

3. 联合品牌实施方式

品牌联合的方式很多,概括起来,主要有以下五类联合品牌:

(1) 中间产品联合品牌。如富豪汽车公司的广告说,它使用米其林轮胎;固特异公司称,它生产的车胎是奥迪和奔驰车推荐使用的部件;IBM公司则在其计算机产品上标注"Intel Inside"(内有英特尔)。

(2) 合资联合品牌。如日立生产的一种灯泡使用"日立"和"GEPP"联合品牌,并由花旗银行和美国航空公司提供其共同发行的花旗银行AAA级信用卡。

(3) 多持有人联合品牌。这往往表现为技术联盟形式,如托利金德(Taligent)是苹果公司、IBM公司和摩托罗拉公司技术联盟下的品牌。

(4) 地区联合品牌。企业进行地区联合的目的主要在于充分利用地理细分市场上浓厚的地域文化与亲和力,以此在少投入或不投入的情况下,便能轻松打开当地市场。五粮液公司在这方面做得比较成功,如京酒就是一个典型的地区联合品牌。京酒是北京市糖业烟酒公司申请商标注册、由五粮液公司按照其要求进行生产的。北京市糖业烟酒公司拥有京酒的全国独家经销权。对五粮液公司来说,此次"联姻"使得京酒在一夜之间就摆上了北京人的餐桌,而且京酒在和同档次产品的竞争中,很快取得了主动。

(5) 跨行业联合品牌。将两个不同行业的知名品牌整合成一个概念推出,在彼此产品不交叉的前提下,两个品牌都能够获得新的形象魅力。我国方正电脑与上汽桑塔纳的联合就属于这种联合。2001年上海大众与方正电脑联合开展了"买一送一"促销活动,买一辆桑塔纳2000汽车,赠送一台方正电脑。所赠电脑是方正电脑为大众汽车用户量身定制的,价值5 000元左右。在整个活动中,大众公司通过汽车的促销共赠送了10 000台方正电脑;活动是从5月份开始的,其影响力直接延伸到了6、7月份,对当年方正电脑的暑期促销起到了极大的推动作用。方正电脑以其卓越的领先技术和品质,称雄于主流电脑市场;而上汽桑塔纳也是目前市场上具有高技术品质的主流车型。它们的联合实际上正是在倡导健康的主流文化,引导时尚的现代生活方式。这次促销活动,上海大众与方正电脑取得了双赢,同时也为两个不同领域的产品联合销售开创了新模式,最大化地扩大了产品知名度和市场占有率。

本 章 小 结

品牌的创建、发展、维护与创新是一项长期而复杂的系统工程,必须把它当作一项战略来实施,并进行长期投资。品牌战略是品牌运营和管理的起点,没有品牌战略作导向,品牌管理工作就像没有方向的船只,只能随风任意漂流,这对品牌管理工作来说,是非常不利的。

品牌战略可认为是组织为取得竞争优势而充分利用外部环境和内部资源创建、维护和发展品牌的一整套长期性、根本性和全局性的谋划和行动。品牌战略的直接目标是建立、维护、巩固和发展消费者对企业、产品或服务的独特的综合认知关系。

品牌战略规划过程中所涉及的主要内容:品牌战略环境分析;明确品牌使命、价值和愿景;确定品牌差异化定位;进行品牌识别界定规划;进行品牌整合传播规划;确定品牌模式;对品牌运营结果进行评估与监控等。

品牌战略环境分析主要包括市场需求环境分析、竞争品牌分析、品牌政策环境分析、品牌现有资源分析。

品牌愿景是指一个品牌为自己确定的未来蓝图和终极目标,向人们明确地告知品牌今天代表什么,明天代表什么。它主要由品牌蓝图、品牌范围、品牌价值观三个部分组成。

品牌核心价值是一个品牌的灵魂,它是品牌资产的主体部分,它让消费者明确清晰地识别并记住品牌的利益点与个性,是驱动消费者认同、喜欢乃至爱上一个品牌的主要力量。品牌核心价值的类型可以分为功能型、情感型和象征型三种。

对于多产品经营的企业,如何有效地管理多个品牌,搭建科学有效的品牌结构,建立合理的品牌组合战略,以确保清晰、统一、协调、平衡的展现品牌的形象,最终促进企业实现其发展战略,已成为不可忽视的任务。目前,企业常用的品牌模式包括下列四种:单一品牌模式、多品牌模式、主副品牌模式、联合品牌模式。

思考与练习题

1. 简述战略的概念。
2. 品牌战略的内涵包括哪些?
3. 品牌战略规划的主要内容有哪些?

4. 品牌战略环境分析包括哪些部分？
5. 企业自主创新品牌的资源条件主要包括哪些方面？
6. 什么是品牌愿景？它的作用是什么？为确定品牌愿景应该考虑哪些问题？
7. 什么是品牌核心价值？它有哪些类型？
8. 品牌核心价值的提炼遵循哪些原则？
9. 品牌模式有哪几种？它们各自的优缺点是什么？

"全聚德"百年老店的品牌战略

中华著名老字号"全聚德"，始建于 1864 年（清同治三年），含义为"全而无缺、聚而不散、仁德至上"。140 多年来，历经几次重大的历史变革，"全聚德"获得了长足的发展。1993 年 5 月，中国北京全聚德烤鸭集团公司成立，为全聚德在改革开放时期的大发展奠定了坚实的基础。1997 年，中国北京全聚德烤鸭集团公司按现代企业制度转制为中国北京全聚德集团有限责任公司。

全聚德集团成立 12 年来，发挥老字号品牌优势，在发展过程中确立了详细的品牌发展战略：积极注册商标、完善特许经营、注重品牌合作、强化内部管理。现已形成拥有 50 余家成员企业，年营业额 9 亿多元，销售烤鸭 300 余万只，接待宾客 500 多万人次，品牌价值 106.34 亿元的餐饮集团。

2003 年 11 月，全聚德与华天饮食集团强强联合，成立全聚德华天控股有限公司；2004 年 4 月，全聚德集团与首都旅游集团、新燕莎集团实现战略重组。2005 年初，在北京全聚德烤鸭股份有限公司的基础上，组建中国全聚德（集团）股份有限公司，标志着全聚德不再仅仅是一个烤鸭品牌，而是拥有丰泽园、仿膳、四川饭店等优秀老字号餐饮品牌企业的首都餐饮联合舰队，全聚德进入了一个新的发展阶段。

一、发挥老字号优势，积极注册商标

1993 年，在全聚德集团成立之初，委托国家专业资产评估机构对"全聚德"品牌进行无形资产评估，确认"全聚德"品牌以 1994 年 1 月 1 日为基准日的社会公允价值为 2.694 9 亿元人民币；1999 年初，全聚德集团又委托北京新生代资产评估事务所对"全聚德"无形资产进行了第二次评估，最后确认以 1998 年 12 月 31 日为基准日的"全聚德"品牌价值为 7.085 8 亿元人民币。比起 1994 年的数据提高了 2.62 倍，充分显示出"全聚德"无形资产的迅速增值。2005 年 8 月 6 日，世界品牌实验室联合《世界经理人周刊》，在人民大会堂召开世界品牌大会，发布了 2005 年《中国 500 最具价值品牌》排行榜，全聚德品牌从去年排名第 56 位，提升到 2005 年的第 49 位，全聚德品牌价值评估也从 2004 年的 84.58 亿元人民币，提升至 2005 年的 106.34 亿元人民币。

中国北京全聚德集团有限责任公司在国内，经国家工商局商标局正式注册了"全聚德"商标 9 个，注册范围涵盖 25 类 97 项，包括以全聚德烤鸭为基础，向前延伸和向后延伸使用全聚德商标的 25 类近百种商品类商标，形成"防御商标"，即同一商标所有人把自己的驰名商标同时注册在其他非同种或非类似的商品上的商标,通过这种商标注册的方法可以最大限度地保护"全聚德"商标不被侵权,从而将其品牌的知名度和信誉一直保持下去。在国际上,在美、日、法、德、英、俄、加、澳、意以及中国香港等35个国家和地区正式注册了"全聚德"商标,包括全聚德烤鸭商品商标及国内外各全聚德烤鸭店使用的服务商标,从而使"全聚德"商标在国内外得到了统一管理及有效保护。

1996—1998年,"全聚德"商标连续三届被北京市工商局评为"北京市著名商标"。1998年3月,北京电视台《北京特快》节目组会同中国人民大学舆论研究所,就"哪些产品最能代表北京的品牌形象"的话题采用问卷调查方式进行随机抽样调查。调查结果表明,全聚德烤鸭名列榜首,被一致认为是最能代表北京经济形象的标志性产品。1999年1月5日,"全聚德"商标被国家工商局商标局认定为我国第一件餐饮行业服务商标中的中国驰名商标。"全聚德"作为中华老字号,历史久远,闻名遐迩,商标使用时间长,宣传工作到位,因此被评为驰名商标是众望所归。按照《与贸易有关的知识产权协议》(即TRIPS协议)的规定,签约国应对其成员国认定的驰名商标予以特殊保护,因此驰名商标"全聚德"将得到世界100多个国家的共同承认与保护。

二、完善特许经营

全聚德自组建集团以来,打破传统餐饮业单店经营模式,率先在国内引进连锁经营理念,通过十多年不断地探索和实践,已在国内外拥有50余家连锁企业,全聚德品牌的影响力广及五洲四海。为进一步加快全聚德连锁经营事业的发展,全聚德集团成立了全聚德连锁经营公司,作为全聚德连锁经营总部,专责全聚德连锁经营事业。在推进特许连锁过程中,全聚德制定了"不重数量重质量"的原则,着重发展经济发达地区,市场布局以各省会、大中城市、沿海地带为主,开发A级、B级店,建立了从立项、签约到培训、配送、开业、督导等一整套特许经营管理体系和程序。集团所有成员企业无论资产所有权归谁,凡使用"全聚德"无形资产,一律与"全聚德"商标所有权人——中国北京全聚德集团有限责任公司签订《特许经营合同》《商标许可合同》《全聚德主要原料、用品配送合同》《鸭炉租赁合同》《外派人员协议》等一系列相关合同和文件,形成了健全的连锁经营制度与法律保障体系。同时,在全国各连锁企业中积极推行形象识别系统,实行商标标识、工服、餐具、专用设备的标准、规范和统一,提升对全聚德品牌的管理水平。为建立强有力的连锁经营配送系统,集团公司建立的全聚德配送中心,积极按国际标准规范企业管理,于2000年通过ISO9001质量体系认证,提高了统一配送的质量。目前,配送中心已对全国连锁企业实行鸭坯、荷叶饼、酱等主要原材料的统一配送。实行统一配送后,已初步改变了"全聚德"百余年来手工操作的生产方式,推动老字号"全聚德"走上了产业化、规模化经营的道路,对连锁事业的发展起到了促进和保障作用。

然而近几年来,全聚德烤鸭的南下发展变成了"难下",深圳、汕头、成都、杭州、南京五个地方五连败,是什么原因挡住了全聚德的南下之路呢?

首先,内部原因是企业在发展特许经营的过程中,对于加盟方的调查不够,在一些城市尤其是类似于广州、深圳这样的重点城市应当予以足够的重视,避免出现总部无法直接了解到自己加盟店具体的经营情况和顾客对于产品口味轻重的反映,以及商圈范围内的等等细节问题,尤其是在门店的经营出现问题以后,总部没有直接管理门店的权利,而只能在一旁干着急,当门店的经营不符合总部要求时,只有迫不得已取消合作,进而导致关门大吉了。这样的闭店不仅对于企业的扩张不利,也会对总店的品牌形象产生不利影响。

外部的原因是全聚德在特许经营过程中,总部与分店的加盟方沟通不够,在企业经营管理中,应当及时地帮助门店进行产品定位的调整,协助门店解决一些实际问题。另外由于总部在加盟扩张方面准备不足,不论是企业的特许连锁机制还是自己的监管制度一直到门店的配送系统都不足以满足企业的高速连锁发展。广州店关门源于加盟商的急功近利。全聚德的每只鸭子加上运费成本高达40元,在缺乏监控力度的情况下,本地加盟商自然偷梁换柱。

面对暂时的失利,公司董事长姜俊贤表示不会放弃南方市场,并要建立地区区域公司,形成以区域公司为中心的连锁经营网络。全聚德在北京将以发展直营连锁为主,以特许连锁为补充。通过做强直营企业,使之成为全聚德发展特许连锁的基础和保障。

三、重视品牌合作

全聚德的品牌合作,坚持两条原则:一是纵向一体化,即品牌的延伸要能够形成上下游的产业关联;二是紧紧围绕餐饮主业,形成服务于主业的横向关联。德国费迪南德·碧洛德葡萄酿酒有限公司是一家拥有三百多年悠久历史的专业葡萄酒酿造公司,公司总部坐落于世界著名葡萄种植地——德国莱恩堡。公司旗下汇集了众多世界著名酿酒艺术大师,在世界各地拥有最现代化的葡萄酒酿造企业,并在全球20多个国家和地区设有40多个分支机构。全聚德集团利用品牌延伸,与德国碧洛德酒业公司合作,采用"全聚德—碧洛德"双商标生产纯正的德国白葡萄酒和法国红葡萄酒,引进国内市场,新闻界称为"中国人出品牌,洋人造佳酿",国内外两家老字号企业的跨国"联姻",产生了复合的放大效应。"全聚德·碧洛德"红、白葡萄酒上市销售以来,经营业绩直线上升,并且在消费者心目中逐步树立起了"吃全聚德烤鸭,品全聚德·碧洛德酒"的消费观念。

为了迎接2008年北京奥运会,两家企业又结伴在全聚德集团面向奥运市场的亚运村店推出美食配美酒的中西合璧皇家宫廷特色和奥运主题创新菜。全聚德在中国餐饮业的品牌效应及其亚运村店在未来奥运餐饮市场的主导地位,都给碧洛德提供了一个开拓中国高端市场的优势营销平台。碧洛德葡萄酒目前已获准使用全聚德商标。

(资料来源:http://www.nz86.com/article/70125/)

思考题:
1. 全聚德品牌的核心价值是什么?
2. 全聚德品牌在发展过程中主要有哪些战略规划?
3. 全聚德与碧洛德品牌合作给我们带来哪些启示?

第四章 品牌定位

学习目的：

1. 了解定位理论的由来
2. 掌握品牌定位的内涵
3. 掌握品牌定位的原则
4. 了解品牌定位的流程
5. 掌握品牌定位的策略
6. 了解品牌定位修正的原因

定位：让血尔迅速成为市场第二品牌

2000年，康富来看好国内的补血保健品市场，期望借助原有的营销网络，在此领域有所作为，使企业发展取得新的突破。康富来选择了一个颇为不错的产品，不仅有着良好的补血效果，同时含有鸡精成分，具备补血与强身的双重功效，命名为"补血鸡精"。康富来期望，由于补血鸡精具有强身功能，比单纯补血的产品显然更胜一筹，应该能从庞大的市场当中分得一定量的份额。这很符合消费者的需求分析，因为补血的同时又能强身，显然是个不错的利益点。接下来，似乎是如何推广的课题。

然而真正从消费者认知来看，"补血鸡精"并非是一个很好的概念。消费者确实有"补血"的需求，也有人需要"强身"，但在人们看来，补血自然是红桃K最好，鸡精也已有白兰氏等名牌。"补血鸡精"无论在哪一方面，都不是个好选择。既然两边都不"讨好"，还是得回到补血市场，看看有什么确切存在的定位。进一步研究消费者及竞争对手，了解到补血保健品虽然多如牛毛，但就全国市场而言，人们心目中的强势品牌只有红桃K。红桃K凭借"补血快"的推广操作而崛起，它在人们心目中有着"见效快"的口碑，作为领导品牌，地位十分牢靠。很显然，康富来要立竿见影地瓜分到市场，主要会从红桃K囊中切获，应该结合消费者的认知和需求，剖析红桃K的不足，予以新的满足和填充，争得顾客。

在领导者强势的反面建立品牌！有目的地探究红桃K的特点，我们发现，红桃K品牌只强调了见效的迅速，却回避了功效的维持。而与"补血快"相对立的"功效持久"，恰恰是康富来产品的优点，可以给消费者以新的满足。因为"补血鸡精"具有鸡精成份,产品富含"强身因子",能有效地巩固与维持升血效果。

于是,康富来有机会提出"补血功效持久"的主张,切合市场消费者潜在的新需要,形成自己"功效持久"的鲜明特点,抢占补血保健品中的新特性定位。"补血鸡精"的前景,陡然明朗,产品也被冠以了全新的名字——血尔补血口服液。

由此,"血尔"品牌围绕"功效持久"的定位展开推广。一方面,它满足红桃K之外的消费需求,能够即时地切分市场;另一方面,它坚持下去,可以让关注补血的人们知道有一个"功效持久"的产品,与"补血快"的红桃K不同,有着自己的独特价值。长此以往,血尔将在消费者中赢得"功效持久"的认知,建立起强势品牌。

(资料来源:http://www.cmmo.cn/)

"不定位,没地位",品牌进行定位是品牌管理的首要任务,是品牌战略规划中的核心内容,是一切品牌营销活动的前提和基础。一个品牌若没有一个清晰的整体定位,势必导致各资源的浪费,这种浪费不仅体现在广告支出、宣传开支上,更体现在消费者认知上。因此,企业要想塑造一个强势品牌,必须给品牌一个明确的市场定位。

第一节 品牌定位概述

一、定位理论由来

定位(positioning)最早出现于阿尔·里斯和杰克·特劳特在1969年6月出版的《工业营销》(*Industrial Marketing*)杂志上发表的一篇论文中。经过多年的发展和实践,定位理论逐步演变为市场营销理论中的一个重要分支,它是在与市场营销观念对传播业的影响变化中同步发展起来的。

在定位概念被提出之前,市场营销经历了产品时代和品牌形象时代两个阶段。在产品时代,市场上新产品品种较少,商品的同质性不强,市场竞争主要由产品本身的性质特点和功能利益的差异来实现。因此企业只需要做出最好的产品并拿出推销就行了,在这个时期,瑞夫斯的USP适应了市场竞争的需要,成为营销理论的主流。USP理论要求产品所诉求的立足点是竞争对手做不到或是无法提供的功能和利益,必须表现出本品牌和产品的独特之处。可是到了20世纪50年代后期,随着技术革命的兴起,企业以产品功能的差异来吸引消费者就变得越来越困难了。因为当你能够制造出足够好的产品时,你的产品将被淹没在各种各样的仿制品的海洋里。随着产品时代的分崩离析,品牌形象时代已悄然来临。

在品牌形象时代,成功的企业发现,随着产品之间的差异性不断缩小,在产品销售中,声誉或者形象比任何一个具体的产品特色都更加重要。在20世纪60年代,大卫·艾克(David Aaker)提出品牌形象论,他认为企业的每个广告都是对某一品牌形象的长期投资,这一理论的特点是要利用广告为企业的品牌塑造良好的形象,并且要长期维持这种良好的形象。因为顾客追求的是"实质利益加心理利益",所以要利用广告宣传形象来满足其心理利益。然而正如仿制产品毁了产品时代一样,在品牌形象时代的各个企业为了建立自己的声誉,拾人牙慧,缺乏创意,只有少数的公司取得了成功。同时也应注意到,在那些取得成功的企业中,大多数主要依靠突出的技术成就而非引人注目的广告宣传。

然而随着时代的改变,创新已经不再是通向成功的关键。阿尔·里斯和杰克·特劳特预言定位时代的来临,他们认为,要想在这样一个传播过度(over communication)的社会里取得成功,企业必须在预期顾客的头脑里占据一席之地,这个一席之地不仅要包括企业的长处和短处,还包括竞争对手的优点和弱点。仅靠发明或发现新东西是不够的,企业同时还必须第一个打入预期顾客的大脑才行,比如 IBM 并没有发明计算机,真正的发明者是斯佩里(Sperry)和兰德(Rand)两人,但是却是 IBM 在预期顾客头脑里取得了第一家计算机生产厂商的地位。他们还认为在预期顾客的大脑里存在着一级一级的小阶梯,这些顾客会按产品的一个或多个方面在这些阶梯上进行排序,定位就是要找到这些小阶梯并与某一阶梯联系上,以此在预期顾客的大脑中树立起本企业产品或品牌的独特方面。根据这样一种思想,形成了定位理论。

二、品牌定位心理基础

阿尔·里斯强调,定位是一种攻心战略,不是去创造某种新奇的与众不同的东西,而是去操作已存在于受众心中的东西,以受众心智为出发点,即以消费者为导向,寻求一种独特的定位。这不像传统的逻辑那样,从产品中寻找,而是从消费者的角度寻找,更具体而言是从消费者的心理层面寻找。从这个角度,定位观念具有以下特征:

(1)定位为受众有限的心智提供一种简化的信息。受众面临过多的产品与品牌的信息,容量有限的心智不可能把握所有情况和每一个细节,人们学会在心智上划分等级,不同的等级代表不同的产品与品牌,这样简化了复杂的信息处理。定位正是适应了受众的简化心理,亦指受众的心智,在受众心理阶梯上寻找一个位置,或者重新构建一定的心理阶梯。

(2)定位借助的是一种位序符号。USP 策略运用的是特征代码,既利用人类通过把握事物特征来把握事物的原理,从产品概念中抽取某些特征来指代产品,让受众在心中将这些特征意像转化为产品与意义,从而标志和理解产品。品牌形象策略运用的是象征性代码,利用广告投射一个形象,这一形象的性格和意义象征品牌,使受众在心中形成形象性格、品牌及消费者自身融合起来。定位策略运用的是数列代码中的位序代码,比前两种更简化与抽象,位序代码代表消费者心中的排序和量度,当定位将某一位置赋予某一品牌时,这一品牌就成了位置符号的内容,人们在心目中就会将这一位置具有和包容的价值和其他信息附加在品牌上。

(3)定位与受众心理的保守性和可塑性。消费者现行的心智状态决定了消费者心理中认知的选择性,即选择性注意、选择性理解和选择性记忆。这是认识结构的保守性和顽固性,但是消费者的心智在一定条件下又具有可变性和可塑性。定位要考虑到受众心中已有的有序网络,同时又可修正、改变或重建心理位序,形成有利于自己品牌的心理位序序列。营销者应寻找、创造、利用有利于定位的条件,通过主动的传播与沟通,在消费者心中占据有利位置。

三、品牌定位内涵

阿尔·里斯和杰克·特劳特认为:"定位要从一个产品开始,这个产品可能是一种商品、一项服务、一个机构甚至是一个人,也许就是你自己。但是,定位不是你对产品要做的事,定位是你对预期顾客要做的事,即要在预期顾客的大脑里定位。"当然这样一种看法会造成一种假象,即定位似乎要对产品本身做些什么似的,然而定位是一个从外向内的过程,即要从顾客的角度出发。因此他们给定位下的定义是:"如何在预期顾客的头脑里独树一帜。"菲利普·科特勒给定位下的定义是:"定位是指公司设计出自己的产品和形象,从而在目标顾客心中确立与众不同的有价值的地位,定位要求企业能确定向目标顾客推销的差别数目及具体差别。"

由以上对定位定义的阐述,我们可以归纳出品牌定位的本质其实就在于差异化,这种差异化包含了两个层面的内容:一是目标顾客的差异化,二是顾客价值的差异化。所谓目标顾客的差异化,是指企业的产品应该从该类产品的消费者当中选择一个特定的细分人群进行服务。市场营销的一个基本理念是:每一件产品都不可能满足所有消费者的需求,每一家公司只有以市场上的部分特定顾客为其服务对象才能发挥其优势,才能提供更有效的服务。因而明智的企业根据消费者需求的差别将市场细分,并从中选出某细分市场作为企业的目标市场。需要注意的是,细分市场仅仅只是迈出的一小步,而从中选出较竞争对手具有明显差异的目标市场和目标顾客才是最关键的一步。

顾客价值的差异化则要求企业的产品能够为目标顾客提供有别于竞争者的利益。这种差别化的利益可以是功能上的利益,譬如海飞丝定位于"专业去屑"的洗发液,从而一举与其他同类产品划开了界线;差别化利益也可以是情感上的利益,譬如金六福酒诉求于"中国人的福气酒",追求福气也正迎合了多数中国人的情感需求;差别化利益还可以是自我表达方面的利益,譬如拥有一辆奔驰轿车的男士代表着成功与高贵,而使用欧莱雅化妆品的女士则可以表达自己的时尚与成熟。

一个品牌的定位既可立足于目标顾客的差异化,亦可立足于顾客价值的差异化。然而,一个品牌只有同时具备了目标顾客差异化和顾客价值差异化这两个层面,形成难以被竞争对手所模仿的品牌定位,才能够更加持久地保持差异化竞争优势。

第二节 品牌定位功能

具体说来,品牌定位具有如下功能:

1. 品牌定位能创造品牌差异

企业通过向目标消费者和公众传播品牌定位的信息,使得品牌的差异性清楚凸现于消费者面前,从而引起消费者的注意和关心,并使其产生品牌联想。简单地说,品牌定位的目的就是为了创造品牌差异。如果品牌定位与消费者的需要和习惯相吻合,那么产品品牌就可以较长时期地留在消费者心中。例如早在几年前,洗发水市场上,宝洁公司的海飞丝洗发水定位为去头屑的洗发水,这在当时是独树一帜的,因而海飞丝一推出就立即引起消费者的注意,并认定它不是普通的洗发水,而是具有去头屑功能、符合有头皮屑消费者的需求的洗发水。很多为头皮屑所困扰的人,在所有洗发水品牌中,自然而然地就会联想到宝洁的海飞丝。

2. 品牌定位有利于形成竞争优势

当今商品市场上,产品品牌种类繁多,但是大多数品牌都不算是成功的品牌,几乎所有成功的品牌都具有一定的竞争优势。现在品牌竞争优势已主要来源于定位,而并非产品自身。不同品牌的产品越来越趋向于同质化。就产品功能和用途而言,对消费者来说,不同品牌的产品之间的区别并不是很大。因此,企业不能仅仅凭借产品自身的功能和特性来塑造品牌的核心竞争力,而应以产品为物质基础,以品牌管理为核心,整合研究开发、生产和营销,塑造企业的产品品牌,从而形成竞争优势。要形成产品品牌的竞争优势,首先要对产品品牌进行合适的品牌定位。品牌定位的正确与否,直接影响品牌竞争优势的塑造。以我国香港地区报业为例,在香港发行的报纸有上百种,竞争非常激烈,分析其中的佼佼者,无不是通过定位战略来确立其竞争优势的。如《明报》定位于政论性报纸,《信报》定位于财经、商业报纸,《东方日报》定位于市民居家报纸,《星岛日报》定位于社区新闻报纸。

3. 品牌定位是联结品牌形象与目标消费者的中间环节

品牌定位是力求品牌形象与目标消费者实现最佳结合的过程。品牌定位并不是凭空而谈,而是要根据不同市场的消费者的购买行为、偏好、生活习惯、特性等来确定。品牌定位目的就是要让自身产品品牌的形象和特性能够适应目标消费者的需求。不能和目标顾客的消费特性相结合的品牌定位是错误的、危险的。所以,品牌形象和目标消费者要结合起来,而联系这两者的纽带就是品牌定位。较为经典的例子就是"万宝路"牌香烟,该品牌在美国被塑造成自由自在、粗犷豪放、浑身是劲、纵横驰骋的西部牛仔形象,这迎合了美国男性烟民对那种不管不顾、四海为家的男子汉精神的追求;而在我国香港地区,万宝路以牛仔形象打入香港市场,但结果却大失所望,在香港打不开市场,经研究调查发现这是东西方文化差异造成的。为了适应香港的文化特征,万宝路进行了重新定位,树立了年轻洒脱、事业有成的农场主的品牌形象。在日本,万宝路被塑造成依靠自己的智慧和勇气征服自然,过着诗歌般田园生活的日本牧人。正是由于品牌定位不断地为适应新的市场而改变策略与形象,万宝路才能在不同的市场竞争中佳绩频传。

4. 品牌定位体现了市场细分的结果

市场细分是指根据不同消费者的需求偏好、购买习惯、价值观念和生活方式等不同特征把总体消费者分为若干个消费群体的过程。品牌定位要针对具体的目标市场,而目标市场的选择则是市场细分过程的结果。企业通过将总体市场进行细分,再对各个细分市场进行评估,选择市场吸引力大、能够满足消费者的需求的细分市场,最终将自身产品品牌定位在适合目标市场顾客的物质需求和情感需求的市场位置。所以,品牌定位是市场细分的结果。

5. 品牌定位是确立品牌形象和个性的必要条件

从消费者角度来看,品牌定位就是向消费者传递品牌形象和品牌个性,让消费者能够从市场上众多的产品品牌中将自身的品牌识别出来。如果品牌定位不明,那么品牌个性就显得模糊不清。在当今市场上,产品越来越趋向于同质化,仅仅产品功能上和用途上的益处已经无法满足消费者在情感性益处和自我表达性益处上的需求。消费者希望在使用和消费产品的基础上,从产品品牌定位当中满足自己的情感需求,而品牌个性则是品牌的情感诉求的集中表现。例如万宝路男子汉气魄的定位使得消费者认为品牌个性是强壮、充满阳刚之气的;李宁则被认为充满了运动之美;麦当劳被认为清洁、干净、快速;可口可乐被认为是真实可信的;百事可乐则被认为是年轻的、活泼的和刺激的。

6. 品牌定位是品牌传播的基础

品牌传播是指通过广告、公关、包装等宣传手段将产品的品牌形象和风格传递给目标消费群体的过程。品牌定位就是为了区别于同类竞争对手,向消费者展示其核心价值和差异性。一方面,品牌定位依赖正面的、积极的品牌传播来强化消费者心中的品牌形象,并依靠品牌传播达到定位的目的;另一方面,品牌定位的目的限制了品牌传播的方向和内容。品牌传播必须以品牌定位为前提和基础。

第三节　品牌定位原则

品牌定位要遵循以下原则:

1. 考虑资源条件

品牌定位必须考虑企业的资源条件,使企业资源得到恰到好处的运用,既不要造成资源闲置或浪费,也不要因资源缺乏而陷入心有余而力不足的窘境。企业将品牌定位于尖端产品,就要有与之相适应的技术;定位于高档,就要有能力确保品牌的品质;定位于国际化品牌,就要有能运筹全球市场的经营管理水平;品牌定位要与企业的资源能力相匹配,既不能好高骛远,也不能妄自菲薄。

2. 考虑竞争者定位

在市场竞争十分激烈的情况下,几乎任何一个细分市场都存在多个竞争者,未被开发的空间越来越少了。在这种情况下,企业在进行定位时更应考虑竞争对手的品牌定位。应力图在品牌所体现的个性和风格上与竞争者有所区别,否则消费者易于将后进入市场的品牌视作模仿者而不予信任。企业在进行品牌定位时,要突出自己的特色,营造自己品牌的优势,使自己的品牌有别于竞争者的品牌。

3. 考虑成本效益比

品牌定位是要付出经济代价的,其成本的多少因定位不同而有所差异。不考虑成本而一味付出、不求回报,不符合企业的经营目的,所以,企业在定位时还必须考虑成本效益比。在定位时要遵循的一条基本规则是收益大于成本。收不抵支的品牌定位,最终只能导致品牌推广失败。

品牌管理

4. 对目标顾客的透彻了解

品牌定位就是要改变以往营销"从内向外"的做法，进而采用"由外向内"的方法，产生这样一种转变的原因在于以往的做法不能够找到一个好的切入点，以便和顾客产生共鸣、获得他们的认同。如果品牌不能定位在顾客所偏爱的位置或者说他们的需要，那么这一定位就不能占据顾客的心，也就达不到定位的目的。只有认准了顾客需求，才能进行市场细分，找到品牌所要满足的目标顾客群。品牌特征由两方面组成：功能利益和情感利益。在当今的感性消费时代，顾客挑选产品时，他们在理性上考虑产品的实用功能，同时也评估不同品牌所表现出的个性。当品牌表现的个性与他们的自我价值观相吻合时，他们才会选择该产品。

5. 长期性原则

企业对品牌进行定位后，必须长期坚持，顾客没有义务对某一品牌投入额外的关注，企业只有在相当长的一段时间内，以潜移默化的方式才能在顾客的心目中确立某一品牌形象。而且，在当今竞争日益激烈、信息爆炸的时代，即使品牌形象初步建立后，消费者也容易淡忘该品牌形象。因此，企业必须不断地坚持已建立的品牌定位，强化品牌形象。世界上很多著名品牌的建立都是长期坚持的结果。

案 例 赏 析

派克笔——"旧时王谢堂前燕，飞入寻常百姓家"

18年前美国派克钢笔突发奇想决定要谦虚一把，从贵族豪门走出来，一头扎进平民窝里尝尝寒酸的滋味。贵族沙龙里少了派克，平民的寒舍里却没有给派克腾出板凳。它像个走丢的王子开始反省：我算哪根葱？

派克钢笔在美国乃至世界上大名鼎鼎，像瑞士的劳力士手表，集高贵、典雅、精美、贵重于一身，平民不敢问津。它是财富的象征，是帝王、总统和有钱人互赠的礼品。它的价值不仅表现在体面和耐用上，同时也是收藏的珍品。

但18年前的一天，它摇身一变，革了一回自己的命，自贬身价，投怀送抱于寻常百姓家。从此，有身份的人开始对它冷眼相待，再也不肯用高贵的手触摸它。而平民对它也并不钟爱，就好像粗人选老婆，要的是中用、结实、能下地劳作；猛地来了一位公主，反而不知从何下手，如"焦大不爱林妹妹"。于是派克钢笔被冷落了。

派克钢笔想过一把平民的瘾，在销量上创造奇迹，结果差点送命。如果是想过把瘾就死，倒也罢了，问题是它不想死。那么就是找死了？电影《百万英镑》让一个流浪汉委实富裕了一回，好日子过得真是乐死人。派克让自己穷了一回，结果年报表上一片赤字，差点破产。它还算聪明，危机刚一露头，就惊叫一声，从平民窝里裸奔而出，一溜烟钻进富人的怀里，千认错万数落，把自己骂得里外不是人，最后获得了贵族的一致谅解，同意派克归队。

派克的失败并无险恶用心，只是在油水里泡腻了，想吃点粗茶淡饭而已，像一个离家出走的小少爷，一番颠沛流离之后，空着肚子脏着脸，脑袋勾成90度，灰溜溜摸进家门来。

第四节　品牌定位流程

为品牌定位是一个科学地整合分析目标消费者需求、市场竞争状况、企业资源特征的过程。为使品牌定位明朗，需要回答如下的基本问题：我们的品牌在潜在顾客心目中已形成什么样的定位；企业希望自己的品牌有这什么样的定位；为建立品牌的这一定位必须要进攻哪些竞争品牌，并超过他们；企业是否有足够的资金占有并维持这一定位；企业是否有坚持这一定位策略的气魄；品牌的创意方式是否与它的定位策略相匹配。具体而言，品牌定位决策遵循以下步骤：

1. 确认品牌竞争者

确认品牌竞争者是一个需要全面广泛考虑的过程，品牌竞争者不仅包括同种类产品的品牌，还包括其他种类产品的品牌（直接和间接的替代产品品牌）。例如，一个白酒品牌既要和其他各种定位的白酒竞争，还要考虑和葡萄酒、啤酒的竞争，因此企业必须考虑到所有可能的竞争者及其对消费者产生的各种影响。确认品牌竞争者是一个行业竞争分析过程，这个分析过程为品牌定位打下基础。

2. 评估消费者对竞争者品牌的看法

在确认了品牌竞争者后，企业就要考察消费者对竞争品牌的看法哪些要素对评价一个品牌最重要。一般而言，对于大多数品牌，消费者都要考虑产品的各种用途和属性。为了明确这个问题，要求企业组织专门的营销调研，如邀请消费者试用产品以及参加专题讨论会、共同参与调查过程，以了解消费者在选购品牌时会认为哪些产品属性更重要。如一个消费者在选择一个汽车品牌时会考虑诸如汽车的可操作性、安全性、装饰这样一些属性及其他因素，这一步是选择竞争性定位的基础。

3. 明确竞争者品牌定位

在确认了产品的相关属性及其对消费者的重要性之后，企业必须明确每个竞争品牌是怎样在这些属性上定位的。从这里企业可以得知竞争品牌之间是如何相互区别的，明确竞争品牌的定位是在消费者研究的基础上得出的结论。一般而言，探求竞争品牌的定位可以采用竞争性框架的方法，竞争性框架就是根据产品的某些属性来做一个树形图，并分别细分这样一些属性，最后把所有的竞争性品牌按这些属性在这个树形图上"对号入座"，以明确竞争品牌的差异性定位。

4. 分析消费者偏好

我们通过采用不同的市场细分变量加生活方式、购买动机、人口特征等把市场细分成了不同的细分市场，在每一个细分市场中都可能有不同的购买动机和重要属性的排序。企业要做的就是分清哪些购买动机、哪些属性是重要的，并且要找出它们之间的差异。为此，企业可以设想有一个理想的品牌，它具有了消费者所有选择中偏好的目标，这些偏好还可能是那些想象出的而在现实中并不存在的。设想这个理想品牌的目的是为了帮助企业细分市场的不同偏好和理想，或者是找到这些偏好和理想的倾向。

5. 做出品牌定位决策

依照前四个步骤便可以明确企业的品牌定位。然而科学的决策过程并不一定完全带来科学的定位决策。营销是一门80％的科学加上20％艺术的学科，在对品牌定位进行最后的决策时还需要考虑以下的几个问题。

（1）选择的市场细分策略是否合适。通过市场细分找到目标市场是品牌定位的基础，企业要考虑目标市场是否支持自己的进入，以及是否对公司的品牌感兴趣。当品牌选择了一定的定位后，品牌的产品要能够支持这样的定位，如果产品可以满足目标市场对品牌要求的利益，我们就认为企业选择的细分市场策略是恰当的，并且品牌的定位也是成功的。但是，如果产品不能满足目标顾客对品牌要求的利益，那么企业就要考虑市场细分策略的合理性。无论企业给品牌一个什么样的定位，都要能够使目标顾客得到他们想从这个品牌得到的东西——无论他们追求的是什么。比如"宝马"车的目标顾客是那些富有的、有地位的、年轻的、不受传统约束的新一代人士。"宝马"能给他们提供所追求的象征身份、地位的汽车。

（2）选择企业的哪些竞争优势作为品牌定位基础。企业需要为品牌定位决策考虑目前企业拥有的哪些竞争优势可以利用，或者是要为品牌形成某一定位而发展哪些竞争优势。可以从迈克·波特提出的价值链去寻找企业潜在的竞争优势，每个企业都是为设计、制造、营销、运输产品等而采取一系列活动的实体。价值要把企业分解为在策略上相互关联的5项主要活动和4项支持活动。主要活动为运入后勤、经营、运出后勤、市场营销、服务，支持性活动为企业的基础设施、人力资源管理、技术开发、采购。从价值链上看企业具有的是差别化优势还是成本优势、创新优势，它们可以给品牌带来哪些差异化的理由，品牌能不能以它们作为定位的一个或几个基本点。

（3）企业是否拥有足够的资源宣传品牌定位。众所周知，给品牌建立一个定位是昂贵的，需要企业投入大量的资源。一个广告，甚至是一系列的广告都不一定能给品牌一个富有竞争力的定位。为建立品牌的竞争性定位，要求企业整合内部的资源，进行长期的努力确保定位目标的实现。广告是宣传企业品牌定位的一个手段，但它并不是唯一手段。企业要整合包括人员、产品、公共关系一系列因素来宣传、体现品牌的定位。如果不能长期为形成品牌的定位而努力，则一切为品牌定位的努力都会白费。美国零售业巨子"西尔斯"百货曾经一度在几种定位间徘徊："到底是高档品经销商还是为顾客提供廉价的商品？"无法在消费者心中形成一个独特的定位。与此相反，零售业新贵"沃尔玛"则一开始就把自己定位于为顾客提供廉价的商品，宣传自己天天低价，在顾客的心中占据了廉价商品提供商的地位。当然，即使品牌获得了成功的定位，也很有可能引来竞争者的比附，躲避和维持品牌区别性定位的代价很高。如"莱特"啤酒是第一个定位于低度啤酒的品牌，在它获得成功后引来一群竞争者如百威、库尔斯、施里茨等。但是"莱特"并没有能力攻击这些竞争者和维持自己的定位，进而丧失了这个独特的定位。

（4）品牌间竞争的激烈程度如何。企业必须了解在市场上品牌的定位是否长期坚持，以及在竞争品牌的攻击下有哪些优势可以支持这个定位。如果一个品牌定位为最佳品质，那么企业就要有能力生产出最佳品质的产品来，否则这样的定位就会落空。如果定位为最低成本，就必须做到成本最低，就像沃尔玛为了维持自己的最低成本，引进实时管理技术,及时、集中采购,降低了库存成本和采购成本,以此来维持自己的成本优势。另外,例如通用食品的经验是从不首先进入一个市场,当竞争者开发了一个新市场后,通用食品只是改进自己的产品并参与这一新市场的竞争,而且往往都能抢占很大的市场份额。所以当企业面临通用食品这样强大的竞争对手时,不能不去考虑开发并维持这种品牌定位的困难。

(5)现有的品牌定位策略是否有效。企业需要考察现有定位策略的有效性,如果现有定位策略不那么有效,企业就要考虑更换定位策略,否则将会在竞争中陷入被动。反过来,如果要改变现有的、有效的定位策略,这种改变是不明智的,也会使品牌在竞争中陷入被动。改变定位策略一般出现在管理者对现有的定位主题产生厌倦,希望换一个更新的主题,但是这样做往往会在市场上引起混乱,削弱品牌的定位。一般而言,考察品牌定位策略有效性的指标就是品牌的市场占有率,至少,品牌的市场占有率下降说明品牌的定位有问题,企业需要进一步分析原因。除非有足够的理由证明改变定位策略是必要的,否则不要轻易改变品牌的定位。

第五节 品牌定位策略

一、产品视角定位

1. 功能性利益定位

消费者购买产品主要是为了获得产品的使用价值,希望产品具有所期望的功能、效果和效益,因而以强调产品的功效为诉求是品牌定位的常见形式。很多产品具有多重功效,我们认为品牌定位时向顾客传达单一的功效还是多重功效并没有绝对的定论,但由于消费者能记住的信息是有限的,往往只对某一强烈诉求容易产生较深的印象,因此,向消费者承诺一个功效点的单一诉求更能突出品牌的个性,获得成功的定位。如洗发水中飘柔的承诺是"柔顺",海飞丝是"去头屑",潘婷是"健康亮泽",舒肤佳强调"有效去除细菌",沃尔沃汽车定位于"安全"等。

案例欣赏

海飞丝的功能性定位

功能性品牌定位做得最成功的,也是功能性广告做得最成功的,当数海飞丝。海飞丝是宝洁公司最赚钱的几个品牌之一。宝洁公司最初的成功就在于它利用海飞丝,将一个功能性概念传输到中国,那就是去头屑。

事实上海飞丝这个品牌在其他发达国家,压根就没有强调过去头屑的功能,因为头屑在那些天天洗两个澡三遍头的国家里,根本就不是个问题。当宝洁公司发现头屑在当时的中国是一个比较普遍的烦恼时,他们就把品牌的核心概念定位在了"去头屑"上,结果大获成功。

宝洁在刚刚进入中国市场时,占领市场的是上海的"蜂花"。海飞丝在价位上比蜂花高出许多,以中国人当时比较保守的消费意识和经济条件,一般来说在短时期内很难取得压倒性的市场优势,而海飞丝却做到了。

海飞丝"去头屑"的概念引发了消费者对洗发水功能认识的一场变革。当大家在掏钱购买比蜂花贵很多的海飞丝时,这个价格差异因素就被大大地忽略了。

(案例来源:薛娜.经典品牌故事全集.北京:金城出版社,2006)

2. 情感性利益定位

该定位是将人类心理中的关怀、牵挂、思念、温暖、怀旧、爱等情感内涵融入品牌,使消费者在购买、使用产品的过程中获得这些情感体验,从而唤起消费者内心深处的认同和共鸣,最终获得对品牌的喜爱和忠诚。浙江纳爱斯的雕牌洗衣粉,借用社会关注资源,在品牌塑造上大打情感牌,其创造的"下岗片",就是较成功的情感定位策略,"……妈妈,我能帮您干活啦"的真情流露引起了消费者内心深处的震撼以及强烈的情感共鸣,自此,纳爱斯雕牌更加深入人心;还有丽珠得乐的"其实男人更需要关怀"也是情感定位策略的绝妙运用,哈尔滨啤酒"岁月流转,情怀依旧"的品牌内涵让人勾起无限的岁月怀念。

案 例 欣 赏

哈根达斯的情感定位——营造爱的味道

"爱我,就请我吃哈根达斯"。自1996年进入中国,哈根达斯的这句经典广告语像是一种"爱情病毒"迅速在北京、上海、广州、深圳等城市蔓延开来。一时间,哈根达斯冰激凌成了城市小资们的时尚食品。

然而,哈根达斯显然还是一种奢侈品,在哈根达斯进入的55个国家,它都是最昂贵的冰激凌品牌。哈根达斯从不讳言自己的消费人群是处于收入金字塔尖、追求时尚的年轻族群。在投入巨资确保产品品质的同时,它的价格也是毫不客气的,最便宜的一小桶也要30多元,而最贵的冰激凌蛋糕要400多元。说白了,哈根达斯已经不仅仅是一种冰激凌,它更代表了一种时尚的生活方式和品味。

由于把自己贴上永恒的情感标签,哈根达斯从未为销售伤过脑筋。对于那些忠实的"粉丝"来说,吃哈根达斯和送玫瑰一样,关心的只是爱情。哈根达斯把自己的产品与热恋的甜蜜连接在一起,吸引恋人们频繁光顾。其店里店外散发的浓情蜜意,更增添品牌的形象深度。哈根达斯的产品手册、海报无一不是采用情侣激情相拥的浪漫情景,以便将"愉悦的体验"这一品牌诉求传达得淋漓尽致。其专卖店内的装潢、灯光、桌椅的线条、色彩的运用也都在极力烘托这一主题。

每一处细节尽显爱意,哈根达斯深知蕴涵在冰激凌中的情感意味。自1921年在美国纽约布朗克斯市诞生之初,哈根达斯便被赋予了罗曼蒂克的情感元素。来自马达加斯加的香草代表着无尽的思念和爱慕,比利时纯正香浓的巧克力象征热恋中的甜蜜和力量,波兰亮红色的草莓代表嫉妒与考验,来自巴西的咖啡则是幽默与宠爱的化身。这些取自世界各地的顶级原料,拥有着哈根达斯近百年来忠贞不渝的热爱,结合了卓越的工艺和不朽的情感,独创出各种别具风情的浪漫甜品,唇齿间细腻香滑的味道,营造出恒久的爱的回味。

(案例来源:朱良骏.深圳特区报,2005-12-21)

3. 自我表达性利益定位

该定位通过表现品牌的某种独特形象和内涵,让品牌成为消费者表达个人价值观、审美情趣、自我个性、生活品味、心理期待的一种载体和媒介,使消费者获得一种自我满足和自我陶醉的快乐感觉。果汁品牌"酷儿"的"代言人"大头娃娃,右手叉腰,左手拿着果汁饮料,陶醉地说着"Qoo……",这个笨手笨脚,却又不易气馁的蓝色酷儿形象正好符合儿童"快乐、喜好助人但又爱模仿大人"的心理,小朋友看到酷儿就像看到了自己,因而博得了小朋友的喜爱;浪莎袜业锲而不舍地宣扬"动人、高雅、时尚"的品牌内涵,给消费者一种表现美丽、妩媚、前卫的心理满足;夏蒙西服定位于"007的选择",对渴望勇敢、智慧、酷美和英雄的消费者极具吸引力。

案 例 欣 赏

哈雷摩托的自我表达定位

"年轻时有辆哈雷摩托,年老时有辆凯迪拉克,则此生了无他愿。"这是谁说的话呢?不,它是一句美国谚语。

哈雷摩托是世界上最有号召力的摩托车品牌。它的消费者,甚至将他钟爱的品牌哈雷摩托纹在自己身上,与其终身相伴。

哈雷摩托做到了。因此,我们有理由相信:哈雷不是摩托车,在哈雷迷们的心里,它是宝贝、玩具,更是象征自由的精神。哈雷创造了一个将机器和人性几近完美地融合为一体的精神象征,并深刻地影响了目标消费群体的价值观、衣着打扮和生活方式。

哈雷摩托的标志,是当今世界上最多的被其目标群体纹在身上的品牌之一,同样,它的品牌忠诚度也是最高的。

如今,哈雷摩托行销世界各地。在经济萧条时,哈雷摩托仍以销量15.7%的比例增长。哈雷摩托之所以历经百年而不衰,在于它从制造第一辆摩托车时起就潜心致力于创造一种凝聚年轻一代人的梦想、反叛精神、奋斗意识的"摩托文化"。经过百年的积累和提升,哈雷摩托品牌成为年轻人尽情表达自由、竞争、反叛精神和展现富有、年轻、活力的典型标志。

(案例来源:吴怀尧.财经时报,2007-05-08)

二、竞争视角定位

1. 首席定位

首席定位即强调品牌在同行业或同类中的领导性、专业性地位,如宣称"销量第一"。在现今信息爆炸的社会里,消费者对大多数信息毫无记忆,但对领导性、专业性的品牌印象较为深刻。如百威啤酒宣称是"全世界最大、最有名的美国啤酒";双汇强调"开创中国肉类品牌";波导手机宣称"连续三年全国销量第一",这些都是首席定位策略的运用。雅戈尔宣称是"衬衫专家";格兰仕推出柜式空调,宣称是"柜机专家",致使其他的竞争品牌不能采用相同的定位策略,因而这也都是首席定位策略的表现。

首席定位的依据是人们对"第一"印象最深刻的心理规律。例如第一个登上月球的人、第一位恋人的名字,第一次的成功或失败等等。尤其是在现今信息爆炸的社会里,各种广告、品牌多如过江之鲫,消费者会对大多数信息毫无记忆。据调查,一般消费者只能回想同类产品中的七个品牌,而名列第二的品牌的销量往往只是名列第一的品牌的一半。因此,首席定位能使消费者在短时间内记住该品牌,并为以后的销售打开方便之门。

2. 类别定位

该定位就是与某些知名而又属司空见惯类型的产品作出明显的区别,或将自己的产品定为与之不同的另类,这种定位也可称为与竞争者划定界线的定位。如美国的七喜汽水,之所以能成为美国第三大软性饮料,就是由于采用了这种策略,宣称自己是"非可乐"型饮料,是代替可口可乐和百事可乐的清凉解渴饮料,突出其与两"乐"的区别,因而吸引了相当部分的"两乐"转移者。又如娃哈哈出品的"有机绿茶"与一般的绿茶构成显著差异,江苏雪豹日化公司推出的"雪豹生物牙膏"与其他的牙膏形成区别,也都是类别定位策略的运用。

3. 比附定位

比附定位就是攀附名牌的定位策略。企业通过各种方法和同行中的知名品牌建立一种内在联系,使自己的品牌迅速进入消费者的心智,占领一个牢固的位置,借名牌之光而使自己的品牌生辉。比附定位一般有三种形式。

(1) 甘居"第二"。就是明确承认同类中另有最负盛名的品牌,自己只不过是第二而已。这种策略会使人们对公司产生一种谦虚诚恳的印象,相信公司所说是真实可靠的,同时迎合了人们同情弱者的心理,这样较容易使消费者记住这个通常难以进入人们心智的序位。如美国阿维斯出租汽车公司定位为"我们是老二,我们要进一步努力"之后,品牌知名度迅速上升,赢得了更多忠诚的客户。

(2) 攀龙附凤。其切入点亦如上所述,首先是承认同类中卓有成就的品牌,本品牌虽自愧不如,但在某地区或在某一方向还是与这些最受消费者欢迎和信赖的品牌并驾齐驱,平分秋色。如内蒙古的宁城老窖,宣称是"宁城老窖——塞外茅台"。

(3) 高级俱乐部。公司如果不能取得第一名或攀附第二名,便退而采用此策略,借助群体的声望和模糊数学的手法,订出入会限制严格的俱乐部式的高级团体牌子,强调自己是这一高级群体的一员,从而提高自己的地位形象。如可以宣称自己是××行业的三大公司之一,50家大公司之一,10家驰名商标之一等。美国克莱斯勒汽车公司宣布自己是美国"三大汽车公司之一",使消费者感到克莱斯勒和第一、第二一样都是知名轿车,从而收到了良好的效果。

案例欣赏

蒙牛品牌定位的智慧

蒙牛在成立之初,从产品的推广宣传开始就与伊利联系在一起,从蒙牛的广告和宣传册上可以解读出蒙牛的品牌定位是一种比附定位策略,如蒙牛的第一块广告牌子上写的是"创内蒙乳业第二品牌";宣传册上闪耀着"千里草原腾起伊利集团、蒙牛乳业……我们为内蒙古喝彩";在冰激凌的包装上,蒙牛打出了"为民族工业争气,向伊利学习"的字样,这与阿维斯出租汽车公司强调"我们是老二,我们要进一步努力"的定位策略是一致的。蒙牛利用伊利的知名度,无形中将蒙牛的品牌打了出去,提高了品牌的知名度。而且,蒙牛这种谦逊的态度、宽广的胸怀,让人尊敬、信赖,获得了口碑。

蒙牛认为,一个品牌并不单单是一种产品的问题,而是一个地域的问题,内蒙古就是一个大品牌。因而蒙牛没有把目光局限在自身的成长上,而是高瞻远瞩,根据呼和浩特人均牛奶拥有全国第一、牛奶增速全国第一的状况,提出了"建设我们共同的品牌——中国乳都·呼和浩特"的倡议。从2000年9月起,蒙牛投资100多万元,投放了300多幅灯箱广告,广告正面主题为《为内蒙古喝彩》,下书:"千里草原腾起伊利集团、兴发集团、蒙牛乳业;塞外明珠辉照宁城集团、仕奇集团;河套岭峰蒙古王;高原独秀鄂尔多斯……我们为内蒙古喝彩,让内蒙古腾飞。"

背面的主题为《我们共同的品牌——中国乳都·呼和浩特》。蒙牛把自己和内蒙古的一些著名企业放在一起,提出共建中国乳都,这与"高级俱乐部策略"的思想是一致的。其实,蒙牛当时无论从历史、地位和规模上都不足以和这些著名品牌相提并论,然而蒙牛把自己和它们放在一起,是想让消费者认为,蒙牛和它们一样,也是名

牌。而"建设中国乳都""为内蒙古喝彩"这样的宽广视野和高尚情操又体现出蒙牛的博大胸怀,为内蒙古积聚了巨大的无形资产,不仅不会招致反对,反而会激发人们对蒙牛的好感,提升了品牌的知名度。

(案例来源:高定基.企业管理,2003(5))

三、消费者视角定位

1. 消费群体定位

该定位直接以产品的消费群体为诉求对象,突出产品专为该类消费群体服务,来获得目标消费群的认同。把品牌与消费者结合起来,有利于增进消费者的归属感,使其产生"我自己的品牌"的感觉。如金利来定位为"男人的世界";哈药的护彤定位为"儿童感冒药";百事可乐定位为"青年一代的可乐";北京统一石油化工公司的"统一经典"润滑油将目标锁定为"高级轿车专用润滑油"。《体坛周报》把自己定位于为关心国内外体育信息的读者提供全面的、及时的体坛消息,尤其突出了为那些关心欧洲五大足球联赛的读者服务。太太口服液则定位为35—50岁的女性。统一鲜橙多的首发上市,定位于白领女性人群,"统一鲜橙多,多喝多漂亮"一语中的。品牌使用者定位策略要求这群使用者为数众多,而且便于区别,这样才能突出品牌的形象。

2. 消费情景定位

情景定位是将品牌与一定环境、场合下产品的使用情况联系起来,以唤起消费者在特定情景下对该品牌的联想,从而产生购买欲望和购买行为。雀巢咖啡的广告不断提示在工作的时候喝咖啡,会让上班族口渴、疲倦时想到雀巢;喜之郎果冻在广告中推荐"工作休闲来一个,游山玩水来一个,朋友聚会来一个,健身娱乐来一个",让人在这些快乐和喜悦的场合想起喜之郎。"八点以后"马克力薄饼声称是"适合八点以后吃的甜点",米开威(Milky Way)则自称为"可在两餐之间吃的甜点"。它们在时段上建立区分。八点以后想吃甜点的消费者会自然而然地想到"八点以后"这个品牌;而在两餐之间的时间,首先会想到米开威。康宝(Canbells)定位于午餐用的汤。配合这一定位,它一直以来不断地在午间通过电台广告宣传,提起午餐汤,康宝就会冒上人们的心头。

四、其他视角定位

1. 性价比综合优势定位

有的品牌经常使用质量/价格即性价比综合优势定位,这种定位使用两种方式:一是用广告宣传品牌具有一流的质量,同时与质量相比只有二流的价格;二是强调具有竞争性价格的产品的质量或价值。采用这种定位策略要求品牌要能够说明确实具有一流的质量并且要让消费者信服,同时对品牌的价格消费者能体会到的确是实惠的。例如戴尔电脑采用直销模式,降低了成本,并将降低的成本让利给顾客,因而戴尔电脑总是强调"物超所值,实惠之选";雕牌用"只选对的,不买贵的"暗示雕牌的实惠价格;奥克斯空调告诉消费者"让你付出更少,得到更多"等,都是既考虑了质量又考虑了价格的定位策略。

2. 文化定位

文化定位是指将文化内涵融入品牌,形成文化上的品牌差异的品牌定位策略。这种文化定位不仅可以大大提高品牌的品位,而且可以使品牌形象更加独具特色。产品的功能与属性容易被模仿,而品牌的文化却很难模仿。品牌文化定位按照文化内容的不同又分为下面两种定位策略。

(1) 以民族精神为代表的历史文化。这种定位策略以将本民族的民族精神和历史文化渗透到产品品牌中,使消费者认为该品牌就是该民族的产品,从而提高品牌影响力和感染力。"可口可乐"不仅是一种享誉全球的碳酸饮料品牌,更是美国文化的象征;"麦当劳"蕴含着工作标准化、高效率、快节奏的美国文化;"奔驰"品牌则代表着"组织严谨、品质高贵和极富效率"的德国文化;珠江云峰酒业推出的"小糊涂仙"酒,借"聪明"与"糊涂"反衬,将郑板桥的"难得糊涂"的名言融入酒中,成功地实施了文化定位;百年张裕以其浓厚的文化底蕴和葡萄文化资源,打出了"传奇品质,百年张裕"的文化定位。

(2) 以企业经营理念为代表的现代文化。这种定位策略将企业自身的经营理念融入产品品牌中去,用具有鲜明特点的经营理念作为品牌的定位诉求,并在营销和品牌管理的各个方面和环节向消费者传播。"IBM 就是服务"是美国 IBM 公司的一句响彻全球的口号,是 IBM 公司经营理念的精髓所在,飞利浦的"让我们做得更好",诺基亚的"科技以人为本",TCL 的"为顾客创造价值",海尔的"星级服务"等都是经营理念定位的典型代表。这些成功的文化定位不但宣传了企业的经营理念,更重要的是让消费者对其品牌产生了认同感,加强了这些品牌的美誉度和消费者的忠诚度。

3. 概念定位

概念定位即以一个新的理念或概念包装产品,使产品、品牌在消费者心目中占据一个新的位置,形成这一新的概念,甚至造成一种思维定势,以获得消费者的认同,使其产生购买欲望的定位策略。该类产品可以是老产品,也可以是新产品,尤其在新产品和产品同性特征不是很突出、和同类产品差别化不是很大的产品中,这种定位策略运用非常广泛。如在 PDA 行业里,商务通运用概念定位,创造了一个行销的神话:"手机,CALL

机，商务通一个都不能少"，给消费者一个清晰的定位，以致消费者认为PDA即商务通，商务通即PDA，商务通也从此坐上了行业老大的宝座；另一个概念定位极其成功的案例是"脑白金"，其品牌以"收礼只收脑百金"创下了一个概念，大力提倡送礼概念，并容易让消费者形成诱导式购买。

第六节 品牌定位修正

当今世界是一个时时刻刻都在变化着的世界，市场变化莫测，消费者的消费习惯和需求也在不断地变化着。某种产品的品牌定位，有的是最初定位失误，有的是最初定位正确，但由于市场和消费者消费行为尤其是消费需求的变化，原有的定位已经不能适应市场发展的需求，不能和消费者产生共鸣。在这两种情况下，就需要进行再定位。

一、品牌定位修正原因

品牌进行再定位不但有企业本身的原因，也有外部环境的原因。主要有：

（1）原有定位错误。企业的产品特别是新产品投放市场以后，如果市场对产品反应冷淡，销售情况与预期差距太大，这时企业就应该进行市场分析，对品牌进行诊断，分析是否产品品牌定位失误。如果是因为品牌原有定位错误所致，就应该进行品牌的再定位。世界著名的香烟品牌万宝路，最初定位为女士香烟，结果市场业绩极其一般。后来该公司及时改变策略，对品牌进行再定位，将万宝路再定位为男士香烟，并用具有男子汉气概的西部牛仔形象作为品牌形象。通过这一再定位，万宝路树立了自由、野性与冒险的形象，在众多的香烟品牌中脱颖而出，并一举成为全球驰名的香烟品牌。

（2）原有定位阻碍企业开拓新市场。在企业发展过程中，原有定位可能会成为制约因素，阻碍企业开拓新的市场；或者由于外界环境的变化，企业有可能获得新的市场机会，但原来的定位与外界环境难以融合，因此企业出于发展和扩大的目的，需要调整和改变原有定位。《广东妇女》杂志由于受到定位的限制，它的目标读者群比较狭小，仅限于广东省内部分妇女，发行量很低。1983年，它更名为《家庭》杂志，面向更为广阔的目标市场，覆盖了全国范围几乎所有家庭成员，从而成为一种大众化的通俗刊物，更贴近普通百姓的生活。新的定位，使它在内容上突破原来地域、取材范围、题材的局限性，一跃成为全国销量最好的杂志之一，曾经创下一个月销量达350万份的纪录。

（3）原有定位削弱品牌的竞争力。企业在竞争中，可能会丧失原来的优势，而建立在此优势上的定位也就会削弱品牌竞争力，甚至竞争对手会针对企业定位的缺陷，塑造他们自身的优势，比如推出性能更好的同类产品。企业如果仍死守原来定位不放，就会在竞争中处于被动挨打的地位，最终丧失市场。在这样的情况下，企业应对品牌进行再定位。"维他奶"原来定位为健康饮料,这种定位,曾创造了辉煌的纪录。然而,随着时间推移,各种新的、不同品牌的饮料相继登陆市场,它们纷纷抓住年轻人的心理,突出其产品的时代感,相形之下,"维他奶"形象显得落伍了,市场占有率不断萎缩。后来公司对"维他奶"进行再定位,塑造时髦、健康、受欢迎的新形象,既突出了产品优势,又深入地把握了年轻人的心理,因此成为受年轻人欢迎的饮品,在激烈的市场竞争中稳固、扩大了市场份额。

(4) 消费者偏好和需求发生变化。品牌原有的定位是正确的,但由于目标顾客群的偏好和消费习惯发生了变化,他们原本喜欢本企业的品牌,但由于款式、价格等方面的原因,转而喜欢竞争对手的产品;或是随着时代的变迁,消费者的消费观念发生改变。这样的情况下应该进行再定位。宝洁公司刚进入我国时,旗下品牌"飘柔"最早的定位是二合一带给人们的方便以及它具有使头发柔顺的独特功效。后来,宝洁在市场开拓和深入调查中发现,消费者最迫切需要的是建立自信,于是从 2000 年起,飘柔品牌以"自信"为诉求对品牌进行了再定位。

二、修订定位步骤

企业进行品牌再定位时,不能盲目地进行定位,要按一定的程序和步骤操作。一般来说,品牌再定位有以下四个基本步骤,如图 4-4 所示。

图 4-4　品牌再定位的步骤

(1) 确定品牌需要再定位的原因。品牌再定位有多方面的原因,既有企业自身的原因,也有外部市场的原因,上面已经有详细阐述,这里不再赘述。企业要明确是什么原因要求企业对品牌进行再定位,这是品牌再定位的基础。

(2) 调查分析与形势评估,明确企业优势。明确了品牌再定位的原因,确定了重新定位的必要性以后,必须对品牌目前的状况进行形势评估,评估的依据来源于对消费者的调查,调查内容主要包括消费者对品牌的认知和评价、消费者选择产品时的影响元素及其序列、消费者对品牌产品的心理价值、消费者认知产品渠道及其重要性排序、消费者对同类产品的认知和评价等,并根据调研的结果对现有形势做出总体评估。同时重新评价企业在市场中的地位,看与竞争对手比,企业有何明显的被消费者认同和重视的优势,从而得出企业产品品牌的优势。另一方面,对企业自身的调查和评估,明确企业的资源优势,为品牌的再定位提供支持和保障。

(3) 分析目标消费群,选择最具竞争优势的定位。明确企业优势之后,还必须对目标消费群进行进一步的分析,对目标消费群体的生活方式、价值观、消费观念、审美观念进行广泛的定性和定量的调查研究,以确定新的定位策略。一般来说,企业可以选择的品牌定位不止一个,这种情况下,就需要企业根据竞争对手情况、消费者偏好和自身优势进行筛选,选择具有竞争优势的定位。

（4）传播、巩固新的定位。品牌再定位策略确定以后，要制定新的营销方案，将品牌信息传递给消费者，并不断强化，使它深入人心，最终完全取代原有定位。企业制定营销方案应以新的品牌定位为核心，防止新定位与传播的脱节甚至背离。在现在的市场环境下，企业最好实施整合营销传播，以广告和促销为主要手段，通过广告将信息广泛传播，通过促销让消费者在接触产品的过程中不断强化这一定位。让消费者通过更多的渠道接触品牌的信息，以强化对品牌的印象。

本 章 小 结

品牌定位是指企业在市场定位和产品定位的基础上，对特定的品牌在文化取向及个性差异上的商业性决策，它是建立一个与目标市场有关的品牌形象的过程和结果。

定位是一种攻心战略，不是去创造某种新奇的与众不同的东西，而是去操作已存在于受众心中的东西，以受众心智为出发点，即以消费者为导向，寻求一种独特的定位。这不像传统的逻辑那样，从产品中寻找，而是从消费者的角度寻找，更具体而言是从消费者的心理层面寻找。

品牌定位的主要功能体现为创造品牌差异；有利于形成竞争优势；是联结品牌形象与目标消费者的中间环节；体现了市场细分的结果；是确立品牌形象和个性的必要条件；是品牌传播的基础等。

品牌在定位过程中必须坚守的原则：考虑资源条件、考虑竞争者定位、考虑成本效益比、对目标顾客的透彻了解、长期性原则。品牌定位的流程：(1) 确认品牌竞争者；(2) 评估消费者对竞争者品牌的看法；(3) 明确竞争者品牌定位；(4) 分析消费者偏好；(5) 做出品牌定位决策。

品牌定位常用的策略，从产品功能视角而言，主要包括功能性利益定位、情感性利益定位、自我表达性利益定位；从竞争视角而言，主要包括首席定位、类别定位、比附定位；从消费者视角而言，主要包括消费群体定位、消费者情景定位；除此之外，还有其他一些形式的定位。

某种产品的品牌定位，有的是最初定位失误，有的是最初定位正确，但由于市场和消费者消费行为尤其是消费需求的变化，原有的定位已经不能适应市场发展的需求，不能和消费者产生共鸣，在这两种情况下，就需要进行再定位。

思考与练习题

1. 品牌定位的本质是什么？
2. 品牌定位有哪些功能？
3. 品牌定位的原则是什么？
4. 品牌定位的流程以及做出品牌定位决策应注意的问题是什么？
5. 产品视角定位有哪几种类型？
6. 竞争视角定位有哪几种类型？
7. 消费者视角定位有哪几种类型？
8. 品牌定位是否一成不变？若否，需要改变的原因是什么？如何修改品牌定位？

9. 若要对个人进行一次品牌定位,你会如何定位自己?

> **案 例 讨 论**

雕牌牙膏的品牌之路

相信大家还记得雕牌牙膏吧?它是浙江纳爱斯集团旗下的一个牙膏品牌。20世纪90年代初,纳爱斯旗下的雕牌洗衣粉凭借着一句"只选对的,不买贵的"广告词风行国内洗衣粉市场,这主要的功劳是其比较精准的产品市场定位。其宣传的是洗衣粉这一产品的核心价值是高品质,而不是高价格。"只选对的,不买贵的",这一品牌形象印记——"大众的、平民化产品路线"在目标消费群心目中已经形成。长期以来,雕牌给国内消费者的印象就是洗衣粉或是透明皂,即雕牌的产品市场定位经过6年的长时间宣传对消费者的心智产生了强大影响。

2001年,恰逢雕牌被评为"中国驰名商标"之时,纳爱斯集团推出了雕牌牙膏,试图以雕牌洗衣粉和透明皂的品牌号召力和影响力带动雕牌牙膏的销售。可是纳爱斯的高层忽视了对消费者心智的研究,其实雕牌牙膏刚推出之时李恒老师就断定了它的死亡之路。原因很简单,因为雕牌在消费者心智中的定位就是洗衣粉和透明皂。现在变成牙膏了,消费者心智是不认同的,用雕牌牙膏刷牙时总会感觉到有一种洗衣粉的味道,所以消费者是不接受的。

从企业的战略角度分析,纳爱斯推出牙膏无可非议,牙膏与洗衣粉、透明皂都是洗涤用品,这是一种同心多角化的增长模式。但是纳爱斯的品牌延伸策略就值得商榷了。从消费者的心智资源上来说,消费者对品牌的记忆是有限的,对同一类产品的品牌记忆平均不会超过7个,同时消费者对品牌的记忆也是排他的。消费者对于雕牌的品牌利益记忆点已经深深地印在了洗衣粉和透明皂上,维持6年的品牌诉求已形成了雕牌的市场定位和区隔,在此之后再把雕牌这一品牌延伸到牙膏产品上,两种用途截然不同的产品造成了严重的消费者心理认知障碍。

坚持了4年多以后,2004年11月,纳爱斯集团在一些零售终端试销"纳爱斯"牙膏,2005年纳爱斯集团将旗下雕牌牙膏品牌正式改名为"纳爱斯"牙膏,换了一个"马夹",并在2005年伊始便大张旗鼓地全面推向中国市场。"纳爱斯"的品牌包容力相对于雕牌要广博得多,因为"纳爱斯"毕竟首先是企业品牌,其次它也是部分洁肤类产品品牌,在市场上则随同"雕牌洗衣粉,浙江纳爱斯"的广告词与雕牌一起成长,享有相当高的品牌知名度和品牌美誉度。再加上"纳爱斯"为英文"nice"的中文谐音,意为漂亮、好的,如果纳爱斯集团当初用"纳爱斯"这一品牌而不是"雕牌"推出牙膏,在消费者心智中,"漂亮"便可能顺利与牙齿的使用效果进行对接,进而接受"纳爱斯"这一牙膏品牌。遗憾的是,这一改变品牌名称的策略是对了,但是时机却不对,原因是6年过去了,"雕牌洗衣粉,浙江纳爱斯"的广告词已经深入消费者心智,用纳爱斯牙膏刷牙,消费者仍旧会感受到洗衣粉的味道。尽管纳爱斯集团在2005年以全新的"纳爱斯"品牌形象和"营养"这一产品定位推向市场,试图以牙膏中富含维C来吸引消费者的眼球,但是这只不过穿上了雕牌的另一个"马夹",我们可以说品牌名称改变是对的,但是一定是一个全新的品牌,而不应该让消费者与"雕牌"产生任何的联想。

(案例来源:www.hudong.com)

案例思考:
1. 雕牌牙膏重新定位之前为什么会造成消费者认知上的混乱?
2. 雕牌牙膏进行品牌重定位时采用的是哪种定位方法?
3. 实施这一定位方法需要满足什么条件?

第五章　品牌设计

学习目的：

1. 了解品牌设计的重要性和主要内容
2. 了解品牌名称的意义
3. 掌握品牌名称的类型
4. 掌握品牌名称设计的原则
5. 掌握品牌标识设计的原则
6. 掌握品牌标识设计的风格演变
7. 了解品牌设计中其他要素

麦当劳品牌识别系统

当今世界，没有哪一个产品品牌能像麦当劳品牌那样深入人心。被认为是美国文化象征的麦当劳，已经在全球120个国家设有29 000家快餐店，每天服务的客户达4 500万，几乎在任何一个国家都可以看到那座金色的拱门。1992年，中国大陆第一家麦当劳落户深圳，如今越来越多的中国消费者接受麦当劳的生活方式。除了带给中国人全新的生活观念外，麦当劳也带来了它全新的广告观念。言简意赅地说，麦当劳是麦当劳叔叔和金黄色拱门双剑合璧的广告策略。麦当劳广告代言人与普通广告截然不同，它是以麦当劳叔叔这个虚拟人物做代言人。当然这种虚拟代言人的做

品牌管理

> 法并非麦当劳独有,海尔产品的海尔兄弟,迪士尼的米老鼠、唐老鸭,甚至麦当劳的竞争对手肯德基也是以肯德基上校这一虚拟人物做代言人的。麦当劳成功的基点还在于它那个黄色的双拱门标志。作为麦当劳世界通用的语言,这个 M 标志成为麦当劳广告与消费者沟通的最好方式。在麦当劳无数广告中,即使不出现"麦当劳"字样,就凭 M 标志,消费者即可自然联想到麦当劳。

品牌定位为企业确定并塑造品牌整体形象指明了方向和奠定了基础,但没有顾客乐于接受的品牌外部视觉形象,就不能有效地进行品牌传播,诱使顾客购买品牌标定的商品,品牌整体定位就失去了意义。因此,品牌设计可谓意义重大。本章主要阐述品牌名称设计、品牌标志设计、品牌其他元素设计三个方面的内容。

第一节　品牌名称设计

美国两位著名的广告专家阿尔·里斯和杰克·特劳特认为:"名称是把品牌吊在潜在顾客心中产品阶梯的挂钩。正如在定位时代中,你要做的最重要的行销决策,便是为产品取个好名字。"品牌名称不仅直接影响商品在市场上的流通和传播,还决定着整个广告的设计进程和效果,品牌命名成为企业创名牌的首要决策,也是最重要的决策之一。

▶ 一、品牌名称功能

每一个品牌都有自己的名称,否则就无法与外界进行交流和沟通。品牌名称就是品牌构成中可以用文字表达并能用语言进行传播与交流的部分。好的品牌名称能够有利于消费者、公众很快识别企业;减少内部混乱;降低创建品牌的成本,能够最快、最集中地创造出知名品牌;减少企业运作中的品牌印刷费用,有利于无形资产载体聚集,并且有利于新产品销售等。

品牌名称提供了品牌联想,最大限度地激发消费者的"直接联想力",这是成功品牌名称的基本特征之一。品牌名称作为品牌之魂,体现了品牌的个性和特色,它使消费者自然而然地产生一种很具体、很独特的联想。一提到某一品牌名称,人们会很快对该品牌所代表的产品质量、形象、售后服务等产生一个总体的概念。例如:可口可乐、百事可乐代表了丰富的美国文化意蕴;柯达、富士代表了高质量的胶卷等等。

案 例 欣 赏

可口可乐的名称来历

可口可乐能在中国所向披靡,除了拥有所谓的秘密配方之外,还因为它有一个无可比拟的中文名。可口可乐,一直被认为是广告界翻译得最好的品牌名。不但保持了英文的音译,还比英文更有寓意。可口可乐四个字生动地暗示出了产品给消费者带来的感受——好喝、清爽、快乐——可口亦可乐。让消费者胃口十足,"挡不住的感觉"油然而生。也正因如此,可乐逐渐成为品类的代名词和行业标准。

可乐是怎么创造出来的,大家可能早有耳闻,但它的命名过程,恐怕知道的人不多。1886年,美国亚特兰大市的药剂师约翰·潘伯顿无意中创造了可口可乐。他的助手、会计员罗宾逊是一个古典书法家,他认为有两个大写字母C会很好看,因此用Coca-Cola作为这个奇异饮料的名称。20世纪20年代,可口可乐已在上海生产,一开始翻译成了一个非常奇怪的中文名字,叫"蝌蝌啃蜡",被接受状况可想而知,于是可口可乐专门负责海外业务的出口公司,公开登报悬赏350英镑征求译名。当时身在英国的一位上海教授蒋彝,便以"可口可乐"四个字击败其他所有对手,拿走了奖金。

品牌名称对产品的销售同样有着直接的影响。以日本的胶卷市场为例,在富士公司单独垄断市场之前,富士公司和樱花公司同时作为日本胶卷市场的两大巨头。20世纪50年代樱花公司在胶卷市场上的市场占有量超过了50%,然而后来富士的市场份额越来越大,以致最终击败樱花公司,成为市场霸主。根据调查,樱花公司失败的原因并不是产品质量问题而是产品名称。在日文里,"樱花"一词代表软性的、模糊的、桃色的形象,樱花公司因此而受到其樱花牌胶卷名称的拖累。相反,"富士"一词则同日本的圣山"富士山"联系在一起。樱花牌胶卷受制于这不幸形象,各种广告宣传均无济于事,只有节节败退。但是,美国一家著名调查机构曾以"品牌名和效果相关研究"为题,对全美大大小小的品牌名称做深入探讨,结果发现:只有12%的品牌名称对销售有帮助;有36%的品牌名称对销售有阻碍;而对销售谈不上贡献者,则高达52%。由此可见,品牌名称的设计在实业界还要进一步充实完善。品牌名称作为品牌的核心要素会直接导致一个品牌的兴衰。因此企业在一开始就要确定一个有利于传达品牌定位方向且有利于传播的名称。

二、品牌名称类型

好的品牌名称是品牌被消费者认知、接受、满意乃至忠诚的前提,纵观世界上一些著名的国际性企业,它们的名称既是各具特色的,又都遵循着共同规律,还包含着诸多精彩的偶然创意。下面,我们就从国内外知名品牌的成功经验或失败的教训中总结出品牌命名的一些基本类型。

1. 按品牌文字类型划分

按品牌文字类型划分,品牌名称可分为文字品牌名和数字品牌名。

(1) 文字品牌名。文字品牌名是品牌命名的常用选择。但在运用中文还是外文的选择上不同的企业则有不同的决策。一方面我们看到国外品牌进入中国市场时都要为已有的品牌名称翻译一个对应的中文名,如家乐福、奔驰、可口可乐;另一方面,一些中国企业却喜欢用外文为自己的品牌命名，特别是服装类品牌，如"Only""Sport"等，这与消费者对世界上最好的服装出于法国和意大利的认知有关。此外中文品牌中的汉语拼音也是一种品牌名称模式，如"Haier""TAHAN"(太和)等。

(2) 数字品牌名。即以数字或数字与文字联合组成的品牌名称。尽管各国文字有较大的差异，但数字却是全世界通用。采用数字为品牌命名容易为全球消费者所接受，但也需考虑各国对不同数字的含义的理解，避免与目标市场国消费文化相冲突。如日本人回避数字4，西方人忌讳数字13。较著名的数字名称有999胃泰、555香烟、香奈儿5号香水(Chanel No.5)等。

2. 按品牌名称的字意来源划分

按品牌名称的字意来源可分为：企业名称品牌名、人物名称品牌名、地名品牌名、动物名称品牌名及植物名称品牌名。

(1) 企业名称。是指将企业名称直接用做品牌的名称。企业式名称又可分为两种类型：全称式和缩写式。全称式如摩托罗拉公司的摩托罗拉手机、索尼公司的索尼电器等；缩写式名称是用企业名称的缩写来为品牌命名，即将企业名称每个单词的第一个字母组合起来，这种类型的品牌名称较著名的有：IBM，全称为International Business Machine，汉译名称为"国际商用机器公司"。类似的还有3M、TCL、LG、NEC等。

(2) 人物名称。即以商品的发明、制造者或以对这个商品有名气的特殊爱好者取名。品牌的名称有可能是古代名人，如"特洛伊的海伦"(Helen of Troy)；东坡鸡——苏东坡最爱吃的鸡。也可能是创业者、设计者的名字，例如：张小泉剪刀——这种剪刀的最初制造者是张小泉；傻子瓜子——制作这种瓜子人的外号叫"傻子"。这种因人取名的产品能借助名人的威望及消费者对名家的崇拜心理，以语言文字作媒介，把特殊的人和产品联系起来，激发人们的回忆和联想，借物思人，因人忆物，容易留下深刻的印象。

(3) 地名名称。即以产品的出产地或所在地的山川湖泊的名字作为品牌的名称。以地名命名的产品通常是想突出在该地方生产此产品所具有的独特资源是其他地方不具备的，由此而形成独一无二的其他产品无法替代的产品品质，以突出产品的原产地效应，例如：茅台、白兰地、燕京、青岛啤酒等都是地名或地名的演变。这种方法可利用消费者对著名产地产品的信赖心理，给消费者以真材实料，品质上乘，具有独特地方风味的感觉，从而树立起对产品的信任感。

(4) 动物名称。即以动物的名称为品牌名称。动物式名称常能给消费者留下深刻的印象，著名的有鲟鱼、小天鹅、熊猫、凤凰、金丝猴、白鳖豚、圣象、神龙等。在不同民族的文化背景下，同一动物所暗示的象征意义有时截然不同。

(5) 植物名称。即以植物的名字作为品牌名称。如苹果牌电脑、草珊瑚含片、牡丹牌电视机、西瓜霜润喉片等。同样，不同国家和地区的居民对植物所延伸的含义有不同的理解。菊花在意大利被奉为国花，但在拉丁美洲的有些国家和法国则被视为妖花，人们只有在送葬的时候才会用菊花供奉死者，我国的菊花牌电风扇如果出口到这些国家，销售前景必然暗淡。

三、品牌名称设计原则

一个好的品牌名称，不是一个简单的记号，它能强化定位，参与竞争，而且还以其可能隐含的形象价值使某一品牌获得持久的市场优势。

消费者对品牌的认知始于品牌名称，企业要确定一个有利于消费者认知、能传达品牌发展方向和价值意义的名称，需从市场营销、法律及语言三个层面全面考虑。

1. 市场营销层面

（1）品牌名称与标识物和谐。这样能够让人们更好地接受它，名称与标识物共同构成消费者对品牌的认知，在为品牌命名时需注意两者的协调。品牌标志物是指品牌中无法用语言表达但可被识别的部分，当品牌名称与标志物相得益彰时，品牌的整体效果会更加突出。

（2）暗示产品利益。从名称的字面可联想到品牌的利益。品牌名称应暗示产品的某种性能，含蓄地表达出其特征和用途，以便于消费者望文生义，了解商品的本质，加快认知过程，迎合消费者对商品实用的心理要求。如"999胃泰"，它暗示该产品在医治胃病上的专长；"黑钢"牌炊具，它表达了干净、结实和耐用的含意。

（3）具有促销、广告和说服的作用。一些品牌名称让消费者就是为了名字也要去购买，如蒙牛的"随便"雪糕，农夫山泉旗下的"尖叫"运动饮料，和路雪的"绿色头"雪糕等。

（4）适应市场环境原则。消费者总是从一定的背景出发来评价品牌名称，而不同的国家或地区消费者因民族文化、宗教信仰、风俗习惯、语言文字等的差异会导致文化背景及品牌认知的不同。因此，品牌名称要适应目标市场的文化价值观念，入乡随俗，否则会产生不利的影响。今天已风靡全球的世界名牌金利来初创时期本名"金狮"，一天，其创始人曾宪梓先生送两条金狮领带结他的一位亲戚，谁知这位亲戚很不高兴，说："我才不戴你的领带呢！金输金输，什么都输掉了。"原来，香港话"狮"与"输"读音相近，而这个亲戚又是个爱赌马的人，香港赌马的人很多，显然很忌讳"输"字。那天晚上曾先生一夜未眠，为改金狮这个名字，绞尽脑汁，最后终于想出了将GOLDLION（意为"金狮"）改为意译与音译相结合：GOLD一词意译为"金"，LION音译为"利来"。这样一改，"金利来"这个名字很快就为大家所喜爱，在现代社会里，谁不希望"金利来"呢？显然它迎合了人们图吉利、讨口彩的心理。"蝙蝠"电扇为国内名牌，如到美国仍用此名则会让人望而生畏，因为在那里蝙蝠代表凶神恶煞。

2. 法律层面

（1）具有法律的有效性。品牌名称受到法律保护是品牌被保护的根本，在为品牌命名时应遵循相关的法律条款。企业在许多情况下往往由于信息的不对称，导致品牌名称与其他企业品牌名称的重复，并造成无法估量的损失，这类的例子举不胜举。因此，品牌命名首先应考虑该品牌名称是否有侵权行为，品牌设计者要通过有关部门查询是否已有相同或相近的名称被注册，如果有，必须重新命名。其次，要向有关部门或专家咨询该品牌名称是否在商标法允许注册的范围以内。有的品牌名称虽然不构成侵权行为,但仍无法注册,难以得到法律的有效保护。例如:武汉的一家餐饮企业最初取名为"小南京",在短短的几年内该企业迅速成为武汉乃至湖北地区人尽皆知的餐饮品牌。当餐饮者准备申请注册时才知道,我国商标法规定县级以上行政区划的地名或者公众知晓的外国地名是不能作为商标名称进行注册的,当然也就不会受到法律的保护。幸运的是该企业运用了"南京"的谐音"蓝鲸",将"小南京"改为"小蓝鲸",加上一定程度的宣传,使消费者较快认可了新品牌名称。

(2) 相对于竞争者的独一无二性。尽管同一名称使用在不同类别的产品中是被法律认可的,但企业在给品牌命名时最好做到独一无二。据统计,我国以"熊猫"为品牌名称的有300多家,以"海燕""天鹅"为品牌名称的分别有193家和175家,全国取名为"长城"的产品(企业)有200多个。法律上虽然允许,但消费者却难以识别,无疑会使这些品牌的竞争力降低。

3. 语言层面

(1) 语音易读。语音易读表现为:品牌名称容易发音;当读到或听到时令人愉快;在所有的语言中能以单一的方式发音。这是品牌名称最根本的要求,只有让消费者很快地熟悉品牌名称,才能高效地发挥它的识别功能和传播功能,让消费者进一步产生联想和购买欲望。

(2) 语形简洁。即容易让消费者记住和识别。记忆是认知的储存即品牌资产的储存,容易记住和识别的品牌,是品牌资产储存和使用费用较低的品牌。例如,Acer品牌名只有2个音节、4个英文字母,易读易记,符合可记忆性准则。影响品牌可记忆性的关键因素之一,是品牌形式的独特性。一个品牌的取名、标志、广告语、包装等越独特,消费者就越容易记住和识别这个品牌,品牌的可记忆性就越好。

(3) 语言标新立异。品牌名称贵在标新立异,避免与其他品牌相混淆,这样才有利于发挥品牌名称独特的魅力,以显示超凡脱俗的个性。如"Sony""花花公子""宝马"等。柯达(Kodak)一词在英文字典里根本查不到,是柯达公司创始人乔治•伊斯曼独具匠心和深邃思考的结晶。"K"是伊斯曼母亲名字的第一个字母,将"K"字母用在品牌名称上,一方面表达他对母亲的缅怀,同时,伊斯曼还认为"K"能代表一种事物的突出部分和间断,具有坚固、锋利等特征。所以"柯达"(Kodak)品牌的前后两个字母都是"K"。

(4) 语义启发积极联想。赋予品牌名称相关的寓意,通过品牌名称与产品功能在意念上的联系,来启发人们丰富的想象力,让消费者从中得到愉快的联想,使之解囊,这种方式,对品牌营销和占领市场往往有很大帮助。例如,中国的"春兰"空调,就给人以美好温馨的联想——春天是温暖的,兰花是清香的,春天的兰花让人感觉一阵清香迎面扑来。再加上广告词"只要你拥有春兰空调,春天将永远陪伴着你",这种亲切感往往使消费者在购买空调时把其作为首选。其他如"孔府家酒"象征着悠久的历史、灿烂的文化、中国的儒家文化;"健力宝"则寓意运动、强健的体魄;"杏花村"汾酒以"借问酒家何处有,牧童遥指杏花村"的诗句来比喻美酒;"美加净"化妆品更是明示其美容与净化功能。中国文字富有深刻内涵和底蕴,一个好的品牌名称应尽可能使其寓意含蓄而隽永,这对美化品牌形象、促进品牌营销大有益处。但是,在借喻品牌名称的联想功能时,也应顺其自然,适可而止,不宜牵强附会,过分夸张,否则不但不能为品牌增辉,反而给人以虚伪、浮夸的感觉,引起人们的反感。

外国品牌也很重视寓意和联想功能。例如,"桑塔纳"是美国加利福尼亚州一座山谷的名称,山谷中还经常刮强大的旋风,这种旋风也叫"桑塔纳",德国大众汽车公司以"桑塔纳"命名其生产的一种小汽车的品牌,使人们想象这种小汽车像旋风一样快速和强劲。瑞士雀巢品牌的奶粉和咖啡,比喻其"舒适"和"依偎"的寓意,像小鸟在鸟窝里安详和受到良好照顾一样。一些外国品牌翻译成中文时,把音译和意译结合起来,寓意其产品功能,是一种很有新意的再创造,其联想之妙也很独到。例如,美国的 Coca-Cola 饮料原文并无特殊意义,但译成中文"可口可乐"以后,使这种饮料被赋予又可口又可乐的美称,令人拍案叫绝。外国品牌名称翻译必须适合中国的国情,具有中国味,这将会对产品在中国市场上的开拓起到推波助澜的作用。

四、品牌名称设计策略

1. 以产品带给消费者的不同利益层面命名

(1) 中性品牌。这类品牌无具体意义,呈中性。如海尔(家电)、索尼(电器)、埃克森(石油)等等。

(2) 功效性品牌。这类品牌以产品的某一功能效果作为品牌命名的依据,如奔驰(汽车)、飘柔(洗发水)、波音(飞机)、佳能(相机)、捷豹(汽车)、媚登峰(内衣)、美加净(香皂)、舒肤佳(香皂)、汰渍(洗衣粉)、护舒宝(卫生巾)、固特异(轮胎)、好味思(面包)、锐步(运动鞋)、快捷(相纸)等等。

(3) 情感性品牌。这类品牌以产品带给消费者的精神感受作为品牌命名的依据,如登喜路(服装)、金利来(服装)、贺喜(巧克力)、美的(家电)、百威(啤酒)、家乐氏(食品)、七喜(饮料)、富豪(汽车)、吉利(刀片)、万事达(信用卡)等等。

2. 以品牌本身的来源渠道命名

(1) 以姓氏人名命名。以姓氏人名作为品牌名的多为传统型商品,如汽车、服装、啤酒、食品、医药等。广州陈李济药厂创建于明朝万历二十七年,即公元 1601 年,至今已有 400 多年的历史,它是由广东南海县的陈体全、李佐二人联合创办的。名称取陈李两人姓氏,以示永久合作,同时含"同舟共济"之意。与陈李济同一时期创立的马应龙眼药,也是以其创始人马应龙的名字命名。在国外,以姓氏人名作为品牌名的做法也非常盛行。例如福特、飞利浦、爱立信、凯迪拉克、百威等,莫不如此。以姓氏人名作品牌名,也可以是虚拟的姓氏或人名,例如神话故事或文学作品中的人物,如孔乙己、太阳神、八戒等。以创始人的姓氏或人名命名的品牌,给人以历史悠久的感觉,但是,这类名称不具有显著的特征,且受到商标法的一定限制,因此,现在以姓氏人名来命名的品牌已经不多。

(2) 以地名命名。以地名来命名也是过去盛行的做法,除非一些已经超越地域影响的地名,如桂林、黄果树、青岛、上海、黄河、西双版纳以及世界文化遗产张家界等地。一般来说,以地名来命名的产品会受到地域的局限。在烟酒等产品中,这种以地名命名的现象非常普遍,青岛、燕京茅台等,在每个省及下属的各个地区,几乎都会拥有以自己地方命名的品牌,如白沙啤酒、哈尔滨啤酒、天津啤酒等等,像这些地方品牌,除了本地以外,其他地方很少会有人消费,因为它们的名称首先就让其他地方的人在购买时产生心理障碍。LANCOME(兰蔻)之名便源于法国中部卢瓦卡河畔的兰可思慕城堡LANSCOME,作为世界著名化妆品品牌,为发音之便用一个典型的法国式长音符号代替了城堡名中的"S"字母。

借助闻名遐迩的名胜地、著名的产地、神话及小说中令人神往的地名往往可以使品牌借势成名。香格里拉原本只是美国作家詹姆斯·希尔顿创作的小说《失落的地平线》中一个虚构的地名,风景宜人,犹如世外桃源,后来被用作饭店的品牌名。香格里拉背后蕴藏的巨大的旅游价值被逐渐发现,云南和四川为了争夺香格里拉的地名展开了一场大规模的宣传战,最后以云南取胜。香格里拉藏秘青稞酒则十分贴切地运用了这一笔无法估价的资源,其发展前景被十分看好。各国目前对于以地名作为品牌名的做法,都有不同程度的限制,根据我国《商标法》规定,县级以上行政区的地名或公众知晓的外国地名,不得作为商标,但是具有其他含义的除外。

(3)以物名命名。以物名命名主要指以动植物名称命名的方式,如熊猫、猎豹、骆驼、小天鹅、赤兔马、芙蓉、荷花、苹果、牡丹等等,以动植物命名可以将人们对动植物的喜好转嫁到品牌身上,如熊猫的珍贵可爱对于极品香烟、猎豹的勇猛对于越野汽车、小天鹅的美丽纯洁对于洗衣机等等。

(4)以其他词汇命名。其他词汇主要是形容词、动词,以及其他可以从词典中找到的词汇。奔驰用于汽车,正好表达其快捷迅猛的产品特性;联想用于电脑,恰当地表达了产品的领先与未来高科技特性;快捷用于像纸,准确地展现其快速敏捷的属性。此外,还有一种名词,它不属于人名、地名和动植物名,它表示一种现象、一种自然景观或者仅仅是一种称呼,如彩虹(电器)、兄弟(打印机)。

(5)自创命名。有些品牌名是词典里没有的,它是经过创造后为品牌量身定做的新词。这些新词一方面具备了独特性,使得品牌容易识别,也比较容易注册;另一方面也具备了较强的转换性,可以包容更多的产品种类。自创命名体现了品牌命名的发展方向,是今后最常用的品牌命名方式。在今天,这类品牌最为常见。如全聚德,整个名字并无特别意义,但拆开看单个的字都有很好的解释,周总理曾解释为"全而无缺、聚而不散、仁德至上";著名的钟表品牌"卓越"是由两个词拼缀而来;蔚蓝远景便是由"标准"一词的英文 LEVEL 发展而来的一个新创词,其隐藏的含义是,蔚蓝远景将来要做行业的标准,英文读音与中文读音也非常近似。Sony 创业之初有一个不太吸引人的名称"东京通信工业",创办人盛田昭夫与井深大有感于 RCA 与 AT&T 这样的名字简短有力,决定将公司名字改成四五个英文字母拼成的名字。经过长期的研究,盛田与井深觉得拉丁文 SOUNDS(表示声音之意)还不错,与公司产品性质相符合,于是将它英语化,受到盛田最喜欢的歌"阳光男孩"影响,改为 Sonny,其中也有可爱之意。但是日文发音的 Sonny 意思是"赔钱",为了适合日本文化,索性把第二个"n"去掉,于是有了今天的 Sony。

3. 以品牌的文字类型命名

(1)以汉字命名。以汉字命名的品牌名即中文品牌,这类品牌不仅是国内企业最主要的命名方式,而且也是一些国际品牌进入中国后实施本地化策略的命名方式。如惠而浦、桑塔纳、劳斯莱斯、黛安芬、奥林巴斯、欧宝等等。

(2) 以拼音命名。以拼音为品牌命名是国内企业的独特做法,如海尔、长虹等等,拼音品牌一般与汉字品牌组合使用。

(3) 以数字命名。因容易出现雷同,这类品牌比较少,我们常见的有 999(药业)、505(神功元气袋)等。以数字命名最成功的品牌当数 555(香烟)。

(4) 以外文命名。这是国外品牌的常见命名方式,我们常见的大多是以英文命名的,如 Intel、Dell 等等,国内品牌进入国际市场,通常也会选择一个外文名,如科龙、雅戈尔、美心等等。

五、品牌名称设计程序

品牌命名的过程是一个系统过程,大体上包括以下几个阶段。

1. 组成命名策略工作小组

启动专门的品牌命名小组是非常必要的,它可以使小组成员专注于品牌名称的设计而且思路清晰一致。建议聘请职业的商行参与这些工作或让其完全接管。提出备选方案。在品牌命名之初,标志设计者要根据命名的原则,收集那些能够描述产品的单词或词组。

2. 提出备选方案

在提出备选方案、搜集备选名称时,运用最多的还是头脑风暴。头脑风暴法不仅可以运用于产生畅销商品的创意,而且也可以用于品牌命名。它是一种使用范围非常广泛的方法,下面我们从品牌命名的角度来介绍该方法。运用头脑风暴法搜集品牌名称时,主持者必须使参加者知晓以下四项规则:

(1) 不能批评他人的主意。任何消极的批评都应等待事情经过之后才能进行。中止对其他人的主意进行评判(简称中止判断)是鼓励快速联想的前提条件。在中止判断期间,会上所涌现出的主意数量会显著地增加。

(2) 欢迎"百花齐放"式的自由发言。提出的名称越怪异越好,使人缄口比使人开口容易,因此,组织者应该善于启发小组成员,引导他们积极发言。

(3) 以求量为先,以量生质,提出的名称越多,得到好名称的可能性就越大。

(4) 寻求综合和改进。讨论人除了贡献自己的主意外,也可将他人的主意变得更好;或者将几个主意综合起来生成另一个主意。

采用头脑风暴法命名的过程:

(1) 小组长叙述主题,要求小组成员提出自己认为可成为该品牌名称的词或词组。若小组成员过于拘束,小组长可先让大家看一些世界优秀的品牌名称或一些高知识性、娱乐性节目,大家可以相互攀谈,融洽气氛。

(2) 若有人批评别人提出的名称,应立即予以劝止;若是头脑风暴法成为自由讨论,则会产生发言不平均的现象。有时亦会变成一场辩论会,少数人争得面红耳赤,浪费时间,小组长要善于引导,避免这些现象的发生。

（3）提倡轮流发言制。应用此法时，若有人一时想不出名称，可以放弃这一次机会以待下轮。如此循环，使每个人都有机会发言。

（4）头脑风暴法进行到人人都殚精竭虑、计短途穷时，主持人必须坚持再来数轮，务必使每个人都绞尽脑汁，尽出妙计。记录人员要将所有小组成员提出的名称——记录，以供下一阶段进行评价选择。

（5）法律审查。邀请法律顾问从法律方面对备选名称进行审查，去掉不合法的名称，对于无法确定但是又非常好的名称，应先予保留。

3．评价选择

对通过头脑风暴法所得的十几个甚至几十个候选品牌名称要——进行评价。评价时要采用专家分析法。具体做法是：

第一，选定有关专家。包括语言学、心理学、美学、社会学、市场营销等方面的专家。选定人数在4—8名为宜。

第二，由有关专家作初次评价判断。向选定的专家寄发有关产品营销状况的资料和通过头脑风暴法所获得的所有品牌名称的资料，请他们独立地对上述品牌名称作初次判断分析，并要求按规定的期限寄回。

第三，反馈并请专家修改。将收回的所有初次判断资料整理综合，再将综合材料寄回给专家，请他们根据其他专家判断及综合情况修改自己的初次判断，作出第二次分析判断，仍按期寄回。经过2—3次这样的反馈、修改，使判断意见趋于稳定，可作为通过选择的依据。

第四，根据最后一次专家的意见，确定企业或品牌名称的选择对象。根据专家分析法确定了品牌名称的选择对象，接下来就要对其进行选择。所选用的品牌名称应该预示出企业的稳健性和良好的经营理念，所选用的名称应该包括与该企业经营产品有关的字或词。选择时应该考虑以下几点：

（1）不应该选择带有负面形象或含义的品牌名称。

（2）应尽量避免缩写或代号。

（3）应选择能回顾企业发展历史的名称。

（4）应选择具有幽默的品牌名称。如果一个名字含有某些有趣的东西，如押韵、一语双关、俏皮等，它的可记性就增强了。

（5）应选择使人振奋的或喜庆的品牌名称。

4．测验分析

专家对品牌名称的评价和筛选并不能决定最后的品牌名称，消费者才是最终的决定者。因此，对选择的方案需进行消费者调查，了解消费者对品牌名称的反映，而问卷调查则是最有效的形式。调查问卷中应包括以下内容：名称联想调查，即选定的品牌名称是否使消费者产生不理解的品牌联想；可记性调查，了解品牌名称是否方便记忆，通常的做法是挑选一定数量的消费者，让他们接触被测试的品牌名称，经过一段时间后，要求他们写出所有能想起来的名称；名称属性调查，即调查品牌名称是否与该产品的属性、档次以及目标市场的特征一致；名称偏好调查，即调查消费者对该名称的喜爱程度。

5. 调整决策

如果测试分析显示的结果不理想，消费者并不认同被测试的品牌名称，就必须考虑重新命名，切不可轻率决定。

第二节 品牌标志设计

品牌标志是品牌符号识别系统中又一重要组成部分，品牌标志是一种"视觉语言"，是企业形象、特征、信誉、文化的综合与浓缩。品牌标志比品牌名称更加形象、生动地表现品牌的内涵，能够创造品牌认知、品牌联想和消费者的品牌偏好，进而影响品牌体现的质量与顾客的品牌忠诚度。在品牌传播中，品牌标志的创意和策划不仅在程序上是第一位的，而且也是最重要的环节之一，一个企业品牌标志本身可以产生一种独特的魅力。

一、品牌标志功能

品牌标志设计对强势品牌的发育、生长、繁衍有着重要的影响，心理学家的研究结论表明：人们凭感觉接收到的外界信息中，83%的印象来自眼睛，剩下的11%来自听觉，3.5%来自嗅觉，1.5%通过触觉，另有1%来自口感或味觉。标志正是品牌给消费者视觉的印象。与产品名称相比，品牌标志更容易让消费者识别，品牌标志作为品牌形象的集中表现充当着无声推销员的重要角色，其功能与作用体现在以下几个方面。

1. 品牌标志有利于消费者识别品牌

品牌标志是公众识别品牌的信号灯。风格独特的品牌标志是帮助消费者记忆的利器，使他们在视觉上首先一种感观效果。例如，当消费者看到三叉星环时，立刻就会想到奔驰汽车；在琳琅满目的货架上，看到"两只小鸟的巢旁"，就知道这是他们要购买的雀巢咖啡（Nestle），等等。检验品牌标志是否具有独特性的方法是认知测试法。即将被测品牌标志与竞争品牌标志放在一起，让消费者辨认。辨认花费的时间越短就说明标志的独特性越强。一般来讲，风格独特的品牌标志会被很快地找出来。

2. 品牌标志能够引发消费者的联想

当看到三叉星环的标志会大声叫出来,风格独特的标志能够刺激消费者产生美好的幻想,从而对该企业产品产生好的印象。例如:米老鼠、康师傅方便面上的胖厨师、旺仔牛奶上的胖仔,以及骆驼牌香烟上的骆驼等,这些标志都是可爱的、易记的,能够引起消费者的兴趣,产生好感。而消费者一般倾向于把某种感情从一种事物上传递到与之相联系的另一种事物上,因此,消费者往往会爱屋及乌,把对品牌标志的好感转化为积极的品牌联想,这非常有利于企业以品牌为中心开展营销活动。

3. 品牌标志便于企业进行宣传

品牌标志是最直接、最有效的广告工具和手段,品牌宣传可以丰富多彩,各种艺术化、拟人化、形象化的方式均可以采用,但核心内容应该是标志。企业应通过多种宣传手法让消费者认识标志、区别标志、熟悉标志、喜爱标志,不断提高品牌标志及其所代表的品牌知名度和美誉度,启示和激发消费者的购买欲望直至形成购买行为。

二、品牌标志设计原则

品牌标志是以特定、明确的图形来表示事物,不仅起着单纯指示事物存在的作用,更重要的是以具体可见的图形来表达一种抽象的精神内容,也就是指品牌中可以被识别但不能用语言表达的部分,也可说它是品牌图形记号。如可口可乐的红颜色圆柱曲线、麦当劳的黄色"M"以及迪士尼公园的富有冒险精神、正直诚实、充满童真的米老鼠等。

标志是品牌符号识别要素的核心，也是整体传播系统的主导。在视觉要素中，标志应用最广泛，出现频率最高，品牌标志成为企业信誉和产品质量的保证，一定程度上也成为消费者识别和购买商品的依据。标志要取得良好的传播效果，则要求设计者一方面深刻理解标志所代表的象征意义和内容，另一方面考虑所设计的标志切中消费者的心理，以唤起心灵上的共鸣。

在品牌标志设计中，除了最基本的平面设计和创意要求外，还必须考虑和消费者营销因素的认知和情感心理，归纳起来，应遵循下述品牌标志设计四大原则。

1. 易于识别性原则

识别是标志最基本的功能，标志设计简洁鲜明、富于特色和感染力，才具有独特的个性与强烈的视觉冲击力，并易于区别、传播、理解和记忆，也有利于品牌形象的建立。如果含义不明形象模糊，就很难让消费者认知和记住，例如德国奔驰轿车行驶在街上，即使六岁的孩童也能通过那对称的几何图形标志辨认出，因为由圆环内的人字形造型给人以汽车方向盘和汽车轮子的定向联想，十分形象地表达了产品的功能特色。再例如美国品牌公司多次更换其品牌标志，就是为了增强其品牌标志的识别性功能。

2. 造型性

标志必须具有良好的造型，良好的造型不仅能提高标志在视觉传达中的识别性和记忆性，提高传达企业信息的功效，加强对企业产品或服务的信心与企业形象的认同，同时能提高标志的艺术价值，给人们以美的享受。"M"是一个极普通的字母，但通过对其施以不同的艺术加工，就可以形成表示不同商品的标志或标记。鲜艳的金黄色拱门"M"是麦当劳（McDonalds）的标记，由于它棱角圆润，色泽柔和，给人以自然亲切之感。现如今，麦当劳这个"M"标志已经出现在全世界多个国家和地区，成为社会公众喜爱的快餐标志。

3. 延展性

标志应能在各种传播媒介、各种应用项目以及各种制作方式和品质材料上具备良好的视觉表现效果。为了适应这种需要，标志在视觉识别系统的设计及应用中必须具有延展性，即除了有一标准的设计形态外，还需要有一定的变体设计，产生具有适合度的效果与表现。如阴阳变化、彩色黑白、空心线框、放大缩小等。

4. 时代性

标志要为消费者熟知和认同，企业必须要长期宣传和使用。随着经济发展、生活方式的改变和消费者心理的变化，企业有必要根据时代的需要重新检视，改进原有标志或设计新标志，这样才能避免僵化、陈腐过时的印象，体现企业求新求变、勇于开拓、追求卓越的精神。如苹果、摩托罗拉的标志虽然也是只取一个字头"M"，但是，摩托罗拉充分考虑到自己的产品特点，把一个"M"设计得棱角分明，双峰突起，就像一双有力的翅膀，配以"摩托罗拉，飞跃无限"的品牌标志作为一种特定的视觉符号，突出了自己在无线电领域的特殊地位和高科技的形象，展示出勃勃冲劲，生机无限。再例如奔驰标志，在不同时期也进行了相应的调整，以符合时代的要求。

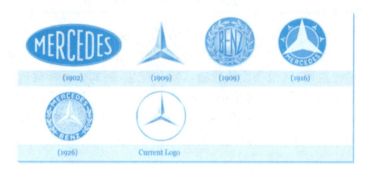

三、品牌标志设计风格演变

20世纪以来，标志的设计风格经历了从现代主义风格到后现代主义风格两个演变阶段。在商业传播中，现代主义文化强调对进步和未来的信仰，从工作中求得解放。后现代主义文化丢弃了等级，以个人的自我发展和自我统治为中心，无法容忍他人的操纵，这种文化为西方年轻一代所崇尚。

1. 现代主义风格

现代主义艺术风格盛行于20世纪的欧洲，代表性人物有毕加索、蒙德里安、哥本等。现代主义风格的基本理念是：强调和谐统一、"装饰即是罪恶""简单就是美""美在比例""越少就是越多"。表现在设计行为上便是，把装饰部分减少到最基本的圆、方和水平或垂直线等几何图形。但这种过于方正或圆滑的风格从视觉上缺乏美感。

 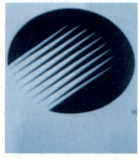 

2. 后现代主义风格

20世纪50年代出现了后现代主义的萌芽，到20世纪60年代逐步发展成熟。后现代主义风格的理念是：强调感官愉悦、随心所欲、漫不经心；注重的是暂时性、片刻性，不严肃，不经意，无关联性。20 世纪 80 年代初，后现代主义风格运用到标志设计中，它放弃了现代主义和谐统一的原则，不求明朗、利落、清晰单纯，追求包容、繁杂、模糊，二单元并存而又不统一。采用后现代主义风格设计的标志呈现出一种有趣且丰富的复杂性，造成视觉上的多样性和活力，与现代人的审美观相匹配。

第三节　品牌其他要素设计

▶ 一、品牌代表性人物设计

品牌人物菲利普·科特勒曾经说过："如果你的企业没有一个非常强有力的创新，那可以找一个代言人，比如乔丹。如果人们看到一个有名的脸，客户会很快认识这个产品，还可以找一些虚拟造型。"在这个注意力经济日渐兴起的时代，人们更喜欢用感官去认识世界，品牌形象的塑造不仅仅依赖于企业的努力，也同消费者的感知和体会有很大的关系，品牌人物以其形象化、情感化、个性化的特征使品牌的形象深入人心。为品牌设计或寻找代言人已成为我国众多企业实施品牌策略的一种通用技法，品牌代言人分名人、明星代言人和虚拟形象代言人两种类型。

进入 20 世纪 90 年代以来，越来越多有实力的企业在进行品牌营销时，往往会选用一位富有魅力且知名度高的明星代言品牌，企业的目的是期望充分利用名人的形象、名气来广泛宣传此种品牌产品，以提高产品的知名度，由此带来明星效应。

当然，形象代言人并不简单地等同于广告模特，许多企业花重金请一位明星、名人拍广告，让其在有限的时间内亮亮相，拍完广告，合约即止，这只是广告模特。而作为品牌代言人，要真正融进品牌的成长中，为企业拍完广告以后，还要以代言人的身份参与品牌的各种宣传活动。如濮存昕作为预防艾滋病的公益广告代言人，亲自到医院与艾滋病人握手，并作为宣传大使参与各种防治艾滋病宣传活动，言传身教，唤醒人们明白艾滋病人同样需要关心爱护，并告诫人们如何预防艾滋病。

形象代言人是一种高难度、高风险、高水准的营销策略，经常有些企业花高代价请来的形象代言人并没有起到宣传的效果，而使企业蒙受巨大损失。如国内 IT 业巨人联想，曾请瞿颖为一款 MODEM 做形象代言，谢霆锋为 FM365 网站代言，又请 F4 组合为联想 1+1 电脑代言，联想的这一系列明星代言人让消费者产生疑惑，这对联想的品牌

品牌管理

形象造成了混淆。如何选择形象代言人,应把握下面两大原则。

1. 形象代言人个性同品牌定位一致

形象代言人有其自己独特的个性,尽管时下的名人演技一流,但是由于长时间曝光于公众之下,公众对其形象已定格,如张铁林的霸气、陈道明的深沉、郭富城的动感、谢霆锋的酷、赵本山的土、赵德的可爱等。观众通过名人曾经扮演的角色、公众活动中的行为和媒体的报道,对他们的形象形成了一种思维定势,因此,在选择名人做形象代言人时,一定要将这些名人的个性因素结合品牌定位进行考虑,这样在品牌传播中才不会造成消费者感知的冲突。孔府家酒之所以选择刘欢,是因为在当今的演艺圈中,刘欢本人的自我形象与素质内涵更多地带有中国传统儒家文化的特征:刘欢的外表大气、憨厚而又儒雅;近些年所演唱的影视主题曲,也以反映传统文化的居多,其音域宽宏深沉;长长的头发又带有一种游子特质,更重要的是刘欢在演艺界以及观众中享有良好的声誉,而且他从艺十几年来从未做过任何商业广告。

2. 代言人的形象要与品牌的目标市场相匹配

社会心理学研究表明人们倾向于喜欢和自己相像的人,佳能打印机的目标对象是成年人中的白领一族,而请来赵薇做形象广告,广告播出后引来了许多非议。反对派认为以蹦蹦跳跳见长的"格格"实在不能算作办公白领一族的代表,这则广告全不似由恬静的朱茵做代言人时那般有说服力,很快电视上的佳能广告就又换回了朗丽清新的朱茵。同样是活泼的形象,但朱茵的活泼中带着稳重,这个可爱的公司文员形象因为更适合打印机的品质,所以深得人心,而赵薇代言的"娃哈哈 AD 钙奶"就比较合适了,广告也收到了非常好的效果。

案 例 欣 赏

周杰伦,花儿为什么这样红?

目前,没有人能够否认周杰伦在华语乐坛的巨大影响力,出专辑、拍电影……周杰伦忙得不可开交,其财富更是处于直线上升状态。周杰伦缘何受到如此多企业的青睐?主要有以下几大表现:

1. 品牌个性突出,希望与众不同,渴望格外出彩,甚至有一定程度的自恋情结,行为上我行我素,口头上追求"语不惊人死不休",酷不酷等都成为一个代表符号,而这些又这恰如其分。

2. 对于中国传统文化元素的坚持,不论是周杰伦最早的《双节棍》,针对德尔惠运动鞋推出的《龙拳》曲目,还是之后的《东风破》《七里香》,到现在的《千里之外》《本草纲目》等周杰伦的歌始终围绕中国古代诗词进行,而且很多都是广为传颂的词牌名,从而能够琅琅上口,快速传播。

3. 借势成熟品牌,目标人群不断扩大。2006 年年底的大片《黄金甲》周杰伦借助了张艺谋、周润发、巩俐的影响力大大提升了自己的品牌,同时也把自己歌迷的范围从 20 世纪 70 年代甚至 50 年代的一批人。

4. 新闻炒作。从常青玉女徐若瑄到小天后蔡依林,再到美女主播侯佩岑等,周天王一直绯闻不断。但在想尽办法通过一些绯闻来吸引媒体眼球的同时,其自身高明的一招就是淡化刻意炒作的痕迹,全力表现"新闻"本性。

(案例来源:李玉国.销售与市场,2007(4))

二、品牌吉祥物设计

品牌吉祥物通常是用平易可爱的或拟人化形象来象征吉祥以唤起受众对品牌的注意和好感。它是品牌到一定阶段的产物,是美化和活化品牌的有力手段,能够与受众建立起紧密的情感联系,提高品牌的亲近度和忠诚度,是品牌建设不可或缺的强力"武器"。总之,欲使品牌快速成长,就必须创作出人见人爱的吉祥物并广泛应用,米老鼠、唐老鸭、美的熊、海尔兄弟等都是一些非常经典的案例。

现代吉祥物是代表企业和商品的一种具有象征意义的吉祥造型。近年来,随着世界经济的迅速发展,吉祥物不但在大型国际活动中扮演着重要角色,而且在商贸经济交往中尽显风采。因其直观、具体、夸张、活泼、风趣、幽默等特点,能够表达企业的经营理念与个性,密切消费者的亲和力,提高公众对企业和商品的信任感和美誉度,而成为企业或商品的形象大使与代言人。目前,总体上我国现代吉祥物设计的整体状况不佳,或者说不能充分地体现吉祥物在市场需求下的价值。一方面,由于设计作品过多地模仿和复制西方模式,脱离了大众审美情趣,使吉祥物成为一种进口的"冷漠"物;另一方面,一部分有文化责任感的设计师倡导了"中国本土设计",在这种文化背景下,民族文化在现代设计中的应用得到了重视。同时,民族文化元素"直叙平铺"的方式使设计长期处于一种低水平徘徊状态,民族文化的"紧箍咒"又约束了现代设计的创造性表现。因此,在进行现代品牌吉祥物设计的过程中,要尽量遵循以下原则。

1. 现代吉祥物主题素材的多元化

吉祥物表现主题是吉祥物设计的灵魂,能不能确定好吉祥物表现主题是关系吉祥物设计成败的关键。中国传统吉祥文化所表达的内容几乎都是围绕着几个重大的人生主题展开的,即"祈福""长寿""喜庆""驱邪消灾"等,这些传统吉祥文化博大精深,传递着人们的情感和祝愿,又因其富有耐人寻味的深刻寓意而流传不息。吉祥文化是中华民族文化宝库中的一部分,吉祥物的设计在根本上应该是这些传统吉祥文化的延续和发展。但是,在当代经济全球化背景下,一味"本土化"或"洋化"都是给现代设计穿小鞋

的做法。现代吉祥物的设计要在理解中国传统吉祥造型含义精神的基础上,将中国传统文化与现代国际审美意识相结合,拓展现代市场体制下产生的新文化理念,寻找传统与现代的契合点——即要具体地结合吉祥物表现对象、服务受众、所处环境等来确定主题,才能创造出具有时代精神、现代理念的适合企业发展需求的吉祥物。比如说,2010年上海世博会吉祥物"海宝"就率先使用文字作为主题创意素材,以汉字的"人"作为核心创意,反映了中国文化的特色,"人"字互相支撑的结构又揭示了美好生活要靠你我共创的理念,呼应了上海世博会会徽的设计理念。在国际大型活动吉祥物设计中,"海宝"的诞生成为现代吉祥物设计创新的一次成功范例。

2. 突破以"拟人化"为主的传统表现模式

从传统的吉祥物设计中可以看到,"拟人化"的表现手法在现代吉祥物设计中成了一个潜在的规则。因为在艺术创作过程中,经过拟人化的物象具有人的一些基本特征,更容易在物象上赋予人的灵性和情感,产生亲切感,容易得到大众群体的认同。但同时,正是这种"优势"让众多设计师摆脱不了它的吸引力,使得现代吉祥物的表现单一化、模式化,甚至随便选择一个物象然后加载人的手脚就成了吉祥物形象。似乎现代吉祥物设计始终在人与物象的组合和接洽之间"挣扎"。我们的祖先很早就创造了龙、凤、麒麟等吉禽瑞兽,而且赋予这些东西一种象征的内容及意义,来满足人们内心祈福的心理需求。龙的形象是集中了许多动物的特点:鹿的角、牛的头、蟒的身、鱼的鳞、鹰的爪。这些吉祥物的创造是此前没有的空间想象,它们的产生完全出于人对外界的一种感知,因此才能给人以精神上的征服。现代吉祥物的设计同样不应该受到表现形式的约束,吉祥物造型可是现实物象的夸张、变形,也可是理想物象造型的想象。吉祥观念才能在新的时代条件下与时俱进,散发魅力。黑格尔说得好:"关于艺术创作的一般本领……最杰出的艺术本领就是想象……想象是创造性的"。2000年悉

尼残奥会吉祥物"里兹"是一只蜥蜴,它的诞生就是一个打破常规的造型设计。她的造型独特、夸张,充满了力量与坚定的信念,极富有表现力,完全摆脱了吉祥物的样子,同样能感受到它在向澳大利亚及全世界观众传递的悉尼残奥会理念——"成就、力量和自豪"。

3. 吉祥物造型技法的个性化

表现独特性是吉祥物设计的一个重要特点,当它诞生之时就必须有着与众不同的外形特征和强烈的内在个性。因此,极富艺术魅力的吉祥物设计随着社会的发展将不断被注入现代人的审美思想和文化观念,从而焕发出更加优美动人的容颜和时代精神,以其独特的视觉语言向人类传递出最祥和的福音和最美好的祝愿。当今高科技手段给

设计行业的发展注入了新鲜血液,特别是计算机技能以及声、光、电等效果的应用,从而使现代吉祥物设计以更丰富、便捷的方式表现出来。2002韩日世界杯足球赛吉祥物"阿特摩",改变了以往的动物形象,设计成一大二小三个太空精灵。其中一只年长高个子的领袖浑身金色,手举一只足球,另两只小些的一个是紫罗蓝色,另一个是蓝色。其设计运用现代科学技术的处理效果,展现了这些天外太空精灵科幻般的造型。这些吉祥物既带给人们新奇有趣的艺术享受,又让人们体会到科学技术的美学特色,让人们进一步在科学创造中去发掘科学美与艺术美的巧妙结合方式。除了吉祥物本身的形体、动作塑造外,其制作材料、服饰(包括款式与色彩)的设计也影响吉祥物整体造型。恰当的表现能够与人的心理感觉相对应,对人的感知产生某种潜在作用。在现代吉祥物设计中,应该突破常规的思维模式和创作技巧,在大胆的想象中寻找"令人感动的设计"。我们也可以从中国传统吉祥物造型,如民间玩具、泥塑、面塑、石雕、木刻中获得很多有益的启发,了解一些国内外服饰文化,民间与新型制作材料,恰当把握传统与现代色彩观念,让吉祥物成为现代美学的一种艺术造物。比如,福娃是北京2008年第29届奥运会吉祥物,其色彩与灵感来源于奥林匹克五环、中国辽阔的山川大地、江河湖海和人们喜爱的动物形象。福娃是五个可爱的亲密小伙伴,他们的造型融入了鱼、大熊猫、藏羚羊、燕子以及奥林匹克圣火的形象。原型和头饰蕴含着其与海洋、森林、火、大地和天空的联系,其形象设计创造性地应用了中国传统艺术,展现了中国的灿烂文化。

4. 吉祥物配套设计方案的完善

吉祥物不仅是一种具有纪念意义的文化产品,而且它本身具有巨大的商品价值。完善的吉祥物配套方案设计是吉祥物产品意义的延伸,创造性吉祥物配套方案的设计和开发是现代吉祥物发展的必然趋势。一般的吉祥物配套方案设计包括平面印刷品(包括海报宣传、单册或成套动漫系列故事书)、玩具类(饰品、公仔)、服饰类(广告宣传服装、品牌服装)、音像资料(视频资料、音像资料)、主题趣味场地类(主题公园、主题餐厅、主题游戏区)、网络传递类(手机视频、FLASH动画、网络虚拟播报、网络视频、娱乐表情)等。但是,在具体设计过程中不一定全盘照搬,更不能生搬硬套,要根据吉祥物服务对象的企业文化、行业属性、地域特色、受众群体等特点有针对性的,灵活开发新的配套方案,最大化的提升其商品价值。

5. 创作出人见人爱的品牌吉祥物

首先是务必明白什么样的吉祥物才能人见人爱。一般而言,人见人爱的吉祥物需要达到下面的四条标准:一是寓意正面深远,二是形象活泼可爱,三是造型新颖独特,四是色彩鲜明亮丽。当然对于品牌吉祥物而言,还需再加上一条那就是能够充分体现品牌的个性,与其他设计能够协调一致,形成一个有机的、统一的整体形象。这些标准是创作出人见人爱的品牌吉祥物的前提和基础。

其次是遵循科学的设计思路,毫无疑问,品牌吉祥物是品牌的图腾,是品牌的化身和象征,当然一定要充分展示品牌的内涵,体现品牌的个性。因此对品牌的理解就成为设计思路的第一步,否则就如同无的放矢。没射中靶的箭,再精美又有何用?这些也是很多技法超群、视效独特、形象震撼的吉祥物最终并不能给品牌加分,甚至还破坏品牌的形象。因为品牌吉祥物不是单纯的艺术,更不是视觉消遣,它是商业的产物,满足商业目的是它的使命。所以请设计师们切记:理解品牌内涵,吃透品牌个性,融会品牌精髓。

三、品牌主流色彩设计

20世纪80年代美国营销界总结出"7秒定律",即消费者会在7秒内决定是否有购买商品的意愿。而在这短短7秒内,色彩的决定因素为67%。近年来,日本立邦涂料有限公司设计中心研究进一步证明了这一定律,他们发现:色彩可以为产品、品牌的信息传播扩展40%的受众,提升人们认知理解力达75%。也就是说,在不增加成本的前提下,成功的色彩设计可以为产品增加15%—30%的附加值。另外,像"可乐红""柯达黄""富士绿"……一些国际知名品牌早已经把色彩战略作为了品牌战略中的关键性武器,不遗余力地在消费者心中抢注自己的"品牌色"。在日常生活中,视觉被称为"五感之王",人们对于视觉的敏感度占到所有感官刺激的70%以上。而当人们看一个事物的时候,对于色彩的注意力又占到60%以上,远超过对于物体形状的记忆,可见色彩在人们生活中扮演着何等重要的角色。

1. 不同色彩的含义

色彩作为商品最显著的外貌特征,能够首先引起消费者的关注。色彩表达着人们的信念、期望和对未来生活的预测。"色彩就是个性""色彩就是思想",色彩在包装设计中作为一种设计语言,在某种意义上可以说是包装的"包装"。在竞争激烈的商品市场上,要使某一商品具有明显区别于其他商品的视觉特征,达到更富有诱惑消费者的魅力,刺激和引导消费的目的,这都离不开色彩的运用。色彩在包装设计领域中所表达的深刻含义是广泛的,较之编排、造型更具视觉冲击力,更具抽象性格特征,是商品包装设计的重要元素,又是销售包装的灵魂。好的包装设计具有强烈的视觉吸引力,能快速、生动和正确地传达出商品的信息,成为宣传企业和产品形象的重要手段。色彩本身是没有灵魂的,它只是一种物理现象,但人们却能够感受到色彩的情绪,这是因为人们长期生活在一个色彩的世界中,积累了许多视觉经验。一旦知觉经验与外来色彩刺激发生一定的呼应时,就会在人的心理上引出某种情绪。

(1) 红色。红色是热烈、冲动、强有力的色彩,它能使肌肉的机能和血液循环加快。由于红色容易引起注意,所以在各种媒体中也被广泛的利用,除了具有较佳的明视效果之外,更被用来传达有活力、积极、热诚、温暖、前进等含义的企业形象与精神,另外红色也常用来作为警告、危险、禁止、防火等标示用色,人们在一些场合或物品上,看到红色标示时,常不必仔细看内容,及能了解警告危险之意,在工业安全用色中,红色即是警告、危险、禁止、防火的指定色。

(2)橙色。橙色是欢快活泼的光辉色彩,是暖色系中最温暖的色,它使人联想到金色的秋天,丰硕的果实,是一种富足、快乐而幸福的颜色。橙色稍稍混入黑色或白色,会变成一种稳重、含蓄又明快的暖色,但混入较多的黑色,就成为一种烧焦的色;橙色中加入较多的白色会带来一种甜腻的感觉。橙色明视度高,在工业安全用色中,橙色即是警戒色,如火车头、登山服装、背包、救生衣等,橙色一般可作为喜庆的颜色,同时也可作富贵色,如皇宫里的许多装饰。橙色可作餐厅的布置色,据说在餐厅里多用橙色可以增加食欲。

(3)黄色。黄色的灿烂、辉煌,有着太阳般的光辉,象征着照亮黑暗的智慧之光。黄色有着金色的光芒,有象征着财富和权利,它是骄傲的色彩。在工业用色上,黄色常用来警告危险或提醒注意,如交通标志上的黄灯,工程用的大型机器,学生用雨衣、雨鞋等,都使用黄色。黄色在黑色和紫色的衬托下可以达到力量的无限扩大,淡淡的粉红色也可以像少女一样将黄色这骄傲的王子征服。黄色与绿色相配,显得很有朝气,有活力;黄色与蓝色相配,显得美丽、清新;淡黄色与深黄色相配显得最为高雅。

(4)绿色。在商业设计中,绿色所传达的清爽、理想、希望、生长的意象,符合了服务业、卫生保健业的诉求,在工厂中为了避免工作时眼睛疲劳,许多工作的机械也是采用绿色,一般的医疗机构场所,也常采用绿色来作空间色彩规划即标示医疗用品。鲜艳的绿色是一种非常美丽、优雅的颜色,它生机勃勃,象征着生命。绿色宽容、大度,几乎能容纳所有的颜色。绿色的用途极为广阔,无论是童年、青年、中年还是老年,使用绿色决不失其活泼、大方。在各种绘画、装饰中都离不开绿色,绿色还可以作为一种休闲的颜色。

(5)蓝色。蓝色是博大的色彩,天空和大海这辽阔的景色都呈蔚蓝色。蓝色是永恒的象征,它是最冷的色彩。纯净的蓝色表现出一种美丽、文静、理智、安祥与洁净。由于蓝色沉稳的特性,具有理智、准确的意象,在商业设计中,强调科技、效率的商品或企业形象,大多选用蓝色当标准色、企业色,如电脑、汽车、影印机、摄影器材等等,另外蓝色也代表忧郁,这是受了西方文化的影响,这个意象也运用在文学作品或感性诉求的商业设计中。蓝色的用途很广,蓝色可以安定情绪,天蓝色可用作医院、卫生设备的装饰,或者夏日的衣饰、窗帘等。在一般的绘画及各类饰品也决离不开蓝色。

(6)紫色。由于具有强烈的女性化性格,在商业设计用色中,紫色也受到相当的限制,除了和女性有关的商品或企业形象之外,其他类的设计不常采用为主色。紫色是波长最短的可见光波。紫色是非知觉的色,它美丽而又神秘,给人深刻的印象,它既富有威胁性,又富有鼓舞性。紫色象征虔诚,当光明与理解照亮了蒙昧的虔诚之色时,优美可爱的晕色就会使人心醉!用紫色表现孤独与献身,用紫红色表现神圣的爱与精神的统辖领域,这就是紫色带来的表现价值。紫色处于冷暖之间游离不定的状态,加上它的低明度性质,构成了这一色彩心理上的消极感。与黄色不同,紫色不能容纳许多色彩,但它可以容纳许多淡化的层次,一个暗的纯紫色只要加入少量的白色,就会成为一种十分优美、柔和的色彩。随着白色的不断加入,产生出许多层次的淡紫色,而每一层次的淡紫色,都显得那样柔美、动人。

(7)褐色。褐色通常用来表现原始材料的质感,如麻、木材、竹片、软木等,或用来传达某些饮品原料的色泽及味感,如咖啡、茶、麦类等,或强调格调古典优雅的企业或商品形象。

（8）白色。白色具有高级、科技的意象,通常需和其他色彩搭配使用,纯白色会带给别人寒冷、严峻的感觉,所以在使用白色时,都会掺一些其他的色彩,如象牙白、米白、乳白、苹果白,在生活用品、服饰用色上,白色是永远流行的主要色,可以和任何颜色作搭配。

（9）黑色。黑色具有高贵、稳重、科技的意象,许多科技产品的用色,如电视、跑车、摄影机、音响、仪器的色彩,大多采用黑色,在其他方面,黑色的庄严的意象,也常用在一些特殊场合的空间设计,生活用品和服饰设计大多利用黑色来塑造高贵的形象,也是一种永远流行的主要颜色,适合和许多色彩作搭配。

（10）灰色。灰色具有柔和、高雅的意象,而且属于中间性格,男女皆能接受,所以灰色也是永远流行的主要颜色,在许多的高科技产品,尤其是和金属材料有关的,几乎都采用灰色来传达高级、科技的形象,使用灰色时,大多利用不同的层次变化组合或搭配其他色彩,才不会过于单一、沉闷而有呆板、僵硬的感觉。

2．品牌标志色的运用

在品牌标志设计中,色彩的选择需考虑商品、对象、季节、文化和时代等特点。

（1）商品。不同种类的商品标志应选择相应的色彩及其组合。常用的商品类别与色彩的关系见表 5-1。

表 5-1　商 品 与 色 彩

商　　品	常 用 色 彩	商　　品	常 用 色 彩
建筑材料	黄色、橙色	夏季露营用品	黄色、绿色
宝石	黄色、紫色	饼干	红色、黄色
食品	黄色、橙色	药品	蓝色、银色
香水	黄色、紫色	保健品	浅红、金红
咖啡	黄色、橙色	旅游、航空服务	蓝色、绿色
学生用品	黄色、橙色	夏季饮料	黄色、绿色
肥皂	黄色、绿色		

（2）对象。不同的目标顾客由于受年龄、性别、民族、受教育程度等因素的影响对色彩的认知和理解不尽相同。如儿童喜欢鲜艳、单纯的暖色,年轻人则偏爱深沉、个性的冷色。男性选择坚实、强烈的领色,女性青睐柔和、典雅、高贵的色彩。

（3）季节。色彩分为冷暖。由暖至冷的色彩顺序为:红、橙、黄、绿、紫、黑、蓝。如夏季段装最好采用中性及冷色,而冬季消费品则适合以红、橙、黄色为基本色。

（4）文化。在品牌国际他的运作中,需特别注意不同文化背景的民族和国家对色彩的爱好和禁忌。如亚洲人将灰色等同于廉价。美国人却认为灰色是昂贵、高品质的象征。法国人忌讳墨绿色,美国人则没有特殊禁忌。

（5）时代。社会的发展和时代的变迁,也伴随着人们对色彩偏好的改变。行色的选择,我们深切地感受到,色彩也是各领风骚数几年。如日本人喜欢红色的汽车,20 世纪 90 年代开始偏爱白色。

本章小结

  品牌设计是在企业自身正确定位的基础之上,基于正确品牌定义下的视觉沟通,它是一个协助企业发展的形象实体,不仅协助企业正确地把握品牌方向,而且能够使人们正确的、快速地对企业形象进行有效深刻的记忆。品牌设计的主要内容包括对一个企业或产品名称、标志、代表性人物、吉祥物、主流色彩这些方面。

  品牌名称就是品牌构成中可以用文字表达并能用语言进行传播与交流的部分。好的品牌名称能够有利于消费者、公众很快识别企业;减少内部混乱;降低创建品牌的成本,能够最快、最集中地创造出知名品牌;减少企业运作中的品牌印刷费用,有利于无形资产载体聚集,并且有利于新产品销售等。品牌名称按品牌文字类型划分可分为文字品牌名和数字品牌名;按品牌名称的字意来源可分为企业名称品牌名、人物名称品牌名、地名品牌名、动物名称品牌名及植物名称品牌名。品牌名称在设计过程中要遵循市场营销、法律及语言三个层面的原则。

  品牌标志是品牌符号识别系统中又一重要组成部分,品牌标志是一种"视觉语言",是企业形象、特征、信誉、文化的综合与浓缩。品牌标志比品牌名称更加形象、生动地表现品牌的内涵,能够创造品牌认知、品牌联想和消费者的品牌偏好,进而影响品牌体现的质量与顾客的品牌忠诚度。品牌标志设计必须遵循以下原则:(1)易于识别性原则;(2)造型性原则;(3)延展性原则;(4)时代性原则。

  品牌其他要素的设计主要包括品牌代表性人物设计、品牌吉祥物设计、品牌主流色彩设计等,这些要素的设计为品牌形象的塑造起着重要作用。

思考与练习题

1. 品牌设计主要包含哪些内容?
2. 品牌命名应遵守哪些基本原则?
3. 品牌命名常用的策略有哪些?
4. 品牌标志的基本功能有哪些?
5. 品牌标志设计应遵守基本原则有哪些?
6. 简述在聘请品牌代言人时应注意哪些问题?
7. 简述不同色彩的含义有哪些?
8. 简述品牌其他要素的设计主要包括哪些?举例说明?
9. 列举一个例子说明品牌设计是怎样丰富了产品的内涵?

案 例 讨 论

从天而降的"天猫"

  话说淘宝商城"喵"的一声,天猫就这样诞生了,淘宝商城便成为了历史。然而面对这次淘宝商城的更名,公众都不淡定了。天猫出笼之后,公众的生活被这只横空出

品牌管理

世的天猫扰乱了,各种点评、各种恶搞、各种挖苦、各种不解、各种质疑充斥着微博。

这天猫一出,让人顿觉天雷滚滚。乍一听还以为其亲爹是天涯,亲娘是猫扑呢,让人都开始再相信爱情了。而最让人搞不懂的是,这IT圈似乎是与动物有过节一般,铁定了要与动物死磕到底。于是乎,我们才会看到有搜狗、企鹅、搜狐、雅虎、凤凰、电驴——亮相。只是,这个天猫,还敢再难听点不?

而对于"天猫"一词的内涵,天猫在官方微博如此解释:猫是性感而有品位的,天猫网购,代表的就是时尚、性感、潮流和品质;猫天生挑剔,挑剔品质,挑剔品牌,挑剔环境,这恰好就是天猫网购要全力打造的品质之城。甚至还无比投入地进入了角色,末了来句"请叫我们天猫。喵~"

当然,品牌更名是一件常见得不得了的事情了。从BMW的巴依尔到宝马,从富士到斯巴鲁,从Sonny到Sony,从联想的Legend到Lenovo……甚至有些品牌不惜散尽千金以求好名。比如埃克森。其之前的名字为美国新泽西标准石油公司。1972年为了换新名,历时3年,动员了心理学、社会学、语言学等各方面专家,先后调查了55个国家和地区的风俗习惯,从1万个名称中,选出8个,再把8个名字放到100多种语言中进行研究,充分考虑品牌名称各种文字的音、形、谐音、误解、近义、联想等因素,最后确定把企业名称定为"EXXON"(埃克森)。这次改名共花费了1亿美元,还不包括其后的巨额宣传和推广费用。

不管怎么说,改名这事情对于品牌来说,是轻易不愿意去尝试的。特别是对于已经有一定知名度和辨识度的品牌来说,不到迫不得已是不会去尝试更名这一招。所以当听到淘宝商城改名为天猫的新闻之后,第一反应就让人怀疑是不是因为商标的问题。然而,这与商标无关,没有谁不让客服们继续"亲"呀"亲"呀的。

抛开这种因素,在这背后,细心的公众似乎嗅到一种异样的味道,那就是在电子商务竞争白炽化的当下,淘宝商城的更名之举,隐约之中有那么一种不自信的滋味。莫非面对众多强大的对手,它已走火入魔了?

当然,淘宝的这一次更名,毫无疑问是在为未来资产剥离、分拆上市埋下伏笔,尽管淘宝方面已经否认了业界这样的猜测,但是这可谓"路人皆知"的事情,再遮遮掩掩就显得矫情了。更名之后,不仅能够让B2C业务有清晰的品牌形象,阿里巴巴各平台的定位将变得非常清晰。以淘宝网、天猫、阿里巴巴、支付宝、一淘网、阿里云形成一条完整的产业链,这让整个阿里巴巴的未来战略定位也变得更加清晰。

(资料来源:http://club.kdnet.net/)

思考题:

1. 淘宝商城更名的战略意图有哪些?
2. 请结合互联网商业环境对淘宝商城更名进行评价。

第六章　品牌传播

学习目的：

1. 了解品牌传播的基本概念及模型
2. 掌握品牌的广告传播
3. 掌握品牌的公共关系传播
4. 掌握品牌的事件营销传播
5. 掌握品牌整合营销传播

开篇案例

金六福奥运整合营销传播

自1984年洛杉矶奥运会以来，奥运会成为稀缺的经济资源，与奥运五环相关联的一切都在升值。奥运会无疑是世界上能够最短时间内吸引最多眼球聚焦的活动。奥运会"更快、更高、更强"，以及重在参与、公平竞争，推动世界和平的精神内涵使之成为最具亲和力的全球性活动。2004年的雅典奥运会中，金六福把握住奥运商机，巧妙借势奥运，不但扩大了品牌知名度，并丰富和提升了其品牌核心价值，进行了一场成功的奥运营销。

中国是"福文化"的发祥地，"福文化"是中华民族的传统文化精华。从诞生的那一天起，"金六福"就始终把"喜庆、吉祥、幸福"的品牌文化贯穿其中。金六福从"福文化"的表现和发掘入手，承载着深厚的文化积淀——六福：寿、宫、康宁、仁德、佳和合、子念慈，这传统的六福，也是每个人都盼望的个人之福。奥运会原本起源于人们对和平的追求，现代奥运会发展成为全世界关注的和平、团结、进取的盛会。以往与奥运结缘的品牌，往往注重奥运夺冠、进取、参与、动感的品牌联想，突出自身品牌的领导地位、活力和时尚。金六福这次独辟蹊径，将奥运精神延展出的很多价值观与中国传统"福文化"进行了"互通"和"融合"，用自己品牌的视角对奥运精神进行了重新定义，巧妙包装成"奥运福"。

金六福对奥运精神的全新诠释，成功地将奥运概念融入到自身品牌的核心价值中，并将福文化延伸到民族福、国家福、人类福，借势提升了品牌形象和核心内涵。另外，金六福在奥运营销中，采取了全方位的奥运接触策略，通过整合公关、广告、促销等策略有效地使目标受众在不同的品牌接触点体验了金六福的"福文化"。

（案例来源：李光斗. 品牌战. 北京：清华大学出版社，2006）

如果说品牌是消费者心中的"烙印",那么传播就是那块"烙铁"。没有品牌的广泛传播,就很难使品牌在目标消费群体中留下深刻印象。本章主要就品牌传播的理念、主要方式及相关事项进行阐述。

第一节　品牌传播概述

一、品牌传播的概念

传播实质其实是指信息的传递、思想的交流、信息的发送方与接收方之间的思想统一或达到共识的过程。1909年,美国社会学家库利在《社会组织》一书中为传播下了一个广为人知的定义:"传播指的是人与人关系赖以成立和发展的机制——包括一切精神象征及其在空间中得到传递、在时间上得到保存的手段。它包括表情、态度和动作、声调、语言、文章、印刷品、铁路、电报、电话以及人类征服空间和时间的其他任何最新成果。"

在此基础上,学者给品牌传播下了多种定义。多数学者认为,品牌传播是通过各种传播方式将品牌信息传播给消费者,与消费者进行交流,从而形成消费者对品牌的好感,延续其购买此品牌的欲望,从而促进销售。例如,在黄静主编的《品牌管理》一书中,这样定义品牌传播:"品牌传播是向目标受众传达品牌信息以获得他们对品牌的认同,并最终形成对品牌的偏好。"李悦在《品牌传播中的管理策略》一文中认为:"所谓'品牌传播',实际上就是企业以品牌的核心价值为原则,在品牌识别的整体框架下,选择广告、公关、包装等传播方式,将特定品牌推广出去,以建立品牌形象,促进市场销售。"陈先红在《试论品牌传播的消费者导向原则》一文中认为:"所谓品牌传播,就是指品牌制造者找到自己满足消费者的优势价值,用恰当的方式持续地与消费者交流,促进消费者的理解、认可、信任和体验,产生再次购买的愿望,不断维护对该品牌的好感的过程。可以说,无论是新品牌的诞生,还是老品牌的维护,都有赖于良好的传播沟通,没有传播沟通,就没有品牌。"余明阳教授等人在《品牌传播学》一书中认为:"所谓品牌传播就是指品牌所有者通过各种传播手段持续地与目标受众交流,最优化地增加品牌资产的过程。"

尽管关于品牌传播的定义很多,但大多数学者都同意,品牌传播就是发送者通过一定的媒介把品牌信息传输到接受者那里的过程。品牌传播过程是复杂的,成功的品牌传播取决于很多的因素,不仅包括信息的本质、受的解释结果以及信息发送、接收的环境等。同样,接收方对于品牌信息源和用来传递信息的媒介的感知也会影响到传播的效果。图6-1表现了整个传播过程。

(1)发送者。发送者指拥有可以与其他个人或团体共享的信息的个人或团体,传播过程的发送者可以是个人如推销员、形象代言人等,也可以是团体如公司、组织等。

(2)接受者。接受者是指与发送方分享思想或信息的人。一般而言,接受者是一

图 6-1　基本传播模型

个广泛的概念,包括所有感觉到、看到、听到发送方所发出的信息的人。

（3）信息。信息指在传播中发送方向接收方传递的内容,信息可以是语言的、口头的,也可以是非语言的、书面的甚至是象征性的。

（4）编码。编码指信息发送方选择词语、标志、画面等来代表它所要传递的信息的传播过程,这个过程也是一个把想法、观点寓于一个象征性的符号当中去的过程。

（5）媒介。媒介指信息的载体以及信息发送方与接收方进行传播的方式。

（6）解码。解码指接收方对看到、听到和读到发送方传递出的信息后所做出的理解。

（7）反应。反应指接收方在看到、听到和读到发送方传递出的信息后所做出的行动。

（8）反馈。在接收方的反应中,有一部分反应会传递回发送方,被传递回发送方的信息就是反馈。

（9）噪音。噪音指影响或干涉传播过程的外来因素,这些外来的无关因素很容易影响信息的发送和接收,以至于信息受到扭曲。

在上述综合分析的基础上,笔者认为品牌传播是指企业以品牌的核心价值为原则,在品牌识别的整体框架下,选择广告、公关、销售、人际传播方式,将特定品牌推广出去,以建立品牌形象,促进市场销售,增加品牌资产的过程。品牌传播的效果不仅取决于传播的数量如广告和公共关系活动的次数以及促销预算的多少,还取决于各种传播策略的选择和设计。品牌传播的主要方式有广告传播、公关传播、事件传播、人际传播等方式。

二、品牌传播的特点

1. 经济性

品牌传播是人类经济活动的产物。因此这种特殊形式的大众传播最鲜明的特点就在于它具有经济性。在这里的经济性包括两个方面的含义:

一方面,品牌传播经济性表现在它可以增进消费者(受众)对品牌所提供的产品或服务的了解,从而选择这个品牌,产生消费行为,给品牌经营者带来经济效益。如"哈根达斯"冰激凌一直在传播着"爱她,就带她到这里来"的品牌信息,这正好满足了年轻女性消费者"渴望浪漫"的心理需求,促使他们愿意花多十倍甚至更多的钱去购买无论是在口感还是在质量上与其他品牌没有太大差别的冰激凌,从而品牌经营者带来丰厚的利润。

另一方面,品牌传播可以带给消费者(受众)大量有用的信息,提供合适的产品和服务,满足他们在生产和生活中的需求,帮助他们解决问题,使他们获得一定的经济效益。尤其是在商家和消费者之间信息严重不对等的时代,品牌传播使得消费者信息获取水平有较大的改善,从而在商品选择的时候可以有所鉴别,在众多同类产品中选择最合适的产品适合自己的需求的那一种,从而实现消费者的经济效益。

2. 目的性

品牌传播具有极强的目的性,品牌传播过程是一个由品牌经营者控制的过程,因此也就不可避免地带有品牌经营者强烈的目的性,即希望消费者接受品牌信息并产生购买该品牌产品的行动。品牌传播的目的性主要表现在以下几个方面:

(1) 品牌传播的对象明确。通常针对目标市场进行传播,在品牌信息的组织与构成的时候,就是以目标市场为核心的。

(2) 品牌信息形式的针对性。品牌信息的表现形式是以目标市场接受信息的能力来设计的,以便消费者(受众)更好地受到品牌信息的影响。

(3) 品牌传播效果的目的性。依照一定的目的,以适当的方式传播的品牌信息在目标市场中产生了多大的效果,这才是品牌经营者最关心的事情,通常会采用多种测试方式来了解。

3. 策划性

品牌传播具有策划性。在品牌传播中,为了使受众了解企业及其产品,接受某种观念或思想,激发受众的购买欲望,进而促成人们的购买行为,品牌经营者往往会对传播活动进行科学、周密的战略计划。这些策划通常会包括传播什么样的品牌信息能够更好地吸引受众的注意,采用什么方式来传播会更加与众不同,通过怎样的媒体组合可以达到传播范围的最大化等等,正是这些贯穿品牌传播过程始终的策划活动,使品牌传播按照品牌经营者的意愿进行着,并产生了一定的效果。

4. 系统性

在品牌传播中,其系统的构成主要为品牌的拥有者与品牌的受众,二者由特定信息、特定的媒介、特定的传播方式、相应的传播效果(如受众对品牌产品的消费、品牌的评价)、相应的传播反馈等信息互动之环节构成。由于品牌传播追求的不仅是近期传播效果的最佳化,而且更追求长远的品牌效应。因此品牌传播总是在品牌拥有者与受众的互动关系中,遵循系统性原则进行操作。

第二节 品牌广告传播

广告是品牌最重要的传播手段之一。广告向目标市场诉求商品的功效、品质和定位,以及不同品牌之间的差异,强化商品与消费者之间的联系,使商品的定位在大众心智上确立起来。因此,广告可以称得上是品牌传播手段的重心所在。

> **相关链接**
>
> **世界知名品牌广告语赏析**
>
> 1. Good to the last drop. 滴滴香浓,意犹未尽。(麦斯威尔咖啡)
> 2. Obey your thirst. 服从你的渴望。(雪碧)
> 3. The new digital era. 数码新时代。(索尼影碟机)
> 4. We lead, Others copy. 我们领先,他人仿效。(理光复印机)
> 5. Impossible made possible. 使不可能变为可能。(佳能打印机)
> 6. Take time to indulge. 尽情享受吧!(雀巢冰激凌)
> 7. The relentless pursuit of perfection. 不懈追求完美。(凌志轿车)
> 8. Poetry in motion, dancing close to me. 动态的诗,向我舞近。(丰田汽车)
> 9. Come to where the flavor is. Marlboro Country. 光临风韵之境——万宝路世界。(万宝路香烟)
> 10. To me, the past is black and white, but the future is always color. 对我而言,过去平淡无奇;而未来,却是绚烂缤纷。(轩尼诗酒)
> 11. Ask for more. 渴望无限。(百事流行鞋)
> 12. The taste is great. 味道好极了。(雀巢咖啡)
> 13. Feel the new space. 感受新境界。(三星电子)
> 14. Intelligence everywhere. 智慧演绎,无处不在。(摩托罗拉手机)
> 15. The choice of a new generation. 新一代的选择。(百事可乐)
> 16. We integrate, you communicate. 我们集大成,您超越自我。(三菱电工)
> 17. Take TOSHIBA, take the world. 拥有东芝,拥有世界。(东芝电子)
> 18. Let's make things better. 让我们做得更好。(飞利浦电子)
> 19. No business too small, no problem too big. 没有不做的小生意,没有解决不了的大问题。(IBM公司)

一、广告在品牌传播中的作用

广告可以增加品牌的销售、提升品牌知名度、强化品牌忠诚度、品牌的正面认知等。此外,广告对于品牌的个性的形成也发挥着至关重要的作用。

1. 增加品牌的销售

广告的本质是要说服目标受众相信并购买广告所传播的品牌。尽管对广告的促销效果有不同的观点,如德国学者埃娃·海勒博士认为:"现今人们可以这样认为,至少四分之三的广告开支可以说是颗粒无收。"但相对于其他促销的手段如人员推销而言,广告因其精练、形象、生动对品牌销售有着独特的效用。据一项调查表明,相对于欧美国家而言,中国的消费者对广告的信赖程度更高,20世纪80年代后产生的年轻人基本上是凭广告选择品牌。

2. 强化品牌品质的正面认知

品质认知度是指消费者某一品牌在品质上的整体印象,品质的认知一般完全来自使用产品之后。这里所说的品质,并不仅仅指技术上、生产上的品质,而是更侧重于营销环境中的品质的含义,广告使消费者在品质认知过程中的作用如下:

(1) 使用者更多的关心他们使用过或正在使用的品牌,广告会将他们已有的关于品质认知的经验和体会与广告中对品质的表现进行对比和联系,如果两者相符则原有的好感将会加深,消费者将会更加的信任这一品牌。

(2) 广告诉求点通常是品牌品质上的特点,是消费者最关心、最喜爱的特点,是品牌较具有竞争力的特点,也是品牌提供给消费者的利益点。

(3) 新品牌上市,人们对品质一无所知。而创意佳、定位准确的广告,通常能使消费者对品牌产生好感,并且愿意去购买。广告的品质在一定程度上可以反映品牌的品质。

(4) 品牌延伸时,广告帮助消费者将原有的品质印象转嫁到新的产品上,这对延伸而言,无疑是一块打开市场的敲门砖,其所带来的好处是不言而喻的。

3. 增进品牌的忠诚度

研究表明,成功的广告能够极大地增加顾客对品牌的忠诚度。广告对品牌忠诚度的影响,国内外学者的研究很多,结论也相差无几,即广告不但能产生试用,而且会强化品牌忠诚。对成功的品牌来说,在由广告引起的销售量的增加中,只有30%来自新的消费者,剩下70%的销售量是来自现有的消费者,这是由于广告使他们对品牌变得更忠诚了,因此现在比较公认的一种看法是,广告的一个重要目标是巩固已经存在的消费者与品牌的关系并使他们变得更加忠诚。

4. 塑造品牌的鲜明个性

当今,对品牌管理者而言,塑造鲜明的品牌个性是其最重要的人物之一,需要把设计好的品牌个性植入消费者大脑的过程。而站在消费者角度,品牌个性是消费者对设计好的品牌个性的感知、认可能力的再现,是消费者对该品牌的真实感受与想法。而消费者感知的品牌个性是对所有的品牌接触点的信息加工而形成。其中,广告是最重要的品牌接触点之一,广告的风格、广告中品牌代言人的个性和形象在很大程度上影响消费者对品牌个性的感知。

二、品牌广告形式

1. 电视广告

电视广告是一种由经电视传播的广告形式,通常用来宣传商品、服务、组织、概念等。电视广告发展至今天,其长度从数秒至数分钟皆有(也有长达10分钟的广告杂志,以及长达整个节目时段的"资讯型广告",又称电视购物)。电视广告被认为是最理想的广告媒体,它能集声、色、神、形等多种功能于一身,其直观效果为其他广告媒体所不及。它具有以下优势:(1)面向大众,覆盖面大,普及率高;(2)视听兼备、综合表现能力最强,具有冲击力和感染力;(3)更直接、更具有强制性;(4)易与收视者建立亲密感情,增加产品亲和力;(5)可信度高,"眼见为实";(6)贴近生活,是重要的消费环节;(7)感性型媒体,它的电视广告能够塑造品牌形象,赋予产品情感、文化、品位等非同质化特征;(8)快速推广产品,迅速提升知名度;(9)电视广告带有一定的"强制性",因而穿透力强,到达率高;(10)与生活最为贴切。

2. 杂志广告

杂志广告是指刊登在杂志上的广告。杂志可分为专业性杂志、行业性杂志、消费者杂志等。由于各类杂志读者比较明确,是各类专业商品广告的良好媒介。它具有以下优势:(1)保存周期长。杂志是除了书以外,具有比报纸和其他印刷品更具持久优越的可保存性。保存周期长,有利于广告长时间地发挥作用,同时,杂志的传阅率也比报纸高,这是杂志的优势所在。(2)有明确的读者对象。专业性杂志由于具有固定的读者层面,可以使广告宣传深入某一专业行业。因此,对特定消费阶层的商品而言,在专业杂志上做广告具有突出的针对性,适于广告对象的理解力,能产生深入的宣传效果,而很少有广告浪费。从广告传播上来说,这种特点有利于明确传播对象,广告可以有的放矢。(3)印刷精致。杂志的编辑精细,印刷精美。杂志的封面、封底常彩色印刷,图文并茂。因此,杂志广告具有精良、高级的特色。精美的印刷品无疑可以使读者在阅读时感到是一种高尚的艺术享受。(4)杂志的发行量大,发行面广。许多杂志具有全国性影响,有的甚至有世界性影响,经常在大范围内发行和销售。运用这一优势,对全国性的商品或服务的广告宣传,杂志广告无疑占有优势。

3. 报纸广告

报纸是一种广泛的媒体,能接触到一个地区大部分的家庭。报纸广泛的渗透能力使报纸成为真正的大众媒体,可帮助广告主接触所有市场区隔小的人。而且,由于报纸多为一日一份,广告主可建立高度的接触频率。另外,从职业和教育程度来看,阅读报纸的阶层可以说是媒体中幅度最广泛的,而且报纸配送地域明确,以定期订阅者为主要对象,可以说报纸是最有计划性的稳定的媒体。报纸的最大优势是地域选择力,广告可通过报纸或报纸组合来实现各种覆盖面;其次报纸具有灵活性,大部分广告在报纸出版前1—2天交递即可。所以他能对突发事件立即反应,可以及时的刊登地方促销信息。尽管报纸有许多优势,但与其他媒体一样,也有一些缺陷,例如,印刷质量较差,表现产品的精美度略差等。

4. 广播广告

广播是以电波为传播手段、以声音为表现形式的媒体,具有鲜明的个性和独特的效用。听众对于自己感兴趣的节目希望不受别人的妨碍,可以一个人欣赏,所以,广播广告应该强调对特殊阶层的诉求。广播可以利用全国性的广播网,面向全国,也可以利用地方性的广播电台向特定的地域做广告。广播广告的优点在于:(1)成本低,无论是制作成本还是播出成本都相对较低;(2)具有较强的地理选择力及特定人口和生活方式群体的选择力;(3)具有较强的灵活性,可以随时根据当时市场的形势及时进行广告内容调整。广播广告的局限性在于缺乏视觉影响,无法展示品牌和产品;听众分散,覆盖率低,广告主无法通过购买一家电台广告而覆盖一个地区市场;广播听众的注意力不集中,听众一般将广播作为背景音乐,所以无法引起听众足够的重视。

5. 户外广告

户外广告涵盖多种广告形式,如广告牌、充气广告、车身广告、报刊亭广告等,现在户外媒体形式正在日渐增加。户外广告的优点是尺寸大、色彩丰富,有较大的创作空间,也能形成强大的视觉冲击力,可以广泛覆盖地方市场,并且获得较高接触频度,户外广告可以保持长久。但是户外广告也有许多局限,如到达率浪费,虽然户外广告的受众较多,但可能多数不是目标消费者,造成媒体浪费;户外广告可传递的信息有限,因为它面对的是走动的人群,所有信息必须简短概括、易于理解;户外广告的另一局限是消费者对于它的注意力较差。

6. 互联网广告

互联网广告就是在网络上做的广告。利用网站上的广告横幅、文本链接、多媒体的方法,在互联网刊登或发布广告,通过网络传递到互联网用户的一种高科技广告运作方式。与传统的四大传播媒体(报纸、杂志、电视、广播)广告及近来备受垂青的户外广告相比,互联网广告具有得天独厚的优势,是实施现代营销媒体战略的重要一部分。从媒体形式上看,互联网是最能互动的媒体,也是最具有吸引力的媒体,同时是信息量最大最齐全的媒体。传统媒体是让你知道什么,你才能知道什么;让你什么时候知道,你才能什么时候知道。而网络媒体是你想知道什么就能知道什么,想什么时候知道就能什么时候知道。互联网广告的主要优点是能够针对特定的受众群体,如音乐爱好者、旅游爱好者,甚至做到一对一的定向投放;互联网广告具有交互能力,可以提高消费者的参与度;可以通过调查问卷、专题论坛,随时了解受众的反应;还可以通过搜索引擎、文字链接,可以使消费者根据自己的兴趣检索产品的信息;网络广告的信息传递量大、信息更新的速度快;网络广告的可创造性强,设计者可以不断推出新的形式,多媒体技术的发展,使网络广告的视觉效果更具冲击力等。

7. 其他广告

其他广告形式有黄页广告、火车箱内广告、电影和光盘广告、电影植入广告等,这些广告形式对某些产品的宣传,对某些受众的影响是非常有效的。

三、广告媒体的选择

选择适当的广告媒体是保证广告成功的主要条件之一。选择广告媒体首先要了解有哪些广告媒体可供选择,广告媒体的种类以及各种优缺点在上文已做过详细介绍,这里需要强调的是由于各种媒体传播信息的方法不同,其影响范围、程度和效果各异。并且企业受经济条件和目标市场的约束,不可能每种广告媒体都采用,必须对其进行选择。在选择广告媒体应考虑以下条件:

1. 商品性质与特征

选择哪种广告媒体,首先要考虑是所宣传的商品性质与特征。按商品的性质和特征,可分为是生产资料商品,还是消费商品;是高技术性的商品,还是一般性的商品;是中高档商品,还是低档商品;是畅销商品,还是滞销商品;是全国性商品,还是地区性商品;是多用途商品,还是具有一种用途的商品;是人人都使用的商品,还是专门人员使用的商品;是耐用商品,还是普通商品等等。不同性质和特征的商品,其合适的广告媒体是不一样的。

2. 消费者接触媒体习惯

不同的消费者接触媒体的习惯是不同的。只有根据消费者的习惯选择广告媒体,才能够取得理想的效果。例如,向农民介绍生产资料或消费资料,以广播和电视媒体为最佳,尤其以广播为最好。我国目前县以下的有线广播已经普及,只要利用得当,不仅传播速度快,而且可以做到家喻户晓。对于城市的居民,则以报纸和电视为好。对于儿童用品,则以电视作为媒体效果最佳。

3. 媒体传播范围

不同的广告媒体,传播的范围有大有小,能接近的人口有多有少。比如报纸、电视广播、杂志的传播范围比较大,而橱窗、路牌、霓虹灯传播的范围小。从每一种媒体的本身来看,也有范围的区别。比如报纸分为全国性报纸和地方性报纸,每一种报纸又有不同的发行量。因此,这就是根据不同的商品销售范围来决定广告媒体的选择。凡销售全国的商品,宜在全国性报刊或中央电视台、中央人民广播电台做广告;在某一地区销售的商品,则宜在地区性的报刊、电视台、电台上做广告。

4. 媒体影响程度

广告媒体的影响程度是指该媒体传播信息的效果,他取决于该媒体的信誉和消费者对该媒体的接受频率。一般来说,中央和省、自治区、直辖市的报纸、电视台、电台的信誉较高,其他媒体次之。同时,选择媒体还要看消费者对媒体的接受频率,因为不论信誉多好,由于频率太低,消费者记不住,也无法促进购买。另外,为了提高消费者接受广告的频率,必须选择适当的插播广告的时间。

5. 媒体传播速度

有些商品具有较强的时间性,它们对广告也有较强的时间要求。为此,所选择的广告媒体必须传播信息迅速,以电视传播和报纸中的日报为宜。而那些对时间要求不强的商品,其广告媒体则不一定选择那些时间性强的媒体,因为时效性较强的媒体一般费用较高。

6. 媒体费用

不同的广告媒体所支出的费用高低不一,有的相差甚大。例如中央电视台的广告费用比相同时间的中央人民广播电台的费用要高几十倍,一些覆盖面不同的同种媒体的费用也存在着很大差别,因此,在选择广告媒体必须以自己的广告预算财力为基础。

第三节　品牌公关传播

在现实生活之中,尤其在企业经营活动中,公共关系的作用正显得越来越重要。当今社会,公共关系学已经被广泛地应用到众多的领域和各种各样的场合,公共关系无处不在,公共关系已经变成了一个强有力的工具,它在今天这个全球化商业竞争的环境里,能够完成许多对企业至关重要的工作。企业作为一个社会组织,无时无刻不受到公众观点和行为的影响。公共关系这一方式可以评估公众的态度,识别可能引发公众关注的事件,执行到位可赢得公众理解和认可。因此,在整合营销传播的框架下,正确处理好企业与公众的关系,将可以提升企业形象,增加顾客对企业的好感,从而直接促进企业产品或服务的销售。

一、公共关系的含义

公共关系简称公关,它是以塑造组织形象为目标的传播活动,用来影响公众对企业、产品和政策的好感和支持,以便与公众建立和巩固持久、动态的互利关系。公共关系旨在改善企业和品牌在公众心目中的形象,建立良好的社会舆论,它所注重的是长期的形象建设以及企业和公众的良好互动关系,注重对公众意识潜移默化的影响。公共关系可分为两种类型:

1. 主动公关

主动公关由企业的营销目标决定的,是传递品牌意义、提高品牌忠诚度的重要手段,它可以通过一些公益性的社会活动,来树立品牌的良好形象。如2004年可口可乐启动爱心助学计划,用来帮助广东省各城市的困难家庭儿童重返校园。

2. 被动公关

被动公关主要是应对那些对企业造成负面影响的事件,如当出现品牌危机的时候,利用公关措施,动员媒体等力量,来协调与平衡企业和公众之间的紧张关系,使品牌免受或少受损害。

二、品牌公关传播的价值

公众关系这一传播手段在品牌传播上的价值主要体现在以下几个方面。

1. 提高品牌知名度

公共关系是提高品牌的知名度的重要手段,这已经被实践所证实。早在1984年,北京长城饭店就借助美国总统里根的访华,成功地争取到了其访华结束时在长城饭店举行答谢宴会的机会,这一举措使长城饭店一夜之间成为全世界瞩目的焦点,成为中国最有名的五星级饭店之一。

2. 树立品牌形象

公共关系可通过一些公益性的社会活动,来树立品牌的良好形象,让媒体的宣传报道来增加品牌的可信度和亲和力。在这个方面,壳牌公司就做得非常成功。作为一家石油公司,壳牌一直在全国范围内参加各种社会公益事业,壳牌中国分公司也秉承企业的优良传统,在积极服务于中国能源和交通等事业发展的同时,也积极投身于中国的公益事业,从而树立了良好的品牌形象和鲜明的企业特色。

3. 澄清品牌危机

当品牌出现危机时,公共关系部门可迅速做出反应,对问题进行解释和澄清,以防止事态进一步恶化,当企业与公众发生冲突或发生突发事件时,公众舆论反应强烈时如果处理不当,最直接的后果是品牌形象受损,品牌资产被削弱,产品销售受到影响。此时,通过有效的、及时的沟通,动员各种力量及媒体来处理危机,协调与平衡企业与公众之间的紧张关系,这种有针对性的公众关系活动能有效地防止事态进一步恶化,使品牌免受或少受损害。

三、品牌公关传播的优势

作为一种与广告截然不同的方式,公关传播以其自身独特的优势在塑造企业品牌方面,发挥着越来越重要的作用。总体来说,公共关系传播相对于广告的优势有以下三个方面:

1. 公关危机预警和处理能力强,广告难以应对危机

苏丹红、毒奶粉、劣质化妆品等,从品牌质量危机到行业信誉危机,当今企业面对多种危机和可能的陷阱,对所有一切,公共关系都能够做到应付自如,如设定危机预警系统,制定危机管理方案,执行危机处理步骤和危机后声誉管理等等,而广告却难以做到。

2. 公关定位更准确,广告效果相对涣散

广告受众往往不容易清晰地界定,他们的性格特征可能各异,所以广告要达到某种预定的效果,往往要靠"量"的积累,而不是准确的定位。而公共关系则可以做到根据工作目标把公众分成不同的类别,然后按照每一类人群的特点分别进行不同方式的信息传播与说服,所以效果斐然。

3. 公关是双向沟通,广告是单向传播

市场营销已经从单向的信息传播慢慢向双向沟通过渡。消费者渴望了解产品或品牌背后的人与故事,从这种深入的了解中,消费者与产品或品牌建立起了一种互动的情感联系,这种情感上的沟通往往决定了产品或品牌的最后成败。广告特有的传播方式,决定了其只能是一种单向的信息传播,在满足消费者心理诉求,建立与消费者的情感联系上,显得力所不及。公共关系则可以借助新闻传播、专题报道、现场活动、座谈会等方式,全面系统地将消费者希望了解到的东西一一传达给他们,令消费者对品牌产生更深层次的认可。

四、常用的品牌公关手段

1. 赞助性公关

赞助性公关是指通过赞助文化、体育、教育、卫生等事业,支持社区福利事业,参与国家重大社会活动等形式来塑造品牌和企业的良好形象,提高品牌及企业社会知名度与美誉度。赞助公关活动应有一个明确的目标,这是确保资助活动获得理想效果的十

分重要的前提。通常,成功的公关赞助多选择其目标市场关注的体育、生态、文艺、环保等活动或项目作为赞助对象。例如,为迎接北京奥运会,招商银行正式启动了"2008 和世界一家"信用卡品牌理念系列活动。另外,招商银行签约成为国家帆船帆板队和赛艇队是金融领域唯一赞助商,签约支持青岛市政府"千帆竞发 2008"人文工程,同时联合中国青少年发展基金会成立希望工程下"我和我的 2008,招商银行专项慈善基金。"

2. 举办公益活动

现实中,一些直白的广告已被人们熟视无睹,甚至对其产生来了厌恶情绪。品牌传播应达到"润物细无声"的效果,这就要求企业把一部分广告预算用于公益活动,现在有许多公司主动支持社区活动,创造良好的社区环境。企业也可以向公益事业和慈善机构捐赠物品,以提高品牌在公众心目中的美誉度。开展公益活动是跨国公司经常采用的公共关系手段。例如,2005 年对于宝洁公司而言,是成果丰硕的一年。在这一年里,宝洁的第一百所希望小学在新疆正式落成,使自身的企业形象与声誉在活动中得到了宣传和提升,优秀的企业文化和理念得到发扬光大,在中国树立了良好的口碑和形象。

3. 紧跟热点事件做宣传

全社会广泛关注的热点问题常常被企业用来宣传,提升自身的形象,尤其是那些涉及国家利益和荣誉的焦点事件是被看成百年难得一遇的公共关系活动机会。中国申奥成功后,2001 年 7 月 14 日一大早,北京几乎所有的麦当劳餐厅和各主要超市的可口可乐包装全部穿上了"喜庆装",可口可乐金光灿烂的申奥成功特别纪念罐,以金、红两色作为喜庆欢乐的主色调,巧妙加入长城、天坛等中国和北京代表性的建筑以及各种运动画面,将成功的喜庆,体育和动感,更快、更高、更强的奥运精神与中国的传统文化有机的结合起来。

4. 征询性公关

征询性公关活动主要是通过开办各种咨询业务、制定调查问卷、设立热线电话进行民意测验、聘请兼职信息人员、举办信息交流会等各种形式,建立效果良好的信息网络,为顾客、社会、公众提供满意的服务。通过各种各样的征询活动,可使企业与顾客之间建立起密切的联系,在信息沟通便利的情况下,使广大顾客可以"畅所欲言",提出自己对品牌、产品和企业的看法。

第四节 品牌事件营销传播

案 例 赏 析

"鱼腹丹书""狐仙显圣"——"史上最早"的事件营销

秦朝末年,一场声势浩大的农民起义敲响了秦王朝的丧钟,这就是历史上著名的陈胜、吴广大泽乡起义。秦二世元年秋,秦朝廷征发闾左贫民屯戍渔阳,陈胜、吴广等九百余名戍卒被征发前往，途经蕲县大泽乡，因连日暴雨冲毁道路，不能如期到达目的地，根据秦朝法律，戍边部队延误期限是要受惩罚甚至杀头的。陈胜、吴广是这群戍卒的屯长，他们意识到无论如何都不能如期赶到目的地了。怎么办？早就对秦朝暴政不满的陈胜、吴广二人一商量，不如带领这几百人造反，死也死得轰轰烈烈。

问题是怎么让这些人能心甘情愿跟着自己造反呢？他们利用人们崇信鬼神的心理精心策划了两个事件：

一、先拿了一块白绸布，用朱砂在上面写上"陈胜王"三个大字，把它偷偷塞在一条兵士们买回来待杀的鱼肚子里。兵士剖开了鱼，发现了这块绸子上面的字，十分惊奇。鱼腹惊现"陈胜王"事件立刻在兵营里传开了。不过，没亲眼看见的人还是将信将疑。

二、为了让兵士们彻底打消疑虑，吴广半夜偷偷地跑到驻地附近的一座破庙里，点起篝火，先装作狐狸叫，接着喊道："大楚兴，陈胜王。"这一次所有人都听得真切。狐狸一直被人们视为"狐仙"，"狐仙"说的一定不会错了。

这两个事件让所有的兵士们对陈胜敬若天神，推举陈胜为将军，吴广为都尉，陈胜遂率众斩木为兵，揭竿为旗，口号就是"大楚兴，陈胜王"。陈胜、吴广起义在中国历史上写下了浓墨重彩的一笔，其凭借"鱼腹丹书"和"狐仙显圣"这两个事件，成功地将"陈胜王"的品牌平地树立起来，堪称史上最早的事件营销案例之一。

（资料来源：李光斗.事件营销.北京：清华大学出版社，2012）

当今，利用事件对品牌进行传播是一种非常重要的传播手段。但有多少企业总在抱怨找不到合适的事件营销话题；有多少企业在艳羡竞争对手为什么总能别出心裁、领先一步，做出成功的事件营销；有多少企业在疑惑为什么自己做起事件营销来千头万绪、混乱不堪。这大多是因为在事件营销上企业临时抱佛脚，缺乏提前规划和预判。

"凡事预则立，不预则废。"意欲为大事者，必要规划于先，则事有可成，不预则必无所成。预于先，谋于前，而后则势如破竹，攻城拔寨，无战而不胜，无往而不利，得乎上者。如何"预"？所谓没有规矩不成方圆，事件营销有其自身的规则，必须建立起事件营销管理体系，将事件作为一个整体的系统项目为对象形成科学管理体系，通过专门组织，对项目进行高效率的计划、组织、指导和控制，以实现项目全过程的动态管理和项目目标的综合协调与优化。事件营销管理体系分为以下七个阶段。

阶段一：监测

有句话说："不是我不明白，而是世界变化快。"如今的社会处于飞速地发展中，日新月异的变化中包含着无数的可能，上演着无数的事件。那么，在一段时期内社会舆论的核心是什么？在这些舆论下所产生的事件哪些是可为企业所用的？企业又能根据社会环境进行怎样的事件创作？这一切都需要企业去时刻洞察，监测社会环境、市场环境的变化。企业在运作事件的时候应该积极发挥整合营销传播的优势，利用新闻事件的热点效应，抓住时局，加大事件的监测管理，以便进一步提高企业或品牌的知名度与美誉度。对事件的监测可以帮助我们有效地发现事件和利用事件，在关键时刻利用好事件来有效地传播企业良好的形象、品牌和经营理念。

阶段二：研究分析

事件营销的管理必须是建立在科学的基础上，从而使事件营销有序、有效地向着企业所期望的方向发展，而不是事与愿违。这要求我们对事件的主要内容和配套条件等方面进行调查研究和分析比较，并对事件营销以后可能取得的经济效益及社会环境影响进行预测，从而提出该事件是否值得操作和怎样操作的意见，为事件营销提供一种综合性的系统分析。因此在确定了可以利用的事件以后，要对事件利用的关键点和可行性进行分析。定义事件营销目标，确定事件营销的范围、时限、财务预算、技术手段与方法，管理质量标准、人力资源配备、风险预测与协调对象及内容，选择实现事件营销目标的最佳策略和营销手段。同时通过对事件的分析和整体把控，找到事件的融合机会点。如何利用好机会点进行借势，如何造势，并使之与事件发展的核心主题相融合，最终将事件的终极效应在企业身上发挥到极致，都是依赖于对事件的研究与分析。

阶段三：方案规划

设计实施与落实规划内容的策略、创意、方法、技术实现途径，以及事件营销系统的验收评估手段。制定传播策略时，要明确事件对于企业的意义，分析通过传播策略想达到什么样的传播目的。创意是传播的核心，创意的好坏直接影响着受众的接受程度和传播效果的好坏。我们在找到事件和品牌的关联点之后，就要进行系统的策略与创意规划。

阶段四：沟通协调

在方案规划好之后，要充分调动相关资源，执行事件营销计划。做好与事件相关的单位、机构团体、大众进行互动沟通以及延伸的赞助、筹款等系列事宜。对于事件的沟通管理我们从以下几个方面入手：

1. 与企业自身的沟通

事件是否适合企业特性，与企业的匹配度如何。就是说事件要与企业的核心竞争力、企业价值观以及品牌的核心内涵紧密相连，使得消费者在事件营销过程中获得完整的消费体验。还要考虑企业对事件的操控能力，是否可以控制事件的发展。

2. 与事件本身的沟通

事件本身的影响力是不同的，在管理事件中要注意将事件的影响力发挥到最大以及对其可操作性的分析。综合考虑后，找到最适合事件发展的方向进行管理。

同样是搭乘事件营销的快车，国内一家服装品牌的创意却难以令人称道。当时，闻名世界的皇马队要来中国，此品牌经过讨论决定赞助皇马中国行，并为此制定了一系列的营销宣传策略，希望借此来进一步提升品牌影响力。此品牌出重金让皇马巨星们出现在了自己的广告中，但刺眼的是皇马巨星的衣服胸前却印着醒目的阿迪达斯的标志。由于在此次事件中与主办方沟通不畅，以及自己管理的疏忽，致使花了大价钱为别人做了嫁衣。

3. 与社会大众的沟通

这里要考虑事件对于社会的影响，对大众的接受度和参与度的影响。追求大众的关注度理所应当，但切不可伤害到大众的情感，知名度与美誉度缺一不可。

案例赏析

TacoBell 购买了费城独立钟

一天早上,纽约时报在头条刊登的一则广告引发了民众的热议,这则广告颇具冲击力——"TacoBell 购买了费城独立钟"。广告中称,美国快餐连锁店 TacoBell 非常高兴地宣布:"我们已经就购买费城独立钟问题与相关部门达成了共识。费城独立钟是美国最具有历史意义的文物。现在它要被称为'Taco 独立钟'了,不过美国民众依然可以轻松地观看它。我们的行为是希望唤醒其他公司也像我们一样为减少国家的债务承担一定的责任。"

这一下触动了人们的认知,人们无法接受这一有历史纪念意义的大钟改名,而且是改成一个公司的名字。于是,成千上万的人们向位于费城的国家历史公园提出投诉。就在当天下午,TacoBell 却承认说上述广告其实是和大家开的一个愚人节的玩笑。然而有 650 家报纸刊登了此条新闻,400 家广播广播了此条新闻。有 7 000 万美国公众知道了这条消息。这家公司扩大自己知名度的目的达到了,但美誉度却下降了。

(资料来源:http://enterprise.dbw.cn/system/)

4. 与政府沟通

主要考虑事件本身是否违反相应的法律法规,以及政府的支持程度如何等。在一场新西兰和澳大利亚的橄榄球赛中,现场座无虚席,场外更有无数的电视观众,这可是一次绝佳的宣传机会,许多企业纷纷掏钱赞助这场比赛。然而,在此次比赛中,最受人关注的却不是这些赞助品牌。比赛中,一名身上标有 Vodafone 标志的裸体观众冲进了赛场,这一疯狂举措吸引了千万人的注意,人们也都看到了"Vodafone"这个品牌。Vodafone 可以说是剑走偏锋,抢了所有赞助商的风头。然而,事情并没有结束,警察在比赛结束前逮捕了裸奔者,并将矛头指向了 Vodafone,Vodafone 的一名 CEO 不得不对此事件公开道歉。该公司还向非营利组织捐款 3 万美金以减少不利影响。这个事件给我们的启示是:再好的营销炒作事件都不能违背法律和人的道德准则。

5. 与事件发起方沟通

明确双方的合作契机点以及所获权益的分配等。这其中,企业需要明确的是自己在事件中所获得的权益,及事件发起方对企业权益的保护措施。如在世博会、奥运会等的赞助中,一些非赞助竞争对手不可能面对这些盛会而熟视无睹、毫无作为,他们会通过擦边球的方式借势这些盛会的影响力,当然,这会在一定程度上损害到赞助商的利益,这也是需要事件发起方给予保护的地方。

阶段五:事件传播

在事件的传播管理中,要始终坚持和企业形象相匹配的基本点,并以提升企业形象为目标。切实贯彻事件的传播计划,确立传播的方向。传播应贯穿于事件的策划、发生、进展和结束,事件结束,并不意味着传播的结束,特别是后续跟踪报道,做到有始有终。

（1）事件的传播要明确所要传播的主题，如公司形象、品牌理念等，企业内涵、品牌理念和事件要有合适的对接点，再根据主题制订完备的媒介宣传计划，从全局上把握宣传的关键点。蒙牛"航天员专用牛奶"的广告之所以能成功，就是因为传播的主题与整个事件紧密对接，高度融合。

（2）由于事件的不同，在传播上要注意对不同时机的宣传和把握，以便更好地发挥事件的作用，特定的事件有着其特定的时间效果。

（3）在传播渠道上主要划分为大众传播渠道（电视、报纸、广播、杂志）；组织传播渠道（单位传达）；人际传播渠道（电话、手机、短信、微博等）；网络渠道及其他渠道（非言语传播等）。

（4）在传播事件时，事件通过各种媒介把信息传达给受众，而传播的跨度以及传播的强度影响着媒介传播的效率，从而影响接收信息的人群数量。在事件的传播中，最高明做法是吸引媒体的关注，制造新闻点，让媒体主动报告。

案例赏析

ProShade 公司的事件营销

美国有一家叫 ProShade 的公司想炒作一下自己的知名度，但碍于资金有限。于是，他们就策划了一个事件：向国家公园服务处提出了极具诱惑力的提议，就是他们提供 400 万美金给位于美国南达科他州西部的雕有华盛顿、杰弗逊、林肯和罗斯福四位美国总统头像的拉什莫尔山。同时换取在每个总统的头上印上自己的 Logo 的权利。对于这一举动的目的，该公司解释说："国家公园服务处需要更多的支持保护拉什莫尔山。但是国家预算却缺少资金保护这些具有里程碑意义的文物。如果接受了我们的建议，我们会非常高兴为保护文物作出努力。"

当然，国家公园服务处没有接受他们的建议，但企业方却并不失望，因为他们原本就没有指望国家公园服务处会同意，而且他们也不会拿出 400 万美金给国家公园服务处。国家公园服务处虽然拒绝了他们，但是所有较大的杂志社都知道了 ProShade 公司的行为，ProShade 公司成为街头巷尾谈论的热点。一些媒体说道："这是一个明显的营销炒作事件，我肯定不会接受这样的行动，但是我要报道它。"

（资料来源：李光斗.事件营销.北京：清华大学出版社，2012）

阶段六：风险控制与危机管理

事件风险和危机总是不露声色，却随时可能出现，危机就等于"危险＋机会"。国内一些著名企业，如三株、南京冠生园等，正是由于没有有效控制风险、妥善解决突然发生的危机而一蹶不振。但同时，也有不少企业通过有效的危机管理，使企业转危为安。因此企业要建立相应的风险管理委员会来处理风险和安全等事宜。

1. 政策法规的风险

事件营销本质上是一种社会活动，就必须要考虑到法律法规、社会主导舆论与价值观等因素。任何事件营销的策划与创意,都必须合情、合理、合法,以遵纪守法为基础。否则,就会有遭受舆论攻击,甚至受到行政处罚与法律制裁的风险,不仅达不到预期目的,还可能"赔了夫人又折兵",让品牌受损。这就要求企业必须掌握相关的政策法规,使事件营销的策划与执行在安全的环境中进行。

2. 社会舆论风险

社会舆论风险是指事件在投放到社会中,在达到提升企业知名度的同时,如果被社会公众了解到事件的管理内容,很可能会造成公众的抵触情绪,从而伤害企业的利益。例如用明星代言进行市场推广已经成为一种普遍性的市场营销方式,但对于企业而言,启用明星代言其收益与风险是并存的。如果明星影响力不断提升则可能使品牌随之受益;反之,如果由于明星个人的道德缺失、行为不端导致其形象受损,则可能给企业品牌带来负面的影响。如阿迪达斯的奥运恐怖广告、阿迪达斯广告违反《中国国旗法》等,广告引起的舆论风波正在成为企业危机的一种重要来源,这必须引起企业高度重视。

3. 投入产出的风险

投入产出的风险是指在前期准备和效果预测都已经完成的前提下,进行事件营销也不能保证一定可以获得预期的效果。这是因为事件营销过程中的许多不确定性因素的干扰,以及对于方案执行的不到位等原因造成的。

4. 企业内部的风险

企业在事件营销过程中本身具有一定的风险。如企业内部管理失误,阻碍事件达到预期目标。人际关系恶化,高层管理的不和,决策的简单化,会导致重要管理人员外流,形成企业内部的潜在风险。如此前的华为"辞职门"事件,原因就在于华为的"买断工龄"措施:辞职员工随后即可以竞聘上岗,职位和待遇基本不变,唯一的变化就是再次签署的劳动合同。虽然全部辞职老员工均可以获得华为公司支付的赔偿,但此举闹得沸沸扬扬,甚至全国总工会、广东省总工会都介入华为"辞职门"事件调查,华为与员工的"假离婚"事件遭受了前所未遇的信誉危机,社会声誉受损,处境尴尬。

5. 危机事件新闻发言人的风险

在处理危机事件的过程中,企业需要给自身留有回旋的余地,企业的老总不要轻易担当事件的新闻发言人。许多时候,危机新闻发言人都是由组织的高级管理者担当,认为凭自身人生阅历和职场经验,和记者打交道应该没什么问题。结果总是成功者少,失败者多,因为大多数的管理者不善于在台前"演戏"。

危机事件新闻发言人是一个非常重要的角色,他在一定程度上影响着事件的发展进程,因此,对于危机事件新闻发言人来说,需要具备以下三方面的能力:

(1)创造性思维能力和语言表达能力。危机信息发布具有时间有限性、信息有限性等特点,因此,不管组织后台怎样提供信息,新闻发言人都需要在发布的时候加以整合,冷静分析,迅速判断,及时应变。发言人要明白,自己既是演员也是导演。

(2)心理承受能力和压力化解能力。媒体不会对发言人的言论言听计从,相反,他们会对你说的一切持有怀疑态度,并从蛛丝马迹中寻找漏洞,以期发现新的新闻点。有些记者甚至会用各种刁钻的问题为难发言人,激怒发言人,引诱发言人失去理智,甚至用道听途说的传言质疑企业或发言人。没有经过严格媒体培训的发言人,很难抵挡这样的提问进攻，有时甚至连训练有素的大牌发言人也会失态，在发布厅直接和记者打起嘴仗，而这正是媒体想看到的危机中的危机。

（3）掌握、组织全部工作和价值的能力。新闻发言人不是播音员，也不是照本宣科的宣讲员。新闻发言人要深刻了解企业，掌握企业的各项工作及其相互关系，企业与利益相关者的契约关系，在收集信息、整理信息、发布信息的过程中，展现企业的社会价值，在危机处理中为企业恢复影响力提供信息支点。

阶段七：效果评估

对于事件效果的评估，我们要对事件营销的各个规划目标与步骤的实施结果进行评估，寻找偏差，发现遗漏，及时纠偏补遗。正式验收事件营销管理系统，完成事件稽查，按预定程序结束事件营销管理过程。

在进行评估时，重要的是确定需要什么样的信息。调查可以在事件前、事件中或者事件结束后完成，形式不拘一格，可以通过表格，也可以通过个人访问。

事件营销效果的评估，主要分为两个阶段：第一阶段是对事件本身的评估，第二阶段是对品牌影响的评估。对事件本身的评估可以从事件的知晓率、认知渠道分布和对具体内容的评价等指标来衡量；对品牌形象的评估可以从认知、情感和意愿三个方面来反映。

1. 对事件本身的评估

（1）事件知晓率。事件的知晓率是指有多少人知道此次事件营销的相关信息，它反映了此次事件的影响力。对于一个事件来讲，知晓率是一个很重要的指标，它是衡量品牌知晓率的基础。同时，为了进一步了解受众对事件的了解程度，可以对事件中的具体内容进行知晓率的调查。

（2）信息准确性。信息的准确性是指企业通过事件营销希望传达的信息与受访者真正接收到的信息之间的差异。信息在传播的过程中，由于各种原因，产生一定的偏差是无法避免的。但对于准确性的评估却必不可少。

（3）信息的获取途径。信息的获取途径主要是指受访者获取信息的主要方式，以及企业对各个主要传播渠道的覆盖情况。

同时对不同类型的消费者进行具体的获取信息的主要渠道分析，便于企业后续针对目标群体进行更加有效的传播。

（4）报道/转载次数。报道/转载次数从侧面反映了此次事件的影响力大小。在网络时代，绝大多数的报纸、杂志都能在网络上找到痕迹，我们可以通过互联网来测量事件营销被报道/转载次数，从而作为衡量事件营销效果的一部分。

2. 对品牌影响的评估

（1）认知层面。品牌认知包括几层含义：一是认知的广度；二是认知的深度；三是品牌形象的认同。通过这三个指标，一方面可以衡量经过此次事件后品牌的知晓率，另一方面可以了解品牌在认知方面的深刻程度。

如何衡量认知的广度？可以在事件营销后通过对品牌知晓率的评测来衡量，看看在此次事件营销中有多少人知道了自己的品牌。

无提示下的第一提及率是衡量认知的深度的重要指标。在没有任何提示的情况下,受访者能第一个提到我们的品牌,就说明此次事件对受访者影响最大、印象最深。品牌形象认同,用来判断经过此次事件后对品牌形象的认同程度以及变化幅度。

(2) 情感层面。营销就是和消费者谈联系,与消费者的情感产生联系是走近消费者的有力手段。情感层面是指经过此次事件营销的影响,公众对于相关品牌在感情上的变化情况。如通过此次事件是不是更加喜欢品牌了?喜欢的变化幅度如何?通过此次事件是不是更加信任品牌了?信任的变化幅度如何?以此来较为准确地反映出事件营销对于受访者情感方面的影响。

(3) 意愿层面。意愿层面是指受访者经过此次事件营销的影响,对于品牌在最终行为上的变化程度。如通过此次事件是不是对品牌更加关注了?通过此次事件是不是更加愿意尝试和购买这个品牌了?尝试和购买的变化幅度如何?通过此次事件今后在家人或朋友要购买相关产品时是不是会优先推荐该品牌?变化的幅度如何?

第五节 品牌整合营销传播

一、整合营销传播概述

美国广告公司协会定义整合营销传播如下:"一种营销传播计划的概念,要求充分认识用来制定综合计划所使用的各种带来附加价值的传播手段—如广告、销售促进、直接营销公共关系和人员推销并将其结合,提供具有良好的清晰度、连贯性的信息,使传播影响力最大化。"在这里,广告、销售促进、直接营销、公共关系和人员推销被定义为传播手段,则说明他们不仅仅是传统意义上的提升销售的手段,更是企业与消费者进行沟通的手段,是为企业解决市场问题或创造宣传机会的手段。

这个定义的关键在于:(1) 学会认识和使用各种传播手段;(2) 学会将这些手段有机结合起来;(3) 这种结合,要能够提供清晰、连贯的信息。其实,整合营销传播观念,是由美国西北大学教授舒尔茨教授等人首先提出来的,舒尔茨教授研究的"整合营销传播"有以下四个基本目标:

1. 沟通的焦点是消费者而非产品

整合营销传播与传统的沟通模式最大的不同在于传播的焦点在于消费者或潜在消费者,而非产品。应深入消费者或潜在消费者,了解他们购买的动因,根据消费者的需要,创造更具吸引力的销售标语,而且这个销售标语能与其他品牌相区别,从而在消费者心目中建立具有竞争力的认识。

2. 积极发展同消费者一对一的沟通

营销模式将从大众营销向分销营销发展,大众传播也将向分众营销发展。传统的营销传播依赖电视、杂志、报纸等大众媒体向大众传播信息。现在厂商则要根据不同消费者个别需求,发展不同的解决方案,用不同的沟通方式与消费者进行个别的沟通,传播也将发展成为与消费者一对一的沟通,以个别方式对个人说话。

3. 确保同消费者的所有沟通协调一致

在一个传播策略的指导下,各种传播手段、各种促销形式,如普通广告、直接营销销售促进和公共关系等,都统一口径,向消费者传达统一的品牌个性、消费者利益和销售创意。

4. 从单向沟通转为双向沟通,从交易营销向关系营销发展

传统的营销传播多是企业向消费者发布信息,是企业与消费者的单向沟通,整合营销传播则强调企业与消费者进行的双向沟通。企业和消费者进行咨询的交换活动,建立交换咨询和分享共同价值的关系。厂商经过不同渠道传达咨询给消费者,通过个别渠道积极的寻求回应,并将回应记录在资料库中,与消费者建立长久的关系,并向关系营销发展。

从以上四个基本目标可以看出,"整合营销传播"所涉及的不仅是广告和传播领域的研究,更是企业未来营销模式的研究。舒尔茨教授在《整合营销传播》中提到:"我们将行销转化成传播,将传播转化为行销",他试图从整合营销传播切入,重建营销的整体框架,其中的数据库营销、关系营销已经超出了企业传播人员所能控制的范围,他所研究的更是一种崭新的营销方式。

二、整合营销传播的必要性

整合营销传播被称为20世纪90年代市场营销的重要发展。国外已有越来越多的厂商接纳了这一观念。因为企业已经认识到战略整合各种传播手段的必要性,他们纷纷的采用新的营销方式,将以往花在广告上的努力变成对多种传播的技术的整合,通过协调营销传播,择优采用传播工具,发展更有效的营销传播计划。营销传播的整合是企业对环境变化的适应。

1. 市场竞争的变化

早期的市场是"供不应求"的状态,现在产品逐渐丰富,产品的种类增多,每类品牌的产品增多,而新的厂商还在不断的涌入,这将造成某些产品供应过度饱和,市场竞争加剧。面对众多品牌的积累竞争。企业若想立于不败之地,则在开发产品和扩大渠道的同时,加强品牌和产品的宣传。让自己的品牌从众多品牌中凸显出来,让消费者了解自己的品牌、自己的产品。企业必须深入了解消费者,重视品牌和产品传播,重视与消费者的沟通,以期望为消费者留下深刻的印象。然而现在竞争中的企业,面临研发、生产、渠道成本不断提升,而企业又希望制定有竞争力的价格,企业获利空间有限,企业为保有其利润对广告和促销的预算更加审慎。如何用更少的钱,获得更好地传播效果,已是每个企业所面临的问题。

2. 营销方式的变化

在"供不应求"的时代,企业以生产为导向,企业的主要功能是生产制造,追求大量的生产,提高产量、出货能力和生产效率,当时企业采取的营销方式是大众营销,是为消费大众生产同质性高、无显著差异的大量规格化产品,企业采用的媒体也为大众媒体。而现在,市场已从供不应求转向供过于求,从需求束缚中获得解放的消费者发展属于自

己的品位,人们已不再喜欢大众化的产品而更喜欢个性化的产品,大众化营销也变为分众营销,即企业需要更深入了解消费者,细分消费人群,为特定的目标消费群生产更具个性化的产品。

现代营销者发现争取一个潜在顾客的费用远远高于保留一个现有顾客的花费,如何在品牌激增、产品同质性提高、消费者的品牌忠诚度日趋下降的情况下,留住现有的顾客呢?为了维持顾客群的稳定,提高品牌的忠诚度,一些企业正在尝试从一般交易发展为关系营销,争取与顾客建立长久的关系。营销传播的重点也相应的转移为提高对品牌的忠诚度上。

未来营销趋势从大众营销向分众营销发展,从一般营销向关系营销发展,营销传播也将从依赖大众传播而转向分众传播,传播重点从推广新产品转到提高品牌忠诚度、保持与顾客关系等方面发展。

3. 媒体环境的变化

随着卫星电视、有线电视和报纸杂志业的发展,人们进入了前所未有的资讯爆炸时代。媒体的数量和种类在急剧增加,而且新媒体不断涌现,如炙手可热的互联网、手机短信等,媒体的可运用性越来越多,越来越复杂。对于广告而言,在媒体的应用上有更大的挥洒空间,却也同时面临媒体效果的稀释问题。以电视媒体为例,以前大家平均可收看到三至四个频道,企业只要在一至两个频道播放电视广告,消费者能收看到。现在每一个有线电视的用户可收看到六十多个频道,企业若只在一至两个频道播放广告,则很可能被消费者忽略。因此,厂商正面临着广告减少的问题。

传媒业为适应市场的竞争,电视、广播、杂志、报纸等媒体更加细分以吸引更加挑剔的受众,针对不同年龄、性别、爱好的受众发展不同的媒体节目、媒体种类,如针对爱车族的车迷俱乐部节目、针对戏曲爱好者的电视戏曲频道等。媒体的受众细分将成为未来这一行业的特征,企业需要追上媒体发展的脚步,去解读个别媒体所形成的分众意义,来妥善为产品进行媒体规划,降低对大众媒体的依赖,逐步重视小型、目标性的媒体选择。媒体种类增多、效果稀释、受众细分的变化趋势,使企业的营销传播也相应需要变化。

4. 消费者的变化

消费者的生活方式正在不断变化。消费者以前许多时间是在电视前度过的,今天消费者学习、工作更加紧张,其生活更加多样化,娱乐、休闲的方式也更加丰富多彩;上网、逛街、健身等。所以,广告要想很快被接触并不十分容易。而遥控器的发明,使消费者在看电视有了更多自主权,如频繁转换频道,逃过许多广告。企业会发现,广告需要跟随消费者的生活方式,才能被消费者所接触。

消费者对广告的态度也正在变化。以前竞争并不十分激烈,广告数量相对较少产品的相关信息也十分有限,消费者尚可认真阅读广告。而现在,广告是铺天盖地,消费者早上起来听到的是收音机广告、出了门看到的是路牌广告、上了车看到的是车厢广告、进了办公室看到的还是广告信件……广告充斥在人们生活的每个角落。人们对广告已经漠然,对其是听而不闻、视而不见。消费者即使听到了、见到了广告,可能也只记住了一个片段,常常将这个广告与那个品牌混为一谈。消费者对企业自己说的广告信息已将信将疑,消费者有更多的方式接触产品信息,媒体报道,上网搜集、朋友和邻居的推荐。这是就需要研究如何以消费者感兴趣的方式去将广告接近消费者,如何打动消费者,使消费者信服并且记忆。

消费者的变化还包括:消费者以超市集中购买家用物品代替传统食杂店的零星采购;电脑网络的普及,使消费者花费更多的时间在网上阅读信息,发送邮件,网上购物。这一切的变化也将促使企业在传播方式上采取相应对策。

5. 科学技术的发展

电脑的普及和通信技术的提高,加速了资讯的分析和运用。许多公司使用计算机建立数据库,记录顾客姓名及人口学、地理学、心理学方面的资料,以及购买方式、媒体参考、信用能力其他特征信息。厂商根据这些信息,采用直接营销方式打动消费者如电话营销、直接反应广告,而减小了对大众媒体的依赖。

科学技术的发展,使新的媒体不断涌现,同时也带来了传播技术的更新。如电脑喷绘技术使路牌广告制作更精美,色彩更艳丽,广告形象也提高了。这也使得营销者不断的发展新的媒体,重新认识旧的媒体。科学技术的发展,为营销传播的多样化发展提供了可能性。市场竞争的激烈、企业营销化方式变化、媒体环境的变化、消费者变化、科学技术的发展、使企业的营销传播也要相应变革,以适应变化的需要。营销者不应再积极使用产品促销的概念,而应将产品的促销转化为企业与消费者的沟通需要将对广告的依赖转化为各种传播技术的整合,需要更深入地了解消费者,向他们传播他们感兴趣的东西,随时掌握消费者是如何反应的,以使企业与消费者的沟通更富有成效。

三、品牌整合营销传播策略

1. 品牌信息的整合

品牌信息的整合是指为品牌提炼出一个核心价值观,品牌核心价值是品牌资产的主体部分,让消费者明确、清晰地识别并记住品牌的利益点与个性,是驱动消费者认同,喜欢乃至爱上一个品牌的主要力量。核心价值是品牌的终极追求,是一个品牌营销传播的中心,即企业的一切营销传播活动都要围绕品牌的核心价值展开,营销传播活动是对品牌核心价值的体现和演绎,并不断的丰富和强化品牌的核心价值,只有在漫长的岁月中以非凡的定力去做到这一点,不被风吹草动所干扰,让品牌的每一次营销传播活动都为品牌做加法。久而久之核心价值才会在消费者头脑中留下深深的烙印,并成为品牌对消费者最有感染力的内涵。

定位并全力维护和宣传品牌的核心价值已经成为许多国际一流品牌的共识,是创造百年金字招牌的秘诀。品牌之王宝洁对品牌核心价值的构造与经营可谓是处心积虑。宝洁有一个行至全球的信念,那就是如果一个品牌与产品没有特质是很难成为赢家的。这里所说的特质就是品牌的核心价值,如宝洁一旦通过对消费者的研究,对品牌的核心价值进行严格定位就决不轻易更改,而且一切营销传播活动都以品牌的核心价值为中心进行演绎。品牌的核心价值一旦确定,便被咬住不放持之以恒地贯彻下去,企业的所有营销传播活动都要围绕核心价值展开,几亿、几十亿的广告费是对核心价值的演绎,尽管广告不停地换,但换的只是表现形式。沃尔沃宣传的重心一直是"安全",从未听说过沃尔沃头脑一发热去宣传"驾驶的乐趣"。久而久之,沃尔沃品牌就在消费者头脑中有了明确的印记。获得独占的山头。但是这并不是说宝马就不够安全,驾驶沃尔沃就没有乐趣,而是在核心利益点的宣传过程中就必然要有主次之分。沃尔沃能成为2000年全美销量最大、最受推崇的豪华轿车品牌,与其对产品的核心价值维护以及在企业的经营活动中忠实的体现核心价值是分不开的。沃尔沃不仅投入巨资研发安全技术,在广告、事件营销中也总是不失时机地围绕"安全"的核心价值展开的。

2. 品牌传播方式的整合

传播方式的整合是指通过充分认识广告、直接营销、销售促进、公共关系、包装等各种能够传递信息及带来附加价值的传播手段,并将其结合,提供具有良好清晰度、连贯性的信息,是传播影响力最大化。过去企业习惯于使用广告这种单一的传播手段来进行产品的销售,但是,今天处在信息高度发达的时代,传播手段纷繁复杂。这就要求企业在营销传播过程中,注意整合使用各种传播手段,以达到最有效的传播影响力。

只有通过传播方式的整合,一个品牌的鲜活形象才能够展现在大家面前。对于一个新品牌、新产品,如何最大限度的扩大其知名度与影响力,更多的是需要对传播渠道与网络进行充分的利用,抓住每一次的成功机会。当然,传播方式的整合必须以品牌的核心价值为中心,只有以品牌的核心价值来统帅企业的广告、直接营销、销售促进、公关活动、人员推销、终端建设、包装、产品研发等营销传播活动,才能使消费者深刻记住并由衷认同品牌的核心价值。

企业要不折不扣地在每次营销传播活动中都体现和演绎品牌的核心价值,使消费者任何一次与品牌的接触都能够感到核心价值的信息,这就意味着每一分钟的电视广告都在加深消费者大脑中对品牌核心价值的记忆与认同,都在为品牌做加法。所以,企业投入一些费用即使不是直接用于品牌宣传也同样能提升品牌资产。

本 章 小 结

如果说品牌是消费者心中的"烙印",那么传播就是那块"烙铁"。没有品牌的广泛传播,就很难使品牌在目标消费群体中留下深刻印象。品牌传播是向目标受众传达品牌信息以获得他们对品牌的认同,并最终形成对品牌的偏好。品牌传播的效果不仅取决于传播的数量如广告和公共关系活动的次数以及促销预算的多少,还取决于各种传播策略的选择和设计。

广告是品牌最重要的传播手段之一,消费者了解到的一个品牌或产品的信息,绝大多数都是通过广告获得的。广告具有电视、杂志、报纸、广播、户外、互联网等主要形式。在选择广告媒体是应遵守以下原则:(1)商品性质与特征;(2)消费者接触媒体的习惯;(3)媒体传播范围;(4)媒体的影响程度;(5)媒体传播速度;(6)媒体的费用等。

公关是品牌传播的另一重要途径,企业作为一个社会组织,无时无刻不受到公众观点和行为的影响。公共关系这一方式可以评估公众的态度,识别可能引发公众关注的事件,执行到位可赢得公众理解和认可。品牌公共关系传播的手段主要有以下几种:(1)赞助性公关;(2)举办公益活动;(3)紧跟热点事件做宣传;(4)征询性公关。

品牌管理

  利用事件对品牌进行传播是一种非常重要的传播手段,企业必须建立起事件营销管理体系,将事件作为一个整体的系统项目为对象形成科学管理体系,通过专门组织,对项目进行高效率的计划、组织、指导和控制,以实现项目全过程的动态管理和项目目标的综合协调与优化。

  随着市场竞争的变化、营销方式的变化、媒体环境的变化、消费者的变化等诸多外部因素的变化,使得企业必须进行品牌的整合传播。品牌的整合传播主要体现在对信息的整合和对传播方式的整合两个方面。

思考与练习题

1. 请简述传播的基本过程?
2. 品牌传播包括了哪些内容?
3. 请简述品牌广告传播的特点及主要形式?
4. 请简述在进行广告媒体选择时应注意哪些问题?
5. 请简述公共关系传播的优势有哪些?
6. 请简述销售促进的实施过程。
7. 请简述事件营销管理体系。
8. 请思考如何对事件营销的效果进行测评?
9. 请简述品牌整合传播体系。
10. 请根据自身的理解设计一个公司品牌传播的方案。

案 例 讨 论

大连城市品牌传播

  大连作为我国城市品牌建设的先行者,同时也是国内城市营销的典范,世界品牌实验室将从大连的城市品牌经营思路入手,分析大连在城市品牌传播的成功经验。

  一、城市发展背景

  大连作为辽宁省的一个海滨城市,城市历史不足百年,在中国还算不上一个历史文化名城。同时,作为东北老工业基地,大连往往给人一种沉重、落后的感觉。在提出建设城市品牌之前,大连是个"只闻其名"的普通二线城市。

  但作为北方的重要港口城市,大连素有中国的"北方明珠"之称。东临黄海,西濒渤海,南与山东半岛隔海相望,加之海洋性气候,使大连具备良好的自然环境和宜人的气候,与此同时"环保"和"旅游"成为大连的优势产业。

  二、品牌建设背景

  如何整合环保和旅游优势产业,从国内众多的海滨城市中脱颖而出? 90年代后期大连在国内"标新立异",实施"城市环境名牌"战略:以经营城市作为突破口,"不求最大,但求最佳",规划、建设、优化、美化城市环境,营造最佳的城市投资环境和最适宜人的居住环境,打造环境优美的国际名城。大连正是从旅游业角度出发,以打造

城市形象为突破口,主要采取了"拆墙添绿""广场生趣"等一系列环境建设工作:

1. "拆墙添绿"

绿化是一个现代化城市的支撑点,是城市综合环境素质的重要内容,"拆墙添绿"成为大连城市形象塑造得最为精彩的点睛之笔。

1995年以前,大连市的机关、部队、事业单位、居民住宅乃至休闲娱乐场所,更不要说工厂学校,清一色地都被围墙封闭着。另外,城市路街两旁散布一大批违章临时建筑——大连称之为"小房"。1995年,"拆围墙,种草皮"年,1996年,"扒小房"年,1996年又实施光明工程,使大连市区逐渐亮丽起来。

同时,大连市政府还提出了"让大娘、大嫂们出家门就进公园"的城市建设口号。几年来,大连修建了各具特色的5大公园,新建森林动物园,新建了230多处游园、街心绿地和20多个广场,城市周边植树3亿多棵,重点绿化了35公里的滨海路,通过绿化使市内7条主干道变成了"绿色长廊",目前大连绿化覆盖率达41%,接近中等发展国家城市的绿化水平。

2. "广场生趣"

随着我国社会经济的不断发展,城市基础建设不断完善,具有广阔前景的城市广场应将成为各种文化活动的重要载体,广场文化也成为大连城市文化的突出特色。

目前大连市区共有80多个广场,成为亚洲有广场最多的城市之一,并且每个广场都形成了各自的特色:金融中心——中山广场、文化中心——友好广场、政治中心——人民广场、体育中心——奥林匹克广场、商贸中心——星海湾广场……绿地、白鸽、雕塑、喷泉,全国独一无二的女骑警和圆舞曲——大连广场不但是大连市民休闲娱乐和进行各种文化活动的重要场所,更是大连展示城市形象,吸引更多旅游者的标志性建筑。

三、品牌传播历程

正是通过对城市环境的大力打造,大连已经建立了花园式绿化、广场文化等鲜明城市形象,"浪漫之都"的旅游品牌孕育而生。

(一)提出城市旅游品牌

1998年,当国内众多城市还不知道什么是城市品牌的时候,大连已经提出自己的城市品牌——浪漫之都,并提出把大连建设成为高品位、国际化、大客流、高创汇的中国旅游名城和国际风景旅游城市,继而向国际海滨旅游名城迈进的城市旅游目标,2003年11月"浪漫之都"也实现了在国家工商总局的成功注册。

(二)率先走入央视

2001年,在国内众多城市还没有开始重视城市品牌建设的时候,大连已经迈出了城市品牌宣传的第一步,开始利用中央电视台媒体平台把"浪漫之都"的城市品牌告知于众。通过电视广告创意,大连向人们展示了优美的城市环境和浪漫的旅游环境,大连也从一个传统的老工业基地迅速建立起崭新的旅游城市形象,使人们的眼睛为之一亮。

(三)充分利用服装节

在大连城市品牌推广的过程中,"服装节"成为诠释大连"浪漫之都"的重要载体。

作为改革开放初期第一个服装博览会暨中国服装出口洽谈会,自1988年创办以来,每年都在不断进行形式和内容上的创新,将大连的人文精神形象化地向世界做出了诠释,也将中国乃至世界更多的目光投向了大连。

朱镕基总理在视察大连时,曾对服装节提出过殷切的期望,希望服装节要继续办下去,要越办越好,要办100届、200届。而社会舆论则更是明确地比喻,称之为"冬有中央电视台春节联欢晚会,夏有大连国际服装节晚会"由此可见,"大连服装节"已经发展成大连的标志性节庆,成为城市品牌传播初期及整个过程中的重要补充。

(四)加大央视广告投入

2002年以后,当越来越多的城市加入到央视广告传播队伍中时,大连市已经初步建立了城市的知名度,为了将"浪漫之都"的城市品牌在国内更加深入民心,并使大连从一个国内的优秀旅游城市发展为国际化的现代都市,大连市政府加大了在央视的宣传力度,并有效利用中央电视台国际频道特有的海外传播影响力,广告周期由2001年的几个月延长为全年投放,广告投放位于各城市之首。

(五)旅游产品充实旅游品牌

通过对旅游形象的传播,大连已建立了良好的品牌平台,但有了品牌没有产品,品牌就失去意义,旅游产品成为城市旅游得以持续发展的关键。几年来,大连提出了"比赛在北京、观光在大连""六大浪漫""五张牌""50最""阳光、沙滩、大海"为主打的旅游"3S""冬游到大连,体验新浪漫"产品等一系列独特的概念性旅游产品,使"浪漫之都"的旅游品牌更加深入人心,也使大连跻身于国际性旅游都市行列。

(六)丰富媒体宣传方式

城市旅游形象来自两个方面:首先是城市形象的塑造者对旅游景观的开发、旅游基础设施的完善配套以及旅游文化的建设;其次是旅游者作为旅游形象的评价主体对形象的感知。对于前者大连市通过多年的努力已逐步完善,对于后者大连则利用多种媒体宣传方式实现了良好的效果。

1. 国内媒体宣传

(1)中央电视台:中央电视台作为国家级电视台,拥有国内最权威、覆盖最广的多个电视频道。大连自2001年开始在央视进行尝试性投放以来,投放力度逐年增加,这也成为"浪漫之都"品牌在国内迅速传播,在国外逐步提高知名度的重要原因。

(2)城市电视台:大连是国内第一个在全国14个城市电视台的旅游节目联播中宣传大连旅游的城市,使"浪漫之都"的旅游品牌信息更为准确到达城市居民。

(3)车站大屏幕:北京火车站、北京西客站是国内重要的交通集散地,年客流量达1亿人次,大连选择这两个火车站的12个电子大屏幕,连续播出大连旅游宣传片,并取得良好效果。一项调查数据表明,20%人表示要来大连旅游,当问到大连看什么?58%的人选去大连看"浪漫之都"。2004年,大连还在上海等火车站大屏幕滚动播出大连的城市宣传片和旅游广告。

2. 国外媒体宣传

在进行国内媒体宣传的同时,大连还把旅游品牌传播触角延伸到国外,成为第一个在日本东京银座区、东京11个地铁站和韩国首尔等多个国家和城市进行广告宣传的中国城市。

（七）会议/公关活动助推大连品牌

与国内其他二线城市相比，大连并不是节庆活动十分丰富的城市，但却是善于经营、利用活动/会议的城市。除了标志性的"大连服装节"，"大连进出口交易会""亚欧部长会议"、旅游宣传"大篷车"等会议/公关活动都成为宣传大连，推进大连城市品牌迅猛发展的助燃器。

1. 大连进出口交易会

中国大连进出口商品交易会，原称"中国东北地区暨内蒙古出口商品交易会"，创办于1987年，是全国最早兴办的区域性出口商品交易会之一，1996年更名为"中国大连出口商品交易会"。该交易会以出口为主，同时包含进口和外资、外经合作业务洽谈。

为了吸引更多国家和厂商的加入，大连市利用了央视媒体在国内外进行宣传造势，使参展国家和厂商逐年增加。在几十个国家和地区的几千名客商云集大连的时机，大连不但展示了承办大型会展的能力，更向国内外展商"推介"大连的城市品牌，从而取得会议成交额和城市品牌推广的"双丰收"。

2. 2003亚欧经济部长会议

亚欧经济部长会议是协调和指导亚欧经贸合作的专业部长论坛，迄今为止已举办过四届。经济部长会议2001年前每两年举办一次，自2001年起，改为每年举行一次。

2003年第五届亚欧经济部长会议移师中国大连，成为大连2003年以来举办的规模最大、级别最高、影响最大的国际会议，也是迄今大连承办的规模最大、级别最高的国际性会议。

亚欧部长经济会议为何会选址大连？用商务部办公厅主任、新闻发言人高燕的话来说："我们选择在大连召开本届亚欧经济部长会议是为了向世界隆重地推介这座美丽的海滨城市。"这是对大连城市品牌建设的最好肯定。

为了利用这一难得契机，充分展示中国和大连的良好形象，大连加大了市政市容整治力度，对26条道路进行了综合改造，拆除了中山路两侧的旧建筑物142座，拓宽路面，铺设绿化带，市区主要街段已更换中英文标牌，26项市政市容工作已顺利完工。同时，大连媒体正在加大宣传力度，借助央视的广泛传播力，使第五届亚欧经济部长会议家喻户晓，形成举全市之力服务好会议的社会氛围。自各国贵宾到达大连以来，大连不仅以其美丽、开放的环境征服了与会代表，更以细致入微的个性化服务博得了各国高官的赞赏。一位与会的高官由衷地赞叹说："大连的接待能力和接待水平完全是国际级的标准。"

除了"会议经济"本身给大连带来可观的直接收入，大连更向世界展示了中国大连的国际化形象，成为今后大连走向世界、吸引外国投资者的一张新名片，"亚欧经济部长会议"让大连受益匪浅！

品牌管理

3. 2004东亚旅游博览会

2004首届东亚旅游博览会作为东亚地区专业的旅游交易会,选址大连无疑成为大连城市旅游品牌建设的又一亮点,更是扩大大连及辽宁省对外开发,促进东北地区旅游与国际接轨的重要举措。

通过在中央电视台国际频道3个月的广告宣传,首届东亚旅游博览会共吸引22个国家和地区前来参展,其中包括日本、韩国、马来西亚、新加坡、泰国、德国、俄罗斯、埃及、瑞士、美国等旅游强国。

与此同时,大连、山西、武汉、沈阳等16个省、市召开了9场次旅游说明会和旅游项目推介会;国内23个省、市与境外22个国家和地区的150家旅游买家进行了业务洽谈,共签订了国际旅游合作项目25个,国内旅游合作项目85个,旅游项目合作意向协议36个,投资意向金额7.26亿。

东亚博览会在获得可观签约额的同时,更向中国和世界展示了"浪漫之都"的城市形象,成为助推城市品牌的重要会议之一。

4. 旅游宣传"大篷车"

如何让旅游者更多地了解大连的旅游环境,实现城市与旅游者的双向沟通,大连市旅游局创造性组建了旅游宣传大篷车,于1999年踏上了八万里长征路。三年之内,大篷车走遍了全国31个省、市、自治区,112个城市,招徕中外游客500万人,直接收入36亿元人民币。在大篷车宣传促销的行程中,队员们不放过任何一次促销机会,发明了一分钟演讲等快速有效的宣传方式,创造出一种独特的活动促销文化。"大篷车"开进日本、韩国等国家进行宣传期间,在日本招徕了旅游包机8架,游客近3 000人;在韩国,大连市旅行社与韩国旅行社签订了每年向大连输送两万人次游客的协议,宣传硕果累累。

(资料来源:中国城市发展网 http://www.chinacity.org.cn/cspp/csal/47744.html)

讨论题:
1. 品牌建设对城市发展的意义有哪些?
2. 大连在进行城市品牌推广的过程中运用了哪些传播手段?
3. 请对大连城市品牌传播进行经验总结。

第七章 品牌形象

学习目的:

1. 了解品牌形象的基本概念
2. 了解品牌形象的基本特征
3. 掌握品牌形象的构成体系
4. 掌握品牌形象的塑造原则
5. 掌握品牌形象的塑造策略

开篇案例

"狗不理"品牌形象问题

2005年2月28日,"狗不理"这个享誉全国的老字号丧失了自己的独立品牌地位。作为中华老字号,"狗不理"委身于"同仁堂"的原因或许很多,比如经营理念陈旧、管理体制落后等等,不一而足。与许多老字号品牌都有动人的典故一样,创始于1858年的"狗不理",也有许多动人的故事,其中较"经典"的是:从前有个叫高贵友,乳名"狗子"的人,他做的包子很受顾客欢迎,生意越做越红火。"狗子"一心忙于卖包子,却顾不上与顾客说话,于是有人便取笑他:"狗子卖包子,一概不理。"不料,日久天长,喊顺了嘴,包子出名了,高贵友的名字反倒被人忘记了,而"狗不理"这个大俗至雅、颇具民族品牌特征的名字却不胫而走,名扬天下。

从品牌外在形象核心——标志上看,为了适应现代快餐文化的潮流,近年来,"狗不理"出现了一个既不像狗也不像包子、既不传统也不现代的洋文"C"标志,使得"狗不理"形象在消费者心中的定位产生严重偏移,殊不知,人们对"狗不理"的情结全系在"中华老字号"上。快餐并非是老外的专利,有中国特色的快餐相信更能获得中国人的青睐。"狗不理"三个楷书大字,雍容大度,气势恢宏,历久弥新,足矣!任何附饰都将是画蛇添足。在品牌形象的应用方面,从店面设计到产品包装都应凸显"老字号"的品牌特色,统一规范。不可各自为战,混乱无序,然而现状也是令人堪忧:就拿店面装饰风格来说,新中国成立前"狗不理"店铺外部形象的经典设计是吊角檐的高大门楼,黑牌匾上书"狗不理"三个金色大字,给人以典雅、高贵之感。现在总店的内外风格还传承了上述特色,可是新建的一些分店就开始离经叛道了,有的则与"麦当劳""肯德基"几无二致;就连"狗不理"这三个字,在不同

品牌管理

> 的店面竟然有黄、红、白等几种颜色,让人莫衷一是,很难从消费心理上建立对"狗不理"的整体品牌形象认同感。
>
> 总之,重塑"狗不理"老字号品牌形象需从战略性的角度进行综合性、系统性的考虑,而对品牌形象策略的整合则是其重要的一环。在"眼球"经济的今天,理性消费时代已经过去,人们越来越注重情的个性诉求,品牌魅力首先表现为在第一时间里能够牢牢地抓住消费者的眼球,然后实施从"眼"到"心"的点击。只有这样,才能被消费者恒久不衰的信任和爱戴,我们衷心的祈愿"狗不理"品牌能够在新历史机遇中获得永生。
>
> (资料来源:http://www.6eat.com/)

品牌形象是广告界广泛流行的一个概念,它曾因解决了产品同质化给市场营销带来的难题而受到广泛重视。企业能否创造一个吸引潜在消费者的品牌形象才是品牌能否真正走进消费者心理的关键所在,如代表活力的可口可乐,代表能力的 IBM,代表自我超越的李宁,代表幸福的麦当劳,代表智慧的微软都已深入人心。因此,品牌形象如何,直接关系到企业的品牌经营状况,关系到企业的产品或服务是否为消费者所接受,也关系到企业的成败。本章将系统阐述品牌形象的定义、构成要素以及塑造品牌形象的过程与方法。

第一节 品牌形象概述

一、品牌形象的定义

1. 形象基本含义

对品牌形象的理解可以从先从对"形象"一词的含义理解入手。从心理学的角度来看,形象就是人们通过视觉、听觉、触觉、味觉等各种感觉器官在大脑中形成的关于某种事物的整体印象。有一点认识非常重要即形象不是事物本身,而是人们对事物的感知,不同的人对同一事物的感知不会完全相同,因而其正确性受到人的意识和认知过程的影响。由于意识具有主观能动性,因此事物在人们头脑中形成的不同形象会对人的行为产生不同的影响。《辞海》与《现代汉语词典》中对"形象"一词的解释主要有以下三种:

(1) 指描绘或表达具体、生动;
(2) 同"形相",指能引起人的思想或感情活动的具体形态或状态;
(3) 文艺作品中创造出来的生动具体的、激发人们思想感情的生活图景,通常指文学作品中人物的精神面貌和性格特征。

相关链接

请评价《水浒传》部分人物形象

天魁星 呼保义——宋　江		天罡星 玉麒麟——卢俊义
天机星 智多星——吴　用		天闲星 入云龙——公孙胜
天勇星 大　刀——关　胜		天雄星 豹子头——林　冲
天猛星 霹雳火——秦　明		天威星 双　鞭——呼延灼
天英星 小李广——花　荣		天贵星 小旋风——柴　进
天富星 扑天雕——李　应		天满星 美髯公——朱　仝
天孤星 花和尚——鲁智深		天伤星 行　者——武　松
天立星 双枪将——董　平		天捷星 没羽箭——张　清
天暗星 青面兽——杨　志		天佑星 金枪手——徐　宁
天空星 急先锋——索　超		天速星 神行太保——戴　宗
天异星 赤发鬼——刘　唐		天杀星 黑旋风——李　逵
天微星 九纹龙——史　进		天究星 没遮拦——穆　弘
天退星 插翅虎——雷　横		天寿星 混江龙——李　俊
天剑星 立地太岁——阮小二		天平星 船火儿——张　横
天罪星 短命二郎——阮小五		天损星 浪里白条——张　顺
天败星 活阎罗——阮小七		天牢星 病关索——杨　雄
天慧星 拼命三郎——石　秀		天暴星 两头蛇——解　珍
天哭星 双尾蝎——解　宝		天巧星 浪　子——燕　青

（资料来源：笔者根据相关材料整理）

2. 品牌形象定义

从1931年宝洁公司建立品牌经理制和内部品牌竞争机制以来，有关品牌管理、品牌形象塑造的理论研究就已展开。但是此时品牌管理方并未受到很多企业的重视，这一时期关于品牌形象研究的重点是如何依附于广告学、营销学来促使来提高销售量，还没有形成系统的理论产生。到20世纪50年代，随着生活水准的提高，消费者购买心理发生变化，开始注重心理上的满足；产品市场出现了供过于求的状况，品牌形象开始受到关注。品牌形象的概念也一直在随着品牌管理理论体系的发展而发展，同时新的观念、新的学科及其研究方法的发展与引入，也影响着人们对品牌形象内涵的认识往纵深方向发展。其中代表性的观点有：

（1）1957年，学者纽曼（Newman）认为，品牌形象是产品关于它的形状、尺寸、颜色和功能的优点的符号，可能包括功能的、经济的、社会的、心理的等方面。

（2）1978年，学者莱威（Levy）认为："品牌形象是存在于人们心智中的图像和概念的群集，是关于品牌知识和对品牌主要态度的总和。"由此可以看出，与产品自身相比，品牌形象更依赖于消费者心智中对品牌的解释。

(3) 1984年瑞诺德(Reynolds)和戈特曼(Guttmann)将品牌形象定义为:"在竞争中使一种产品或服务差别化的含义和联想的集合。"

(4) 1986年,帕克则进一步提出,品牌形象产生于营销者对品牌管理中的理念,任何产品在理论上都可以用功能的、符号的或经验的形象定位。此时,品牌形象已经被当作一种品牌管理的方法。

(5) 1991年,当大卫·艾克(David Aaker)提出品牌权益概念时,品牌形象被看做为品牌资产的一个组成部分。

综合上述关于"形象"一词的权威解释以及不同时代对品牌形象概念的研究,可以将品牌形象定义为:品牌形象是消费者对传播过程中所接收到的所有关于品牌的信息进行个人选择与加工之后存留于头脑中的关于该品牌的印象和联想的总和。从品牌形象概念的发展趋势来看,品牌形象的定义还会继续发展,只要有新的理论、观点、方法或概念的诞生,都会丰富品牌形象概念体系。

二、品牌形象的特征

品牌形象的特征主要包括具体性、稳定性、综合性、心理性和发展性五个方面。

1. 具体性

品牌形象是消费者对品牌具体的感知,品牌形象是具体的,是可以直接描述的。品牌形象的优劣可以通过对消费者对这个品牌的印象的调查加以评估;在品牌形象的诸种维度中品牌特色和品牌形象都是完全的视觉形象,具体性更强。例如肯德基的标志"KFC",不管肯德基店开在哪里,它的标志都是那么鲜明,即使是英语水平不高的人只要会看英文字母就能知道那是肯德基,强烈的视觉效果使肯德基的品牌形象更加具体,更深入人心。

相 关 链 接

品牌具体形象中的十二种原型

为什么灰姑娘的故事在各个国家的童话中都不约而同的出现而且继续在现代世界大放异彩?为什么全世界的影片中英雄的对立面都有一个实力相当甚至超过英雄的"坏蛋"?因为这些是人类共同的心理,它越过了国界,越过了历史,越过了文化。它们是人类心理的共同反应和共同需求。心理学家称它们为"集体无意识",也被称作"原型"。

原型理论提出以来,国内外不少学者都对其进行了研究。玛格丽特·马克和卡罗·S.皮尔森通过对世界各大知名品牌的研究,结合动机理论浓缩的四大人性动机,在《很久很久以前……用神话原型打造深入人心的品牌》一书中具体归纳出十二种原型:天真者、探险家、智者、英雄、亡命之徒、魔法师、凡夫俗子、情人、弄臣、照顾者、创造者、统治者。

1. 天真者：是关于在太平盛世和乌托邦的传说。他们有着对纯洁、善良与朴实的渴求。他们喜欢简单、美好、自然、健康、确定性和可预期性。

2. 探险者：深切地渴望在外在世界中找到与他们的内在需求、偏好和期待相呼应的东西。他们喜欢运动、音乐、喜欢去尝试新事物，但又是个自由主义者。

3. 智者：有一种因为迷惑、怀疑而想发现真理的深切渴望。他们喜欢学习和思考、重视自由和独立，相信凭着智慧可以掌握生活。所以，他们不喜欢被控制。

4. 英雄：总是靠勇敢坚定的行动来证明自己的价值。他们希望世界更美好，爱打抱不平。他们有严格的标准、坚毅的精神和果断的能力。因而其他人总是受他们鼓舞。

5. 亡命之徒：有着禁果般的诱惑力。他往往是社会上被压抑的情绪，事实上他们个性浪漫，他们想破旧立新，想撼动人心、鼓动革命。不过喜欢亡命之徒的往往是尽忠职守的好公民。

6. 魔法师：渴望发掘事物动作的基本规律，并以此实现心中想法。他往往能造就"神奇时刻"，有直觉、超能力和第六感。正如广告语所说："世界失去联想，人类将会怎样？"

7. 凡夫俗子：希望融入群体，他们平实，讨厌机巧、虚浮以及装腔作势的人。他们是平凡人，普通人，是路人甲，是隔壁那家伙，是好公民，是上班族，也是你我。

8. 情人：代表着美丽和性感。情人是热情的、迷人的、魅惑的。不仅是对人，也是对工作、理想、目标或产品。

9. 弄臣：能够同时真正的做自己，又受到他人的接纳和爱慕。他们讨厌正经、古板。喜欢尽情欢笑、享乐。他们幽默，懂得自嘲。他们往往是人群中最受欢迎的。

10. 照顾者：是一个利他主义者，受到热情、慷慨和助人的欲望所推动。好的照顾关系代表一种同情心、沟通和倾听、始终如一以及信任。

11. 创造者：拒绝常规，而是探索自己的独特能力。他们不谈融入，而是自我表达。他们喜欢创造、发明，他们在改变世界的同时，也在重塑自我。

12. 统治者：喜欢的是控制权，乐意承担领导角色。他们有想要功成名就、位高权重的欲望。他们不仅控制世界，也喜欢控制别人，包括自己的生活。

（资料来源：http://www.wxconsulting.com/）

2. 稳定性

品牌形象具有稳定性，即品牌形象一旦形成，不会轻易改变，品牌形象会在一定时间内保持稳定性，这是消费者的一种心理定势所决定的。一个品牌一旦建立了良好的形象，并赢得消费者的喜爱，这个品牌就可能成为企业可以长期享用的财富。这种先入为主的心理定势，可以帮助品牌在危难时取得消费者的谅解和支持。正如凯勒所说：一个具有积极形象的品牌，在面临危机或困难时也能保持不败。品牌形象具有稳定性，但不等于一成不变，它的稳定性是相对的。当市场环境和企业战略有重大变化时，品牌形象是有可能调整或改变的。如青岛海信电器一贯的品牌形象是"稳健、诚信甚至保守"。但进入 21 世纪后为了适应科技和市场的变化对这个形象进行了调整。原先作为海信品牌形象代言人的电影演员宁静,变成了一个银色金属装扮的极富现代科技感的 3D 动漫人物。同时海信品牌形象也调整为(科技)"创新"和(市场)"情感",这意味着海信的市场环境有重大变化,海信的品牌形象也顺应市场变化做出了相对的改变。

3. 综合性

品牌形象并不是单纯只有内在形象或者只有外在形象,它是内在含义与外在表现的综合,是复杂的,并不能单单从字面上来进行诠释,如果那样的话品牌形象就会很容易地被理解成一些表面化的东西,比如名称、标识、商标、包装等这些可视的内容。但是品牌形象是有其内在含义的,品牌形象的内在基础,必须诠释出品牌精髓,传达品牌定位,忠实于品牌个性,从而在消费者心目中树立具有稳固地位的品牌形象。所以,品牌形象具有综合性:一方面,它必须掌握品牌精髓,以此作为自己的内在底蕴;另一方面,它也必须依托于外在的表现形式作用于消费者,两者缺一不可,相辅相成。

4. 心理性

品牌形象的建立是基于在消费者心理中的印象。品牌形象的塑造主要是要通过传播,让品牌在消费者心目中形成一定的印象,对消费者的消费心理产生一定的影响。一旦一个品牌形象塑造成功,其内在价值就会作用于消费者的思想和情感,引起消费者一定的心理反应。这时的反应就不单是想起该品牌代表什么产品了,而是想到一系列与该品牌有关的东西。比如,提到"海尔",消费者联想到的就不只是其中的空调、电视等这几种具体的产品了,而是对"海尔"品牌的心理感觉——过硬的质量和良好的售后服务。

5. 权变性

事物都是普遍发展的,都会有兴衰灭亡的那一天,品牌也是一样,任何品牌都不可能长盛不衰,任何品牌想要保住自己在市场上的地位都必须不断创新不断发展。即使是第一位的品牌,其品牌形象也必须是不断丰富内涵不断发展的,在这个过程中它既要继承品牌形象一贯的传统,又要兼顾市场、消费者以及竞争等变量提出的新的要求。因此,品牌形象的塑造是一个长期的过程,它必须顺应时代要求不断地发展,永远保持活力。

案例赏析

TCL 品牌形象变脸

TCL 问世 26 年来首次对品牌形象做了大手术。2007 年 6 月 18 日,TCL 集团董事长在京发布 TCL 新品牌战略时表示,是国际化坚定了 TCL 走品牌拉动企业重生之路的信心。作为 TCL 最新发布的品牌战略,"TCL"被解释为"The Creative Life"(创意感动生活),用以替代原有品牌解释 Today China Lion(今日中国雄师)。

"TCL 定位在务实的创新者。"李东生讲,在"创意感动生活"的品牌战略指导下,TCL 将在产品外观、使用界面、品质上不断推出创新而又务实的设计。围绕新品牌战略,TCL 将基于"消费者洞察系统"着力构建"设计力""品质力"和"营销力"为一体的"三力统一"。

李东生坦言,之所以启动新品牌战略,是看到 TCL 的品牌价值和知名度虽然提高,但 TCL 品牌影响力并没有随着企业规模的增长和产品销量增长而同步上升。这反映出 TCL 的品牌缺乏一个清晰的定位和有规划的品牌建设。李东生表示,两年前,TCL 集团经历了国际化的历练,有所得,有所失。在这个过程中,TCL 最深刻的感触是,打造自主品牌是参与国际竞争、获得长远发展动力的必由之路。为此,从去年 9 月开始,TCL 集团开始对品牌战略进行调研和梳理。

(资料来源:http://info.3see.com/)

第二节　品牌形象的构成

品牌形象不是一个单层面概念,而是一个内容丰富的多层面立体式概念。诸多学者对这个问题进行了深入研究,例如,贝尔(Alexander L. Biel)认为品牌形象通过产品形象、企业形象、使用者形象三个子形象得以体现,任何品牌都存在这三种形象。而描述品牌形象的起点是消费者对品牌相关特性(具体见图 7-1)的联想。这些联想可以分为"硬性"和"软性"两种属性。"硬性"属性,是对品牌有形的或功能性因素的认知,如果一个品牌一旦对某种功能因素形成"独占",别的品牌往往很难再以此进行定位,市场领导者品牌往往都在某些功能性因素方面取得了垄断地位。但是,硬性因素已不再是形成品牌差异的绝对因素。而"软性"因素反映品牌的情感利益,这种软性因素现在已成为区分品牌越来越重要的因素。因为,这种情感利益一旦建立,就很难为人所模仿。

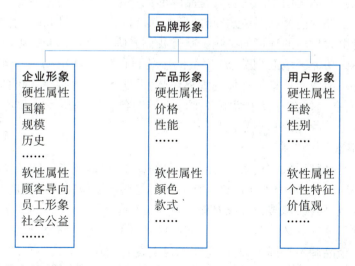

笔者从消费者接触品牌的视角,并按品牌形象的表现形式,将品牌形象分为外在形

象和内在形象。外在形象主要包括品牌标识系统形象及产品形象等；内在形象则包括文化形象与品牌在市场、消费者中表现的信誉等。

一、品牌外在形象

品牌的外在形象主要包括品牌名称、品牌标识、品牌包装、产品形象等。

1. 品牌名称

品牌名称在品牌形象符号系统中具有其战略地位,从长远来看,对于一个品牌而言,最重要的是名字,通常一个具有鲜明特色又好记的名字往往更能吸引消费者的注意,可以加深对这个品牌的印象。在短期内,一个品牌形象的塑造可能需要一个独特的概念或创意,但一旦时间扩大到长期,这种概念或创意就会逐渐消失,起作用的将是品牌名称与竞争者品牌名称之间的差别,一个独一无二的可以让消费者牢牢记住的品牌名称就会成为制胜的法宝。

2. 品牌标识

品牌标识作为一种特定的视觉象征性符号,是视觉识别的重要元素,体现了品牌形象,象征品牌的理念与文化。这是个视觉化的世界,品牌标识是消费者接触并感知品牌形象最直接、最视觉性的内容。事实上,成功的品牌标识已经成为一种精神的象征,一种地位的炫耀,一种企业价值的体现。很多知名品牌就因为其简单的品牌标识设计或鲜明的色调的运用而牢牢吸引住消费者的眼球。"M"只是个非常普通的字母,但是在许多小孩子的眼里,它不只是一个字母,它代表着麦当劳,代表着美味、干净、舒适。同样是以"M"为标志,与麦当劳(McDonald's)圆润的棱角、柔和的色调不一样,摩托罗拉(Motorola)的"M"标志棱角分明、双峰突出,以充分表达品牌的高科技属性。

3. 品牌包装

品牌包装是品牌形象符号系统所有元素的综合表现。如何合理利用包装,将品牌形象符号系统艺术地运用于品牌包装是品牌形象塑造过程中的重要决策。品牌包装是品牌概念由内至外的诠释,它从包装物的形式、材料,到终端卖场的各类推广物品,形成一个对消费者由大到小的环境的影响。就像我们光临一家品牌专卖店,它的店面形象、橱窗、产品陈列、功能区域的划分、营业员的服装、价格牌、POP 等各个细节,都围绕着一个品牌概念。消费者从整体环境到细小环节,无处不在感受着品牌的文化影响力,传播者品牌,从而在消费者心目中留下一个深刻的印象。但是品牌经营者在进行品牌包装是要注意区分品牌包装和产品包装的区别。

4. 产品形象

产品形象是品牌形象的代表,是品牌形象的物质基础,是和品牌的功能性特征相联系的形象,是品牌最主要的外在形象。产品形象包括产品质量、性能、造型、价格、品种、规格、款式、花色、档次、包装设计以及服务水平、产品创新能力等。产品形象的好坏直接影响着品牌形象的好坏。潜在消费者对品牌的认知首先是通过对其产品功能的认知来体现的。一个品牌不是虚无的,而是能满足消费者的物质的或心理的需求,这种满足和其产品息息相关。一个好的产品可以使广大消费者纷纷选购,一个差的产品只能使消费者望而生厌。品牌只有通过向社会提供质量上乘、性能优良、造型美观的产品和优质的服务来塑造良好的产品形象,才能得到社会的认可,才能在竞争中立于不败之地。

二、品牌内在形象

品牌的内在形象主要包括组织形象、个性形象、文化形象、品牌信誉等。

1. 品牌组织形象

组织形象是指品牌形象中所体现的企业组织形象,如由公司的员工、文化、价值观和企业活动而建立的创新、质量驱动力和对环境的关注等组织属性。组织形象比产品形象更持久,更具竞争力。这是因为:首先,仿制一种产品比复制一个拥有特别的员工、价值观和活动的组织简单。组织形象通常用于多种产品大类,面对仅仅一类产品领域内的竞争者挑起的竞争,拥有较强组织形象的品牌则具有更强的抵抗竞争力。另外,组织形象有助于价值体现,如对顾客的关注,对环境的关心或本地化导向等组织属性,都可以实现建立在崇拜、尊敬或简单地喜爱之上的情感利益和自我表达利益,还可以为子品牌的产品诉求提供可信度,这一点对品牌的延伸具有重大意义。

2. 品牌文化形象

品牌文化形象是指社会公众对品牌所体现的文化或企业整体文化的认知和评价。企业文化是企业经营理念、价值观、道德规范、行为准则等企业行为的集中体现,也体现一个企业的精神风貌,对其目标消费者和员工产生着潜移默化的熏陶作用。品牌文化和企业的环境形象、员工形象、企业家形象等一起构成完整的企业文化。品牌背后是文化,每个成功品牌的背后都有其深厚的文化土壤。

3. 品牌个性形象

个性形象是指从品牌拟人化认知的角度而产生的品牌形象。通常情况下,品牌使用者会将品牌当做一个人来看待,其中包括了性别、年龄及社会阶层等特点,以及如热情、关心他人和多愁善感等体现人类行为的个性特征。对顾客而言,与一个拥有鲜明个性特征的品牌保持联系,能使他们感到满意和值得。

4. 品牌信誉形象

品牌信誉是指消费者及社会公众对一个品牌信任度的认知和评价。品牌信誉的建立需要企业各方面的共同努力,产品、服务、技术一样都不能少。首先,品牌信誉建立在品牌的优质产品和服务的基础之上,是品牌理念长期贯彻的结果。品牌一旦在用户心目中树立了良好的信誉,不仅可以影响到现有用户的行为,而且还会影响未来用户的行为。其次,品牌信誉的建立依赖于品牌在与供应商、销售商、金融机构等打交道的过程中,严格履行合同,取信于人。最后,品牌信誉的建立还依赖于品牌要善于履行其社会责任及义务。信誉本身虽然是看不见,摸不着的,但是它却构成了品牌内在形象的主体。品牌信誉是维护顾客品牌忠诚度的法宝,是品牌维持其魅力的重要武器,更是企业长盛不衰的重要工具。

第三节　品牌形象塑造

一、塑造原则

企业在进行品牌形象塑造时应遵循以下几条原则：

1. 差异化原则

个性化原则是指品牌形象策划上的差异化或个性化。品牌形象塑造的目的就是要使该品牌具有独特性，以便其在众多同类品牌中脱颖而出，迅速抓住消费者的眼球，进入消费者的心理。因此，差异化原则是品牌形象塑造的重要原则，品牌形象的个性化原则和特色性原则，决定了品牌形象的塑造不仅要依靠逻辑理性的科学手段，更需要的是艺术、创造和想象的翅膀。营销者要运用形象思维艺术手法和创意来塑造和维护品牌形象，以便该品牌形象能在消费者心目中留下深刻的印象。

2. 长期性和兼容性原则

品牌形象是企业形象的一个重要部分。企业形象是一个整体，包括各个子系统品牌形象。企业形象塑造的目的都是为了结合企业实力，营造竞争优势，最终创知名品牌，实现企业长远发展战略。品牌形象要与时俱进、不断发展，但这并不意味着见异思迁。变来变去的品牌形象只能给消费者留下模糊的印象，不能达到强而有力的品牌威慑效果。因此，在塑造品牌形象的过程中，要注意保持品牌形象的长期性。但是品牌形象的长期性并不意味着永远不变，品牌形象的塑造要不断采优补缺。每一个后来品牌形象的塑造都应该是对前一个品牌形象的深入或补充，只有这样，才是在一个方向上塑造与发展品牌形象，通过这种方式打造出来的品牌形象才是最稳固的。

3. 全员化原则

全员参与的品牌形象管理对塑造品牌形象是至关重要的。品牌形象要向市场发出一个声音，就是要求企业所有员工都有使命感，而这种使命感又来自荣誉感，它能够对员工产生强大的凝聚力，不可能设想一盘散沙或牢骚满腹的员工会向公众展示良好的品牌形象。英国的营销学者彻纳东尼认为，企业要使所有的员工都理解品牌的含义，使所有的员工都能认识、理解、表达自己的品牌形象，这对实施品牌战略的企业，尤其是实施品牌国际化的企业来说是一个非常重要的问题。只有众多员工达成共识，才能使不同领域的角色融为一个整体，使不同部门的成员向着一个方向努力，才能塑造同一种品牌形象。美国学者大卫·艾克在其《品牌领导》一书中也曾提到，企业应把内部品牌的传播工作放在优先考虑的地位，即在得到外部认同之前，首先在内部推行，达到内部认同，因为内部认知的差异可能误导策略的实施。

4. 可持续性原则

一个品牌只有当消费者获得了满足、形成了长期的购买行为，这个品牌的品牌形象才算真正树立起来了。也就是说，品牌经营者必须要保持品牌形象在消费者心目中的可持续性,从而使消费者形成对该品牌的忠诚。对品牌的忠诚势必增强认牌购买的行为模式,这就要求品牌形象的经营者们高度重视企业的经营质量,确保产品能让消费者满意。巴甫洛夫的条件反射理论也提示我们:知名度的保持和巩固,必须不断用优质概念来进行强化,否则知名度就会退化甚至走向反面。所以,在品牌形象的塑造中必须把握可持续原则,追求企业品牌的长远发展。

5. 根本化原则

品牌形象不是空中楼阁,不是凭空创造出来的。塑造品牌形象必须立足于品牌本身,依附和服从于品牌精髓,理解和传达品牌定位与品牌个性。然而许多企业在品牌形象塑造的过程中,都没有进行品牌形象内涵的提炼,或者进行了提炼但没有将提炼的内涵作为品牌形象塑造的深层基础。可口可乐的"经典"形象是在对品牌内涵提炼后精心打造并维系的,然而,当面对百事可乐的挑战时,可口可乐却在匆忙应战中推出了一个与其品牌定位和个性完全没有联系的"新型"可乐,这一空的形象直接遭到消费者的拒绝,直到可口可乐重新恢复"经典"路线。可口可乐的新配方就是没有立足于品牌根本而是匆忙决定的,违背了根本性这一原则,所以导致失败。

6. 系统性原则

品牌形象的塑造涉及多方面因素,要做大量艰苦细致的工作,是一项系统工程。它需要企业增强品牌意识,重视品牌战略,周密计划,科学组织,上下配合,各方协调,不断加强和完善品牌管理;需要动员各方面力量,合理利用企业的人、财、物、时间、信息、荣誉等各种资源,并对各种资源优化组合,使之发挥最大作用,产生最佳效益。另外,品牌形象的塑造不是单在企业内部即可完成,而要通过公众才能完成,因为品牌形象最终要树立在公众的脑海中。它需要面向社会,和社会相配合,并动员社会中的所有力量,利用社会中的积极因素。这一切都说明,品牌形象的塑造是一项复杂的社会系统工程。

二、塑造过程

品牌形象塑造的过程,依次为市场调研、品牌形象价值内化、选择品牌形象载体、设计品牌形象、品牌形象传播和品牌形象动态发展等六个方面来进行品牌形象塑造。

1. 市场调研

顾客导向的现代营销理论要求企业在做任何决策时都不能离开顾客的需求,进行品牌形象塑造决策也不例外。由于品牌形象最终是在消费者心理上产生一定的影响,研究消费者需求就成为品牌形象塑造的第一步。从消费者需求出发,研究消费者对该品牌所在行业、企业及其所涵盖的产品的理解、联想与期望,有利于品牌形象的确立及其长远发展。

2. 品牌形象价值内化

品牌形象具有综合性,不能仅仅将其等同于名称、标识等这些表面化的东西,从而忽略品牌形象更深层次的关键点——品牌形象的内涵。品牌形象塑造的第一步是奠定一个品牌形象的坚实基础,将品牌的精髓内化到品牌形象中,以保证品牌形象的生命

品牌管理

力。品牌形象的内涵来自对品牌定位的把握和对品牌个性的诠释。这一阶段的工作完成，品牌形象的核心层面即品牌形象的内涵就充实起来了。一个好的品牌内涵概念既要考虑到消费者需求与期望，也能把握品牌的价值与文化，传达了品牌的定位与个性，更为重要的是它能表达品牌核心属性与消费者利益之间的联系。品牌形象的内在价值其实就是目标消费者的需求与品牌精髓有效联系与结合而形成的功能或情感利益点，这个利益点积淀成品牌形象的内涵，为品牌形象的塑造提供了保证。

3. 选择品牌形象载体

品牌形象不等同于企业形象，相对于企业形象来说，品牌所覆盖的不是一个企业所有的产品与服务，而只是其中的一部分，支撑品牌形象的只是该品牌所涵盖的那些表现出品牌个性与价值的载体。

(1) 提供者。这里所指的提供者，主要是企业内部所有跟消费者进行一线接触的销售人员、维修人员、零售点等直接提供企业产品服务的微观个体。首先，企业要意识到这些直接提供者是企业品牌形象的主要载体，对这些直接提供者的对外言行与表现方面进行规范与管理是进行品牌形象塑造的重要方面，因为这些提供者与消费者的交往会直接影响品牌形象的树立、维持与发展。其次，企业要有实际行动，对这些提供者进行培训，增强其品牌形象意识、规范其对外言行、提高个人素质以及加强其业务能力，为以后他们能在与消费者接触的过程中更好的传播品牌形象。例如，提到"希尔顿"，相信大家不会忘记"希尔顿"员工的"微笑"，而"微笑"正是每个"希尔顿"员工必经的培训课程，正是这些产品与服务的直接提供者使得"希尔顿"的品牌及其形象深入人心。

(2) 产品与服务。品牌经营者要在企业所有产品与服务中找到最能体现这些内涵与品牌核心价值的产品与服务。作为品牌形象载体的产品或服务必须既能够满足消费者需求，又能够传达品牌定位与个性。以这些产品与服务为载体，打造并向消费者传播品牌形象。同时，在进行新产品或服务开发时，要考虑到新产品或服务作为品牌形象载体的特质，要结合品牌形象维系与发展的需要，有目的性地进行产品线的补充与扩展，而不能"前后脱节"，两者要相辅相成。

(3) 使用者。品牌的使用者应该与品牌定位及品牌个性所瞄准的目标市场的消费者具有一致性，品牌使用者在品牌形象塑造中起着重要作用。这主要是因为：一方面品牌形象针对目标顾客，吸引顾客来使用该品牌；另一方面，透过这些使用者，更多目标顾客会强化对该品牌形象的认知，从而吸引更多目标顾客的购买，扩大品牌形象的影响力，如此良性循环，品牌形象随使用者范围的扩大而鲜明。

相 关 案 例

因顾客而伟大的劳斯莱斯

"车中极品"劳斯莱斯是汽车王国雍容高贵的唯一标志。无论它的款式如何老旧，造价多么高昂，至今仍然没有挑战者，难怪各国政要名流对它趋之若鹜。自从

> 1907年劳斯莱斯公司推出"银灵"轿车后,劳斯莱斯这个名字在世界各国的名流圈里就如雷贯耳。
>
> 　劳斯莱斯顾客档案:英国女王伊丽莎白二世、美国总统威尔逊、文莱苏丹博基亚、新加坡总理李光耀、意大利独裁者墨索里尼、西班牙独裁者佛朗哥、希腊船王奥纳西斯、美国作家海明威、诺贝尔奖的创立人阿弗雷得·诺贝尔、电影艺术大师卓别林、法国影星碧姬·芭铎、美国歌星"猫王"埃尔维斯·普莱斯利、英国披头士乐队灵魂约翰·列侬、拳王穆罕默德·阿里……

4. 设计品牌形象

作为品牌形象符号系统综合体现的品牌包装设计应该要做到美观大方。美观大方的包装会给人以美的感受,有艺术感染力,给消费者耳目一新的感觉,容易引起注意;在包装设计时还要注意对包装空间的利用。品牌包装有其空间限制,要在包装上覆盖所有的品牌形象符号系统信息,又不给人拥挤或不舒适的感觉,必须注意对包装空间的利用,要做到充分利用又不冗杂;当然品牌设计还要突出品牌个性。包装其实是突出个性,使自己的品牌与竞争对手品牌区别开来的重要手段,包装的设计应该让消费者看到就联想到品牌形象与个性;品牌包装设计还应该坚持可持续发展原则,兼顾社会利益,努力减轻消费者负担,节约社会资源,禁止使用有害包装材料,例如可以实施绿色包装战略。树立一种环保与有责任心的形象对于品牌形象的树立大有裨益。

同时,品牌经营者也不能忘记,品牌包装并不仅仅局限于产品包装,品牌包装应用的范围日益广泛。品牌经营者在进行包装设计时要同时关注其他包装。例如活动包装,企业每策划一个与品牌形象有关的活动,都会对活动标识、员工服装、活动用品等进行符合品牌形象的包装。

5. 品牌形象传播

品牌形象是通过一定的传播手段传达给消费者的,所以整合传播是品牌形象塑造过程中的重要一环,正是传播在消费者与品牌形象之间建立了联系——只有认识到要将品牌的核心价值传播给目标消费者,品牌形象的指向性才更明确;也只有品牌形象的核心价值传达到了消费者,消费者的大脑中才会建立起清晰的品牌形象。

(1) 广告传播。广告是塑造并传播品牌形象的重要工具。品牌形象的概念最初就是从广告界延伸出来的。品牌形象一旦确立,就需要广告来维持其生命力并永葆其健康与活力。经典的广告传播决策模型是5Ms:任务(Mission),广告的目的是什么?资金(Money),要花多少钱?信息(Message),要传递什么信息?媒体(Media),使用什么媒体?衡量(Measure),如何评价结果?利用广告进行品牌形象传播的关键点在于,要将广告创意与品牌形象的内涵联系起来,广告传递的信息要强调品牌的核心利益与价值,进行反复的广告宣传可以加深品牌在消费者心目中的印象。

(2) 公关宣传。阿尔·里斯和劳拉·里斯提出打造品牌的公关法则:品牌的诞生是由公关达成的,而不是广告。他们认为,品牌的打造靠公关,品牌的维持靠广告,这一法则同样适用于品牌形象的塑造。公关宣传是别人夸你好,比起广告的"王婆卖瓜"收效更为明显。公关宣传的收益是赢得品牌形象的亲和力,使品牌形象在消费者心目中形成一个先入为主的好印象。利用公关传播品牌形象的关键点在于要善于创造与品牌形象密切相关而又具有新闻媒体价值的事件。不同的公关宣传带给消费者的品牌形象感知是有差异的,比如关于企业赞助体育活动的报道可能带给消费者"有活力""爱国主义"的品牌形象认知,而致力于环保事业则可能意味着"人性化"和"责任感",采用公关宣传更容易获得消费者的认可。

(3)网络传播。互联网的快速发展为品牌形象的传播有提供了一个主要途径,网络传播的速度非常快并且不受时间地点等因素的影响,而宣传的效果却是非常好的,企业在网络上做宣传可以及时更新信息,保持新鲜感。

(4)整合传播。事实上,除了公关和广告传播之外,任何与品牌形象有关的元素都在起着传播作用,这些元素包括任何一个可以与消费者接触的"点",比如员工、产品、服务、品牌标识以及为传播品牌形象而策划的活动。将所有这些元素都组合起来,进行方向性一致、步调一致的品牌形象传播就是整合传播。整合传播意味着一种通过多种渠道,运用多种手段或方法进行品牌形象传播的方式。在整合传播品牌形象的过程中,企业应该不断地追求传播渠道与传播手段或方法的创新。

6. 品牌形象动态发展

市场在变化,消费者在变化,品牌形象也应该顺应时代与时俱进。品牌形象的动态发展就是指企业根据市场和消费者的变化及时调整自己的企业形象,或者通过深化内涵,或者通过改变符号,或者设计全新的品牌形象来更接近消费者。

(1)品牌内涵深化。品牌内涵的深化并非否认旧的品牌形象,而是为适应时代的潮流和文化的演变,对旧品牌形象进行深化,通过挖掘品牌核心价值更新的因素,保持品牌的价值和活力,保持消费者对品牌的忠诚度,增加消费者对品牌的新鲜感。

(2)品牌标志改变。一个长时间内没有带给消费者新鲜感的品牌形象可能会导致品牌被归类为老化品牌的行列,品牌标志改变可以作为一个满足消费者求新心理的有效工具。但是在对品牌标志的改变的时候要注意与旧品牌形象标志的传承,不能毫无根据完完全全的摒弃旧的标志

(3)品牌形象重新设计。品牌形象一经树立就会与消费者发生认知、心理、情感等方面的联系,所以重新设计品牌形象时一定要三思而行如果重新设计品牌形象势在必行,那就必须充分考虑消费者的感受,新的品牌形象一定要获得消费者的认可。

三、塑造策略

品牌形象并不是完全实实在在存在的,它有一定的抽象性,可以说它是一种感觉,就像一个人具有独特的外貌、仪容仪表、气质风度那样,但它绝不是华丽而空洞的,它可以通过产品、服务或者商标、包装等视觉系统表现出来,无处不在,它是一种气氛、一种精神、一种风格。需要战略制定者去挖掘、去表现。目前在竞争激烈的各个行业,产品功能的差别越来越小,单纯依靠功能已经难以突出独树一帜的品牌形象了,此时可以从

以下几个角度赋予品牌以独特的形象。

1. 情感策略

品牌并不是一个冷冰冰的牌子,它具有思想、个性和表现力,是沟通企业和消费者的桥梁,是人心目中最柔软的东西之一,采用以情动人、以情诱之是品牌经营者的不二法宝。因此,如果品牌经营者能采取一定的情感策略,让品牌能够引起消费者情感上的共鸣从而让品牌能在消费者心目中占据一席之地,占据一方情感空间,那么这个品牌的塑造就是成功了的。例如,芭比·蜜丽森·罗勃兹,也就是人们熟知的芭比娃娃,它现在已经是阿姨的年纪了,但依旧风靡全球,在全球绝大多数的国家和地区都有销售。多年被美国著名的玩具杂志评为美国畅销玩具,就是在电子玩具大行其道的 90 年代,芭比娃娃仍是美国十大畅销玩具之一,在世界百强商品中,芭比更是唯一的玩具商品。是什么让芭比娃娃具有如此的吸引力?除了她漂亮的外表,更重要的是公司给芭比赋予了情感化的形象,他们利用广告,树立了芭比拟人化和情感化的形象,在电视报刊上开辟"芭比乐园""芭比信箱",拍摄芭比卡通片,组织芭比收藏会,芭比的形象就这样叩开了孩子们的心扉,经久不衰。

2. 专业权威形象策略

通常人们都会认为专业人士的话可信度比较高,因为他们在自己的专业领域研究的更深。所以很多品牌经营者就抓住了消费者的这一心理采用专业权威形象策略。专业权威形象策略一般为那些在某一行业占据领先地位的企业所采用,以突出该品牌的权威度,提高消费者的信任度。宝洁的牙膏品牌"佳洁士"的广告中,经常会出现一个牙科教授,她通过向小朋友讲解护齿知识等来肯定佳洁士的护齿防蛀功能,"牙医"能给人一种她是专业人士的感觉,通过她对"佳洁士"的讲解更增加了其护齿防蛀功能的可靠性,加大了消费者对该品牌的信赖。

3. 心理定位策略

美国市场营销专家菲利浦·科持勒认为,人们的消费行为变化分为三个阶段:第一个是量的消费阶段,第二个是质的消费阶段,第三个是感性消费阶段。在现代社会,随着商品的极大丰富和消费者品味的提高,消费者不再像过去那么注重量的消费了,对质的消费也在逐渐减少,反而日益看重商品对于自己情感上、心理上的满足。消费者的消费心理正在不断地发生变化,企业应把握住消费者的心理变化,顺应消费者的消费心理,以恰当的心理定位唤起消费者心灵的共鸣,树立独特的品牌形象。日用消费品行业对消费者的消费心理变化最敏感,心理定位策略就是日用消费品企业常采用的一种方法。例如同是牙膏但是佳洁士牙膏强调防蛀,高露洁则突出其冰爽的口感。这两个牙膏品牌利用消费者的不同心理需求进行了产品定位、形象定位,从而在消费者心中留下了深刻的印象,获得成功。

4. 文化导入策略

品牌需要文化,品牌形象的塑造离不开品牌文化,品牌文化是企业文化的核心,品牌文化可以提升品牌形象,为品牌带来高附加值。品牌形象所具有的感性色彩决定了文化是品牌构成的一个重要因素。品牌本身就是一种文化,凝聚着深厚的文化积累,在品牌中注入文化因素,可以使品牌的文化积累变得更丰富也可以品牌形象更为丰满、更有品味、更加独具特色,独特韵味。

5. 品牌形象代言人策略

品牌形象代言人是指那些为企业或组织的赢利性目标而进行信息传播服务的人员。李宁公司最初以"体操王子"李宁作为其产品的代言人,"体操王子"李宁身上的每一个优点都吸引着无数的运动爱好者与支持他的人,李宁公司以李宁作为桥梁也在吸引着无数人的注意,在消费者特别是青少年消费者心目中留下了深刻印象,增加了产品销量。成功运用品牌信息代言人策略,利用代言人的知名度、影响力,可以扩大品牌知名度,更好的树立品牌形象。

6. 质量管理策略

影响品牌形象的因素很多,包括产品的品质、功能的多寡、安全性、创新性、价格等等。但最基本的还应当是产品的质量。日本的产品之所以在世界上形象好,主要是得益于重视质量管理。早在1949年,日本就实施工业标准法,第二年,就依据此法颁布制定了JIS标准制度,使工业产品的品质有了法律规范。随后在规格协会与品牌管理推动单位的协助下,日本工业规格更为周全与实用,不但符合经营者的需求,也顾及了消费者的利益,间接提高了日本品牌形象。

四、塑造需要注意的问题

品牌形象塑造的需要注意的问题主要有:重视品牌定位、加强品牌管理、重视产品与服务质量、优化品牌设计、重视社会公众、做好公关与广告等。

1. 重视品牌定位

由于品牌定位是使品牌在社会公众心目中占有一个独特的、有价值的位置的行动,也就是勾勒品牌形象,因此可以想象品牌定位对品牌形象的影响有多大。品牌定位过高、过低、模糊或冲突都会危害品牌形象。我们可以以雀巢咖啡为例说明品牌定位对塑造品牌形象的意义。雀巢咖啡是世界最大的食品公司,也是瑞士最大的企业,它是由瑞士的一个学者型食品技术人员享利·内斯特尔(Henri Nestle)于1867年创办的。内斯特尔以自己的名字"Nestle"为其产品的品牌名称,以鸟巢图案作为商标图案。"Nestle"在英文中有"舒适安顿下来"和"依偎"的意义。由于其名字的特定含义,自然要与英文同一词根的"Nest"(雀巢)相联系。以雀巢图案作为品牌图案又会使人想到待哺的婴儿、慈爱的母亲和健康营养的雀巢产品。雀巢品牌的名称与图形紧密配合,于一般中体现出与众不同,显示出很大的差异性、独特性。它贴近生活,贴近消费者,让人产生很多联想。雀巢品牌完全符合品牌定位的基本要求,充分体现出具体的功能定位和情感定位。功能定位的实质就是突出商品的新价值,强调与同类商品的不同之处及其优越性,能给消费者带来超值利益。雀巢奶粉、咖啡(全球品牌网)具有"雀巢"的内涵和品质,带来了婴儿哺育后的健康成长,带来了众多消费者的舒适和安逸。情感定位则突出产品对消费者的象征意味,利用它唤起消费者的同情、信任和爱心,使消费者与之共鸣。雀巢品牌名称及图形所注入的情感及意象,树立了品牌良好的形象。

2. 重视产品与服务质量

质量是品牌的基石，所有强势品牌最显著的特征就是质量过硬。一项民意调查显示，有 90.6% 的中国人都认为名牌就是"产品质量好"。劳斯莱斯被公认为世界上最优良的汽车，是名牌汽车中的皇冠。这一点，可以说没有人怀疑。那么，它的质量状况如何呢？每一部劳斯莱斯都是经过精雕细刻的艺术品。它不计工本，不计时效，务求尽善尽美。一般的汽车生产出来，离开生产线，开出厂门，即可交货。即使像凯迪拉克这种高档车，也只不过测试 4 小时。而劳斯莱斯的每一部车，调试、试车要经过 14 天。如今的劳斯莱斯，无论哪种车，以每小时 100 公里的速度行驶，放在水箱上的银币可以长时间不被震动下来；坐在车子里，听不到马达声，只能听到车内钟表指针移动的声音。无数次汽车评比和竞赛，它都夺冠。

有一次，一对美国夫妇驾驶一辆劳斯莱斯去欧洲旅行。汽车行驶到法国的一个村落，后轴突然折断。这里离劳斯莱斯代销店有数百公里，这对夫妇就通过电话与劳斯莱斯总部联系，并大发牢骚。两个多小时之后，一架直升机降落在汽车旁，公司派专人带着后轴前来赶修。工人换了后轴，并反复赔礼道歉，然后才返回。数月后，这对夫妇前来伦敦付修理费，公司负责人坚决拒收，并说："我们公司的车轴折断，还是创业以来的第一次。我们以不发生故障为荣，既然发生了这次事故，我们不但不能收费，还要给你们换一根永不会折断的车轴。"劳斯莱斯之所以成为世界名牌，正是得益于它超一流的产品质量与服务质量。在质量方面，企业永远应该走在市场需求的前面，走在消费者的前面。企业为了提高产品与服务质量，应该建立一套完善的质量保证体系。近年来中国企业所进行的质量认证，就是这方面工作的一部分。完善的质量保证体系会强化品牌形象，形成良好的品牌信誉。

3. 加强品牌管理

加强品牌管理首先要求企业高层领导亲自过问品牌问题，把形象塑造作为企业的优先课题，作为企业发展的战略性问题，像抓产品质量一样来抓品牌形象塑造。这样做，更有利于把品牌形象和企业愿景与经营理念结合起来，或者说把企业的愿景和经营理念反映在品牌形象上。其次，要树立全体员工的品牌意识，使员工共享品牌知识，熟悉品牌识别，理解品牌理念，表达自己的品牌形象。员工明白了塑造品牌形象的重要意义，就会产生责任感和使命感，进而形成凝聚力和战斗力。加强品牌管理的另一个核心问题是要在企业内部建立起特有的理念体系和运作机制，建立起科学的组织架构和严密的规章制度，这是实施品牌管理的组织保证。最后，由于品牌形象的塑造流程长、环节多，企业内外方方面面的人、事、物等都要包括进去，是一项立体的、多维的、动态的、复杂的社会系统工程，因而需要全程品牌管理。

4. 优化品牌设计

对品牌名称、标志和包装进行设计是突出品牌个性、提高品牌认知度、体现品牌形式美的必由之路和有效途径，是塑造品牌形象必不可少的步骤。不仅要对品牌识别的各要素进行精心策划与设计，还要使各要素之间协调搭配，形成完整的品牌识别系统，产生最佳的设计效果。美国柯达公司是世界上最大的摄影器材公司，在品牌标志设计上，突出的首写字母"K"与名称"KODAK"前后呼应，并且采用黄底红字手法创造强烈对比，产生很好的信息传播与视觉识别效果。标志突出一个"K"字，通过形体修饰作为文字图形，醒目、强烈而且单纯，具有较强的独特性与显著性。"K"字本身富含魅力，给人以向上、前进的暗示，起到了激励消费者的作用。正是这样一个个性显著、风格独特、独创性与识别性俱佳的品牌标志，为柯达品牌形象的树立做出了不可磨灭的贡献。

5. 重视品牌公关

公关与广告对品牌的而言，如鸟之两翼，车之两轮，其重要性不言自喻。品牌形象最终要建立在社会公众的心目中，最终取决于品牌自身的知名度、美誉度以及公众对品牌的信任度、忠诚度。因而品牌形象塑造的全部工作包括公关和广告要面向公众，以公众为核心，高度重视公众的反应。比如很多强势品牌就善于利用公关造势而赢得社会公众的好感和信赖。当然，公关造势要善于抓住消费者的心理，否则会事与愿违。1992年6月7日，三桅快速、帆船"轩尼诗精神号"（Spirit of Hennessy）抵达上海黄浦港，揭开了轩尼诗在中国公关促销活动的序幕。接着，公司通过举办轩尼诗画展、轩尼诗影院和各种文化评奖活动，树立了文化传播使者的形象，从而顺利地打入中国市场。法国是香水王国，名牌香水也特别多。有着100多年历史的"娇兰"更是香水之王。1852年，拿破仑三世改制称帝。次年他坠入情网，迷恋着西班牙美女尤金尼·梦地歌。为了赢取她的芳心，他送了她一瓶后来被称为"娇兰"的香水。神妙的芳香几乎令尤金尼痴狂不能自持，于是尤金尼就赐给娇兰香水一个名字"帝王"。从此，娇兰抓住这个动人的故事和人们对历史人物拿破仑的崇拜心理，通过广告形式大肆宣传，树立起娇兰的迷人形象。

本 章 小 结

21世纪的市场竞争主要是以"形象力"为中心的品牌竞争，品牌形象如何，直接关系到企业的品牌经营状况，关系到企业的产品或服务是否为消费者所接受，也关系到企业的成败。品牌形象是存在于人们心里的关于品牌各要素的图像及概念的集合体，主要是品牌知识及对品牌的态度问题。

品牌形象内涵源自对品牌定位、品牌个性和品牌文化的综合理解与把握。以品牌定位、品牌个性和品牌文化为底蕴，将三者综合起来，经过提炼而凝聚成的品牌精髓就构成了品牌形象的内涵，这一内涵是品牌形象的核心，离开这一核心，品牌形象就成为无源之水、无本之木。

品牌形象不是一个单层面概念，而是一个内容丰富的多层面立体式概念。品牌形象的构成主要包括两个层面：外在层面的品牌形象符号系统和内在层面的品牌形象载体。品牌的外在形象则包括品牌名称、品牌标识、品牌包装、产品形象。品牌的内在形象主要包括组织形象、文化形象、品牌信誉等。

企业在进行品牌形象塑造时应遵循以下几条原则：(1) 个性化原则；(2) 长期性和兼容性原则；(3) 全员化原则；(4) 可持续性原则；(5) 根本化原则；(6) 系统性原则。品牌形象塑造的过程，依次为市场调研、品牌形象价值内化、选择品牌形象载体、设计品牌形象、品牌形象传播和品牌形象动态发展等六个方面。

思考与练习题

1. 简述品牌形象的代表性定义。
2. 简述品牌形象与品牌定位、品牌个性及品牌文化之间的关系。
3. 品牌形象的构成内容有哪些?
4. 品牌形象的特征有哪些?
5. 品牌塑造需要注意的哪些问题?
6. 品牌形象塑造应遵守哪些基本的原则?
7. 品牌形象塑造过程有哪些步骤构成?
8. 品牌形象塑造常用的策略有哪些?
9. 请针对你喜欢的一个公司进行品牌形象设计。

案 例 讨 论

记忆点创造法——"农夫山泉"成功树立品牌形象

在市场激烈的竞争中,每个企业都力图使自己的产品以及企业的整体形象广为人知,并能深入人心,为此想尽法子用尽手段。但对消费者而言,面对如此众多的企业和产品,要让他们记住其中的某一个并非易事,更别说印象深刻。

1999年农夫山泉的广告开始出现在各类电视台,而且来势汹涌,随之市场也出现了越来越热烈的反应,再通过跟进的一系列营销大手笔,农夫山泉一举成为中国饮用水行业的后起之秀,到2000年便顺理成章地进入了三甲之列,实现了强势崛起。历来中国的饮用水市场上就是竞争激烈、强手如云,农夫山泉能有如此卓越表现,堪称中国商业史上的经典。而这个经典的成就首先启动于"农夫山泉有点甜"这整个经典中的经典,这句蕴含深意、韵味优美的广告语,一经出现就打动了每一位媒体的受众,令人们牢牢记住了农夫山泉。为何会有如此非同凡响的效果?原因正在于它极好地创造了一个记忆点,正是这个记忆点征服了大量的媒体的受众,并使他们成了农夫山泉潜在的消费者。

从该案例中,作者总结、提升出一种能让消费者快速、深刻记忆住企业对产品诉求的好方法:记忆点创造法。它的核心内容是:创造能让消费者记忆深刻的点,有了这个点才有了你的产品在消费者心中的位置。

企业的产品宣传与消费者的记忆如同进行着一场思想斗争,前者竭力要在后者大脑中建立起信息据点,而后者则不懈地排斥无用的信息;前者如何才能战胜?毛泽东的战略思想是:集中优势兵力各个击破。战略上我们要能够以一当十,战术上我们要以十当一,以百当一,才能有必胜把握。俗语说得好:铁钉虽小却能穿墙。记忆点创造法就是要将企业产品最具差异化、最简单易记的品牌核心诉求提炼出来,把企业所有宣传、传播的力量集中贯注于这一个点,努力让这一点深透到消费者的记忆深处,从而建立起难以消除的信息据点,这个据点就是企业的产品在消费者心中的位置,也决定着产品在市场上的品牌地位。

如何成功地建立记忆点呢？具体操作原则如下：

原则一：创造显著的差异性，建立自己的个性

雷同、相近的东西很难让人记忆深刻，只有显著的差异才使人难以忘记。三国演义中关公与孔明无论是外表还是通过典型事件来烘托其个性都是不同的，关云长的外表特征是：红脸美髯；诸葛孔明的特征却是：手摇羽毛扇；关云长性格的记忆点是：过五关斩六将、下棋刮箭毒；诸葛孔明的性格的记忆点却是：草船借箭、七出祁山。因为每一个人物都有明显的差异化，所以才能让读者产生深刻的记忆。创造差异性是突显自己产品的存在的首要的因素，没有差异点，就不会产生记忆点。"农夫山泉有点甜"对此做出了很高明的应对。当别的同类产品都在表现各自如何卫生、高科技、时尚的时候，农夫山泉不入俗套，独辟蹊径，只是轻轻却又着重地点到产品的口味，也仅仅是"有点甜"，显得超凡脱俗，与众不同。这样就形成了非常明显的差别，使自己的产品具有了鲜明的个性，重要的是让电视机前的消费者感到耳目一新，这样的产品让消费者忘记是困难的，一个广告能达到这样的效果，这个产品也就成功了一半。同样做得很成功的是乐百氏纯净水，它重点突出了"二十七层"净化工序，用一个非常简单的数字表现纯净水的优异品质，使人叹服，不禁对企业的精益求精精神产生敬意。这种表现方式独树一帜，当然功效奇大，鲜明的差异性立即脱颖而出，挑剔的消费者不会轻易错过。

原则二：力求简单，只要一点，容易记忆

消费者的记忆能力是有限的，而市场中各种产品的信息相对而言是无限的。要让消费者记住你的产品绝非易事，决不是可以省去智慧、技巧、创新而能够做到的。最起码要避免让他们一下子就要记住过多的产品信息，对此消费者缺乏意愿和能力，这样再多的信息也等于没有。面对铺天盖地的产品信息，消费者只愿意也只能够记住简单的信息，越简单越好，简单到只有一点，最容易记忆。农夫山泉在这一点上同样掩藏不住其非凡的明智，仅仅用了"有点甜"，三个字，三个再平常、简单不过的字，而真正的点更只是一个"甜"字，这个字富有十分的感性，那是描述一种味觉，每个人接触这个字都会有直接的感觉，这个感觉无疑具有极大的强化记忆的功效，而记住了"有点甜"就很难忘记"农夫山泉"，而记住了"农夫山泉"就很难对农夫山泉的产品不动心。农夫山泉就是以简单取胜，简单，使自己能够轻松地表述；简单，也使消费者能够轻松地记忆。

又如农夫山泉近期推出了"农夫果园"的系列果汁饮料开始进军果汁饮料市场。按理说果汁市场刚刚近几年兴起，市场空间应很大，但是先有统一入主，后有娃哈哈、可口可乐、康师傅等国内外著名饮料大企业跟进，市场细分一分再分，产品创新一代胜一代，市场竞争非常激烈。而农夫山泉此时推出"农夫果园"为时早已晚矣，它应属于果汁里的二流产品。可是农夫山泉却别出心裁，采用一点记忆，在别的厂家的果汁饮料都尽力回避果汁饮料里的有沉淀物的问题时，农夫山泉却迎刃而上，打出"农夫果园，喝前摇一摇"的广告语，并把其变成了产品销售的一个卖点。这一"摇一摇"，结果化糟粕为玉帛；这一摇，使产品深入人心，并倡导了一种新的喝法；这一摇，也使"农

夫果园"系列产品扶摇直上,将已诸侯纷争的果汁市场"摇"得重排座次,农夫山泉的果汁饮料也乘势从二流产品迅速挤入一流产品。

这正是简单的特有效率,中国人对关羽的形象记忆深刻,其中的一个重要的记忆点是"刮骨疗伤"。这件事简单之极,但又绝非简单。没有几个人能够做到像关羽那样不怕痛的,这件事的核心点正是一个"痛"。关羽"不怕痛",能忍常人不能忍之"痛"。"痛"同样感性十足,谁都体验过并且记忆深刻,只要想象一下"刮骨"是一种怎样的"痛",而关羽在承受这痛时连眉毛都不皱一下,人们便不由地叹服,被他的英雄气概所折服。这就可以起到简单而深刻的记忆。

原则三:符合产品的特性,突出产品的优良品质

名副其实才能盛名不衰,越是真实的就越有力量。企业要始终知道是在为自己的产品做广告,为自己的产品做广告就是为自己的产品的特性做广告,广告要符合产品的特性,否则就不是在为自己的产品做广告,广告中的核心记忆点更要以高度的准确性切中产品的特性,否则就是一个失败的记忆点,其失败在于放弃了最生动有力的产品特性的支持;失败的记忆点是无法经受市场考验的,是无法取得消费者欢心的,必然导致品牌的失败。如舒肤佳"有效去除细菌,保持家人健康";潘婷"含维他命原B5,拥有健康,当然亮泽";伊利"来自大草原的好奶"。符合产品的特性是第一步,为产品作广告、创造记忆点就要竭力宣扬、渲染产品的优良品质。就是说要为产品的优点作广告,围绕产品的优点创造记忆点,记忆点要是广告的核心点更是产品优良品质的凝炼和升华,通过记忆点使消费者知道并记住产品的优点,这是产品成功的基础。

"农夫山泉有点甜"在这一点上表现得无可挑剔。农夫山泉取自千岛湖70米以下的深层水,这里属国家一级水资源保护区,水质纯净,喝一口都会感到甘甜。正是这样,用"有点甜"来形容可谓恰当之极,因为它符合产品的特性;更可谓精妙之极,因为它突出了产品的优良品质。

原则四:建立面的纵深,配合、烘托这个点

这个记忆点绝非是孤立、单薄的,孤立、单薄的经不起记忆的筛选。相反它背后必须有一个宽阔的信息纵深面,而点正是面的浓缩,虽仅一个点,却挟带大量的信息。记忆一触发这个点,必会带动后面的大量信息,正所谓"牵一发而动全身",所以只要记住并激发这个点,就会自然地记起背后广阔纵深面的信息,这些信息正是企业绞尽脑汁要告诉消费者的。农夫山泉的广告策划人员显然深悉这一点,那个著名的广告绝非一句"农夫山泉有点甜"就完事大吉,而先是一幅非常美丽淳朴的千岛湖的风景画面,青山绿水,又重点突出纯净的湖水,接着是几个非常富有人情味的人物描写,然后再用大量的"笔触"细腻地刻画了一个农家小孩饮用了湖水后的非常甜蜜、纯真的微笑,最后才是一句话外音"农夫山泉有点甜"。这最后一句点题之语是点,前面所有的描述都是纵深面,没有前面的纵深面,这个点决不深刻,没有后面的点,这个面决不让人记忆深刻。这个点在整个纵深面所营造的绝妙意境的高潮时分自然而然,如约而至地降临,一下子就深深地扎进了观看者记忆的海洋,观看者无可挽回地记住了这一刻、这一点,也记住这一点后面的纵深面的广阔信息。

品牌管理

原则五：针对消费者，要让他们感觉美好

"有点甜"无疑是让人感觉美好的，"甜"意味着甜蜜、幸福、欢乐，这是中国人终身的追求，这样的中国人必定会追求感觉甜美的产品。农夫山泉狠狠地抓住这一点，它对中国人说：我，有点甜。这等于说：我，是你的追求。作为广告语，这更等于说：请追求我吧。这是极难抵挡的诱惑，农夫山泉就是用诱惑力赢得消费者的购买力。当年孔府家酒也有一个非常成功的广告，广告语是"孔府家酒，让人想家"，"家"在中国人心中是非常美好的，是很容易感动中国人的，而一种能让人想家的酒必然会给中国人一番特殊的感觉。有了这种感觉，产品的成功就有了保证。所以要创造让人感觉美好的记忆点，赢得消费者的好感，才会有好的产品，正应了好迪的一句广告语：好迪真好，大家好才是真的好

（资料来源：畅享网）

案例思考题：
1. 品牌形象的定义是什么？品牌形象具有哪些特征？
2. 品牌形象塑造的原则有哪些？
3. 农夫山泉是如何运用记忆点创造法塑造品牌形象的？

第八章 品牌个性

学习目的：

1. 了解品牌个性的概念
2. 了解品牌个性的特征
3. 了解品牌个性的价值
4. 掌握品牌个性的基本描述
5. 掌握品牌个性的塑造策略

开篇案例

香奈儿 NO.5 号香水——永远的经典

世界上独有一款香水任凭时光流转却散发历久弥新的魅力，那就是香奈儿（Chanel）NO.5。香奈儿的 NO.5 号香水，让 5 成为香水界的一个魔术数字，代表一则美丽的传奇。诞生于 1921 年的香奈儿 No.5 是香水界的传奇。超过 83 种的珍贵成分、传统的手工工艺、现代感十足的瓶身、全球通用的名字、梦露的贴身睡衣……令无数女人对它心驰神往。用香奈儿自己的话来说："这就是我要的，一种截然不同于以往的香水，一种女人的香水。一种气味香浓，令人难忘的香水。"

正如世界上没有完全相同的两片树叶一样，世界上也没有完全相同性格的两个人。每个人都具有自己独特的性格，品牌也正如人一样具有独特的性格，我们把品牌的这种性格称为品牌个性。品牌个性是每一个品牌所特有的，是一个品牌是否具有长久生命力与活力的关键，也是品牌塑造与管理的重要一环。品牌个性是品牌与品牌之间识别的重要依据,美国著名品牌策略大师大卫·艾克(David Aaker)曾在其品牌形象论中提出:"最终决定品牌的市场地位的是品牌总体上的性格,而不是产品间微不足道的差异。"因此,对于消费者而言,品牌个性已成为某品牌区别于其他品牌最重要的特征。

第一节 品牌个性及相关概念

一、品牌个性概念

1. 个性

要了解品牌个性,首先我们应对个性有所了解。个性(Personality)也称人格,该词来源于拉丁语Persona,最初是指演员所戴的面具,其后是指演员本身和他所扮演的角色。

在心理学研究中,"个性"与"人格"经常可以相互替代使用。目前,在中国比较通用的是《心理学词典》中对"个性"的定义:"个性,是指一个人的整体精神面貌,即具有一定倾向性的心理特征的总和。"

张红明(2007)认为个性是指某人区别于他人的在一定社会条件下通过社会实践活动而形成的比较稳定的心理特征的总和,如指"使个体的行为保持时间上的一致,并且区别于相似情景下其他关于个体行为的比较稳定的内部因素"。

著名社会心理学家G.奥尔波特在考察了50种个性定义之后,给出了自己关于个性(人格)的著名定义:"人格是个体内部那些决定个人对其环境独特顺应方式的身心系统的动力结构。"但是,为了避免"顺应环境"一词过分的生物色彩,他又修正为"人格是个体内部决定其特征性行为和思想的身心系统的动力组织"。

个性的形成既受遗传等生理因素的影响,又与后天的社会环境密切相关。因此,个性就是个体在多种情境下所表现出来的具有一致性的反应倾向,是个体对外界环境所做出的习惯性行为。

2. 品牌个性

品牌与人有很多相似之处,它也有外形、有个性、有文化、有寿命,甚至许多品牌也有隐私。芸芸众生中,具有鲜明性格特征的人令人难以忘怀,例如周星驰的滑稽、赵本山的土气等。然而就如同世界上没有两个性格完全相同的人一样,有的人活泼,有的人孤僻,有的人高傲,有的人谦卑……品牌作为一个特殊的"人",她也具有性格。对消费者的研究表明,消费者的个性直接影响着消费者的购买行为。消费者的个性预示并在一定程度上决定了消费者是否更倾向于采用创新性产品,是否更容易受他人的影响,是否对某些类型的信息更具有感受性等。这些心理特征不仅对产品选择产生影响,而且还会影响消费者对促销活动的反应以及消费者何时、何地和如何消费某种产品或服务。Batra和Biel(1993)把品牌个性认为是以品牌偏向和选择而成功的品牌的一个重要因素。进而,一个创立良好的品牌个性可导致消费者对品牌的强烈感情联系和很强的信任以及忠诚度。

案例赏析

世界知名品牌个性描述

宝马：年轻、时髦、自由、乐趣
凯迪拉克：具有远见、具有胆识、有创新精神、不满足于现状、敢于创造新格局
雪佛兰：值得信赖、聪明务实、亲和友善、充满活力
奔驰：豪华、舒适、身份象征、成功人士
悍马：勇敢、冒险、开拓、牺牲的美国精神
可口可乐：正统的、美国式的、怀旧、真实的
百事可乐：年轻、兴奋、时髦、特立独行、自我张扬、激情、刺激
吉列刀片：男子气概的、有男人味的、阳刚的
柯达：纯朴、顾家、诚恳、简单、温馨
雀巢：慈爱、舒适、信任、关爱
微软：积极、进取、自我
金利来：高档、富有、成功
摩托罗拉：成功、自信、注重效率
诺基亚：时尚、年轻、前卫
锐步：野性、年轻、活力
香奈儿NO.5号香水：温暖、神秘、狂野魅惑、轻盈闪耀
（资料来源：笔者整理）

目前，关于品牌个性有诸多定义。这里介绍有代表性的几种：

（1）品牌研究专家大卫·艾克（David Aaker）指出，品牌个性是根据品牌所联想出来的一组人格特质。

（2）实务界专家林恩·阿普索（Lynn Upshow）认为，品牌个性是指每个品牌向外展示的个性……是品牌带给生活的东西，也是品牌与现在和将来的消费者相联系的纽带，它有魅力，也能与消费者和潜在消费者进行情感方面的交流。

（3）詹妮弗·艾克（Jennifer Aaker）作为品牌个性研究的知名学者，她给品牌个性的定义是：品牌个性是指与品牌相连的一整套人格化特征。她定义的品牌个性，既包括品牌气质、品牌性格，又包括年龄、性别、阶层等排除在人格、性格之外的人口统计特征。

综上所述，笔者认为所谓品牌个性，是指品牌拟人化的特性以及在此基础上消费者对这些特性的感知。品牌个性不仅包括心理学意义上"个性"中的性格，还包括消费者从品牌中所获得的情感利益以及享受，品牌个性中的个性应该是"性格"和"情感"的结合体，既反映消费者的自我特征，又能反映消费者从品牌消费过程中所获得的情感满足。相对于品牌的产品功能属性，品牌个性则主要用于表达品牌的情感利益或者用于使用者的自我利益表达，也就是表达某种"象征意义"。相比于人的个性，品牌个性可以

相应分为品牌性格、品牌气质和辅助要素三部分:

(1) 品牌性格。性格是一个人个性中起核心作用的心理特点,是一个人对现实的稳固态度与习惯化了的行为方式的统一体。人的性格主要是后天习得的,品牌性格的最终确定也主要来自人的有意识创造。这一点也正体现了品牌个性具有可塑性、反映人的主观意识和主观能动性等特点。

(2) 品牌气质。心理学认为,人的气质是先天的,由神经的生理特点决定,它虽然会在人的一生中发生某些变化,但变化却极为缓慢,具有明显的持久性和稳定性特点。品牌气质同样是品牌的典型的和稳定的个性特征,是指从一个品牌诞生时就存在于品牌中的个性部分。这些先天就存在于品牌之中的因素包括品牌产品的类别、原产地、母品牌对子品牌的影响等。

(3) 辅助要素。主要指与目标消费群相关的人口统计特征,比如年龄、性别、社会阶层和民族等。

二、品牌个性与品牌定位

1. 品牌定位决定品牌个性

品牌个性不同于品牌定位,如果说品牌定位是企业品牌管理者拿出来经常向消费者宣传的品牌认同,是由内而外的;那么,品牌个性就是消费者对品牌人格化的评价,它是由外而内的。品牌个性虽然不同于品牌定位,但两者是有着密切联系的。品牌个性作为企业核心竞争力,其表现为一种能为企业进入市场提供潜在机会,并能借助最终产品为所认定的顾客利益做出重大贡献且不易为竞争对手所模仿的能力。品牌个性为企业提供机会及为顾客利益做出贡献,需要通过品牌定位来实现。而相应的,在品牌消费的时代,对于品牌定位来说,其必须依据品牌的个性来确立产品、企业在消费者心目中的位置。品牌定位不明,品牌个性则显得模糊不清,产品也就无法叩开消费者的心扉。随着科学技术和生产力的不断发展,产品的同质化程度越来越高,在产品的性能、质量和服务上难以形成比较优势,只有其人性化的表现才能深深地感染人们。可以想象,一个没有个性的品牌或产品,要想在消费者心目中占据有利的位置谈何容易。

2. 品牌个性凸显品牌定位

品牌个性代表特定的生活方式、价值观念与消费观念,目的是与目标消费者建立有利的情感联系。作为产品的感性形象,品牌个性所提倡的生活方式既要与产品的特色相适应,又要能引发符合目标消费者心理上、情感上的个性需求,如热情奔放、休闲安逸、浪漫情怀等,目的是激起消费者的购买欲望,此时的产品已不仅仅是某种具有自然属性的商品,而且是一种有生命、有个性的东西,是消费者生活中的一个好朋友。由此,品牌个性成了品牌与消费者沟通的媒介,即品牌通过个性获得消费者的认同,而消费者通过品牌的个性来表现自己(情感、想法、价值观等)。对品牌执行者而言,他们希望品牌个性与其品牌定位是一脉相承的,品牌个性要反映品牌定位。如果一个产品是发动机,它的个性是保护发动机高性能的润滑油,其品牌个性的内涵与一个温文尔雅的商务人员就对不上茬儿,可是这样的润滑油的品牌个性与高速度的汽车就很匹配。如果是儿童食品,聪明和惹人爱的品牌个性似乎是与品牌定位一致的,但对于那些采取更加实际的态度,比较看重食品营养的父母来说,可能就没有什么推动力了。

3. 品牌个性超越品牌定位

即使是相同定位的品牌在消费者的眼里也会呈现出不同的个性特征。例如当年的孔府家酒和孔府宴酒,两个品牌都是生产以孔府文化为背景的白酒,都曾有高频率的广告支持,价格、目标人群等定位也相差不大,但两个品牌带给人的个性感觉却是不一样的,孔府家酒被看成具有纯朴的、顾家的、诚恳的个性,而孔府宴酒则被认为具有外向的、文人气质的、世故的个性。因此,即便是相同的定位,面对的目标人群相似,但品牌所表现出来的个性必须要有所区别。

三、品牌个性与品牌形象

1. 品牌形象包涵了品牌个性

品牌形象是存在于人们心智中的图像和概念的群集,是关于品牌知识和对品牌主要态度的总和,包括了品牌个性、产品属性、用户与品牌利益的关系或原因。品牌形象包括硬性和软性两种属性,品牌个性属于软性的属性。品牌形象是指人们如何看待这个品牌,它是人们对品牌由外而内的评价。而品牌个性则是品牌所自然流露的最具代表性的精神气质,它是品牌的人格化表现,一般以形容词来描述。比如"海尔"的品牌形象是独特的服务、最具实力的中国家电企业、品质卓越、真诚、勇于创新等,其中的"真诚"和"创新"便是其品牌个性。设想一下,我们可以把一个人看作是一个品牌:她芳龄26岁,黑发白肤,身材娇小,漂亮可爱——这就好比是某个品牌的品牌形象,人们往往用美好或丑陋来形容形象。当你与她接触,逐渐了解她之后,你就会发现她勤劳、善良、温柔而独立且独具智慧——这些都是隐藏在她美丽外表之后的更深层次的个性特点与性格特征——于是,你就会非常乐意与她相处,甚至当她不在身边时会十分想念她。有她相伴是一种快乐,你已经被她的价值和关心深深打动。这些就类似于人们与品牌个性所产生的情感效应。

2. 品牌个性是品牌形象的灵魂

品牌形象包涵了品牌个性,但品牌个性是塑造品牌与品牌之间形象差异的最有力的武器。外表的形象是可以模仿的,但个性却无法模仿。陈佩斯的光头容易模仿,但陈佩斯的个性却是独一无二的。消费者对品牌的认知也有一个逐步深入的过程,在这个过程中一般是从"品牌标志"开始,到"品牌形象",再认识到"品牌个性","品牌个性"成为沟通的最高层面。品牌个性比品牌形象更深入一层,品牌形象只是造成认同,而品牌个性则可造成崇拜。一个品牌的沟通若能做到个性层面,那么它在消费者心中的形象是极其深刻的,它的沟通也是非常成功的。"万宝路"正是这样一个极具个性的品牌。万宝路香烟就是一个产品品质与感性特点联结成简单、有力的个性品牌,同时将品牌元素融合在一起的典型案例。万宝路广告恰如其分地通过从看得见、摸得着的表层东西升华到一种感觉的、理念的、精神的东西。万宝路的红色V形设计,简直就成了万宝路的代言人,不用文字或名称,每当人们看到红白相间包装的红色V形图案,就会知道这是万宝路香烟。如今红色V形设计已成为万宝路的标识。当然万宝路的沟通远不止停留在外层。为了实现更好的沟通,万宝路品牌被人格化了,莫里斯公司通过选择万宝路的象征物——西部牛仔树立了其品牌形象:自由、豪迈、野性与冒险。万宝路形象如同美国西部牛仔形象植根于人们心中,就像一座桥梁连接了万宝路香烟与万宝路个性。而"力量""放荡不羁"就成为万宝路香烟区别于其他任何品牌香烟的独特之处,这就是万宝路的品牌个性,万宝路与潜在顾客的沟通达到了最高境界。至此,人们对万宝路不只是一种形象上的认识,而更是对万宝路这一品牌高度地认同与热切地向往。万宝路的品牌资产就是通过"品牌标志""品牌形象""品牌个性"这里外三层紧密结合而形成的。其中最外一层"品牌标志"是基础,最内一层"品牌个性"是核心,中间一层"品牌形象"是联结两者的一根纽带。万宝路对烟民之所以有如此大的吸引力归根结底就在于万宝路的品牌资产尤其是品牌个性。

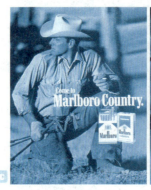

第二节 品牌个性特征与价值

一、品牌个性特征

1. 品牌个性具有独特性

从根本上来说,创造品牌个性就是要帮助消费者认识品牌,区别品牌,加深顾客对品牌的印象,让消费者能更好地接受品牌。品牌个性可能最能代表一个品牌与其他品牌的差异性。在茫茫的产品世界中,许多品牌的定位差异不大,而个性却给了品牌一个脱颖而出的机会,并在消费者脑海里保留自己的位置,以展示自己不同的魅力。例如"宝马"是年轻的、时髦的;而"卡迪拉克"则是年老的、保守的;"雪佛莱"的个性则是轻柔,"劳斯莱斯"则是豪华高贵的。他们在消费者心目中都留下了不同的印象,并都取得了成功。

2. 品牌个性具有稳定性

一般来说,品牌个性都需要保持一定的稳定性。因为稳定的品牌个性是持久占据顾客心理的关键,也是品牌形象与消费者体验相结合的共鸣点。如果没有一个内在的稳定性及相应的行为特征,消费者就无法辨别品牌的个性,就像一个性情大起大落、变化无常的人难以与人接触沟通一样。消费者一旦与某个品牌建立了友谊关系之后,他们就希望该品牌形象能始终如一,坚持一贯形象,不会动辄就更改品牌个性,这会让长期支持该品牌的顾客无所适从,可能会造成顾客的流失。

3. 品牌个性具有时代性

尽管品牌个性具有一定的稳定性,但是任何成功的品牌都是会随着时代的发展变化而不断演变的,以期与顾客长期保持亲密的关系。因为,品牌的实质就是产品与顾客间的一种互动关系,品牌个性要保持灵活性、亲切感,就必须与时俱进,紧跟时代的脉搏,明确消费趋向,迎合消费趋势。例如,风靡全球的"芭比娃娃",它的品牌个性就很好地做到了与时俱进,保持了与顾客的良好的互动关系。20世纪50年代,芭比是个广交朋友、能说会道的小女孩;20世纪60年代,芭比细眉轻弯,平民化突出;20世纪70年代,有不同肤色的芭比;20世纪80年代,黑色的芭比很可爱,且有不同的职业装;而到了20世纪90年代,计算机飞速发展,芭比也顺应时代学会了飞指敲击键盘,灵活十足。

4. 品牌个性具有一致性

在当今张扬个性的时代,人们按照自己的个性选择自己喜欢的品牌,借助品牌来表现真正的自我,体现自己的生活方式、兴趣、爱好以及希望等。而要实现这些消费动机,就必须依靠鲜明的品牌个性。因此,只有在品牌个性与消费者个性相一致的情况下,消费者才会主动购买,否则,就很难打动消费者。例如在目前中国汽车消费市场,大学教授一般不会选择奔驰,原因是什么呢?因为这些品牌彰显的个性与消费群体的性格不相符。

5. 品牌个性具有难以模仿性

如果能够建立与众不同的品牌个性并通过大力传播为大众所认可和喜好,则该品牌就有可能可以形成长期、有效的竞争优势,因为即使竞争对手的产品和价格可能与你的相当,但你长期形成的品牌个性是不会轻易地被模仿的,属于你的品牌个性的忠诚顾客在理性消费时代也难以"见异思迁"。就算竞争者复制了你的品牌个性,也不过是为你作了免费广告罢了。譬如,同样是饮料,与可口可乐相联系的人格属性是传统的、美国式的、真实的;百事可乐则通常被认为是年轻的、兴奋的和时髦的,两种味道相近的可乐却拥有着完全不同的顾客群,可口可乐一般以中年人为主,而百事可乐则以年轻人消费群为主。

二、品牌个性价值

品牌具有价值,是企业最宝贵的无形资产。但品牌的价值从何而来?实际上,品牌的价值存在于消费者的意识里,但是如何让你的品牌在消费者的意识里就是一个问题了,这就必须靠品牌个性,鲜明的品牌个性可以让消费者印象深刻。只有具有消费者所欣赏接受并有深刻的品牌个性的品牌,才能为消费者接纳、喜欢并乐意购买,从而体现出其品牌价值。由此可见,品牌个性乃是品牌价值的核心,提升品牌价值就必须塑造出鲜明的品牌个性。具体来说,品牌个性具有以下这些价值:

1. 品牌个性的人性化价值

品牌个性的精髓是品牌人格化,"品牌即人,人即品牌"。百事可乐品牌在创建活动中所展示出来的个性——活力年轻、独立独行和自我张扬迷倒了新一代,他们饮用百事可乐不仅仅是喝饮料,而是认可、接受百事可乐的品牌个性,把百事可乐看作他们的朋友、他们的精神寄托甚至就是他们自己的化身。他们通过百事可乐来展示他们与上一辈喝可口可乐不一样的个性。用拟人化的标识来代表品牌的个性,如海尔兄弟、麦克唐纳、米老鼠、康师傅、肯德基老爷爷等。

2. 品牌个性可以激发消费者的购买动机

明晰的品牌个性可以解释人们购买这个品牌的产品的原因,也可以解释人们不购买另外品牌的产品的原因。品牌个性赋予消费者一些逼真的东西,这些东西会超越品牌定位;品牌个性也使品牌在消费者眼里活起来,这些元素能够超越产品的物理性能。正是品牌个性所传递的人性化的内容,使得消费者在考虑和接受一种产品,下意识地把自己与一个品牌联系起来。在许许多多可以选择的品牌中,消费者开始考虑某个品牌时,品牌的"种子"已经种下了。可以说,品牌个性是消费者购买动机的引发器。

3. 品牌个性的差异化价值

品牌个性最能代表一个品牌与其他品牌的差异。基于技术的产品差异性容易仿效,而由品牌个性建立起来的差异则深入到消费者的意识深处,它提供了最重要、最牢固的差异化优势。个性让品牌脱颖而出,并在消费者头脑中烙下深深的印迹。

4. 品牌个性是与消费者建立关系的基础

品牌个性是影响顾客满意度、顾客忠诚度的一个主要要素。品牌个性反映顾客对品牌的感觉或品牌带给顾客的感觉,品牌个性大部分来自情感,少部分来自逻辑思维。因此,培养情感就成为塑造品牌个性的重要举措。品牌个性能够深深感染消费者,这种感染力随着时间的推移会形成强大的品牌感召力,使消费者成为该品牌的忠实顾客,这是品牌个性的重要价值所在。

5. 品牌个性可以增强企业的核心竞争力

品牌个性是消费信息的重要内容,它反映了企业的市场动态与形象,也决定了目标市场的特点。品牌个性优势是适应市场发展趋势的企业核心竞争力,尤其在注意力经济时代及网络营销时代,品牌个性在繁多的信息递变过程中,成为可以不随时间推移的丰碑式识别标志。由于品牌个性价值是长期积累的结果,竞争对手无法在短期内获得,即便按照行业平均成本去生产产品,企业仍然可以通过品牌,提高产品附加价值,从而在竞争过程中占据成本优势与价值优势。因此,品牌个性有助于企业增强企业的核心竞争力。

第三节 品牌个性测量

现在,我们已经明确了品牌个性的相关概念。我们一直把品牌个性和人类的个性相比较,那么品牌究竟有哪些与人类相似的个性呢?这些个性是否可以归纳为几大类别呢?这就是我们下面要讲到的品牌个性的维度问题了。

一、品牌个性"大五"模型

1. 人格大五模型

所谓的"个性维度"是指人对待客观事物活动中的个性心理表现,虽不直接参与对客观事物认知的具体操作,但具有动力和调节机能,是心理素质结构中的动力成分。总体来说,关于个性测量研究的方法可分为两种:

一种是基于个性类型论获得个性维度。在类型论的研究视野里,可根据某种原则把所有的人划分为几种个性类型,以此来解说人的个性或性格。类型论可以由一个或少数几个特质来描述人的性格或人性,其中比较有影响的是荣格的内外倾类型理论。

另一种是基于特质论对自然语言作语义分析而获得的个性维度。特质论更侧重于具体描述个性,例如在类型论中说某一个人是一个内向的人,而在特质论中则说某人是一个安静的、深思的或严谨的人。弗雷格把特质论分为侧重统计方法与侧重非统计方法两种。统计分析的特质论侧重于描述个性特质量的差异,强调特质之间的相互依赖性;非统计方法的特质论则用逻辑与语义分析来划分性质,并且强调各种特质之间质的不同。基于统计方法的特质论研究中,"大五"模型最为著名:

(1)外倾性(Extroversion),主要包括外倾、充满活力、热情等,主要描述人们对社会交往及活动的偏好。

(2)宜人性(Agreeableness),主要包括宜人、利他、有感染力,主要描述人们同情以及对他人的关怀心理。

(3)严谨性(Conscientiousness),主要包括公正、克制、严谨,主要描述人们的目标导向行为,例如组织化程度等。

(4)神经质(Emotional stability),主要包括神经质、消极情感、敏觉,主要描述人们处理负面情感的能力。

(5)开放性(Openness to experience),主要包括开放、创造性、思路新,主要描述人们对新思想以及新的做事方式的宽容程度。

2. 品牌个性大五模型

1997年,Jennifer Aaker第一次根据西方人格理论的"大五"模型,以个性心理学维度的研究方法为基础,以西方著名品牌为研究对象,开发了一个系统的品牌个性维度量表。在这套量表中,品牌个性一共可以分为五个维度"真诚(Sincerity)、刺激

(Excitement)、能力(Competence)、成熟(Sophistication)和粗犷(Ruggedness)"。这五个维度下有15个指标,具体如表8-1所示。

表8-1 品牌个性结构维度

品牌个性维度	真诚(Sincerity)	务实(家庭为重的、小镇的、循规蹈矩的、蓝领的、美国的) 诚实(诚心的、真实的、道德的、有思想的、沉稳的) 健康(新颖的、诚恳的、永保年轻的、传统的) 愉快(感情的、友善的、温暖的、快乐的)
	刺激(Excitement)	大胆(极时髦的、刺激的、不规律的、俗丽的、煽情的) 活跃(酷酷的、年轻的、精力充沛的、外向的、冒险的) 幻想(独特的、风趣的、令人诧异的、有鉴赏能力的、好玩的) 时尚(独立的、现代的、创新的、积极的)
	能力(Competence)	可靠(勤奋的、安全的、有效率的、可靠的、小心的) 智慧(技术的、团体的、严肃的) 成功(领导者的、有信心的、有影响力的)
	成熟(Sophistication)	有魅力(女性的、流畅的、性感的、高尚的) 上流阶层(有魅力的、漂亮的、自负的、世故的)
	粗犷(Ruggedness)	户外(男子气概的、西部的、活跃的、运动的) 坚韧(粗野的、强壮的、不愚蠢的)

这套量表是迄今为止有关品牌个性最系统、最有影响的测量量表,它可以解释西方93%的品牌个性的差异,这套品牌个性维度量表在西方营销理论研究和实践中得到了广泛的运用。

2001年,为了探索品牌个性维度的文化差异性,Jennifer Aaker 与日本和西班牙的当地学者合作,继续沿用1997年美国品牌个性维度开发过程中使用的方法,对日本、西班牙这两个来自东方文化区及拉丁文化区代表国家的品牌个性维度和结构进行了探索和检验,并结合1997年在美国品牌个性的研究结果,对三个国家的品牌个性维度变化以及原因进行了分析。研究结果表明:美国品牌个性维度的独特性维度在于"粗犷(Ruggedness)";日本的独特性维度是"平和的(Peacefulness)";而西班牙却是"热情(Passion)"。这个研究总体上证明了"品牌的五大个性要素"在跨文化中的有效性,即它具有一定的通用性。

二、中国文化背景下的品牌个性维度

品牌个性维度具有一定的通用性,但是并不是每个地区的品牌个性维度都是完全相同的,品牌个性中融合了国家和民族文化的特性。由于中国的东方文化与西方文化具有很大的差异性,应该来说其品牌个性量表也具有其独特性,为了与国际同类研究进行比较,识别品牌个性与文化之间的真正关系,国内学者在此基础上,基于我国特殊的文化背景以及不同的产品背景,也对品牌个性维度进行了深入研究。其中学者黄胜兵和卢泰宏(2003)通过实证研究开发了中国的品牌个性维度量表,并从中国传统文化角度阐释了中国的品牌个性维度为"仁、智、勇、乐、雅";迪纳市场研究院的李金晖和包启挺在 2007 年将中国家电品牌个性维度概括为"信、礼、专、勇、天、雅";北京工商大学的刘勇在 2008 年将卷烟品牌的个性维度概括为:追求卓越、悠然自得、成功、豪迈、祥和、醇和芳香、清新天然、神秘的异域风情、友情、尊贵和真实可信。陈可等(2008)指出对于数码相机来说,品牌个性可以划分为真挚胜任、坚固、精致和刺激四个维度;其中黄胜兵等人的品牌个性维度划分被广泛认同。如表 8-2 所示。

表 8-2　中国品牌个性量表

中国品牌个性维度	仁	正直、仁慈、温馨、务实
	智	成功、智慧、信赖
	勇	粗犷、进取、强壮
	乐	吉祥、时尚、乐观
	雅	魅力、品位、儒雅

研究发现与美国、日本两个国家的品牌个性维度的跨文化比较研究表明:中国品牌个性一方面继承了中国文化传统,保留了本土的独特特点;另一方面,随着中国与世界经济文化的交流和融合,中国的品牌个性也不可避免地受到西方文化的影响。其中"仁"是同 Aaker 等人研究的美国文化背景下的品牌个性维度中的"Sincerity"相对应的品牌个性维度,形容人们具有的优良品行和高洁品质,比如务实、诚实、正直等;"智"是同西方的"Competence"相对应的维度,形容人们聪慧、沉稳、可靠和成功等品质;"勇"与"Ruggedness"较为相关,形容强壮、坚韧、勇敢等形象特征;"乐"比较具有中国特色,除包含了"Excitement"的含义以外,还具有表达积极、自信、乐观、时尚的含义;"雅"同西方研究中的"Sophistication"相应,涵盖了有品位、有教养等词汇,用来形容儒雅的言行风范和个性。"仁"(Sincerity)、"智"(Competence)、"雅"(Sophisticated)这三个维度具有较强的跨文化一致性,这可以说是世界多元文化的共性所在。"仁"是中国品牌个性中最具有中国文化特色的一个维度,其次是"乐"。中国品牌个性与美国品牌个性相比较:中国更加强调群体性利益,而美国更加重视个人利益,强调个性的表现,这是两种不同文化的差异在品牌个性中的体现;中国与日本相比较:中国品牌个性中存在着"勇",而日本则不存在这样一个单独维度;中国品牌个性中的"勇"与美国的"Ruggedness"相关性很强,这一维度在中国的出现,表明中国品牌的建立在一定程度上受到西方理论及文化的影响。

第四节　品牌个性的塑造

品牌个性的塑造,犹如人类个性的养成,是一个高度精细的过程,容不得一点点的偏差,在塑造品牌个性的过程中必须整体把握和综合运作影响品牌的各种因素,使之加强消费者对品牌个性的认知。

案例赏析

台新银行玫瑰卡的品牌个性塑造

台新银行玫瑰卡自上市以来,在短短的一年半时间里突破了10万张的发卡量,台新银行也因此成为台湾地区第三大发卡银行;而且玫瑰卡成功地区隔了信用卡市场,并以独特的诉求建立了玫瑰卡特别且令人注目的品牌个性,而一跃成为台湾女性信用卡的领导品牌。

1. 品牌命名

长久以来,玫瑰代表女性对浪漫爱情的憧憬,更代表爱情永恒的誓言。玫瑰好听、易记,玫瑰花除了女性喜爱之外,男性也欢迎,因此产品命名为台新银行玫瑰卡Lady's Card。上市以来,"台新银行玫瑰卡"已成为女性信用卡的主流及代名词。

2. 市场区隔

在台新银行加入发卡行列之前,台湾的信用卡市场几乎是花旗与中信的天下。在这种状况下,所有的发卡银行都将整体市场视为单一市场经营。经调查,台新银行预测女性的信用卡市场将有很大的发展空间,因此将女性区隔为台新银行信用卡的主要市场目标。

她们是一些这样的女人:喜欢煮咖啡,不喜欢煮饭;工作全力以赴,表现一流,男人开始习惯;渴望有女强人成就,又渴望如小女人般受宠;热情、爱冒险,却又心思细密;喜欢出国旅游,会赚钱,也会花钱,高兴就好;有自己的生活品位,有自己的消费主张,有专属于女人的信用卡——台新银行玫瑰卡。

3. 品牌定位

(1) 最女人的信用卡。

玫瑰卡第一阶段的定位是:"最女人的信用卡",清楚地表达玫瑰卡的属性。而且以广告展现玫瑰卡的气质并且塑造玫瑰卡独特的个性来取得目标群的认同。

在电视、报纸、杂志上,诉求玫瑰卡是"最女人的信用卡"。电视以首创普通卡附加400万旅游平安险为主题,接一段5秒的玫瑰花绽放的画面,传达新卡上市及"最女人的信用卡"信息。通过报纸,传达都市女性对现代爱情、生活、两性关系的看法,建立玫瑰卡为都市女性代言人的形象。杂志以女人第一次收到玫瑰花的心情为主题,传达台新银行玫瑰卡的浪漫特质,并建立玫瑰卡为女性爱情代言人的形象。在公车广告上制作车厢内大型海报,张贴满车厢内一侧,只要搭乘台北市公车,便会被台新银行玫瑰卡灿烂的花海所包围。

(2) 认真的女人最美丽。

第二阶段则对"最女人的信用卡"进行升华,以"认真的女人最美丽"为个性写真,因为"认真"是一种生活态度、消费主张;"美丽"则是女人热衷追求,喜爱被赞美的心理。

台新银行推出了"认真的女人最美丽"系列广告。在主题篇《三个认真的女子》

中,以三个都市女子为主轴,带出女人认真生活、工作的感性面,值得一提的是,台新银行首创信用卡电视广告有主题歌曲,在主题曲主唱人高慧君推出的专辑唱片中,主打歌便是《认真的女人最美丽》。

4. 个性塑造策略

品牌的个性一经设定,所有的营销广告活动便围绕展开。为此,台新银行采取了以下策略:

策略一:产品优势建立

第一代玫瑰卡,发卡初期以 VISA ONLY 为主,因 VISA 卡的市场接受度远较万事达卡高。第二代玫瑰卡,重新规划玫瑰卡卡面设计,发行玫瑰万事达卡,以区别第一代玫瑰卡。

增加持卡权益:旅游平安险,金卡免费道路救援服务,全球购物保障,代缴电费、电话费及交通罚款等。

策略二:直效行销

(1)首创业务员现场办卡。透过全省业务员,在全省各人潮聚集处如百货公司、电影院等摆摊位,直接与目标对象接触,缩短犹豫期,成功率高。

(2)分行推广。凡台新银行客户至分行办理玫瑰卡即可获享第一年年费六六折优惠。

(3)人海战术。广布台北、台中、台南、高雄近200名业务员以平均每人每月进件70件的高生产力,快速累积发卡量。

策略三:数据库行销

(1)以银行现有客户进行名单行销活动。

(2)员工推荐亲朋好友申请项目。

(3)会员推荐亲友。

策略四:创造新闻话题

玫瑰卡上市之前以反行销手法方式,成功引起新闻媒体的注意,获得媒体大量曝光的机会。同时,由于玫瑰卡上市以来已蔚为女性信用卡代言人及主流,吸引许多报刊争相专题报道。

策略五:针对性推广

在细分出女性市场以后,台新银行又针对不同的女性进行了一系列有针对性的推广活动:比如,针对外界名单及应届毕业的大专女学生,寄发 Direct Mail,可享终身免年费优惠,并获得免费赫莲娜保养化妆品一组。台新成为第一家名牌信用卡推出"终身免年费"的,轰动信用卡市场。

策略六:异业结合,共创商业契机

参与《美丽佳人》杂志3周年庆,由《美丽佳人》引进法国巴黎名模,展现当季流行秀,并举办《美丽佳人》杂志音乐会。由《美丽佳人》杂志邀请知名音乐家举办演奏会,邀请玫瑰卡会员欣赏。在由《ELLE》杂志所举办的女性电影展上,选择多项知名女性电影,嘉惠玫瑰卡会员免费欣赏。

品牌管理

> 在与异业结合的活动中,玫瑰卡更运用了贵宾策略。与Colour 18贵宾卡联合,凡成功申请玫瑰卡,即可免费获得Colour 18贵宾卡一张,至Colour 18全省专柜可享9折优惠。
>
> 策略七:"情人节"造势
>
> 在每年西洋情人节及七夕,举办大型现场办卡活动,以女人喜爱又与玫瑰卡相关联的玫瑰花、巧克力及玫瑰花茶做赠品,推出"玫瑰、真情、拍立得"活动,在全省新光三越百货设点,免费拍照替情侣留下情人节爱的见证。情人节已成为玫瑰卡的节日。
>
> 策略八:借新版本上市之机造势
>
> 第二版玫瑰卡上市时,是以11朵玫瑰花及粉红色调为基调,为吸引年轻女性申请。推出"寻找第100 000个认真的女人"活动,成为第100 000个认真的女人可获得免费刷卡金,申请核准可获得克兰丝晶钻迷你唇膏及粉霜试用卡。
>
> 由于一系列的卓越策划,台新银行玫瑰卡成功地在信用卡市场绽放,这不仅是广告、营销等策略的成功,更是由于其以品牌经营的观念,建立了台新银行玫瑰卡"认真"的品牌个性,并由此带动整体发卡量的成长、营业额的成长、知名度的迅速扩张及累积。
>
> (资料来源:http://www.cmmo.cn)

一、品牌个性的心理学基础

1. 潜意识理论

现代心理学家认为,人类的一切活动,包括消费者行为,总是以人的需要为基础的。消费者需要是指消费者生理和心理的匮乏状态,即感到缺少些什么,从而想获得它们的状态。个体在其生存和发展过程中有各种各样的需要,如饿的时候有吃饭的需要,渴的时候有喝水的需要等等。

在市场经济条件下,消费者的需要直接表现为购买商品或接受服务的愿望。有两类不同的需要对消费者的购买行为产生影响:一种是消费者能够意识到的需要;另一种是消费者在购买活动中的确存在而又无法被其所意识到的感受或冲动,这就是潜意识的影响。

弗洛伊德把心灵比喻为一座冰山,浮出水面的是少部分,代表意识,而沉没在水面之下的大部分,这就是潜意识。他认为,人的言行举止只有少部分是受意识控制的,其他大部分则由潜意识所主宰,而且这种主宰是主动地运作,人却没有觉察到。潜意识是指被长期压抑、个体当时感受不到的本能欲望或经验。潜意识中的本能欲望不可能随心所欲地获得满足,它一定会受到道德、文化、法律等多种因素的压抑和排挤。即使如此,它们也不可能被泯灭,相反一定会得到释放。

依据弗洛伊德的潜意识理论,研究消费者人格的学者相信,人类的驱动力大多数是无意识,而且消费者可能也不了解其购买行为背后的真正原因。这些学者将消费者的外表及拥有物都视为个人人格的反映和延伸。当消费者坚持要买某样东西时,都多少可以折射出他们的潜意识中的本能欲望和潜在的心理需求。

2. 自我概念

自我概念是个体对自身一切的知觉、了解和感受的总和。每个人都会逐步形成对自己的一些看法，如是美是丑等。它主要回答的是"我是谁""我怎么样"一类的问题。消费者的自我概念不止一种，而是包括以下多种类型：

(1) 真实的自我，指消费者实际上如何真实地看待自己；

(2) 理想的自我，指消费者希望如何看待自己；

(3) 社会的自我，指消费者感到别人如何看待自己；

(4) 理想的社会自我，指消费者希望别人如何看待自己；

(5) 期待的自我，指消费者期望在将来如何看待自己，是介于实际的自我与理想的自我之间的一种形式，等等。

一般认为消费者根据认为自己是什么样的人(真实的自我)和希望自己成为什么样的人(理想的自我)，来指导自己的消费行为。因此，消费者比较倾向于购买那些与他们自己具有相似个性或那些能使他们自己的某些个性弱点得到补偿的产品。

在不同产品类别的品牌个性与消费者自我概念研究中发现，消费者自我概念与品牌个性越是一致，对其品牌的购买意愿也就越强。购买的产品符合长期以来对自我的认识。这是因为商品的购买、展示和使用，不仅可以向消费者提供产品的功效，还可以向个体或者他人传递一种象征意义，体现他们的价值观、人生观、生活方式等。消费者为了维护和强化自我概念，就必然会使消费行为与自我概念一致。在市场产品极其丰富的今天，消费者完全可以在不同品牌之间进行自由选择。在追求一致性的影响下，消费者将根据其对真实自我所持有的概念来消费。他们通过购买与其真实自我概念相类似的产品或服务来保持一致性。

综上所述，从心理学的角度看，消费者的购买行为即是为了满足消费者的潜意识的本能欲望、释放一种压力、获得某种心理补偿，同时其购买行为也是试图与长期以来的自我概念保持一致。因此，品牌管理者应该充分挖掘出该品牌使用人群的潜意识需要和自我概念，进行有针对性的营销策略，以在市场中立于不败之地。

二、品牌个性的来源

品牌个性作为品牌力的重要组成部分，其反映的是消费者对品牌的感觉，或者品牌带给消费者的感觉。品牌个性的形成是长期有意识培育的结果，品牌个性可以来自与品牌有关的所有方面。以下是品牌个性来源的几个重要因素：

1. 产品自身的表现

产品是品牌行为的最重要载体，企业产品本身的发展随着在市场上的展开而逐渐广为人知，从而形成自身鲜明的个性。"英特尔"的 CPU 产品以极快的速度推陈出新，该公司的创新品质形成英特尔最重要的品牌个性，使得电脑用户趋之若鹜，造就了"英特尔"巨大的品牌价值。在市场竞争日益激烈的今天，产品概念已经延伸到了服务领域。如作为银行，提供的产品是服务，因为缺乏竞争，传统的国有银行总是让人想起慢腾腾的队伍、高高的柜台、冷若冰霜的面孔。而"招商银行"及时摆正自己的位置，亲切的微笑、快捷有序的服务以及供客户休息的座位设置，都让人耳目一新，其"一卡通"的产品形式，更是在方便客户的同时，也在客户的脑海中留下了关爱、领先的个性。

2. 产品的价格

产品的定价作为产品自身品质的反映，在一定程度上也体现了品牌个性。如一贯的高价格可能会被认为是高档的、富有的、世故的，例如"万宝路"；相反则会被认为是朴实的、节约的、略显落伍的，例如"雕牌"；经常改变价格，会被认为是轻浮的、难以捉摸的。有些品牌会奉行永不打折的原则，这样就会被认为是专一的、真实的，也有些强硬的。

3. 产品的包装和设计

产品的包装被称为是"无声的推销员"，它是消费者在终端所见到的最直接的广告，是产品在货架上的形象代言人。健康、优良的包装材料，独具匠心的包装造型，标志、图形、字体、色彩等各种手段的综合运用，都有助于品牌个性的塑造与强化。例如"柯达"的包装，以红、黄等暖色调，体现其温馨的个性。"贝因美"是我们十分熟悉的品牌，它的母婴图案标志，极易使人联想到待哺的婴儿、慈爱的母亲和健康营养的育儿乳品，突出了"贝因美"对消费者的象征意义，有利于唤起慈爱、舒适和信任的情感个性。

4. 产品的名称

产品名称的基本形式是语言和文字。语言是一种流动的信息，它通过声音刺激消费者的听觉器官从而留下印象，它还能以口碑的形式在公众中传播从而提高知名度。文字也是信息的载体，它以符号的形式刺激消费者的视觉器官，使消费者在脑海中留下印象、产生联想和感触。品牌名称的创意的关键在于名称所承载的信息是否与消费者潜在的心理需求相投合。一个品牌名字在市场上能否叫响，一如艺术创作，往往取决于创作者灵感与欣赏者趣味的合拍。如"野狼"和"木兰"同为摩托车品牌，带给人的印象和感受却截然不同。这是因为，在品牌名称中也隐含着一种定位。化妆品惯常用"柔、洁、芳、雅"等字眼命名，以此突出温柔、典雅的女性特质；而男士用品则喜欢采用"虎、豹、威、猛"等字眼命名，以表男子汉阳刚之气或男人成功之感。对于外国品牌名称的翻译，也是一项艺术再创作。"雪碧"，给人以清凉爽快的感觉，更符合中国人的思维习惯和消费心理。

案 例 赏 析

丰田"Prado"名称的翻译

一条"车到山前必有路，有路必有丰田车"的广告语，曾道出了丰田公司的自信与豪迈。然而在2004年推出的"Prado"越野车却为她带来了公共关系上的麻烦。

首先，该车的中文取名为"霸道"，在中国市场上引起了一片声讨声。因为其中文名很容易让消费者联想到一个毫不讲理的、横行霸道的痞子个性。

其次，"霸道"一词在中文中是贬义词，描述的人格形象是"横行乡里、称王称霸"

的地痞和流氓。品牌推广人本想塑造该款车"马力强劲、驰骋千里、无坚不摧、所向披靡"的品牌个性,结果其名称和其他传播因素结合在一起,深深地伤害了中国消费者的情感,以致在互联网上掀起了一场抵制风波。"Prado"最后不得不采用音译作为品牌名,即"普拉多"。

可见,品牌名称对于塑造品牌个性有先声夺人之功。但如果取名不当,不但不能塑造个性,相反会带来诸多问题。

5. 品牌的使用者

由于一群具有类似背景的消费者经常使用某一品牌,久而久之,这群使用者共有的个性就被附着在该品牌上,从而形成该品牌稳定的个性。"摩托罗拉"是中国手机市场的开拓者,一开始有能力购买手机的消费者大多为成功的商务人士。因此"摩托罗拉"的使用者集中在商务人士,渐渐地商务人士共同的行为特征就凝聚在"摩托罗拉"手机上,从而形成了"摩托罗拉"成功、自信、注重效率的品牌个性。而"摩托罗拉"公司也有意识地加强这种品牌个性,它的系列手机广告都以成功的商务人士作为使用者形象,使其品牌个性得到了强化,形成了"摩托罗拉"与其他手机品牌的显著区别。而"诺基亚"则是后来者,所以其使用者多为年轻一代,故而形成时尚、年轻、前卫的品牌个性而广为年轻人所接受,同样在手机市场上脱颖而出。

6. 品牌的代言人

通过借用名人,也可以塑造品牌个性。透过这种方式,品牌代言人的品质可以传递给品牌。在这一点上,"百事可乐"公司是做得最为出色的一个。百事可乐总是不断地寻找代言人,而且从不间断。从迈克尔·杰克逊到麦当娜、碧昂丝、布兰妮、张国荣,百事可乐一直以明星作为自己的品牌代言人,这些明星较好地诠释了百事可乐年轻、潮流的品牌个性,迷倒了众多的青少年。

7. 品牌的创始人

一家企业由于不断的发展,其创始人的名声渐渐广为人知,因此创始人的品质就会成为该品牌的个性。如福特、比尔·盖茨,每个人都以自己的形象塑造了品牌,突出了品牌的个性。许多创始人如比尔·盖茨、任正非的形象广为人知,这是形成品牌个性塑造最有用的来源。华为的任正非在国内几乎是家喻户晓,因此他身上一些独具魅力的品质就被传递到华为品牌上,从而形成了华为的品牌个性。人们把任正非与华为紧紧地联系在一起。这使得华为与其他手机品牌鲜明地区分开来。

8. 品牌的历史

品牌诞生的时间也会影响品牌的个性。一般来说,诞生较晚,上市时间较短的品牌占有年轻、时尚、创新的个性优势;而诞生较早的老字号品牌常常给人成熟、老练、稳重的感觉,但可能也有过时、守旧、死气沉沉等负面影响。因此,对于老品牌,需要经常为品牌注入活力,以防止其老化。但值得注意的是,对于某一类产品品牌而言,有时需要年轻的个性,而有时却需要厚重的历史感,比如酒类品牌:剑南春宣称"千年酒业剑南春",国酒茅台更是宣称其历史可以追溯到2 000多年前,其价格更是一路飙升。

9. 品牌的籍贯

由于历史、经济、文化、风俗的不同,每一个地方都会形成自己的一些特色,因此,每个地方的人会有一些个性上的差异。例如德国人的严谨,法国人的浪漫,这些个性上的差异也会影响到生长在这个地方的品牌,所以时装和香水产在法国,汽车和电器产在德国会更让人放心。在中国,白酒的出产地如果是在四川和贵州,会更值得信赖,香烟如果产自云南,会感觉更加地道,这是地域对品牌个性的背书作用。有一些品牌,会借助出生的背景来树立自己的个性。孔府家酒,产自孔子的故乡曲阜,这使人相信这种酒是具有中国文化特色的。如果这种酒产自其他地方,则不但不会增强其品牌个性,反而会被淡化。

总而言之,品牌个性是一个品牌最有价值的一个方面,它可以超越产品而不易被竞争者模仿。品牌个性可以借助以上几个甚至单一的因素建立起来,当然这些因素不能孤立存在,它必须置于品牌系统与消费者系统以及营销沟通的环境下,才有可能实现品牌个性的建立与深化。一旦形成一个鲜明、独特的个性,就有可能形成一个强有力的品牌。

三、塑造鲜明的品牌个性

1. 品牌个性塑造原则

"条条道路通罗马",要想塑造一个品牌的个性,具体的方法有很多种。但要寻找一种固定的模式来建立品牌个性又是十分困难的,因为每个品牌都有自己独特的地方。此外,在品牌个性的塑造过程中也有一些共性的东西。一般企业在塑造品牌个性实施品牌策略时要遵循以下原则。

(1) 持续性原则。品牌个性是消费者对品牌由外而内的整体评价,它的形成是一项长期的、系统的工程。稳定的品牌个性是持久地占据消费者心理的关键,也是品牌形象与消费者经验融合的要求。品牌个性如果缺乏持续性,就会使消费者无法认清品牌的个性,自然也就无法与消费者自己的个性吻合,而且他们也不会选择这样的品牌。

(2) 独特性原则。世界上没有两片完全相同的树叶,市场上也不存在完全相同的两个品牌,每个品牌都是独一无二的。独特新颖制造了差异性,这样的事物总是很容易让人记住。品牌个性作为品牌的独特气质和自我特点,同样也必须具有差异性,这样才能更好地发挥品牌个性的巨大魅力,从而打动目标消费者,引起情感的共鸣。

(3) 人性化原则。品牌个性的树立是一个浇灌情感的过程,人性化的品牌能够使消费者产生某种情感,而此时的品牌不再是缺乏生命的产品和服务,而是消费者的亲密伙伴和精神上的依托。现如今,在市场产品极为丰富、消费者生活水平有了较大提高的背景下,消费者购物时就更加注重心理需求的满足,所以品牌在塑造过程中要注意以人为本。

2. 品牌个性塑造步骤

Lynn B. Upshaw 在其著作中说:"确定通过哪种规范步骤来建立一种品牌个性是很困难的。"但他还是给出了七个步骤:

第一,从每个消费者出发,考虑不同的方案;

第二,从品牌定位出发,展望品牌个性;

第三,从主要的情感出发,考虑品牌个性;

第四,优先考虑对品牌个性的喜欢程度;

第五,发掘品牌个性的潜力,增强信心;

第六,投资中的投资;

第七,设立"品牌个性的监督员",并与"品牌定位的监督员"一起工作。

卢泰宏认为,塑造品牌个性,把握住三个问题,就事半功倍了。

第一,你的产品或服务有什么突出的特征或者特质?

第二,你的产品或者服务如何定位?以谁为目标顾客?这些目标消费群偏好何种生活形态和心理个性。

第三,你的产品或者服务怎样人格化,以使广告对象产生"代入"感?也就是"产品+定位+个性=品牌性格"。

品牌个性塑造无论采取怎样的步骤,塑造成功的品牌个性,即是尽可能地使品牌个性与目标消费者的个性相一致,或与他们所追求的个性相一致。概括而言,塑造品牌个性一般有三个步骤,分别是识别品牌的个性联系、确定品牌的个性目标、实施品牌的个性战略。

(1) 识别品牌的个性联系。识别品牌的个性联系,有多种方法供消费者把产品个性与一种产品类型中的不同品牌和产品类型本身联系起来,有直接的又有间接的定性的方法。最简单的一种定性方法就是让消费者用各种个性形容词(如友好的、平凡的、实用的、现代的、可靠的)对一个品牌或该品牌的使用者进行评价。这种方法的缺点在于限定的个性形象形容词也许不完整或者没有多大的相关性,也有可能消费者并不喜欢这种直接的启发式的方式来反映他们对品牌的真实意见。获得与品牌典型使用者相联系的另一种定性方式是使用照片筛选。通过给消费者一些人的照片,请他们选择他们认为使用是某一特定品牌的人并要描述他们。还有一种更常用的方法是要求消费者把品牌与其他事物联系起来,如动物、汽车、人、杂志、树、电影或书。通过识别品牌的多种个性联系并与目标消费者对自身个性的评价相比较,再通过广告来加强或改变一种品牌个性的观点。

(2) 确定品牌的个性目标。品牌的个性目标必须与品牌允诺的功能或心理上的利益相一致,如李宁公司成功地将竞争、成功、超越和获胜的情绪与品牌联系起来。在做出品牌个性的目标决策时,首先需要对目标细分市场进行人口统计分析,进而发现目标细分市场有可能寻求哪一种生活价值和个性特点。如娱乐、享受和刺激较典型地被年轻的消费者所看重,而安全感则随年龄的增大而增加,同时年轻人总是可以用反叛性和反传统的价值观来识别。在确定品牌个性目标时需要关注社会趋势的变化,并了解品牌个性如何对一代人是符合潮流的而对于接下来的一代却是过时的和不合适的。

(3) 实施品牌的个性战略。一旦品牌的个性目标被确定后就需要开发能创造、加强或改变这一目标个性的品牌识别。正如前文所述,品牌个性的确定和发展取决于品牌传播组合中的众多因素,如企业的形象、品牌名称、包装、定价、促销的影响,因此品牌个性的成功创造有赖于这些不同力量的合力的作用。作为长期品牌个性战略的一部分，一旦一种个性选定以后就需要保持长期的一致性，但在选择个性的时候要小心谨慎，力求做到一击即中。一个企业若对其潜在消费者的思想过程了解得越详细、越多，就越能了解消费者购买产品的真正需求和喜好，能更准确地把握消费者的个性特征，因此其对于品牌个性的创建就会越成功，就越能也越容易实施品牌个性化战略。

本 章 小 结

个性（Personality）也称人格，该词来源于拉丁语 Persona，最初是指演员所戴的面具，其后是指演员和他所扮演的角色。心理学家引申其含义，把个体在人生舞台上扮演的角色的外在行为和心理特质都称为个性。

品牌个性是指产品或品牌拟人化的特性以及在此基础上消费者对这些特性的感知。既包括品牌气质、品牌性格，又包括年龄、性别、阶层等排除在人格、性格之外的人口统计特征。

品牌定位是确立品牌个性的必要条件，品牌定位必须通过品牌个性来表现。品牌个性就是要在品牌定位的基础上创造人格化、个性化的品牌形象。但品牌个性并不完全决定于品牌定位。

品牌个性特征主要表现在：独特性、稳定性、时代性、一致性、不可模仿性；品牌个性价值主要表现在：品牌的人性化价值、可以激发消费者的购买动机、能够体现品牌差异化价值、是消费者与品牌关系的基础、可以增强企业的核心竞争力。

Jennifer Aaker 第一次根据西方人格理论的"大五"模型，以个性心理学维度的研究方法为基础，以西方著名品牌为研究对象，开发了一个系统的品牌个性维度量表。在这套量表中，品牌个性一共可以分为五个维度"真诚（Sincerity）、刺激（Excitement）、能力（Competence）、成熟（Sophistication）和粗犷（Ruggedness）"。

品牌个性维度具有一定的通用性，但是并不是每个地区的品牌个性维度都是完全相同的，品牌个性中融合了国家和民族文化的特性。国内学者在此基础上，基于我国特殊的文化背景以及不同的产品背景，也对品牌个性维度进行了深入研究。其中学者黄胜兵和卢泰宏（2003）通过实证研究开发了中国的品牌个性维度量表，并从中国传统文化角度阐释了中国的品牌个性维度为"仁、智、勇、乐、雅"。

品牌个性的来源主要体现以下几方面：产品自身的表现、产品的价格、产品的包装和设计、产品的名称、品牌的使用者、品牌的代言人、品牌的创始人、品牌的历史、品牌的籍贯等。

品牌个性塑造必须坚持的原则：持续性原则、独特性原则、人性化原则；品牌个性塑造的过程：识别品牌的个性联系、确定品牌的个性目标、实施品牌个性化战略。

思考与练习题

1. 简述个性的含义。
2. 简述品牌个性的内涵。
3. 简述品牌个性与品牌定位、品牌形象之间的关系。

4. 简述西方品牌个性的结构。
5. 简述中国本土文化下的品牌个性成分。
6. 简述品牌个性的特征。
7. 简述品牌个性的来源。
8. 列举一个例子说明品牌个性怎样丰富了品牌的内涵。
9. 结合实际说明品牌个性对顾客购买行为产生的影响。

第九章 品牌文化

学习目的：

1. 了解品牌文化的概念
2. 了解品牌文化的特性
3. 了解品牌文化的价值
4. 掌握品牌文化的构成体系
5. 掌握品牌文化培育的基本程序
6. 了解品牌文化培育的误区

开篇案例

可口可乐的品牌文化

1983年，可口可乐对客户需求进行了一次耗资400万美元、历时一年半的调查。在饮料口味上，有60%的顾客拥护支持新口味，于是公司决定在可口可乐100周年时花7 000万美元广告费推出新口味可乐。在群体好奇心的支配下，新口味可乐一时很畅销，甚至百事可乐的客户也被吸引了过来。但好景不长，市场上很快就掀起了反对浪潮。每天都有几千封抗议信，而且还有不少顾客穿上写有抗议口号的T恤衫上街游行反对改革。可口可乐公司起初想顾客会慢慢适应的，谁想过了两个月，反对浪潮不但没有停止，反有愈演愈烈之势。

同时，厌恶新可乐的人数与日俱增，销量持续下降，新可乐已成为可口可乐公司的"灾星"。在重重压力之下，可口可乐公司不得不恢复生产老可乐，以平息众怒。没想到美国人竟上街高举鲜花庆贺老可乐恢复生产上市，甚至有一架飞机在天空拖着一面旗帜，上面写着"感谢你，可口可乐！"之后可口可乐销量迅速增长，出现了前所未有的好形势。经过这一事件，无论是可口可乐的客户，还是可口可乐公司的老板与员工，都强烈地感受到：可口可乐已融入了美国人的生活中，成了美国人生活、文化的一部分。启示：一个企业的产品一旦成为一个国家、一个民族文化生活的一部分，那么这个企业就完全与该国人民大众融合了，这也正是企业文化的最高境界。而同时，当顾客一旦将感情注入到了企业的产品中，其凝聚力与及对其他产品的排斥力之大是任何人都意想不到的。

（资料来源：http://www.china-b.com/jyzy/ldl/20090317/932820_1.html）

21世纪是一个文化主导的世纪。我国目前已开始由经济型社会向文化型社会过渡,消费者在消费过程中更加强调一种文化,当消费者在消费时产生愉悦、激动、情趣时,企业才能真正建立起消费者的品牌忠诚度。因此,企业的品牌文化已成为未来企业的第一竞争力。正是从这个意义上说,21世纪的企业之间的竞争,最根本的是品牌竞争,是品牌文化的竞争。

第一节 品牌文化概述

建立品牌,不仅仅是一项经济性社会活动,同时也是一种文化性社会活动。品牌的创立过程中,会产生一系列的社会文化心态、文化习惯、文化观念和文化现象。品牌通过文化可以增加其附加值,对品牌文化进行挖掘,赋予产品以文化寓意,使文化渗透到品牌经营的各个方面,是品牌营销的重点。越来越多的企业家和经营者意识到:不懂文化,做不好品牌,做不好生意。

一、文化基本概念

"文化"是从拉丁文的"耕种"一词引申而来,后来该词的词义被逐渐引申为对人自身本能状态的教化、培养和"修身"的功夫与活动,以及对人与人之间的关系的培养和照料活动。在中文中,文化一词可以追溯到《易传》中的"日文化成"一语。"文"是指文德,即现在所理解的伦理道德;"化"是指教化,即经教育使人转化。

具有的学者统计,目前理论界对文化一词的界定多达数百种。关于文化的具体定义,1871年,英国的人类文化学家爱德华·泰勒在其《原始文化》一书中,首次对文化进行了科学的界定:"文化是一个复杂的总体,包括知识、信仰、艺术、道德、法律、风俗,以及人类在社会里所获得的一切能力和习惯。"威廉·A.哈维兰在《当代人类学》中指出,可为人所接受的现代文化定义是:文化是一系列规范和准则。当社会成员按照它行动时,所产生的行为应限于社会成员认为合理和可接受的变动范围之中。著名人类学家古迪纳夫(Goodenough,1957)说,"一个社会的文化是由人们为了以社会成员所接受的方式行事而须知和信仰的东西所构成。文化不是一种物质现象,它不是由事物、人、行为和情感所构成,而是它们的组合。文化是存在于人们头脑中的事物的形式,是人们洞察、联系以及解释事物的方式"。

美国学者A.克罗伯提出了影响深广的文化概念,他认为现代意义的文化应包括五种含义:

其一,文化包含行为的模式和指导行为的模式;

其二,模式不论外观或内涵,皆由后天学习而得,学习的方式是通过人工构造的"符号"系统;

其三,模式物化体现于人工制品中,因而这些制品也后于文化;

其四,历史上形成的价值观乃是文化的核心,不同质的文化,可以依据价值观念的

不同进行区别;

其五,文化系统既是限制人类活动方式的原因,又是人类活动的产物和结果。

"文化的功能是建立行为模式、执行标准以及人与人和人与环境之间关系的处理方式。"社会的发展,就是文化的传承,就是文明的进程。人类社会发展的各个方面都映射了文化的足迹。"实际上,任何一种或一类文化,都应当是文化载体、文化规则和文化意义(或内涵)的统一。在这里,文化的载体是指文化的实体和外观感性形态(如物质器物、制度行为、文化表征或表象)。文化的规则指文化的载体要素在表达和显示意义的过程中相互结合在一起的内在规则。文化的意义指隐含在文化载体中的某种意义、含义或内涵。"

在文化研究中,通常将文化分为物质文化、制度文化和精神文化等三部分。然而,无论如何划分,文化伴随人类的生存发展而存在,渗透到人类生活的方方面面,对人类活动的文化研究进一步完善和提高了人类对自身的认识。文化本身是复杂的,文化研究同样是艰巨的。

二、品牌文化概念

品牌的背后是文化,品牌文化是品牌最核心的东西,产品是暂时的,而文化却是永恒的、经典的。品牌文化是品牌价值内涵和情感内涵的自然流露,是品牌触动消费者心灵的有效载体;它蕴涵着深刻的价值理念、情感表达、审美品位、生活情趣、个性修养等精神元素。品牌文化通过精神境界的塑造,带给消费者高层次的情感体验、精神慰藉,触动消费者的内心,激发他们对品牌文化的认同。在消费者的心中,选用某一品牌不仅是满足产品物质使用的需求,更希望借此体现自己的价值观、身份、品位,释放自己的情怀。

从品牌生态学的观点来看,品牌可以分为两大类:经济型品牌和生命型品牌。经济型品牌是指以追求经济利益为根本宗旨,把获得最大市场占有率、最高销售额和最高回报率作为品牌成功的最高标准,不重视品牌文化的建设,结果使品牌成为一部纯粹的赚钱机器,导致其生命快速衰竭。生命型品牌是超越经济利益的生命机体,通过建立优秀的品牌文化而对消费者产生持久的魅力,它更注重长远利益,它的生存能力和发展潜力随着机体的健康成长而不断延续。

通过对品牌本质及文化相关内容的分析,本书将品牌文化界定为:指文化特质在品牌中的沉积和品牌经营活动中的一切文化现象及它们所代表的利益认知、情感属性、文化传统和个性形象等价值观念的总和。品牌文化的核心是文化内涵,具体而言是其蕴涵的深刻的价值内涵和情感内涵,也就是品牌所凝练的价值观念、生活态度、审美情趣、个性修养、时尚品位、情感诉求等精神象征。离开文化,品牌只会停留在符号代码上,除了识别功能不能赋予消费者更多的价值和向往,不能在心理和情感上为消费者带来满足。品牌的文化内涵是品牌附加价值的源泉,是品牌个性的基础,是品牌形象塑造的主要内容,也是顾客品牌关系的纽带。

案例赏析

小糊涂仙之糊涂文化

卖白酒就是卖品牌文化,白酒的竞争实质上就是品牌文化的竞争,因为酒自身所具有的精神文化价值越来越突出。事实上也是如此,白酒的竞争已成为品牌力的竞争,品牌文化正在释放着它更大的潜能,推动着产品的销售。

云峰酒业巧妙地将郑板桥"聪明难、糊涂更难"的名言与"小糊涂仙酒"联系起来,将传统文化与现代文化的交融组成了新时代的"糊涂文化",从而形成了自己独特的品牌文化。

糊涂是一种境界,深谙糊涂之道是一种大境界,而把这种糊涂之道和解忧消愁的白酒结合在一起,则是一种更大的境界,这就是小糊涂仙"糊涂"的艺术。当年郑板桥先生的伤世感怀和现代人疲于奔命的劳顿心理,"聪明难,糊涂难,由聪明转入糊涂更难",这也让云峰人心领神会,创意人员从"糊涂"中找到了切入点。"做什么样的神仙最洒脱?""小糊涂仙。""聪明!""聪明难,糊涂更难!"这就是云峰人对当年郑板桥先生"难得糊涂"的现代理解和演绎。

(资料来源:中华品牌管理网,http://www.cnbm.net.cn/)

优秀的品牌文化是民族文化精神的高度提炼和人类美好价值观念的共同升华,凝结着时代文明发展的精髓,渗透着对亲情、友情、爱情和真情的深情赞颂,倡导健康向上、奋发有为的人生信条。优秀的品牌文化可以生生不息,经久不衰,引领时代的消费潮流,改变亿万人的生活方式,甚至塑造几代人的价值观。优秀的品牌文化可以以其独特的个性和风采,超越民族,超越国界,超越意识,使品牌深入人心,吸引全世界人民共同向往、共同消费。优秀的品牌文化可以赋予品牌强大的生命力和非凡的扩张能力,充分利用品牌的美誉度和知名度进行品牌延伸,进一步提高品牌的号召力和竞争力。最为重要的是,优秀的品牌文化还可以使消费者对其产品的消费成为一种文化的自觉,成为生活中不可或缺的内容。

三、品牌文化特性

每一个企业的品牌文化通常都包含这些特性:天然性、心理性、独特性、民族性、关联性、品牌文化渗透力强、品牌文化相对稳定等。

1. 品牌文化的天然性

品牌从一诞生起就天然与文化发生联系,如同仁堂、可口可乐、耐克等等,它们都反映着生产者、产品、地区及消费的文化理念。品牌创始初期,品牌的符号化过程就是品牌文化的发端,产品名称、符号、Logo、色彩和包装等,都要反映商品特有的文化价值。它可以是民族的,如长虹、长城等品牌;可以是多种文化融合的,如海尔、爱丽丝等;也可以是传统的,如云南白药、同仁堂等。源于文化,融入文化的品牌天然具有亲和力。从品牌的传播看,品牌传播必然反映文化的思潮,符合时代的精神,如非常可乐以民族意识为广告诉求点,旨在唤起国人的民族消费情结,并以此与洋可乐竞争。同样,广告必须符合大众的审美观、道德观、价值取向和文化氛围。

2. 品牌文化的心理性

品牌文化作为一种特定的文化形态,具有一定的心理性。这种心理性主要表现在品牌文化的内隐性和自觉性。因此,当品牌所提出的品牌理念和塑造的品牌形象能引发消费者共鸣的时候,品牌就具有了一定的魔力,品牌就能产生附加值。

― 相 关 案 例 ―

嘉士伯的品牌文化

欧洲某调查机构曾做过一个有趣的实验,他们把嘉士伯啤酒倒入一个普通啤酒瓶子里,再把普通啤酒倒入嘉士伯啤酒瓶子里,然后让顾客品尝。令人啼笑皆非的是,所有人都认为装在嘉士伯瓶子里的普通啤酒更好喝,而真正的装在普通啤酒瓶子里的嘉士伯啤酒却被认为难喝,甚至想吐。这个例子说明,一个品牌的价值远远不止于它的物质层面,更在于它所蕴涵的文化精神内涵。品牌文化触动着消费者的心灵,也创造了品牌价值。

3. 品牌文化的独特性

品牌的作用是用于识别某个销售者的产品或服务,并使之同竞争者的产品或服务区别开来,其手段是品牌特色。相应的品牌文化也应具有鲜明的个性。现代社会的消费者已经越来越不认同一个模子出来的产品,他们喜欢独特的、个性的产品。产品在造型上、设计上、营销模式上的差异化只是一种表现形式,而文化价值理念上的差异才是深层次的差异,才能更好地符合消费者的心理需求。企业在品牌文化上的独特性一方面源于企业自身的独特性,另一方面源于企业研究消费者的结果和吸引消费者的目的。

4. 品牌文化的民族性

每个民族都有自己独特的文化个性,有特定的心理性格、风俗习惯、道德风尚、宗教信仰、价值观念和行为方式,反映在品牌文化上,就是品牌文化的民族性。民族文化是品牌文化的根基,离开了本民族的文化背景,品牌文化就成了无本之木、无源之水。因此,任何品牌文化都是其民族文化的微观形式或亚文化形式,都被深深打上了本民族文化的烙印。正如可口可乐文化不可能产生于中国一样,五粮液文化也不可能形成于美国。品牌要想获得健康发展,就要从本民族文化中汲取营养,又要借其他国家和民族的文化来充实自己,但必须以本民族的文化为根本。同时正是因为品牌具有民族性,国外品牌在进入国外市场时也注意到与国外本地传统的嫁接。比如说肯德基在中国市场上研发出了具有中国特色的安心油条等,以便更好地发展中国市场。

5. 品牌文化的关联性

品牌文化是一个由相互联系、相互依赖、相互作用、相互影响的不同层次、不同部分结合而成的有机整体。构成这个整体的各要素既有相对独立性,又有轻重主次之分,它们按照一定的结构形式排列组合,以严密有序的结合体现出来。品牌文化的建设原则不是追求最优化,它寻求和体现的是一种整体优势,是把经营目标、经营理念、道德规范、行为方式等因素融合成一个有机整体,形成一种文化力,对品牌运作产生综合作用。品牌文化与企业文化、企业战略、品牌定位、品牌营销等有着密切联系,尤其在与企业文化的联系上尤为关键,甚至有些品牌文化的理念就是直接来源于企业文化的表述,尽管在一些具体解释和强调重点上不尽相同。另外,作为一个具有特定国际的企业品牌,无论是站在本国的角度,还是站在世界的大视野上,其文化价值主张都与其国籍属性密切关联。

6. 品牌文化的稳定性

品牌文化作为文化特质在品牌中的沉淀,是一定的利益认识、感情属性、文化传统和个性形象等价值观念的长期积累,因而其具有相对稳定的特点。尤其是深层品牌文化,即品牌精神的部分,对企业经营会产生持续、长远的作用,关系到企业的长期谋划。万宝路香烟自从李奥·贝纳创造了"万宝路男人"形象以来,这一辉煌的创意就一直未变。万宝路总是与美国西部牛仔形象联系在一起,处处散发出粗犷、豪迈的男子汉气概。其文化精华体现在美国人所具有的勇于挑战、向往自由,以及从西部牛仔所折射出的机智能干、热情奔放的品格。

第二节 品牌文化价值

在激烈的市场竞争中,品牌已经成了企业进行市场竞争的一把有力武器,品牌文化作为品牌的标志和灵魂,其价值主要体现在以下几个方面:

1. 凸显品牌个性差异

品牌因文化而独具个性,这些个性通常用形容词加以描述,如奔驰的自负、富有、世故,柯达的纯朴、顾家、诚恳,锐步的野性、户外、冒险,百事可乐的年轻、活泼、刺激,等等。而品牌个性又是品牌文化的重要组成部分,对品牌文化的塑造就是对品牌个性的凸显。把一种风格独特的文化注入品牌,品牌的个性才会生动鲜明。因此,在产品同质化现象日益严重的今天,建设品牌文化是实现品牌个性的最有效途径。

2. 形成品牌竞争优势

品牌文化一旦在消费者心目中树立,它所代表的功能和利益与消费者认同的价值产生共鸣,所释放的能量就非常可观,就会将无形的文化价值转化为有形的品牌价值,把文化财富转化成差异化的竞争优势,使产品在激烈的市场竞争中保持强大的生命力。因为消费者如果对一种文化产生认同,就不会轻易改变。这就等于,品牌文化在带来高额利润的同时,也设置了较高的市场进入壁垒,起到了对抗竞争品牌和阻止新品牌进入的市场区隔作用。品牌不仅代表着产品的属性与功能性利益,还体现着某种特定的情感利益。消费者购买产品,就意味着他不仅选择了产品质量、产品功能和售后服务,同时也选择了品牌的文化内涵。

3. 增加产品感知价值

品牌文化的价值不仅体现在企业营销、管理活动中,同样也为企业创造了更多的利润,为消费者带来了更大的顾客感知价值。消费者在购买商品、接受品牌文化的同时,自身也融入品牌文化中去,实现自我形象的重新塑造。

案例赏析

五粮神品牌的超越文化

一、五粮神的品质奠定了超越文化的基础

高端不是一句口号,更是对内在品质一丝不苟、无可挑剔、不懈追求完美的要求。就像意大利手工西服,它很昂贵,然而它非常熨帖,每一个细节都为你考虑到了,甚至比你想的还周到。能够消费新品五粮神的,是金字塔尖上的一小部分人,他们的消费宗旨很简单,就是尽善尽美。为了这四个字,打造新品五粮神的人们,付出了无尽的心血。

比如,新品五粮神基酒来源于五粮液集团的第三号、八号和第九号窖池,窖池至今历史沉淀600余年,其价值可与国家文物比美;再比如,新品五粮神的生产班组是从生产五粮液的班组里抽调精兵强将组成,五粮液调动了生产系统、产品研发系统、506车间、宣传系统和物资采购系统等各大系统协作,几乎是举"全身之力"来酿制。

更有甚者,五粮液酒发酵周期是浓香型酒中最长的,需要70—90天,并且要掐头去尾后才成为五粮液酒的基酒,而新品五粮神基酒酒体更取之于五粮液基酒的中间段,也就是"掐头去尾"后再"掐头去尾",足可见其珍贵!

种种呕心沥血,殚精竭虑,终成绝世佳酿新品五粮神,其酒体中醇香和口感具有恰到好处的和谐之美,因此具有最为复杂和最为独特的香味,开瓶5秒内便可感受到芳香四溢、沁人心脾!在浓香型酒中绝无仅有。

二、五粮神的超越文化

新品五粮神以一览众山小的气势,提出了"超越的文化"这一全新理念。超越的文化有三层韵味。

第一层,物质的超越。构成新品五粮神的五种基本原料,是平凡得不能再平凡的五谷杂粮,然而,通过传统和现代相结合的工艺,天地精华已被提炼出来,平凡之物成就"新、奇、特"不同凡响的绝世佳酿。

第二层,精神的超越。品味新品五粮神,傲然不凡的定位、鬼谷深工的包装、馥郁和谐的内在……酒,在这里已不单是琼浆玉液的要求,更成为精神的盛宴,身份的象征。永不停步的自我超越终于迎来卓然于众的成功,物质的丰盈导向精神的完善,饮酒者的精神在神秘的佳酿中超越了时空,超越了万物,超越了一切感性和理性。

第三层,灵魂的超越。至尊者至纯。在精神升越中,灵魂开始歌唱。没有了疲惫,没有了执着,不以物喜,不以己悲,返璞归真,天人合一。有人说,酒是灵魂的水,灵魂因酒的浇灌而苏醒,在酒的沐浴中舞蹈。饮过新品五粮神后,始知此言不虚!

  这就是新品五粮神超越的文化,它是"人生得意须尽欢"的潇洒,是"天子呼来不上船"的超脱,是"千金散尽还复来"的豪迈,是"欲上青天揽明月"的气魄,更是"前不见古人,后不见来者"的旷世孤寂!

  这样的酒,唯有金字塔尖上的人才懂得消费。

  五粮神是没有边境的思考,是成功背后的音乐,是与时俱进的精神。

  三、五粮神219、218、216产品系列的个性文化定位

  219:超越权贵。219的终端价位在1 980元,主攻国际性大卖场,走高层礼品渠道。品牌定位为:超越权贵;功能是:打形象;消费群体为:顶尖的社会名流、政要等;年龄:各年龄层都有,知名人士居多;个性:追求智能,聪明,有学问,高学历,不喜欢别人帮他做决定,不喜欢被说服;对他们的诉求:一切动机对国家、社会有贡献,服务人群,有国家民族之使命感。

  218:超越神韵。218的终端价位在990元,主攻酒店旗舰店、商超A类店、团购中高层,走高端终端渠道。品牌定位为:超越神韵;功能为:打引导;消费群体为:政府高官、军队要员、企业家和其他非富即贵人群;他们年龄:35岁以上之男性居多,多半有成就或事业。个性:有自信,有独特的眼光,喜欢与众不同、不一样、被肯定的感觉,不喜欢别人模仿。对他们诉求:购买五粮神可以让你有不一样与卓越的感觉;成功的人士凡事靠自己的决定,因为他的品位高人一等,忠于自己的感觉。重点宣传传承"五粮"文化,重点提升并弘扬"神"文化,以此构筑五粮液集团与时俱进全新打造并推出的五粮神文化。五粮神文化的根是"五粮"文化,枝和叶则是"神"文化。提升五粮神"神"文化应抛弃传统的"神性""轻灵飘逸""神仙"等常见的对神的诠释,而将之凝化为一种内核,是人之思想,是成功人士或准成功人士的一种追求。

  216:超越成功。216终端价位在380元,主攻终端酒店A类、B类店及商超批发、零售店,走中高端终端渠道。消费群体为:私营业主、白领、企业中高层主管、其他高消费人群以及追求成功人士;216品牌文化:超越成功;功能打销量;与"五粮液""水井坊""国窖1573""金剑南"抢市场;这部分群体以模仿型居多;年龄:23—35岁之男性居多;个性:缺乏自信、渴望模仿成功者获得自信,不知道自己要什么。品牌诉求:购买五粮神可以让你更有自信、更成功、实现梦想。

  (资料来源:国际品牌网,笔者进行了适当删减)

  4. 增强企业内部凝聚力

  把品牌文化渗透到企业生产经营管理当中,能提高整个企业的文化意识和文化观念,创造与品牌文化相适应的文化氛围和工作环境,优化企业内部管理,增强企业凝聚力。例如,日本松下电器公司通过其品牌文化把每一位员工紧紧地联系在一起,使公司上下同心同德,齐心协力,共同创造公司的成功。每天早上8点,分散在各地的8 700多位松下员工同时咏诵松下的口诀,一起唱公司歌,松下电器通过这种方式使员工完全融入品牌文化所营造的氛围中,凝聚力自然而然就增强了。

5. 有利于构筑品牌竞争壁垒

按消费者的忠诚型式,一个市场可分为坚定型、不坚定型、转移型和多变型。其中品牌坚定忠诚群对企业最有价值。一个企业最理想的是培养一个品牌的坚定忠诚者在买主中占很高比例的市场,但事实不能如此完美。由于市场竞争十分激烈,往往会有大量的消费者从坚定者成为不坚定者和转移者。因此维护、壮大品牌的忠诚群体至关重要。该品牌能保持强有力的商品力无疑是最关键的。但另一方面,在品牌树立、壮大过程中,在商品效用诉求的同时,也应该始终向目标消费者灌输一种与品牌联想相吻合的积极向上的生活理念,使消费者通过使用该品牌的产品,达到物质和精神两方面的满足。

案 例 赏 析

哈雷文化,文在消费者身上的时尚图腾

哈雷·戴维森百年的品牌踪迹,没有大起大落,也没有大悲大喜,沉淀在品牌历史中最有价值的就是它倡导的创新精神:个性、情感、自由。在美国你经常会听到轰鸣声,这种声音几乎会让整条道路都震颤,由远而近的是数百辆摩托车,列着庞大的队伍,车上的骑手个个穿着印花短袖黑T恤,臂上多刺有一只飞鹰,牛仔裤,黑皮靴,长发如乱草。无疑,这些车手的"坐骑"必然全是美国"哈雷·戴维森"。他们T恤衫上的印花和胳膊上的刺青,都是它的品牌标志,俨然哈雷·戴维森已经成为"文在消费者身上的品牌"。

1. 动感的百年

1903年,美国威斯康星州密尔沃基市郊,21岁的威廉姆·哈雷、20岁的亚瑟·戴维森和18岁的比利·戴维森三个年轻人在戴维森兄弟家后院的小木棚里开始了手工制造摩托车的大胆折腾。他们以法国戴典公司出产的一种摩托车为蓝本,把旧罐头盒改造成化油器,从隔壁药店里买来汽油,终于"攒出"了自己的第一辆摩托车。虽说这辆手工制造的摩托车,充其量也就是装上400CC发动机的自行车,最大时速还不到11公里,连个小山坡也爬不上去。但是,三个年轻人还是欣喜若狂,他们坚信只要能制造出第一辆摩托车,就能制造出更多、更好的摩托车来。于是,他们在当年注册成立了"哈雷·戴维森摩托车制造公司",信心百倍地踏上摩托车制造的漫漫征程。

1905年的美国独立日,哈雷·戴维森摩托车在芝加哥举行的摩托车比赛中,一举夺得了锦标赛冠军;从此哈雷摩托车走上了快速发展的轨道。第一次世界大战爆发后,头脑聪明的威廉姆·哈雷,敏捷地在第一时间转换产销目标,全力以赴开始产销军、警专用摩托车。他以战场为市场,以军、警为消费者,战争期间竟销售了大约2万辆军、警专用摩托车。

1918年,第一次世界大战停战协议签订的第二天,盟军下士罗伊·霍尔茨就骑着哈雷·戴维森摩托车,第一个趾高气扬地踏上德国领土。一则题为《一个美国人和

一辆美国摩托》的图片新闻,一夜间成为全球报刊的头条新闻,哈雷·戴维森摩托车更加声名鹊起。

1987年哈雷·戴维森在美国纽约股票市场上市,年利润一下子增长了37%;1988年,哈雷·戴维森摩托车,已占有美国摩托车销售市场54%份额,被时任美国总统的里根称赞为"真正的美国成功史"。在1993年庆祝自己90周年之际,哈雷又创造了一项纪录,大约有10万哈雷摩托车用户,骑乘6万辆摩托车举行游行活动,并汇聚在哈雷公司总部密尔沃基市,举办了声势浩大的哈雷家族成员大聚会。

时至今日,哈雷·戴维森摩托车制造公司虽仅有员工4 700人,但年产摩托车却高达24.3万辆,其中一半为每辆售价1.5万美元的大功率重型摩托车。出色的经营业绩使得《福布斯》杂志把"2002年度最佳公司"的桂冠戴到了哈雷·戴维森摩托车制造公司头上。

2."价值"精神的象征

作为交通工具的摩托车本来是和自由没有必然联系的,由于哈雷在漫长的产品变革和市场推广中,机车本身的造型、轰鸣声、马力和速度感融合为一体,逐步通过"哈雷"这一品牌将美国人所崇尚的个人主义影射在物化的摩托车上。"哈雷品牌"在消费者心目中的认知已经不是一个商标的意义,而是代表了某种生活方式、某种体验和特定的表现自我个性的工具。

不同于其他产品品牌的个性形成,哈雷品牌一方面是因为产品自身的属性和特定的目标市场决定了其品牌基因中的野性和阳刚之气;另一方面,它与美国经济和社会结伴而行的历史过程,天然地给这一品牌打上了国家和民族文化的烙印。所以,经历过美国20世纪30年代经济大萧条、第二次大战炮火硝烟与20世纪80年代美国高科技经济繁荣的哈雷·戴维森,其品牌个性不是主观形成的,而是由历史创造的。美国西部大开发英雄主义式的怀旧情结在哈雷·戴维森忠诚的品牌拥趸者身上体现为黑皮衣、络腮胡子、黑墨镜、长头发、脚蹬牛仔靴……当然,在每位骑手身上都有一个必不可少的记号——哈雷·戴维森的品牌文身标志。

当消费者心甘情愿将品牌标志用血肉之躯证明对它的忠诚时,品牌已经失去了普通识别的象征意义,而被转化为一种精神的象征,被消费者赋予了任何竞争对手不可超越的力量。迄今为止,还没有任何一个品牌在品牌忠诚方面可以和哈雷·戴维森相媲美,这在很大程度上取决于该品牌另外一个很显著的个性,就是哈雷宣扬了至高无上的爱国主义。无论是从它的诞生到今天的强大,还是从它的设计到每一颗螺丝的制造,哈雷身上流淌的是美利坚的血。因为,它不仅从一个侧面记录了美国整整一个世纪从工业到科技强盛于世界的历史,更重要的,它用机车自身创造的驾驶经验生动地阐释了美国文化中的自由主义精神。

美国著名品牌战略研究专家大卫·艾格在他所著的《建立强势品牌》一书中曾评价哈雷品牌:"某些人似乎觉得,骑哈雷摩托车比起遵守法律更能表达强烈的爱国情怀。"

百年来,哈雷摩托车的决策者们巧妙地利用高速公路上风驰电掣般的力量与浪

品牌管理

漫的结合，独一无二地打造出哈雷摩托车的时尚与独立感。而且，更重要的是，哈雷摩托车一大批执着追求的顾客，在21世纪的产品上，重新找回了美国青年在60年代时的叛逆精神。而哈雷·戴维森摩托车制造公司的营销主旨就是：不仅仅销售摩托车，更是在传播"哈雷"精神和品牌形象。

3. 未来的时尚"图腾"

"哈雷·戴维森"之所以历经百代而不衰，就在于它从制造第一辆摩托车起，不是一味埋头于摩托车的设计制造，而是潜心致力于创造一种独具特色的"摩托文化"。他们想方设法延续和演绎凸显美国老百姓人文观和价值取向的"牛仔精神"，巧借纯金属的坚硬质地、令人目眩的色彩、大排量大油门的轰鸣，尽情渲染富有、自由、平等、竞争的"哈雷·戴维森精神"。

美国有一句谚语：年轻时有辆哈雷·戴维森，年老时有辆卡迪拉克，则此生无憾了。可见，"哈雷·戴维森"的魅力是多么难以抗拒。环顾世界，无论是热血男儿还是潇洒女郎，无论是平民百姓还是大腕名流，无论是工薪阶层还是富豪巨贾，无不为"哈雷"魂牵梦绕。美国亿万富翁——福布斯，是一个地地道道的"哈雷·戴维森"迷，一人竟独自拥有上百辆哈雷摩托车；约旦已故国王侯赛因、伊朗前国王巴列维，猫王，神探亨特，施瓦辛格以及香港影星钟镇涛、叶童等，都是"哈雷"的忠实信徒。

百年哈雷的成长浓缩了美国一个世纪以来品牌的发展历史。不同于可口可乐、麦当劳、微软、IBM等品牌，哈雷品牌创造了一个将机器和人性融合为一体的精神象征，并深刻地影响了其目标消费群的生活方式、价值观，甚至衣着打扮。从人类进入商业品牌化的社会以来，还没有一种商品的品牌能够从里到外地改变着消费对象，并形成一个特定的社会群体，品牌从识别和指导消费的功能上升到了精神的寄托和情感的归宿。从这个意义上讲，"哈雷·戴维森"除了是一个被物化了的品牌之外，更多的是被幻化为一种精神象征、一种品牌文化、一种生活方式、一个美国式的传奇……

（资料来源：世界品牌实验室网，http://www.globrand.com/）

第三节 品牌文化体系

品牌文化是在品牌建设过程中不断发展而积淀起来的，由品牌精神文化、品牌物质文化和品牌行为文化三部分构成。品牌物质文化是品牌文化思想的实物体现，企业通过产品、品名、标识、Logo、包装等方面体现品牌文化的思想和品牌价值观。品牌的行为文化是品牌传播、营销过程中所展现的文化，在品牌营销的每一个环节都要充分体现品牌的精神，并保证每一营销环节都有助于品牌文化的形成，有助于树立良好的品牌形象。品牌精神文化是品牌文化的核心，它是有关品牌精神和品牌价值观方面的内容，决定了品牌将成为什么样的品牌。

一、品牌物质文化

品牌物质文化是品牌的表层文化,由产品和品牌的各种物质表现方式等构成。品牌物质文化是品牌理念、价值观、精神面貌的具体反应。尽管它处于品牌文化的最外层,但却集中表现了一个品牌在社会中的外在形象。顾客对品牌的认识主要来自品牌的物质文化,它是品牌对消费者的最直接的影响要素。因此,它是消费者和社会对一个品牌总体评价的起点。总体而言,品牌物质文化主要由产品、名称、标志、色彩、包装五个方面构成。

1. 产品

产品是品牌的基础,品牌文化以产品为载体。整体产品的概念包括产品的三个层次:核心产品、形式产品以及延伸产品。核心产品为消费者提供了产品的基本效用和利益;产品的实体称为形式产品,即特性、品质、外观等;延伸产品是消费者购买产品时的交货条件、企业保证、安装维修、销售服务等的总称。然而无论是产品的哪个层面,无不蕴藏着品牌文化。产品的有形形态体现的是一种物质文化,满足人们基本的物质需求。例如,人们吃肯德基,是为了"饱腹"。无形形态则是文化对产品理念的扩展,偏重于满足人们精神上、心理上等较高层次需求,即马斯洛需求层次理论的后三层。为什么现在越来越多的人喜欢吃肯德基?因为人们在吃肯德基的同时,也在享受着那种西式享受。

2. 名称

品牌名称是品牌能被读得出声音的那一部分。消费者可以通过品牌名称展开联想,体会商品隐藏的文化意蕴。品牌名称是直接与消费者沟通的最有效的信息传播工具。所以,很多的知名品牌在创立品牌名称时大都巧费心思。"雪碧"饮料一看名字就能让人感受到透心凉的商品特性。阿尔·里斯对品牌名称更是给予了高度评价,他指出:"实际上被灌输到顾客心目中的根本不是产品,而只是产品名称,它成了潜在顾客亲近产品的挂钩。"成功品牌的名称本身就代表了某一类商品。人们提到海尔很容易就会想到冰箱,这就是品牌的特殊魅力,可以长期影响人们的消费行为。

3. 标志

标志是品牌的视觉表现,即品牌的非语言表达部分。通过图像造型和色彩组合调配而得的品牌标志是品牌文化底蕴的重要表现方式。品牌标志总是与品牌名称结合共同诠释品牌的文化内涵。麦当劳总是与黄色的"M"同时出现,从店面装潢到清洁箱、营业用包装纸袋、纸杯托盘、餐巾、抹布几乎都标上了醒目的"M"与红黄相配的色彩基调。品牌标志不仅和品牌名称一样具有品牌联想的功能,而且更以其美观的造型,出现在包装、门面装潢、宣传媒介等处,给人以美的视觉享受,在传播品牌文化的同时也加速了品牌知名度的提高。

4. 色彩

色彩作为品牌文化中的一个要素,常常融入其他几个要素之中。五光十色的绚烂色彩,构成了万紫千红的自然美,也为美化产品提供了重要素材。将斑斓的色彩运用到商品中,就构成了商品的形式美、品质美。色彩作为美的一种主要表达手段,与文化、审美密切相关。色彩作用于人们的视觉感官,通过生理和心理反应,使人们产生不同的感情。红、橙等暖色给人以温暖、热情的感受;而青、蓝等冷色则给人以清冷、平静的感受。颜色还可以产生某种联想,例如:红色使人想到火焰和血,令人热烈兴奋;蓝色使人想到天空和海洋,令人宁静淡定;黄色使人联想到灿烂的阳光,令人温和明朗;绿色使人联想到绿草和树木,给人以欣欣向荣的感受。骆驼牌香烟,以淡黄色为烟盒底色,寓意辽阔的沙漠,配合图案上的金字塔和棕榈树,让人仿佛回到古老的东方,整个画面充满了古老和神秘的色彩。雪碧饮料的绿色包装,清新怡人,让人立即产生"透心凉,心飞扬"的感觉。

5. 包装

包装作为品牌文化的外延,被誉为"无声的推销员"。包装的主要作用,除了保护商品外,还可以美化商品,吸引消费者的注目,使之产生购买行为。包装在现代市场营销中的作用越来越大,并被认为是整合市场营销的重要工具之一。产品的包装是树立品牌形象的有力手段,可以直接影响产品在消费者心目中的质量水平。精美的包装通过产生的美感,将品牌独特的个性、文化底蕴表述给消费者,从而促进销售。包装包括图案设计、包装材料、形状、品牌名称标记、颜色等要素。而所有这些要素都要与品牌文化相配合,与消费者的价值取向相适应。同时包装还要与品牌文化相符,透过包装要能看得出品牌个性,能体现品牌的整体形象。包装作为树立品牌形象的重要手段,已成为塑造品牌文化的主要手段,是品牌文化构成的不可忽视的要素。

二、品牌行为文化

行为是一切文化成败的关键。"每一个价值观都会产生一套明确的行为含义。"品牌行为文化是品牌营销活动中的文化表现,包括营销行为、传播行为和个人行为等,是品牌价值观、企业理念的动态体现。品牌的价值在于品牌的市场营销,在于品牌与消费者之间的互动,品牌行为是构建品牌价值体系,塑造品牌形象的关键。好的品牌行为文化要通过有效的执行去贯彻实施,从而发挥文化的效力。品牌价值是在品牌营销中实现和建立的,离开市场营销活动,品牌就失去了生命。品牌文化在品牌运动中建立,品牌价值在营销中体现。品牌行为是品牌与顾客关系建立的核心过程,关乎品牌的个性彰显和品牌形象塑造,关乎企业营销的成败,关乎企业的生命。一切在行动中产生,一切也在行动中消亡,品牌行为决定了品牌的命运。品牌行为是品牌精神的贯彻和体现,品牌行为必须与品牌精神相一致,真正做到将品牌精神全面贯彻实施。品牌行为文化主要包括以下几方面:

1. 营销行为

企业营销行为包括产品、价格、促销和分销等4P组合和服务。营销行为中,服务作为一种独特的方式,是品牌行为的主要内容,也是品牌塑造的重要环节。

2. 传播行为

品牌文化传播行为是广告、公共关系、新闻、促销活动等,传播行为有助于品牌知名度的提高和品牌形象的塑造。

3. 个人行为

品牌是多种身份角色的市场代言人,品牌行为包括了企业家、员工和股东等个人行为。他们的行为构成了品牌个人行为,品牌行为又代表着他们的行为。

三、品牌精神文化

品牌精神文化是指品牌在市场营销中形成的一种意识形态和文化观念。它是品牌文化中的心理部分,可称"心理文化"。品牌精神是品牌文化的核心,是品牌的灵魂。品牌精神文化包括品牌精神、品牌愿景、品牌伦理道德、价值观念、目标和行为规范等。它决定品牌的个性和品牌形象,决定品牌态度,以及品牌在营销活动过程中的行为表现。海尔的品牌精神是"真诚到永远",诺基亚是"科技以人为本",百事可乐"新一代的选择",菲利浦的"让我们做得更好"等,它们都是品牌对消费者和社会的承诺,影响企业和消费者的思想。在品牌营销过程中,企业把这种品牌价值观贯穿于品牌营销的每一环节,从产品设计、功能特性、品质到营销、传播和服务,无不体现品牌精神。品牌精神文化较为内隐,主要由利益认知、感情属性、文化传统、个性形象四个方面构成。

1. 利益认知

消费者认识到商品的性质功能能够给自己带来某种利益,从而形成利益认知。利益认知是品牌认知的重要方面。特定品牌总是能向消费者传递信息,表示本企业商品能满足消费者的某种需求,并强调该商品能更好地满足这种需求创造更高的价值。肯德基餐厅以其快捷的服务,除了满足消费者的饮食需求外,还为消费者提供了干净幽雅的就餐环境,正是因为它带来更多的利益,使习惯于中式口味的中国消费者也乐意光顾肯德基这种西式快餐厅。

2. 感情属性

消费者在品牌利益的认知过程中,会将其转化成一定的情感利益。在星巴克喝咖啡,幽雅干净的环境能使人感到惬意舒适,这就满足了消费者情感上的需求,产生了品牌文化的感情属性。通过品牌文化的感情属性能令消费者产生更强烈的认同感,促使顾客满意度的上升,更好地建立顾客忠诚度。例如海飞丝洗发水,除了强调其使头发更柔顺的功能外,更重要的是它强调该洗发水的去屑功能,令你在任何场合都能保持自信。这也是海飞丝洗发水十几年来稳居市场份额中领先地位的秘诀。

3. 文化传统

品牌在一定条件下可成为文化传统的代表。善于利用一国的文化传统的背景优势,可以使品牌更具魅力。德国人具有严谨认真的个性,因此其出产的奔驰轿车也更能使消费者联想到奔驰轿车过硬的质量。从而让消费者买得开心,开得放心,并提高购买率。所以,文化传统作为品牌文化的内隐要素之一,企业应该重点研究。

4. 个性形象

品牌文化的性质之一就是个性鲜明具有独特性,而个性形象也是品牌文化内隐要素的构成要素之一。鲜明的个性形象能突显品牌文化,在个性化消费潮流的现代市场

环境中,个性形象是企业品牌营销战略所不可忽视的重要一面。同样是轿车,在不同的品牌文化下也展现出不同的个性形象。法拉利展现的是时髦、活力充沛、刺激、冒险的个性;而劳斯莱斯则展示了富有的、豪华的、高贵的个性形象。

品牌文化系统由以上三个部分组成,它们形成了品牌文化由表层至深层的有序结构。物质文化,最为具体实在,属于表层文化;行为文化是一种活动,处在浅层,属中层文化;精神文化是价值观和文化心理,属核心文化。各系统之间相互影响、相互制约和相互渗透。物质文化是品牌文化的基础,行为文化和精神文化均在此基础上产生;行为文化是品牌文化的外壳,它是物质文化、制度文化和精神文化动态的反应;精神文化是主导、是中心,它决定其他文化的变化和发展方向。

第四节 品牌文化的培育

品牌文化的塑造通过创造产品的物质效用与品牌精神高度统一的完美境界,能超越时空的限制带给消费者更多的高层次的满足、心灵的慰藉和精神的寄托,在消费者心灵深处形成潜在的文化认同和情感眷恋。因此,品牌文化的建设不是轻而易举的事,不是单靠几次貌似神秘的策划、设计和咨询即可完成。它是一个调研、整理、取舍、提炼与提升的科学过程,是一个提高品牌核心竞争力的过程,是一个与品牌共同成长的过程。文化看似十分柔软,实施起来却像钉子一样坚硬。品牌文化一旦建立,便牢不可破。不过没有一劳永逸的文化,当旧有的品牌文化成为品牌发展的障碍时,就要对其进行再造。

一、品牌文化建设步骤

1. 品牌文化的设计

要确定品牌文化的内涵及品牌代表的意义,品牌文化的设计需要解决两个问题。

(1) 寻找品牌文化的切入点。品牌文化可以从公司的价值观、传统等方面寻找切入点。价值观是企业为实现其终极目标的信念,它受企业文化的支持,表达了企业精神在品牌经营中的选择,品牌可以从企业价值观中吸取养分;同时,企业传统也是孕育品牌文化的良好土壤。

(2) 明确体现品牌文化的主题。品牌切入点找到以后,企业必须考虑用什么主题来表达品牌文化的内涵。酒中酒霸通过采用西部牛仔的主题来表达其粗犷的男子气概的文化内涵。

2. 品牌文化的外化

品牌文化设计内涵式概念仅仅一种抽象的概念,它还必须要通过有形的符号及传播加以外化才能存在和延续,并被消费者认知。符号是品牌文化的依附点,它包括语言符号(如品牌名称、标语等)及非语言符号(如标志、设计等)。消费者通过对品牌符号所承载的品牌文化的认知,从而得到品牌文化带来的附加价值。

3. 品牌文化的传播

品牌文化是无形的,消费者一开始很难从商品本身体会到,而通过广告将它所指向的某种生活方式或价值取向明示出来,让消费者在认同广告中为他们设计的文化感受的同时迅速认同品牌。除了广告外,借助能代表品牌精神的公关活动,在切合目标消费者心理文化诉求的基础上,来演绎品牌的文化内涵,这往往也能起到事半功倍的效果。

二、品牌文化建设误区

1. 品牌文化建设表面化

品牌文化建设的长期性和复杂性,往往会使企业失去耐心,并束手无策。此时,品牌文化建设就容易走进表面化的误区,一些可视的、容易感知的事物和活动就成了品牌文化建设的重点。品牌文化建设表面化有两种表现:

(1)品牌文化建设物质化。一些企业把品牌文化建设简单地理解为 VI 设计(视觉识别),规范一下企业的标志、包装等从而构建一个优美整齐的办公环境就成了品牌文化建设的主要手段。

(2)品牌文化建设广告化。一些企业将品牌文化建设片面理解为提高品牌的知名度,通过在媒体上大量投放广告,欲以此种手段为一种主要的品牌塑造工具,或聘请形象代言人等等。

2. 品牌缺乏个性

现在很多企业在塑造品牌的过程中,缺乏创新,也缺乏个性,只是人云亦云,千篇一律,这根本不可能塑造出有个性的品牌。在产品属性差异化较小的情况下,品牌个性可以作为品牌核心识别或延伸识别的一部分。其实,每一个品牌的性质不同,发展历程不同,所处的产业环境不同,面对的竞争也就不同,对外部环境和内部环境的反应策略和处理方式就应该有自己的特色,而不是简单地模仿和抄袭。

3. 品牌文化建设手段单调

品牌文化建设应该从一点一滴做起,从理念、精神、个性等每一个细微之处着手,通过外在的显性的符号来体现和加强品牌的内涵,并通过一定的传播手段向消费者恰当地传递品牌文化。但当前的一个误区是一些企业过于迷信"策划+广告"的品牌文化建设手段。广告宣传固然是品牌文化传播的重要手段,其内容除了新颖、突出,更要与企业的品牌定位结合起来;否则只能达到短期的效果,却无法在消费者心目中树立起应有的品牌形象。

4. 只注重品牌文化的短期效应

在实际的品牌文化建设过程中有的企业片面追求短期效应,追求品牌文化建设是否带来了短期销售额的增长或者利润的增加。急功近利的指导思想导致了企业采取简单地品牌战术策略,如加大广告投入,加强终端促销等。如果不将品牌文化建设纳入品牌战略其至企业总体战略构架中来考虑,极有可能造成本末倒置,虽然为品牌文化建设作了不少工作,却损害了品牌的长期发展。

品牌管理

三、品牌文化构建应注意的问题

1. 与消费者共鸣

为品牌灌注文化内涵的根本目的在于借文化之力赢得目标消费者对品牌理念的认同,不同消费者有不同的文化理念,而相同目标消费者的文化理念在不同时期也有不同。这必然要求品牌的文化特质要符合目标消费者的特征。只有准确地表达出消费者心声的文化,才能动情、动心、动人。品牌文化必须来自消费者内心的呼唤,并且又回归消费者的心灵。只有准确把握目标消费者的消费观念和心理需要,使品牌与消费者产生共鸣,才能赢得市场。

2. 与产品属性相兼容

菲利普·科特勒曾指出,品牌能使人想到某种属性是品牌的重要含义。这说明不同的品牌能使人们识别出其标定下的产品有别于其他品牌产品的属性,同时产品属性也是品牌文化定位的基础。品牌文化只有与产品属性相匹配,产品的特点才能对品牌文化提供支撑点,才能让消费者觉得自然、可接受。

3. 区别与竞争对手

品牌竞争力的强弱,不仅取决于技术和质量的差异,更在于能否给消费者带来丰富而独特的心理情感利益。这就要求品牌的文化内涵必须与众不同、独具个性。研究表明,由于感性认识的先入为主,消费者往往对先行者有较高的认同,而对模仿者则反应冷淡甚至反感。因此,品牌文化构建的一个关键条件就是差异化,只有通过与竞争对手的品牌文化相区别,才能在消费者心目中留下清晰的位置。

4. 全体员工通力合作

品牌文化的建设并不单纯依靠营销部门,而是贯穿于企业的整个业务流程,它关系到对企业业务流程的每个环节的决策和行动,因而需要进行全方位品牌管理,包括产品、价格、传播等等。品牌建设的方方面面均是品牌文化的依托和展现,因此,需要全体员工的通力合作。

本 章 小 结

品牌文化是指文化特质在品牌中的沉积和品牌经营活动中的一切文化现象及它们所代表的利益认知、情感属性、文化传统和个性形象等价值观念的总和。是指通过赋予品牌深刻而丰富的文化内涵,建立鲜明的品牌定位,并充分利用各种强有效的内外部传播途径形成消费者对品牌在精神上的高度认同,创造品牌信仰,最终形成强烈的品牌忠诚。

品牌文化的核心是文化内涵,具体而言是其蕴涵的深刻的价值内涵和情感内涵,也就是品牌所凝炼的价值观念、生活态度、审美情趣、个性修养、时尚品位、情感诉求等精神象征。

品牌文化通常都包含六大特性:天然性、心理性、独特性、民族性、关联性、稳定性。

品牌文化的价值主要体现在五个方面:(1)凸显品牌个性差异;(2)形成品牌竞争优势;(3)增加产品感知价值;(4)增强企业内部凝聚力;(5)有利于构筑品牌竞争

壁垒。

品牌文化主要由品牌物质文化、品牌行为文化和品牌精神文化三个层面构成。

品牌文化的培育：(1) 建设步骤：首先品牌文化的设计，确定品牌文化的内涵及品牌代表的意义。(2) 品牌文化的外化通过有形的符号及传播加以外化才能存在和延续，并被消费者认知。(3) 品牌文化的传播；品牌文化建设四大误区：品牌文化建设表面化、品牌缺乏个性、品牌文化建设手段单调、只注重品牌文化的短期效应；品牌文化构建应注意的四大问题：与消费者共鸣、与产品属性相兼容、区别与竞争对手、全体员工通力合作。

思考与练习题

1. 简述品牌文化和文化的关系。
2. 怎样理解品牌文化的核心是文化内涵？
3. 简述品牌文化的六大特性，并说明品牌文化的六大特性怎样体现的。
4. 列举一个例子说明品牌文化是怎样丰富了产品的内涵。
5. 列举一个例子具体说明品牌文化创造的五大价值。
6. 简述品牌文化体系，并列举一个例子，从外显要素和内隐要素两个方面说明。
7. 简述品牌文化的设计步骤，并且自己通过学习，设计一个自主品牌。
8. 简述品牌文化的四大误区，并谈谈自己的看法，怎样规避这些误区。
9. 简述品牌文化构建时应该注意哪些方面，并根据自己的理解阐述原因。

星巴克品牌文化成就品牌传奇

对于爱喝咖啡的人来说，星巴克(Starbucks)是一个耳熟能详的名字，它最早来源于19世纪美国文坛杰出大师赫尔曼·梅尔维尔的经典著作——《白鲸——莫比·迪克》的主人公。1971年，杰拉德·鲍德温和戈登·波克在美国西雅图开设第一家咖啡豆和香料的专卖店星巴克公司。1987年，霍华德·舒尔茨(Howard Schultz)斥资400万美元重组星巴克，推动了星巴克向意式咖啡馆的转型，并完全以自己的理念来经营星巴克，为公司注入了长足发展的动力。

1992年6月26日，星巴克在美国号称高科技公司摇篮的纳斯达克成功上市。作为一家传统的咖啡连锁店，1996年8月，为了寻求更广阔的海外发展，舒尔茨飞到日本东京，亲自为第一家海外店督阵。之后，星巴克大力开拓亚洲市场，并进入中国台湾和大陆。有了强大的资本后盾支持，星巴克的经营一飞冲天，以每天新开一家分店的速度快速扩张。自1982年上市以来，其销售额平均每年增长20%以上，利润平均增长率则达到30%。经过10多年的发展，星巴克已从昔日西雅图一条小小的"美人鱼"进化到今天遍布全球40多个国家和地区，连锁店达到近一万家的"绿巨人"。星巴克的股价攀升了22倍，收益之高超过了通用电气、百事可乐、可口可乐、微软以

品牌管理

及IBM等大型公司。今天,星巴克公司已成为北美地区一流的精制咖啡的零售商、烘烤商及一流品牌的拥有者,它的扩张速度让《财富》《福布斯》等世界顶级商业杂志津津乐道。

那么,星巴克是怎样从一个微不足道的小公司发展成为全球的咖啡帝国?其成功秘密究竟何在?事实上,星巴克的成功与其独特的品牌文化分不开。作为一家跨国连锁企业,星巴克品牌成功的传奇,也正是其文化的演绎,我们通过对星巴克经营之道的解析,就不难领略其传奇背后的秘笈。

1. 用"薪"对待员工

星巴克总是把员工放在首位,并乐意对员工进行大量的投资,这一切全出自于其董事长舒尔兹的价值观和信念。舒尔兹的管理作风与他贫寒的家境有关,他从小就理解和同情生活在社会底层的人们。他的人生经历与磨炼直接影响了星巴克的股权结构和企业文化,反过来,这种股权结构和企业文化又对星巴克在商业上的成功起了不可或缺的促进作用。他坚信把员工利益放在第一位,尊重他们所做出的贡献,将会带来一流的顾客服务水平,自然会取得良好的投资回报。

星巴克通过员工激励体制来加强其文化和价值观,并且成为不靠广告而建立品牌的企业之一。与同行业的其他公司相比,星巴克雇员的工资和福利都是十分优厚的。星巴克每年都会在同业间做一个薪资调查,经过比较分析后,每年会有固定的调薪。在许多企业,免费加班是家常便饭,但在星巴克,加班被认为是件快乐的事情。因为那些每周工作超过20小时的员工可以享受公司提供的卫生、员工扶助方案及伤残保险等额外福利措施,这在同行业中极为罕见。这种独特的福利计划使星巴克尽可能地照顾到员工的家庭,对员工家人在不同状况下都有不同的补贴办法。虽然钱不是很多,但会让员工感到公司对他们非常关心。那些享受福利的员工对此心存感激,对顾客的服务就会更加周到。

星巴克的员工除了可以享受优厚的工资福利外,还可以按照规定低价购买公司的股票期权。早在1991年,星巴克就设立了股票投资方案,允许员工以折扣价购买股票。这样,所有员工都有机会成为公司的主人。星巴克公司股票的价格持续飙升,员工的期权价值与自豪感不断上涨。另外,星巴克还比较重视员工的思想教育,使得员工建立起自己就是公司的股东的理念。在星巴克公司,员工不叫员工,而叫"合作伙伴"。即使星巴克公司的总部,也被命名为星巴克支持中心(Starbucks Support Center),这说明其职能是向员工提供信息和支持而不是向员工发号施令。

星巴克的薪酬激励机制不但提高了员工的收入,而且提升了公司的文化和价值观,降低了员工的流失率。据调查,星巴克员工的流失率约为同业水平的三分之一,员工非常喜欢为星巴克工作。正如舒尔茨所说:实行有效激励机制、尊重员工使我们挣了很多钱,使公司更具竞争力,我们何乐而不为呢。

2. 让员工贡献主意

任何建议,无论有多微不足道,都会对公司起到或大或小的改进作用。在星巴克,为鼓励员工献计献策,公司对每位员工的建议都认真对待。星巴克公司经常在公司范围内进行民意调查,员工可以通过电话调查系统或者填写评论卡对问题畅所欲言,相关的管理人员会在两周时间内对员工的主意做出回应。星巴克公司还在内部设立公开论坛,探讨员工对工作的忧虑,告诉员工公司最近发生的大事,解释财务运行状况,允许员工向高级管理层提问。在星巴克看来,员工反映问题可以给管理层带来新的信息、好的思路,从不同角度提供解决问题的方法,值得公司收集研究。此外,公司还定期出版员工来信,这些来信通常是有关公司发展的问题。

员工提出的建议可以使公司对细节尤为关注。有时候,那些看似不起眼的建议往往会使公司的业绩跨上一个大的台阶。而公司掌握了细节的高超本领,会使企业更能有效地应对错综复杂的问题,使他们能为竞争对手之所不能为。善于倾听来自员工的小点子使星巴克决策变得更加灵活,反映更快捷,也更有应变力,同时改善了团队内部信任、尊重与沟通氛围,提高了员工的主人翁意识。

3. 出售体验文化

有人把公司分为三类:一类公司出售的是文化,二类公司出售的是服务,三类公司出售的是质量。星巴克公司出售的不仅仅是优质咖啡、完美服务,更重要的是顾客对咖啡的体验文化。

在星巴克看来,人们的滞留空间分为家庭、办公室和除此以外的其他场所。麦当劳努力营造家的气氛,力求与人们的第一滞留空间——家庭保持尽量持久的暧昧关系;而作为一家咖啡店,星巴克致力于抢占人们的第三滞留空间,把赚钱的目光紧紧盯住人们的滞留空间。现场精湛的钢琴演奏、欧美经典的音乐背景、流行时尚的报纸杂志、精美的欧式饰品等配套设施,力求给消费者营造高贵、时尚、浪漫、文化的感觉氛围。让喝咖啡变成一种生活体验,让喝咖啡的人感觉到自己享受咖啡时,不仅在消遣休闲而且还能体验时尚与文化。

如果三四个人一起去喝咖啡,星巴克就会为这几个人专门配备一名咖啡师。顾客一旦对咖啡豆的选择、冲泡、烘焙等有任何问题,咖啡师会耐心细致地向他讲解,使顾客在找到最适合自己口味的咖啡的同时,体味到星巴克所宣扬的咖啡文化。文化给其较高的价格一个存在的充分理由,不但顾客可以获得心理上的莫大满足,而且星巴克还可以获取高额的利润。

星巴克很注重采用独特的广告策略。星巴克认为咖啡不像麦当劳,咖啡有其独特的文化性,赞助文化活动,对星巴克形象推广很重要。比如上海举行的APEC会议,星巴克就是主要的赞助商。尽管雀巢、麦斯威尔等国际咖啡公司都在中国设厂开店,但他们的速溶咖啡并没有尝到太多的甜头,甚至为星巴克的煮咖啡当开路先锋。星巴克一经把咖啡的消费贴上了文化的标签,就使利润倍增,获取了高额的投资回报率。星巴克认为他们的产品不单是咖啡,而且是咖啡店的体验文化。星巴克一个主要的竞争战略就是在咖啡店中同客户进行交流,特别重要的是咖啡生同客户之间的沟通。每一个咖啡生都要接受不少于24小时的岗前培训,包括客户服务、基本销售技巧、咖啡基本知识、咖啡的制作技巧等。咖啡生必须能够预感客户的需求,在耐心解释咖啡的不同口感、香味的时候,大胆地进行眼神接触。

品牌管理

> 星巴克公司以心对待员工,员工以心对待客人,客人在星巴克享受的不仅是咖啡,而是一种全情参与活动的体验文化。一杯只需价值3美分的咖啡为什么在星巴克会卖到3美元?星巴克为什么既能为顾客带来期望的价值,又能让企业获得更可观的利润?一个重要的原因就是,星巴克始终坚持"尊重员工,从顾客出发,与员工及客户多赢"的经营理念,注重经营自己的品牌文化。
>
> **案例思考题:**
>   1. 解释品牌文化的含义。
>   2. 品牌文化在哪些方面体现了其价值?
>   3. 举例说明如何从"星巴克"的成长历程看,品牌文化起了很大约作用。试分析"星巴克"的品牌文化是怎么起作用的。
>   4. "星巴克"是如何进行品牌文化传播的?

第十章 品牌资产

学习目的：

1. 了解品牌资产的基本概念
2. 了解品牌资产的基本特征
3. 掌握品牌资产的构成要素
4. 掌握品牌资产的创建策略
5. 掌握品牌资产评估中的各种方法
6. 了解各种品牌资产评估的优缺点

开篇案例

温州打火机的附加价值

　　温州打火机行业起步于20世纪80年代末。在政府部门的引导和企业的奋力拼搏下，到2002年，已拥有打火机生产企业700余家，年产打火机8.5亿只，产值达到20亿元的规模。生产的金属外壳打火机以质量、价格、品种的优势，迅速占据95%的国内市场份额和70%的国际市场份额，2001年底，温州市被中国五金制品协会授予"中国金属外壳打火机生产基地"。因为温州打火机的存在，曾经是世界三大打火机生产基地的日本、韩国、中国台湾已有80%的厂家关门，日本甚至从最大的打火机生产国，变成最大的打火机进口国。

　　就生产而言，温州打火机显然取得了辉煌的成功。可目前，大多数温州打火机生产企业却乐观不起来，原因在于销往国外打火机的价格太低，企业的利润率不高。温州打火机之所以取得如此迅速的发展，在于大多数温州企业结合日本、韩国企业做贴牌生产，也就是说温州的打火机企业将自己生产的打火机卖给日本、韩国等企业，这些企业贴上自己的品牌后再销往其他地方。同样的打火机，贴上不同的品牌后，其国际销售价竟可以相差数十倍以上。例如，一名温州打火机生产商说起一件事："我去过韩国，我的打火机销给它是9元钱，它卖多少呢？折合人民币280元，差别就是这么大。这个对我打击很大，打火机是我造的，那里的服务员说中国人造不出这种打火机，我火了，当我把所有的资料和名片给他看，把我的打火机也给他看，他才相信。我买了两个打火机回来，在给员工开会时，我说，为什么我们的附加值这么低？"

"在未来,拥有市场比拥有工厂重要多了,而拥有市场的唯一途径是先拥有具备市场优势的品牌。"企业都将认识到品牌才是企业最珍贵的资产,品牌资产关系到企业的未来与发展。"可口可乐之父"伍德拉夫曾说过:"即使整个可口可乐公司在一夜之间化为灰烬,仅凭'可口可乐'这块牌子,他就能在很短的时间内东山再起。"由此可见,品牌作为企业一种重要的无形资产,在企业经营和竞争中发挥着极其重要的作用,本章主要对品牌资产内涵、构成要素及如何创建等方面进行阐述。

第一节　品牌资产的含义

一、品牌资产的提出

20世纪80年代以来,西方营销界流传的一个重要且广为人所知的营销概念就是"品牌资产"(Brand Equity),它将古老的品牌思想推向新的高峰。对品牌资产的研究起因于当时一些有影响的企业并购案,其最后的成交价都大大超出被并购方的有形资产价值,从而引发了人们对品牌这项无形资产的重视与研究。例如,1988年,瑞士雀巢食品公司以总额10亿多美元的价格买下了英国罗特里(Rowntree)公司,收获的是该公司财务报表上从未出现的东西:宝路(Polo)、奇巧(Kit Kat)等产品品牌,雀巢公司愿意支付给罗特里公司的收购金额使得后者的股价在证券市场中不断上升,从475便士上涨到1 075便士。雀巢公司支付的10亿多美元是罗特里公司财务账面总值的6倍。这意味着雀巢公司乐于为富有未来获利潜力的品牌支付出一大笔溢价,这些品牌就是企业的无形资产。

二、品牌资产的概念

对品牌资产的研究一直是品牌领域的热点,诸多学者对品牌资产下过定义,其中代表性的有以下一些:

卡内基-梅隆大学教授彼得·华古哈(Peter H. Farquhar,1989)认为,品牌资产是指对企业、经销商或消费者而言,品牌赋予产品的附加价值。

加州大学伯克利分校教授大卫·艾克(David A. Aaker,1991)认为,品牌资产是连结于品牌、品名、符号的一个资产与负债的集合,它可能增加或减少该产品或服务对公司和消费者的价值,假设品牌名称或符号改变,其所结合的资产和负债可能受影响甚至消失。品牌资产包括品牌忠诚、品牌认知、感知质量、品牌联想和其他专有资产(如专利、商标、渠道关系等)五个方面,这些资产提供给企业多种利益和价值。

凯文·莱恩·凯勒(Kelvin Laien Keller,1993)提出基于消费者的品牌资产概念。认为品牌之所以对企业和经销商等有价值,根本原因在于品牌对消费者有价值。基于消费者的品牌资产是指因消费者的品牌知识导致的对品牌营销的差别化效应。消费者拥有的品牌知识是建立品牌资产的关键。也可以说,品牌资产是指消费者头脑中强烈的、赞许的和独特的联想,品牌资产取决于品牌联想的强度、赞许度和独特性。首先,品牌资产来自消费者的反应差异;其次,这种反应上的不同来源于消费者对品牌的认知;再次,构成品牌资产的消费者的不同反应,表现在与该品牌营销活动各个方面有关的消费者观念、喜好和行为中。

得克萨斯大学 R. Srivastava 和 A. Schocker(1991)认为,品牌资产包括品牌强度和品牌价值。品牌强度是品牌的消费者、渠道成员、母公司对于品牌的联想和行为,它们使品牌可以享有持久的、差别化的优势。品牌价值是品牌所有者通过战术和战略行为来使用品牌强度,以提供出众的表现和降低风险的能力。

美国营销学研究所(MSI)的定义:品牌资产就是品牌的顾客、渠道成员、母公司等对于品牌的联想和行为。这些联想和行为使得产品可以获得比在没有品牌名称的条件下更多的销售额或利润;可以赋予品牌超过竞争者的强大、持久和差别化的竞争优势。

中国也有大量学者对此问题进行了深入研究,例如,范秀成教授把"brand equity"译作"品牌权益",认为它是企业以往在品牌方面的营销努力产生的赋予产品或服务的附加值,并将品牌权益分为财产权益、消费者权益和延伸权益三个维度。财产权益反映了使用某品牌在现有业务领域中品牌创造的价值;消费者权益代表现有品牌对于消费者心理和行为的影响;延伸权益代表扩展品牌使用领域给企业带来的潜在收益。

综合上述分析,笔者将品牌资产定义为"附着于品牌之上,并且能为企业带来额外收益的顾客关系"。这种观点认为,品牌资产是给企业带来附加利益的一种资产,品牌资产归根结底来源于品牌对消费者的吸引力和感召力。所以,品牌资产实质上反映的是品牌与顾客(包括潜在顾客)之间的某种关系或者说是一种承诺。这种顾客关系不是一种短期的关系,而是一种长期的动态的关系。比如,偶尔一次购买,并没留下任何印象。那些有助于增加消费者购买信心的记忆、体验和印象以及在此基础上形成的看法与偏好,是构成品牌资产的重要组成部分。

三、品牌资产的特征

1. 品牌资产的增值性

追求价值增值是资产的直接目的,也是资产最基本的特征。品牌资产也是如此,它可以在企业的持续经营中,在运动中保值、增值。对一般有形资产而言,其投资和利用往往很明显,存在着明显的界限,投资会增加投资存量,利用会减少资产存量,而品牌资产则不同。品牌作为一种无形资产,其投资和利用往往是交织在一起的,难以完全分开。品牌资产的利用并不会引起品牌资产的减少,反而如果利用得当,品牌资产还会增值。

2. 品牌资产的波动性

资产增值是在运动中实现的,品牌资产的增值是在品牌资产无限的循环和周转中实现的,而在这个过程中,品牌资产具有波动性。无论是品牌知名度的提高还是品牌质量的改善,都不是一蹴而就的,品牌从无到有,到被消费者认可都是品牌运营者长期努力的结果。但是,虽然品牌是企业长此以往投入的沉淀和结晶,这并不表示品牌资产只增不减。事实上,企业品牌决策的失误,竞争者品牌运营的成功,都有可能使企业品牌资产产生波动甚至下降。每个品牌资产都是处在变化之中的,即有的在上升,有的在下降。

相关链接

老字号辉煌不再

一、前言

中华老字号是指历史悠久,拥有世代传承的产品、技艺或服务,具有鲜明的中华民族传统文化背景和深厚的文化底蕴,取得社会广泛认同,形成良好信誉的品牌。老字号往往具有数十年乃至上百年的历史,在民间享有较高的声誉,在一定区域内获得大众的认可和信赖。

根据中国品牌研究院的调查,新中国成立初期全国中华老字号企业大约有16 000家,涉及餐饮、医药、食品、零售、烟酒、服装等行业。但是,由于种种原因,老字号企业经营不善,频频破产。1990年以来,由国家商业主管部门评定的中华老字号只有1 600多家,仅相当于新中国成立初期老字号总数的10%。现在,即使这1 600多家中华老字号企业,也多数经营出现危机,其中70%经营十分困难,20%勉强维持经营,只有10%蓬勃发展。同为中华老字号,品牌价值差距相当大。排在《第二届中华老字号品牌价值百强榜》最后一位的楚河,与榜首茅台的品牌价值相差1 450多倍。曾经老字号在历史上是区域的强势品牌,如今的经营困境实质上是品牌资产的流失带来的,因此全面审视老字号品牌资产,是发展老字号品牌的基础和前提。

二、老字号品牌资产审视

1. 老字号拥有少量的忠诚顾客,忠诚度趋于老化,但忠诚度较牢固。作为历史上的强势品牌,在当年老字号的忠诚顾客拥有相当的数量。如创建于清同治元年(1862)的杭州孔凤春,在其鼎盛时期的20世纪初二三十年,杭城的大小化妆品店业共计16家,而孔凤春资本数就占总资本数的55%左右,营业额也占到总数的50%左右,可以说独占鳌头,垄断了化妆品市场。在当时的杭州拥有大量的忠诚顾客,其中还包括了众多的达官贵人和知名人士。然而,由于历史的原因,这些老字号逐渐没落,顾客不断的流失,如今,仍然忠诚于老字号的顾客越来越少,并且以中老年顾客为主,忠诚度已经趋于老化。如孔凤春的雪花膏、百雀羚等产品,主要留在中老年顾客的儿时记忆里。而新一代的年轻顾客则对孔凤春没有使用体验,对老字号的忠诚则无从谈起。

2. 老字号历来具有较高的品质认可度以及良好的美誉度。老字号都是过去信誉卓著的品牌,凝聚着传统的商业美德,大多都秉承诚信的商业理念。胡庆余堂是清同治十三年(1874),由晚清"红顶商人"胡雪岩为"济世于民"开始筹建胡雪岩庆余堂药号,并于光绪四年在大井巷店屋落成并正式营业的药堂。胡庆余堂以"采办务真,修制务精""戒欺"为立业之本,生产药品质量上乘,竞争上提倡货真价实,"真不二价",获得广大顾客的高度认可,口碑极好,具有非常高的品质认可度。北京同仁堂是全国中药行业著名的老字号。创建于1669年(清康熙八年),自1723年开始供奉御药,历经八代皇帝188年。历代同仁堂人始终恪守"炮制虽繁必不敢省人工,品味虽贵必不敢减物力"的古训,树立"修合无人见,存心有天知"的自律意识,造就了制药过程中兢兢小心、精益求精的严细精神,极高的知觉质量使得顾客对同仁堂出品的药品产生高度的信任。老字号在生产经营的各个环节,都严格把关,产品质量享有很高的信誉。

3. 老字号都具有深厚的历史文化底蕴,历史品牌联想丰富,但缺乏与现代品牌关联。老字号历经数十年、上百年的岁月,其间的人或事都已经沉淀下来,形成题材丰富的品牌故事。比如跟老字号商号有关的故事就很丰富。据传,杭州"王润兴"饭店的金字牌匾"王饭儿"就是乾隆皇帝下江南时的御笔亲书。当时乾隆皇帝化名"高天赐",微服出巡,住在大井巷的小客栈里,由于店主王永泉小心服侍,又在饭菜上迎合口味,博得乾隆龙心大悦,便提笔为他题写"王饭儿"三个金字,后来做成匾额,悬挂堂口,从此客栈改成饭店,而四方宾客云集,生意兴隆,竟为杭城名牌菜馆之魁首。而历史文化名人则成为老字号品牌的历史品牌代言人,这成为老字号品牌的独特标识。如孔凤春的鹅蛋粉,就曾经是过去在朝大臣的内眷绣房和皇宫皇后、贵妃、公主和宫女必备化妆品,且慈禧太后也是孔凤春的忠诚顾客,成为皇家的贡品,著名的革命党人鉴湖女侠秋瑾也曾购买过孔凤春香粉。这些具有深厚历史文化底蕴的品牌故事成为老字号独具特色的品牌资产,是区别于其他新品牌的不可替代的独特资产。但老字号的品牌故事并不能够自动成为品牌联想,现代顾客对于老字号品牌的联想仍然非常缺乏。现代顾客能够回想起来老字号的事物非常欠缺,不但缺乏对老字号产品的种种使用体验、感受,甚至老字号的品牌故事也相当陌生。

4. 老字号在部分老顾客享有知名度,具有区域性特征,但在新时代顾客中知名度不够。老字号品牌在历史上曾是在某一区域家喻户晓,享有较高的知名度。杭州过去有句俗语"头顶天,脚踏边"。意思就是头上戴"天章"帽子,脚上穿"边福茂"鞋子。可见杭州人对这两家百年老店何等信任,口碑流传有多广。但是,从认定的中华老字号来看,绝大多数的老字号品牌当年的影响力主要局限于某一区域,只有极少数的老字号曾经是全国性品牌,这与当时经济发展水平较低密切相关。虽然老字号过去享有较高知名度,但在现代顾客群中,大部分的老字号知名度较低。零点调查公司研究了16个老字号品牌,发现北京的"同仁堂"与"全聚德"属于认知广度与深度俱佳品牌,而上海"张小泉"与"上海城隍庙"和天津的"狗不理"属于具有认知广度的品牌。而大多数品牌的认知度在深度与广度两个方面均不够强有力。因此,提升老字号在现代市场中知名度,成为老字号品牌建设的重要环节。

5. 市场份额低,市场影响力小,营销能力薄弱。老字号品牌目前除了少数品牌外,大多数品牌的市场份额较低,市场影响力很小。根据中国品牌研究院发布的中华老字号品牌价值百强榜的数据显示,67位以下老字号品牌的品牌价值在亿元以下,较之一般品牌,可称得上是弱势品牌,不但在全国,就是在所属区域,市场份额也极低,与当年的辉煌不可同日而语。老字号品牌由于体制原因,营销能力非常薄弱,在竞争激烈的市场环境中困难重重。一方面,老字号产品线过于狭窄,无法满足日新月异的消费者需求。提起"王麻子""张小泉",人们想到只是剪刀和菜刀,但这样的低值耐用品现在又有多大的空间?另一方面,老字号坐在老祖宗的金字招牌上,坐等顾客,不主动出击市场,难以获得市场的认可。与建立了强大而覆盖面广的知名品牌相比,老字号的分销系统不健全,营销网点稀少,如此很难获得更大的是市场份额。营销能力是老字号品牌发展的短板,不提升营销能力,老字号品牌发展只能是空中楼阁。

三、结论

通过对老字号品牌资产的分析,我们得出结论:大多数老字号品牌在现代市场处于弱势品牌的地位。要把老字号发展成为强势品牌,老字号的优势是拥有少量的忠诚顾客作为品牌发展的基础,同时拥有较高的美誉度,知觉质量较好,并且其独特的历史品牌故事为创造品牌差异提供了基础。而老字号品牌也拥有非常明显的劣势:忠诚顾客群体太小,品牌在顾客中影响力较低;同时现代顾客对老字号缺乏新鲜、直接的品牌联想和体验,这阻碍了老字号的使用消费;另外老字号的知名度其广度和深度都太低,无法影响更广泛的顾客;最根本的是营销能力的低下,浪费了老字号的无形资产,严重阻碍了老字号的品牌发展。因此,发展老字号品牌,必须从提升营销能力入手,充分挖掘、提炼、传播老字号品牌沉淀的历史文化资产,才能真正把老字号塑造成为现代市场的强势品牌。

(资料来源:http://www.nongji360.com/,笔者进行了适当修改)

3. 品牌资产的竞争性

资产增值的本性决定了资产与资产之间必然会展开竞争,而竞争关系一旦形成,它对资产的存在和运动又会转化成一种外在的强制力,所以竞争性是资产内在属性的要求,又是面临外在压力的反应,品牌资产也是如此。品牌资产的竞争性体现在强势品牌不仅给目标群体留下深刻的知觉印象,而且能给他们以质量和服务上的保证和承诺,拉近与目标群体之间的心理距离,甚至为目标群体带来鲜明而独特的心理感受和情感上的依托,从而与目标群体建立起稳定的关系。

4. 品牌资产的依附性

品牌资产依附于消费者,而非依附于产品。品牌的使用价值没有独立存在的实体,只有依附于某一实体才能发挥作用。品牌只有和企业的生产经营活动结合起来,与企业向市场提供的产品与服务结合起来,才能实现其使用价值。当品牌与企业及企业的产品或服务有机结合在一起的时候,品牌资产就会将自身的使用价值融化于产品和服务中,实现其经济价值。

5. 品牌资产形成上的长期性

无论是品牌知名度的提高、品牌品质形象的改善,还是品牌忠诚度的增强,均不是一朝一夕完成的。如果从长期顾客关系的角度考察,品牌资产的发展更是一个不断演进的过程。品牌从无名到有名,从不为消费者所了解到逐步被消费者所熟悉并对其产生好感与偏好,其间无不伴随着企业的不断努力与长期投入。所以说,品牌资产是企业长期投入人、财、物的沉淀与结晶。Interbrand 机构在 20 世纪 80 年代末期开展的全球性的品牌力调查中,所得到的关于影响品牌力的几大结论具有普遍的适用型。其中之一是存在时间长对品牌形象力大有帮助。许多排名前 100 位的品牌在一定市场领域内已存在 25—50 年,甚至更长。品牌资产,如同经济上的资产一样,是随时间而建构起来的。

第二节 品牌资产的构成

品牌资产是由品牌形象所驱动的资产,它形成的关键在于消费者看待品牌的方式而产生出来的消费行为。品牌资产有别于有形的实物资产,它是一种无形资产,它不可能由有形的实物资产来表示,而必须借助别的因素,如品牌的名称、标志等。由于品牌资产形成的基础和意义在于消费者看到品牌的方式以及由此产生的消费行为,因此,要使消费者对品牌所表示的商品和服务进行购买和消费,就需要投资于品牌形象,获得消费者的认可和亲近。从而让消费者接受这一品牌,形成品牌忠诚度,最终达到企业经营的终极目标——积累品牌资产。品牌资产可以分成两部分,即品牌资产的有形要素和无形要素。

一、有形要素

品牌资产的有形要素是指那些用以标记和区分品牌的商标设计等有形的事物,如品牌的名称、标志、包装等。

1. 品牌名称

品牌名称是信息传达中极有效的"缩写符号",它简洁地反映了产品和服务的中心内容或者企业所倡导的观念、文化等核心要素。消费者了解营销信息花费的时间往往在几分钟以上,而注意、理解并记住一个品牌名称却只需要几秒钟的时间。

2. 品牌标志

品牌标志从产生之日起一直都是表示起源、所有权或组织的一种方式。研究表明,一些接触视觉的品牌要素往往在传播品牌和建立品牌资产时起着关键作用,因为与竞争对手相区别的属性必须包含鲜明的个性和特色的文化等抽象的内涵,而简洁、凝练的标志和标记则可将这些个性和丰富的内涵生动、形象而又直观地传达给目标群体。

3. 品牌包装

品牌包装是设计和制造产品的容器和外部包扎物,是整体产品中一个重要的组成部分。同时它不仅具有保护商品、便于携带和运输等基本作用,还能标明品牌,并传递描述性和说服性信息,在一定的程度上起到宣传的作用,更好地树立品牌形象,从而促进销售,增加利润。因此,包装被誉为"无声的推销员"。

4. 品牌广告语

品牌广告语,就是该品牌在市场行销时的主张、承诺,一般比较简洁、短小、精练、有内涵;有一定的外延深度和广度,容易与目标受众共鸣、有通感,富有哲理和人文气息,极具亲和力。比如海尔的"真诚到永远",网通的"由我天地宽",中国移动的"沟通从心开始",美的的"原来生活可以更美的",拉芳的"爱生活,爱拉芳",如此等等。

二、无形要素

品牌资产的无形要素是主要有品牌知名度、品牌美誉度、品牌认知、品牌联想、品牌忠诚等。

1. 品牌知名度

品牌的知名度是指某品牌被公众知晓、了解的程度,它表明品牌为多少或多大比例的消费者所知晓,反映的是顾客关系的广度。品牌知名度是评价品牌社会影响大小的主要指标,品牌知名度的大小是相对而言的。品牌知名度的范围很大,包括一个连续的变化过程。一般将知名度分为四个层级:无知名度、提示知名度、未提示知名度和第一提及知名度。四个层次呈金字塔形,品牌达到第一知名度,意味着达到金字塔的顶端,从底层往上发展,实现难度逐渐加大。从品牌管理的角度,品牌经营者应关注后三个层次。

2. 品牌美誉度

品牌的美誉度是指某品牌获得公众信任、支持和赞许的程度,相对于品牌知名度这个量的指标而言,品牌美誉度是一个质的指标,只有建立在美誉度基础上的品牌知名度才能真正形成品牌资产。品牌美誉度的资产体现在"口碑效应"上,即通过人们的口头称赞,一传十、十传百,引发源源不断的销售。一些调查报告显示由口头信息所引起的购买次数3倍于广告引起的购买次数;口传信息的影响力是广播广告的2倍、人员推销的4倍、报纸和杂志广告的7倍。品牌的美誉度越高,"口碑效应"就越明显,品牌的宣传力度也就越大,品牌引起的注意力也就越高,品牌的资产价值也就越高。

3. 品质认知

产品品质从狭义上理解是指产品的适应性,即产品为达到使用目的应具备的性质;从广义上理解,品质是指产品的使用价值及其属性能满足社会需要的程度。企业、经销商和最终用户各自对产品品质的评价标准是存在差异的,原因在于评价者在判断产品品质优劣时,不仅考虑了自身的利益因素,而且还掺入了个性、心理、环境等方面的因素。从这一角度我们可能会觉得产品品质是一个主观的概念,但是消费者作为一个整体,特别是存在同质性的消费者群体,对产品品质的判断呈现某种共同的因果。从这一意义上,品质评价标准具有客观性。消费者品质认知是指消费者对产品或服务的适应性和其他功能特性适合其使用目的的主观理解或整体反应,是消费者对产品客观品质的主观认识,它以客观品质为基础,但又不等同于产品的客观品质。不同产品的客观品质可能完全相同,但消费者对不同产品的品质认知却相差甚远。这种例子不胜枚举,许多商品在标上名牌商标后,身价倍增。显然,消费者形成品牌偏好和品牌忠诚的重要影响因素不是产品的客观品质,而是产品的认知品质。

4. 品牌联想

品牌联想是消费者在看到某一品牌时所勾起的所有印象、联想和意义的总和,比如提到麦当劳,人们就会想到金色拱门、麦当劳叔叔等,提到迪士尼乐园人们会自然而然地想到米老鼠和唐老鸭等。品牌联想、品牌形象和品牌定位是相互联系的,透过品牌会产生一些联想,这些联想能组合出一些意义,这种有意义的印象就会成为品牌形象。品牌形象是品牌定位和品牌沟通的结果,品牌定位是具有操作性、参考性的销售点,经过传播后在消费者脑海中形成的许多品牌联想最终构成一个具有销售意义的品牌印象。品牌联想可以反映消费者的品牌态度及情感,也是提供产品差异化和品牌延伸的依据。

5. 品牌忠诚

在现实生活中,可以发现一种有趣的购买现象,那就是相当一部分消费者在品牌选择上呈现高度的一致性,即在某一段时间甚至长时间内重复选择一个或少数几个品牌,很少将其选择范围扩大到其他品牌。这种消费者在一段时间甚至很长时间内重复选择某一品牌,并形成重复购买的倾向,就可称之为品牌忠诚。品牌忠诚度是品牌资产的重心,拥有一群忠诚的消费者,就像为自己的品牌打造了一道难以跨越的门槛,它能阻挡竞争对手的刻意模仿、破坏性的销价,它也是一个品牌所要追求的最终的目标。

第三节 品牌资产的建立

上述这些品牌资产要素其实涵盖了品牌经营者的"工作框架"——品牌经营者的任务就是建立和不断提升品牌知名度、品牌美誉度、品质认知度、品牌联想度、品牌忠诚度。

一、创建品牌知名度

当人们在选购饮料、汽车、服装、化妆品或是旅游目的地时,除价格因素外,一般不自觉地就会去选择那些比较有知名度的产品和旅游地点,这就是品牌知名度效应。建立或提高品牌知名度的基本要点是建立品牌认知和加强品牌记忆。品牌认知是指消费者通过各种渠道获取有关品牌的各种信息,从而对品牌有一定的认识和了解或称消费者识别某种品牌的能力。品牌记忆是指消费者在不需要任何提示的情况下能够想起某种品牌的能力,即能正确区别先前所见或听到的品牌。促使消费者主动去识别品牌和记住品牌的关键在于品牌的有效传播,品牌传播的方式多种多样,企业应根据具体情况加以选择。

1. 标新立异的广告创意

传播的差别化是创造知名度的有效途径。人云亦云、亦步亦趋、生搬硬套的做法注定要失败。但如何来创造优秀的广告呢?其关键是要与众不同、标新立异,这是广告运作所追求的基本原则。美国广告大师罗宏·瑞夫斯认为,一个优秀的广告遵循三个要点:广告主题必须包括产品的一个具体的效用;这一效用必须是独一无二的;这一主题必须能够推动销售，必须是能够影响消费者作出购买决策的重要承诺。在浩如烟海的广告中要想让消费者对广告引起兴趣，并记住广告的内容，新颖、独特、与众不同的创意是关键。

2. 采用口号

广告口号的特点是加强消费者对广告的记忆。好的口号或广告歌曲创造出一种意想不到的沟通效果，它们能加速消费者对品牌的认知速度。短小精悍的口号包含了产品可能被形象化的特征，而脍炙人口的广告歌更是应用了韵律、声调使得品牌名朗朗上口，易于传播和记忆。那些脍炙人口的广告口号或广告歌曲，让消费者在有意无意中十分自然地记住了品牌。例如我们熟悉的海尔的"真诚到永远"，飞利浦的"让我们做得更好"等。

3. 恰到好处的标识

标识是一个以视觉为中心的品牌识别系统。通过符号、图案等展示的标识更容易使消费者识别和记忆。发展一种能与一种品牌紧密联系的符号，可以在创造品牌知名度过程中发挥重要的作用。一个符号是一个生动的形象，比起一个字或一句话更容易被人了解和记忆。例如，苹果公司那只被咬掉了一口的苹果，象征着希望、革新和愉快。为我们大多数人熟悉的华为的菊花、可口可乐的瓶子、麦当劳的金黄色拱门、雀巢标签上的鸟巢等，这些象征和标识都强烈地传达着品牌的识别，折射着品牌的个性和文化，给消费者带来很大的视觉冲击。

4. 持续重复

我们已经知道，知名度包括品牌再认和品牌回忆两种表现形式。产生记忆比产生认知要困难得多。认知通过几次展现就可以建立，而记忆会随着时间的推移慢慢模糊以至于消失。因此更要加强品牌与产品的联系，进一步突出品牌名字，帮助消费者建立记忆。建立记忆的基本技术是重复，要加深消费者对品牌的记忆，就必须让信息不断地冲击消费者的大脑，所以人们经常看到很多广告每天都要重复播出数十次以便能加深在消费者心中的印象。但是有一点还需要特别指出的是，不恰当的重复会引起消费者的反感，造成品牌影响力下降，消费者减少。

5. 公共关系

品牌知名度传播的另一手段是举办相关的公关活动。精心策划的公关活动有时比广告更能让消费者信赖，并且与广告支出相比，公关活动的成本优势非常明显。比较常见的公关活动有：赞助、竞赛、电视或广播访谈、受众参与的发问节目、展览、新闻报道、与电视台共同举办娱乐节目、设立各种奖励基金等。例如，2001年1月农夫山泉推出了"一分钱"的电视广告，宣布从2001年1月1日开始到7月31日为止，农夫山泉每销售一瓶天然水都提取1分钱，捐献给中国奥委会，用来支持中国2008年申奥行动，又以支持北京申奥的巨大影响赢得消费者的认同和响应，从而扩大了品牌知名度的影响。

6. 消费者的口传效应

企业在建立品牌知名度的过程中，往往要花费大量的资金和精力做广告、做促销、进行公关等。然而事实上，这些方式不一定能达到满意的市场效果。因为这些方式都是主体性的"我说"，品牌的自我推销很难打动那些对广告有着很强戒备心理或对广告持怀疑态度的消费者的心。而消费者的口传则是客体性的"他说"，它以熟知的"证人"、眼见为实的"证物"和信得过的"证词"三者相结合的优势,说服或促进其亲朋好友、同事邻居等人对该品牌的试用和购买。流行在西方营销的一句谚语"一个满意的消费者是你最好的推销员",十分形象地反映了口传对消费者行为的影响力。消费者对某一品牌、某一企业的赞誉,进而在周围群体中传播所形成的口传效应,是其他任何方式都不能替代的。也正如一首歌里唱的:"金奖银奖不如老百姓的夸奖,金杯银杯不如老百姓的口碑。"在中国的文化背景下,面对中国的消费者时,消费者的口传效应应该尤其高度重视。

二、创建品牌美誉度

1. 企业主动参与解决特殊社会问题

企业是社会机体的一个重要组成部分,社会生活随时可能遇到这样那样的特殊困难,随时可能出现这样那样的特殊问题,企业应时时刻刻关心社会生活,对出现的各种特殊社会问题要积极主动参与解决。例如某企业从新闻传媒上得知:本市一大型动物园因资金缺乏,几种珍奇动物的护养出现了危机,面对这一社会的特殊问题,该企业当即决定出资领养这几只珍奇动物,改善它们的居住环境,解决它们的饮食问题,并在动物园内立起一个"×××集团捐资领养"的标志碑,碑上刻有"动物是我们人类的朋友,让我们共同保护它们"的宣传口号。企业的这一举措通过新闻媒体的报道以及动物园大量游客的现场见证,不仅大大提高了该企业的知名度,而且使人们对这个企业产生了真实的好感。而这一切,均因这个企业时刻关注社会信息,主动参与了这一特殊社会问题的解决所致。特殊社会问题,不仅因为其独特性能引起传媒和社会大众的关注,而且这种特殊性本身还蕴含着某种独特的文化和社会价值观。如果这种独特的文化和社会价值观与企业的理念属性相吻合,并为企业很巧妙地营运,那就十分有利于企业品牌美誉度的塑造与传播。

2. 准确满足公众特殊需要

我们先看一个案例:由于各种各样的原因,现在许多城市人戴手表的习惯有明显淡化的倾向,在那些时间显得特别重要的场所,这种倾向给人们带来了许多不方便;特别是在公共汽车上,人们或因为上下班,或因为外出,对"时间"就特别关注,对于那些已没有戴手表习惯的人,如果这时候公共汽车上有一个醒目的"时钟"那该是多好啊!这种因为生活习惯的改变所产生的公众特殊需要,被某企业敏感的触摸到了。于是他们便在车厢前端的看板上挂上一台有年历的时钟,上书"×××集团,时时刻刻提醒你保护环境、热爱生活"。这就是一个刚成立的生产"绿色保健饮料"的企业的出场方式。这一"时钟"行动恰到好处的把公众的特殊需要、特殊的信息场所及企业独特的品牌形象准确地融为一体。这一杰出策划被当地政府当作社会公益事业在全社会进行推广,一夜之间,市内几乎所有公共汽车上均安装上了这种特殊的"品牌时钟",这不仅省掉了该企业数万元的广告费,使企业名声大振,而且更主要的是令消费者对该企业及其品牌产生了真诚的好感。现代企业要时刻关心、善于发现社会大众的特殊需要,并且要以创造性的策略,通过满足这一需要的企业行为过程巧妙地把企业品牌及形象融和进去,这将大大提高企业品牌美誉度的塑造效果。

3. 让企业品牌与特别时空融为一体

时间和空间是笔巨大的财富，利用得好，对企业品牌美誉度的塑造所产生的正面影响是不可估量的。原亚细亚商场曾有一句著名的广告"中原之行哪里去！郑州亚细亚"。这则广告将"亚细亚"这一品牌与"郑州""中原"这两个地域空间概念联系在一起，使人们意识到"亚细亚"就是郑州、中原的标志性事件，这一下子迅速提高了"亚细亚"在人们心中的感受力。同样"中国有个505"这句广告语也达到了相同的效果。它带给人一种"505"就是"中国"的一个标志性品牌的印象。有力提升了"505"这一品牌在消费者心目中的角色地位。有时候，将企业品牌与一种空间概念联系起来，不仅能够显示企业品牌在地理上的形象优势；而且还展露了其在文化上的内在分量，这对企业品牌美誉度的塑造是十分重要的。比如"大地生机，日月精华，东方千果花"，就有效地把"千果花"这一品牌形象融进了"东方"这一特殊地理和文化事实所包含的魅力世界中去。利用特定的时间或空间来塑造企业品牌美誉度，关键是要选择重要的有代表性的时间、空间材料，只有这样才能把单一的产品或企业与一种文化形象、优势角色联系起来，提升企业及品牌的美誉度。

4. 坚决占领重要传播场所

企业形象、信息出现的场所对企业品牌美誉度的形成具有决定性的影响。以产品的广告形象信息为例，一个产品的广告出现在中央电视台与现在地方电视台，对该产品在消费者心目中形成的印象是不一样。一个企业的广告出现在奥运赛场与出现在国内赛场对该企业在消费者心目中的美誉度塑造的影响也是很不一样的。企业信息出现的场所越具世界性、国际性和权威性，对提高企业的知名度，展示企业的实力，在消费者心目中建立良好的品牌信任度就越有利。今日集团组成"生命核能啦啦队"出现在广岛亚运赛场，这在中国企业界来说是第一次。它向世人展示了"今日集团"的实力和强烈的爱国热情，使"今日集团""生命核能"在人们的心目中的地位迅速升华。一切有远大志向的企业，均应毫不犹豫地尽一些可能在最重要的媒体及传播场所，展露自己的形象，传播企业的信息，这对企业的品牌美誉度塑造的意义是不可估量的。

5. 真诚服务特别消费个体

真诚关心、信赖广大消费者，向所有消费者提供热情、周到的服务是每一个企业基本道德准则，也是一个企业为塑造品牌美誉度所必做的最基本工作。但是，在此基础上对某些特殊个别的消费对象提供有针对性的关心和服务，有时候能迅速强化企业品牌美誉度的塑造与传播。例如，一位55岁的王老太太花多年的积蓄买的一台海尔空调器刚一出店门就被人骗去，正在王老太太痛不欲生时，海尔集团将一台崭新的海尔空调送到了王老太太家里。这样，海尔集团"真诚到永远"的企业形象在特殊消费情景下得到了强化和升华。同时也因为这一事件本身的特殊性，令海尔集团的美誉度远播。同样，北京燕莎商城总经理为一个在无意中撞破了燕莎商场一块价值3 000多元的玻璃而正在家中忧愁地等待商场罚款通知的北大女学生寄去一封表示歉意的信时，燕莎商城全面为顾客着想的形象魅力通过这一特殊消费事件得到了最精彩的描绘。在商城领导看来，顾客之所以撞破玻璃，是因为商城的引路标志不清楚所致，而不能责怪顾客。每个企业在其发展过程中都会遇到这样那样的特殊消费个体，特别消费事件，企业应随时以高度的主动性和责任感将对这些特殊消费个体的服务，对这些特殊消费事件的处理转化成企业美誉度塑造的良好机会。

6. 巧妙关联著名人物和组织

1992年12月20日,著名《纽约商报》刊登了新当选总统克林顿夫人希拉里畅饮"健力宝"的照片,这张照片的刊登拉开了"东方魔水健力宝"争夺西半球市场的序幕。虽然这则照片的拍摄是经过精心策划和组织方才获得的,但著名人物本身的形象魅力作为企业必须借用的无形资产其意义肯定是无疑的。一个企业不仅仅只是花钱请名人做广告,而是要设法营造事实,使使用企业产品的著名人物成为日常生活中的真实事实,这样更有利于企业品牌美誉度的塑造与传播。现在许多企业将自己的产品能作为国家某运动队指定使用物品而感到自豪和骄傲,就是因为国家运动队这样特殊的组织群体一旦与企业产品发生真实的联系,企业的品牌美誉度就迅速得到强化。企业在将自己产品品牌与著名人物、著名组织群体联系起来时,不仅要考虑联系的方式要机智、巧妙、自然,而且对著名人物或组织群体也要有选择性,要选择那些在形象和观念上更能与企业品牌有内在联系的个人和组织。

7. 即时抓住社会重大事件

社会重大事件不仅仅只是因为其具备强有力的新闻传播价值而对企业品牌知名度的塑造有利,而且还因为每一重大的社会事件本身都有深刻的社会、人文背景,因而使得这些重大的社会事件在观念上成为企业品牌塑造的重要材料。可口可乐在"二战"时期发起的生命之水传播运动,至今仍令人们感慨不已。在海湾战争中,美国有1 127家公司万里迢迢向远在中东前线的美军将士捐赠物品。这不仅仅因为这场战争是当时的新闻焦点,而且因为战争本身是社会心理情感观念的大冲撞,企业在此时此刻的态度和表现能更深更有力地在消费者心目中留下印象。

8. 规范企业的经营行为,树立良好的企业形象

一个企业如果不能在消费者面前展现出良好的外在形象,那么消费者肯定不会对其品牌产生良好的印象,反而会避而远之。规范企业的经营行为是树立良好企业形象的基础,因此,企业需要做到合法经营、合法竞争,不能通过偷税漏税、偷工换料来获得非法的利益。例如,2005年初爆发的委内瑞拉宠物食品污染事件里,雀巢旗下的普瑞纳公司正是其中的焦点。虽然这是发生在委内瑞拉,但这次污染事件却在一段时间之内影响了其进军中国宠物食品市场的脚步。

三、创建品牌认知度

有关人类学的研究显示,人们对于他们了解的和较为熟悉的东西更容易产生信赖感。反映在营销上的一种普遍现象,就是顾客往往习惯于购买他们所熟悉的品牌。正因为如此,顾客对品牌的认知会直接影响顾客的购买行为。一般而言,提高消费者对品牌品质认知可从以下几方面努力:

1. 提供高品质的产品和服务

产品表现是一个品牌最直接的品质表现,一个品牌是否有品质,首先体现在产品的质量、性能和外观等方面。保证产品的高品质是消费者建立品牌认知的客观基础。品

质是品牌的生命基础，又是产品"长寿"必不可少的环节。据一项调查表明，世界500家最大的公司中百分之九十的高级管理人员认为，质量决定顾客的满意程度，也贯穿产品生命的全过程。消费者对品质的肯定，这是品牌资产最重要的组成部分。在很多情况下，消费者对品质的判断往往借助于产品或服务本身传递的信号特征。例如，现在一般的食品外包装袋上都设有方便消费者撕开的锯齿，如果哪家企业忽略了这一点，它的产品质量和信誉难免不了受到些质疑。又如，新奥迪高贵品质的一个重要方面就是做工精细，精细得使人有一种爱不释手的感觉，整体车型浑然一体，天衣无缝。而其后的支撑则是零间隙技术，这意味着钢板之间的密合度很高，不超过 0.1 厘米，这使得奥迪在关门的声音上表现得更加稳重，不是"啪"的声音而是一声"砰"。

2．利用价格暗示

在营销活动中，价格往往是品牌品质的一种重要暗示。这在很大程度上是因为顾客对产品质量的主观感知是决定品牌资产价值的一个非常重要的营销变量，而顾客对产品质量的界定或衡量，并不完全以企业提供给他们的技术规格和质量标准为唯一的依据，而更多的是根据他们自己在长期的使用过程中形成的一种对质量的主观感知来划定的，而这种主观感知的形成受到包括文化、社会、心理、个性、生活方式与使用习惯等互相关联的许多因素的影响。在购买者对产品质量缺乏应有的分析能力的情况下，顾客的主观感知对产品品质的影响尤为明显。有研究证明，以下四种状况的高价位意味着高品质：消费者对商品品质、性能，除了以价格作为衡量标准外，别无其他标准可循；消费者无使用该商品的经验；消费者对购买感到有风险时，或买后感到后悔时，容易以高价作选择标准；消费者认为各种品牌之间有品质差异。该研究对企业营销实际活动极具指导意义，高品质产品高价策略的重要意义是，在消费者心中树立了高品质的品牌形象。

3．提供产品的品质认证证书

一份具有实际意义的保证书能够给品质提供可信的支持。但如果保证书书本身做得很粗糙，会让顾客感到这只是一种客套。一份有效的保证书应该做到：它是无条件的，易懂的，易执行的，有实际意义的，比如很多产品的"三包承诺书"等。同时，在美国，若产品获得"保险实验室"（Underwriters Laboratories）、"好管家"（The Good Housekeeping）的认可证书或标签，便能得到消费大众的信任。现在国内的好多企业也开始逐渐意识到这一点的重要性，那些诸如产品通过 ISO9000 体系质量验证、产品有太平洋保险公司承保等之类的声音也渐渐在我们的耳边多了起来。

四、创建品牌联想度

任何一种与品牌有关的事情都能成为品牌联想。促使消费者产生品牌联想的因素就有很多：品牌的名称、产品的性能、包装、价格、销售渠道、广告、促销、产品的服务、企业形象等都能使消费者产生相应的品牌联想。品牌经理若要建立良好的品牌联想，就需围绕这些方面来工作。

1．品牌属性和利益

（1）品牌名称。当消费者听到本品牌的名称时，会产生什么样的联想呢？消费者先入为主的联想对一个品牌能否在市场竞争中站稳脚跟至关重要。"农夫山泉"很形象、很直接地反映了其定位"天然水"的概念;一个好的品牌名称要能形象地反映品牌定位,要能引发目标群众一定的、正面的联想。

(2) 产品价格。研究发现,价格是产品质量的一个重要标志。大多数消费者常以价格高低作为判断产品质量的参照物,即"一分钱一分货",认为价格高的产品质量好。因此,当各主要竞争品牌的知觉质量有较大差异时,就可用价格来影响消费者的知觉质量。如果品牌间价格相近,那么,就要采取其他的定位途径以创造差异。价格战造成的两败俱伤是任何企业都不愿见到的,因而现在的企业都在试图寻找一种共赢的模式。

(3) 使用对象。麦当劳一向对儿童诉求,在成功占领了儿童市场后,公司又耗资7 500万美元做广告,试图进军成人市场。在使用对象上,许多品牌希望建立与名人的联系,因为名人经常能带来强烈的联想。就拿休闲服饰来说美特斯·邦威让"人气王"周杰伦用"不走寻常路"来号召年轻的个性一代。

(4) 品牌标识。品牌标识是传达品牌特性的直接载体。过去,不少企业在设计品牌时,对于英文标识在国外是否被注册、英文原意是否符合国外的文化取向等,一般不太注意,结果一走出国门往往遭遇"尴尬"。比如,在欧洲人心目中,白象意味着傻大笨重,我国的白象电池出口欧洲市场就只好铩羽而归。

(5) 品牌原产地。一个国家或地域的自然环境、资源、文化传统等与某些类别产品的品质联系非常密切,因而品牌的原产地也会影响消费者的品牌联想。比如,我国新疆的葡萄干、景德镇的瓷器,都会让消费者感觉更加正宗、品质更好。从国家的层面上看,我们总是对法国的葡萄酒、时装和香水,德国的啤酒,韩国的偶像剧情有独钟。这些联想都可以将品牌与品质联系起来而受益。

2. 品牌利益

品牌利益可分为产品功能性利益、产品象征性利益和产品体验性利益三个层次,在依据品牌利益创造品牌联想时,我们也应该从这三个层次着眼。

(1) 产品功能性利益。它来自品牌产品内在的品质。对于餐巾纸,它的功能性利益可以是柔软、洁白、抽取方便、坚韧、吸湿性、多色彩等。有效的定位就是要找出一种重要的功能性利益,这种利益最好是消费者未曾满足的,竞争对手未采用过的。"心相印"目前的市场地位就大半归功于产品在上市之初的独特定位——"超强的吸湿性"。让品牌的传播与某些特定产品类别牢牢联系起来,也能更好地促进消费者的品牌联想。当一种类别中的竞争品牌太多时,我们还可考虑产品属性是否适合另一产品类别。如自行车除了代步,还可用来健身。

(2) 产品象征性利益。它更多地来源于品牌的附加值,来源于品牌个性带给使用者的情感利益与自我表达利益。消费者通过对某些具有鲜明品牌个性的产品的消费,来表达和传递某种意义和信息,包括他的地位、身份、个性、品位和认同。因此,消费过程不仅满足了人的基本需要,而且也是社会表现和社会交流的过程。如饮用雪花啤酒更放松,喝百事可乐更年轻。

(3) 产品体验性利益。苹果电脑不仅仅意味着运算,还能帮助人们轻松开发前沿的未知领域。因此,消费者购买苹果产品并不是购买纯粹的产品和服务,而是在体验一种自由、冒险的精神和氛围。

3. 选择品牌联想的传播工具

(1)包装。俗语讲的"人靠衣装,佛靠金装"与"品牌靠包装"是同一个道理。产品的包装很重要,好的包装有利于引发联想,推广品牌。一个好的包装决策包括包装材料、样式、成本、色彩、容量以及对环保的考虑等。对于中国制造的产品,国际市场的评价是"一流的品质,二流的价格,三流的包装",那些试图在国际市场上有所作为的中国企业就应该注意了,改进产品的包装已是刻不容缓的事情了。

(2)广告语。广告语是品牌、产品、企业在市场营销传播的口号、主张和宣传主题及理念,包括品牌定位。品牌的所有主张或服务承诺就是通过广告语来承载、体现的。广告语按其性质可分为:理念、科技、服务、品质、功能五大类。海尔的"真诚到永远"在诉求理念,诺基亚的"科技以人为本"在诉求科技,农夫山泉的"农夫山泉有点甜",可口可乐的"清凉一刻"的诉求功能等。常见的知名品牌广告语都在某种程度上交叉含有其他类型的含义,有口语化的趋势,比如李宁的"一切皆有可能",百事可乐的"新一代的选择"等。一条有穿透力、有深度、有内涵的广告语其传播的力量是无穷的,而且往往成为目标消费者的某种生活信条,直至成为生活方式。

(3)形象代言人。形象代言人是品牌的形象标识,它最能代表品牌个性及诠释品牌和消费者之间的感情、关系,致使许多形象代言人成为该产品的代名词。手持华为手机的梅西表明值得世人欣赏的不仅仅是足球。形象代言人一下拉近品牌与目标消费者之间的关系:像朋友、又像邻居,像家人一样毫不陌生、亲切熟悉。据国外有人做过的一项实验研究,让不同的广告源,即名人、专家和典型消费者各推荐三种不同的产品:珠宝、真空吸尘器和饼干,结果发现,以消费者的广告态度、品牌态度和购买意向作为评价标准,这三种产品依次最适合采用的广告代言人分别是名人、专家和典型消费者。以这个实验结果推而广之,就是名人适合推荐心理和社会风险大的产品;专家适合推荐经济、功能和生理风险大的产品,各种风险都小的日常用品则适合典型消费者来推荐。所以,形象代言人只要是个性化人物就行,并非一定要动用名人明星,关键是人物要与产品个性相吻合。由于明星的风险大,成本又高,而且同时代理几种不同类别产品的广告会使明星效应稀释、弱化,因而,自制卡通也是许多企业采用的办法。

(4)促销。促销(或者说是营业推广)的核心机能是为购买决策带来短期的刺激作用。它的一个明显的负面作用是,过度地运用促销,往往会降低品牌的身价,适得其反地损坏品牌形象。但这并不是说促销不能建立或创造积极的品牌联想,关键是要选择恰当的促销手段,使它增加而不是削弱品牌价值。

五、创建品牌忠诚度

消费者对于某一品牌的忠诚度由于受到各种内外因素的影响,常常表现出"朝秦暮楚"、变化无常的特征。企业只有深入了解消费者的品牌忠诚度的变化规律,才能因势利导,维持和提高消费者对自身品牌的高度忠诚。提高顾客品牌忠诚的办法,就是设法加强他们和品牌之间的关系。高知名度、受肯定的品质、强有力的品牌设计及丰富的品牌联想都能协助达到这个目标。顾客对品牌忠诚度的高低是由许多因素决定的,因此,提高品牌忠诚度也须从多方面入手才能取得成效。

1. 超越顾客期望

让产品超越顾客的期待,是争取众多顾客、培养品牌忠诚的有效方法。例如,日本汽车的平均交货期为两周,而丰田公司在逐渐缩短这一时间的前提下,正在研究如何在一周内交货。缩短客户原先以为要等待的时间,便是超越了客户的期望。这在经营上无疑是一种创意,同时也提高了顾客忠诚度。

2. 高水平的售后服务

西方营销界有句名言"真正的营销活动始于售后"。要保持顾客较高的重复购买率,没有高水平的售后服务是办不到的,它是企业接近顾客、取得消费者信任的最直接的途径。售后服务是一个系统工程,必须用完善的售后服务体系加以保证。完备售后服务就不仅仅是一个"三包"的问题了,它包括送货上门、安装调试、人员培训、维修保养、事故处理、零配件供应以及产品退换等。企业如果真正想打"服务牌",借此赢得消费者的心的话,就要使消费者从购得产品的那一到起直到产品消费完毕,每一个环节,都处于满意状态,真正感到放心、舒心。

3. 建立消费者数据库

收集、积累丰富的消费者资料是当今企业发展的需要。现代消费者的生活正向着个性化和多样化发展。一方面,人们带着强烈的自我意识,在日常生活的各个领域中生活着。人们试图通过自我显示来向他人展示自己某一方面的能力,希望通过品牌消费表现出自己独特的个性和品位;另一方面消费者行为也向着多样化发展,生活成为一个剧场,人们大多怀有这样一种渴望,即想要借助一定的道具步入舞台,从而可以体验另外一种生活,消费者的生活越来越具有多变和感性的色彩。强化品牌与消费者的关系,就必须了解消费者的需求及其变化,在建立顾客资料库的基础上,进行个别化营销。目前,企业视顾客资料为公司的重要资产,试图搜集有关顾客的各种资料。

4. 建立常客奖励计划

对经常购买本企业品牌的顾客给予相应的让利,是易留住忠诚顾客直接而有效的办法,它能使消费者感觉到自己的忠诚得到了企业的认可和回报。我国许多大型商场为经常在本商场购买产品的顾客累积分数,达到一定分数便给购买产品者折扣或奖励,此举保持了大量的常客。常客奖励计划是留住忠诚顾客最直接有效的方法,它不但能提高一个品牌的价值,同时能让消费者觉得自己的忠诚得到了回报。

5. 成立会员俱乐部

相比较之下,常客奖励计划比较静态,范围也较小,而会员俱乐都能让顾客有较高的参与感。它给消费者提供了一个管道,抒发他们对这个品牌的想法和感受,同时还可以与其他和自己有相同品牌嗜好的人分享经验。如玉兰油的"玉兰油会员俱乐部",会员们可以获得折扣、定期收到新产品上市的资料、获得免费的护肤资料、获得赠品等。用会员俱乐部的促销方法,能不断加强品牌与忠诚顾客的关系。而且,在会员俱乐部内部,各会员之间还可相互交流、沟通、分享有关品牌的信息,核心忠诚会员可进一步带动其他顾客的品牌忠诚。和"常客奖励计划"一样，会员俱乐部也能让忠实顾客们感觉到自己被重视。

第四节　品牌资产评估

一、品牌资产评估的意义

品牌资产是一种无形资产，同时也是公司最有价值的资产之一，所以品牌资产的评估一直以来都是人们关注的一大焦点，相关的研究也大量展开。一直到现在，每年都有"最有价值品牌"的报告发布，并引起人们的广泛关注。因此，如何认识、衡量、评估企业所拥有的品牌资产，是现代企业经营管理过程中的重要组成部分。

> **相 关 链 接**
>
> **品牌价值受到普遍关注**
>
> 2004年6月28日第一届《中国500最具价值品牌》发布后，在全球第一搜索引擎Google上就有262 000个相关新闻，在Baidu上总计28 500个相关新闻，编制单位世界品牌实验室的相关信息多次出现在国家领导人讲话和省部级政府文件中。可见，品牌价值的评估，正被越来越多的各界人士所关注。

1. 有利于企业提高企业融资的便利性

目前，越来越多的企业开始使用品牌资产进行融资活动，这是因为品牌评估将品牌资产化，以使企业的一些投资所形成的负债比率降低，企业资产负债表结构更加合理，显示企业资产的担保良好，所以获得银行大笔贷款的可能性将大大提高。

> **案 例 赏 析**
>
> **评估商标做质物　银行助企快发展**
> ——"妙府"商标贷款评估
>
> 山东即墨妙府老酒有限公司是中国北方传统黄酒生产企业，创建于1993年。企业始终遵循"质量是企业发展的命和本，传统是企业进步的根和基"的原则，以四千年酿酒文化和三千年"古遗六法"工艺为发展支撑点，精心打造北方传统黄酒"妙府老酒"品牌。
>
> 公司于2004年11月28日通过全国黄酒专家论证，被确立为北方黄酒的优秀代表，先后被选为中国酿酒协会理事单位、中国酿酒协会黄酒分会常务理事单位、中国

黄酒协会副会长单位、中国黄酒协会副秘书长单位、山东省食品协会理事单位、山东省葡萄与葡萄酒协会副会长单位。妙府老酒在全国黄酒行业2005年度质量检评中列国标黄酒半甜类第一名,自加热老酒获得国家实用新型专利,功能性老酒获国家发明专利。妙府老酒先后被授予"北方黄酒的优秀代表""山东名牌""山东省著名商标""中国历史文化名酒""山东省食品卫生A级单位""中国食品安全示范单位""全国食品行业落实科学发展观创新试点企业""全国食品工业优秀龙头食品企业""山东省轻工成长型先进企业""中国食品工业质量效益奖""2007年至2008年度食品工业科技进步优秀企业",被中国酿酒工业协会评为"酿酒行业AAA级信用企业",被中国商业联合会评为"中国商业AAA级信用企业""中国能源环保示范单位"等荣誉称号。由妙府公司主要参与和制定的《黄酒》国家标准发布,并且妙府老酒在国家抽检中未检出任何添加剂。正是凭借优良的产品品质,打造了中国北方黄酒的优秀代表。

2008年妙府老酒传统酿造工艺被列入青岛市非物质文化遗产保护名录,2009年妙府老酒和妙府基地黍米在全国黄酒行业率先通过国家有机产品认证。妙府老酒畅销全国并出口日本、澳大利亚、新加坡等国家,2010年银行的资助为企业的快速发展奠定了坚实的基础。2010年7月委托北京中金浩资产评估公司对其"妙府"商标进行评估,为银行贷款提供价值参考依据,成为知识产权贷款的又一成功案例。

2. 有利于优化品牌管理行为

20世纪80年代,西方媒体纷纷指责某些年轻的产品线经理或品牌经理,只顾眼前业绩,掠夺性地利用品牌资产。这从一个侧面反映,品牌资产如果管理和利用不当,将会对企业的长远利益造成不利影响。而将品牌资产增减变化考核纳入经理人员的业绩评价体系之中,将会使其综合考虑品牌资产的投资、利用与管理等活动,以及它们与企业其他活动的配合、协调和相互影响,从而优化品牌的管理行为。

3. 有利于激励企业内部员工

品牌价值不仅是外部人对企业所形成的整体认知,传达企业品牌的健康状况和发展形势,而且肯定是公司发展的长远目标;它同样也向企业内部的员工传达公司的信念,品牌资产的评估结果将大大地激励员工的信心。

4. 有利于企业间品牌资产的交易

品牌本身是可以转让的,因此在企业间发生兼并、收购或租赁时,交易双方对品牌资产的评估必然非常重视。如果被兼并、被收购或被租赁企业的价值在评估时,品牌资产作为无形资产的重要部分被疏漏或低估,无疑会损害股东的利益。这也是今天品牌资产评估方法研究的一个重要促进因素。另外,对各公司品牌资产评估结果的排名,无疑是对公司品牌的一种激励或鞭策,真实合理的品牌资产评估将有利于企业合资事业和品牌延伸的发展。

总之,研究品牌资产评估的原则和方法对于建立和管理品牌资产是非常有价值的,它使人们加深了品牌这种无形资产的了解,也强化了人们对品牌资产重要性的认识,更进一步引导企业将品牌作为一种重要的资产进行管理和经营。

二、品牌资产评估模型

由于对品牌资产概念的理解,不同时期不同的人有不同的价值倾向,因此,出现了种种不同的概念模型。在已诞生的品牌资产概念模型中,有一些具有明显的时代烙印,带有较大的局限性;还有一些产生在特定条件之下,为特定的研究和经营管理目标服务;还有一些则较有代表性,相对权威,为更多的学者、品牌经营管理者所接受。本书将选取一些著名的,具有典型意义的品牌资产概念模型进行研究和剖析,汲取其中精髓,为建立新的品牌资产模型进行理论上的指导。

1. 艾克模型

大卫·艾克(Aaker)教授在综合前人研究的基础上,对品牌资产做了专门的系统研究,提出了品牌资产的"五维度"概念模型。他认为,"品牌资产是指与品牌名称和标识相联系的一系列资产(或负债),它可以增加(或减少)产品或服务给公司或消费者提供的价值",他提出将品牌资产分为品牌忠诚度、品牌知名度、感知品质、品牌联想和其他品牌专有资产五个部分,见图10-1。其中前四部分是品牌资产的主要组成部分,品牌忠诚是品牌资产的核心。这一分类方法得到了国内外学者的认同,大量出现在各种论述中。下面对这五个品牌资产要素进行介绍。

图 10-1　艾克(Aaker)品牌资产模型

第一,品牌忠诚度。品牌忠诚度是指消费者对品牌的满意度和坚持使用该品牌的程度。品牌忠诚度是衡量品牌资产的最有力的尺度。消费者在品牌忠诚度上可分为五类:无品牌忠诚度、习惯购买者、满意购买者、情感消费者、承诺消费者。

第二,品牌知名度。它是指潜在消费者从特定产品系列中识别或回忆某一品牌的能力,也就是一个品牌在消费者心中的强度。品牌知名度使得品牌能进入消费者的考虑组合,也提供了一个实体承诺的信号和熟悉感,因此当消费者发生实际购买行为时,往往在关键时刻选择熟悉且具知名度的品牌。

第三,感知品质。它是指相对于其他品牌,消费者对该品牌的产品或服务具有全面性品牌的主观满意程度或认知水平。影响产品感知品质的因素有性能、特色、与说明书的一致性、可靠性、耐用性、实用性、适宜与完美程度等；影响服务感知品质的因素有形性、可靠性、能力、响应速度、移情等。感知品质的价值表现在消费者、厂商和渠道三个方面。

第四，品牌联想。它是指消费者记忆中所有与品牌有关的联想，这些联想组合起来就形成了品牌形象。品牌形象是品牌定位的结果，品牌定位是具有可操作性的，它由营销组合等传播工具在消费者心目中形成很多品牌联想，最终形成一个有销售意义的品牌形象。艾克认为品牌联想的形态有十一种：产品属性、消费者利益、产品层级、无形属性、相对价格、使用情境、使用者、名人代言、生活形态/个性、竞争者、国家或地区。

第五，其他专属的品牌资产。其他品牌资产指的是附着在品牌上的特殊技术（如专利）等，对产品也很有价值。它包含专利、商标、渠道关系等，这些资产比较容易被忽略，但它们可以有效地组织竞争者抢夺公司的核心消费者（即市场占有率和忠诚度）。这些形式的资产需要更多的法律保护，这为品牌在世界范围内的唯一性提供了法律保障。

另外，这五大要素并不是互相独立的，它们相互关联互相影响。感知品质和品牌联想是品牌资产的核心。通过这五个要素，品牌资产提高了消费者处理信息的能力，提供购买决策时的信心和理由，强化使用的满意度，从而增加消费者价值；另外，也通过提高公司营销方案的效率和效果，增强品牌忠诚度、溢价和利润，创造分销过程中的杠杆效应，建立竞争优势来为公司提供价值；品牌资产创造的消费者价值同样也可以反馈至公司，转换成有利于公司发展的利益。

由于，艾克对该模型的维度选取制定了严格的标准，该模型的维度也成为日后学者们建构基于消费者基础上的品牌资产模型的基础。总体来说，该模型为品牌资产测度提供了一个更全面、更详细的思路，奠定了以消费者为基础的品牌资产研究的基础，后续的很多学者的研究都是在 Aaker 的这一模型的基础之上进行。

2. 凯勒模型

美国学者凯文·凯勒（Keller）在 1993 年提出了"基于消费者的品牌资产"（CBBE）概念模型。该模型是基于消费者因掌握了品牌知识后对营销行为产生不同的反应，它来源于消费者对品牌的认知和认同。凯勒基于此，对品牌知识进行了详细的展开，模型详见图 10-2。

（1）品牌知名度。其中，品牌知名度包括品牌认知和品牌记忆。品牌认知是指在提供了品牌线索的情况下，消费者确定和该品牌进行过交易；品牌记忆是指在给定商品目录的情况下消费者能够回忆起该品牌的能力。品牌回忆往往比品牌认知需要更高的品牌知名度。凯勒（1998）认为品牌知名度可以分从深度和广度两个维度来衡量。所谓深度是指消费者心目中联想到该品牌的可能性大小，即消费者对该品牌认知和回忆的能力；广度是指消费者购买或使用时，会联想到该品牌元素的购买与消费情景个数多少。品牌知名度的深度已为学者和市场人员所熟知，但广度却被广泛忽略了。

（2）品牌形象。其中，品牌联想由三个层次的内容组成：属性、利益和态度。

属性联想：是区分产品或服务的描述性特征，又可以分为产品相关属性和非产品

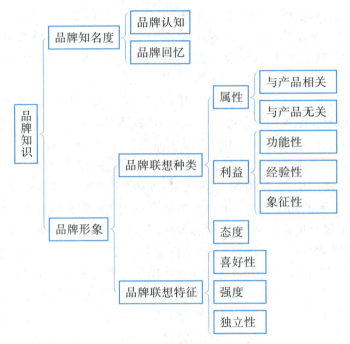

图 10-2 凯勒(Keller)模型

相关属性。产品相关属性是指产品或服务的实质功能;非产品相关属性是一些与产品或服务的消费或购买有关的外在形态,如价格、包装、使用者类型或使用者背景等。其中以价格为最主要的联想属性,因为消费者对产品的价格和价值有很强的关联联想,会根据产品的价格来形成他们心目中的产品种类知识。

利益联想:是指消费者根据产品或服务产生的个人价值,也就是说,消费者认为该产品或服务的所具有的功能给自己带来的好处。它可以分为三类:功能性利益,产品或服务消费过程中得到的内在的收益,它通常与产品的功能属性相关联,一般是为了满足生理或安全等基本需求,是为了避免或解决问题。经验性利益:消费产品或服务时产生的感受,同时反映产品相关属性和非产品相关属性。这类利益主要满足了主观上的要求,例如感观愉悦、多样性和认知刺激等。象征性利益:产品或服务消费时带来的附加利益,是一种外在优势,通常反映非产品相关属性。主要是为了满足隐性需求,如社会认同、个人表现和个人自尊等。消费者对品牌的地位、专有性和时尚性非常在乎,因为它反映了消费者的自我定位和形象。

态度联想:态度是指消费者对品牌的整体评价,它是消费行为的基础。品牌态度是一系列功能属性和品牌利益的结果,消费者比较自己对该品牌的期望和实际的消费体验,从而得到对该品牌的态度。

凯勒模型从消费者的角度分析品牌资产的构成,并对品牌资产的各构成要素是如何形成的、影响消费者决策做出了深刻细致的分析,这有利于指导企业进行品牌管理、品牌建设。因此,可以说该模型是一个较为合理的模型。但也存在一些不足,模型的结构较为庞大和复杂,涉及的变量比较多,利用该模型来建立品牌资产测度体系难度比较大;模型包容范围广、内容多,因此使用起来相对不够灵活,操作较为复杂;模型更为宏观,适应面广,但专门性、行业性较弱。

3. 趋势模型

由美国整体研究(Total research)公司提出,该模型主要由消费者衡量品牌资产的以下3个指标:

(1) 品牌的认知程度,消费者对品牌的认知比例,也可以分为第一提及、提示前及提示后知名度。

(2) 认知质量:这是品牌资产的核心,因为消费者对品牌质量的测度直接影响到品牌的喜欢程度、信任度、价格以及向别人推荐的比例。在 Equity Trend 的研究中,认知质量被证实与品牌的档次及使用率或市场占有率高度正相关。

(3) 使用者的满意程度:指品牌最常使用者的平均满意程度。

综合每个品牌在以上3个指标的表现,能够计算出品牌资产得分。

该模型比较简单,而且能覆盖较广泛的品牌和产品种类,并且摆脱了传统的认知—回忆模型。该模型所采用的"品牌认知程度""认知质量"以及"使用者的满意程度"与艾克模型中所使用的"品牌知名度""感知质量"以及"品牌忠诚度"十分类似,但是缺少了"品牌联想"这一重要的品牌资产维度,而"品牌联想"经过 Aaker、Keller、Yoo、Donthu 等品牌资产领域的众多学者研究证实对品牌资产具有重要的作用,因而该模型不够全面,并且该模型太依靠认知质量这一指标;由于认知质量和使用者满意程度两项指标的基数不一样,认知质量和使用者满意程度两项指标的相关性并不高。

4. 引擎模型

品牌资产引擎模型建立了一套标准化的问卷,通过专门的统计软件程序,可以得到所调查的每一项品牌资产的标准化得分,得出品牌在亲和力和利益能力者两项指标的标准化得分,并进一步分解为各子项的得分,从而可以了解每项因素对品牌资产总得分的贡献,以及哪些因素对品牌资产的贡献最大,哪些因素是真正驱动品牌资产增长的因素。

选择合适的品牌资产评估指标以测定品牌塑造努力的效果,这对于品牌建设至关重要。选择评估指标时,在保证合理的前提下,要选择简单易用、容易获得以及可重复进行的指标,以便能够简洁而又有效地搜集到信息,并能根据这些信息做出合理的决策。

5. 金字塔模型

品牌资产测度领域的著名学者凯勒在提出基于消费者的品牌资产概念之后,又在2001年提出了品牌资产金字塔模型(2001)(如图10-3所示),他指出了构建品牌资产须经四个相互关联的有序步骤:品牌识别—品牌含义—消费者反应—品牌联系。这个模型相比较之前的品牌资产模型有了很大的进步,它提出了之前的品牌资产模型所没有的形成品牌资产的逻辑顺序,打破了以往品牌资产模型那种平行的模式,是品牌资产模型领域的一个进步。但是所选取的四个维度:品牌识别、品牌含义、消费者反应以及品牌联系四个维度缺乏艾克的品牌资产十要素模型的几个维度的严谨性,而且他没有进一步探讨各维度之间关系,也没有进行实证检验。

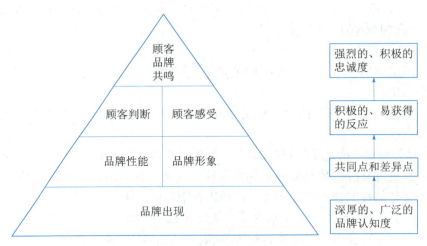

图 10-3 基于顾客的品牌资产金字塔

第五节 品牌资产评估方法

案例链接

"canbo 康宝"品牌价值：38 亿元

2008年6月5日，经国家注册评估机构北京中金浩资产评估有限责任公司历经2个多月的对"canbo 康宝"品牌价值进行全面评估后，得出广东康宝电器有限公司拥有的"canbo 康宝"品牌价值人民币38亿元的评估结果。

自2008年4月30日，北京中金浩资产评估有限责任公司开始对我公司为展示企业实力形象、品牌形象、企业发展能力之目的而设计的"canbo 康宝"品牌价值进行了评估。通过现场考察、搜集资料、行业调研、评定估算、专家会审等评估程序进行了全面的评估和考核。

在此次的评估中，评估人员实地考察了公司总部，与康宝高层管理人员就企业的品牌创立、市场开发、主要优势以及面临的问题等进行了座谈，并对企业的品牌发展战略和市场前景进行了深入的探讨与交流。本次的评估范围具体涵盖"canbo 康宝"商标权；企业名称权及形象识别系统；企业商誉、企业文化、各项经营优势等无形资源；"canbo 康宝"产品营销网络及试产资源；"canbo 康宝"专利技术成果无形资产价值。

北京中金浩资产评估有限责任公司的品牌价值研究人员通过先计算品牌所匹配的整体资产价值，确认康宝品牌名下的产品或服务的收入，并确认扣除相关的直接成本、间接成本及税金，然后再进一步扣除地产、设备、库存、流动等因素的可预期变化，对康宝品牌的收益进行未来5年的预测，认为康宝未来收益是建立在客观可行的未来发展规划及实施方案基础上的。在依托康宝雄厚的物质基础,消费家电类产品制造行业的地位,以及融资、投资能力,强大的品牌竞争力和扩张力、影响力的基础上,通过有效地管理及国际同步的科研开发能力和健全的运行有效的营销网络来提高"canbo 康宝"品牌产品的市场价值和资本回报水平是有可能实现的。最后通过评定估算和专家论证,得出"canbo 康宝"的品牌价值人民币 38 亿元。

（资料来源：中国家电网）

一、品牌资产评估方法发展阶段

品牌资产评估方法的发展是以对品牌资产概念的理解为基础的。目前,国内外学者对品牌资产概念的理解存在着分歧,从而导致品牌资产评估方法层出不穷,难以统一。造成了学者、广告公司、市场研究公司和品牌资产评估专业机构采用不同的品牌资产评估方法对品牌资产进行评估,形成了不同的品牌资产评估模型。

基于上述对品牌资产内涵的不同理解,目前对于品牌资产价值的评估基本上是分别侧重于以下三种要素展开的：财务要素（成本、溢价、现金流量）、市场要素（市场表现、市场业绩、竞争力、股市）和消费者要素（态度、行为、信仰；认知、认同、购买意愿）。从而品牌资产评估方法的发展大体上经历了三个阶段。

第一阶段,完全基于财务会计要素的品牌资产评估法。这是人们最早采用的评估"品牌财产"时采用的方法。20 世纪 80 年代以前,"品牌资产"(Brand Equity)的概念还没有被西方营销界广泛采用,取而代之的是"品牌财产"(Brand Asset)的概念,认为品牌资产仅仅是公司无形资产的一部分,因此主要寻求从狭义的财务角度对品牌资产进行评估。其评估结果难以为品牌管理者提供具体管理操作方面的指导。

但基于财务要素的评估方法对于企业在越来越多的融资活动中企业价值的衡量具有重要的意义。首先,品牌资产评估使得企业资产负债表结构更加健全。资产负债表是银行贷款、股市投资的依据。将品牌资产化,使得企业负债降低,贷款的比例大幅降低,显示企业资产的担保较好,获得银行大笔贷款的可能性大大提高。其次,品牌资产评估是品牌兼并、收购与合资的需要。品牌兼并、收购热潮,使得许多企业意识到对现有品牌资产的价值进行更好地掌握是必需的,对兼并、收购的企业品牌价值掌握也同样重要。再次,将品牌从公司其他资产中分离出来,当作可以交易的财务个体的做法,有日渐增加的趋势。这为合资与品牌繁衍奠定了稳定的基础。同时,避免在与外商合资时,草率地把自己的品牌以低廉的价格转让给对方所造成的损失。

第二阶段,在品牌资产评估方法中引进了市场要素,使得评估结果反映出品牌的市场地位,能够为管理者提供具体管理方面的指导。20 世纪 80 年代以后,"品牌资产"(Brand Equity)的概念开始在西方营销界广为流传,取代了"品牌财产"(Brand Asset)的概念,将古老的品牌思想推向了新的阶段。评估方法中也更多地涉及反映企业市场状况和其他管理层面的因素,如市场占有率、国际化水平等。虽然该类评估方法没有完全摆脱财务会计因素，但在财务要素的基础上，引进市场要素对品牌资产进行评估是评估方法的一大改进之处。首先，品牌资产评估有利于提高管理决策效率。虽然企业形象资产对股东有利，然而无法具体评估各项品牌经营实绩。依据公司各个品牌的市场表现对品牌价值做出评估后，有利于公司的营销和管理人员对品牌投资做出明智的决策，合理分配资源，减少投资的浪费。其次，基于市场要素的品牌资产评估结果能够激励公司员工，提高公司的声誉。品牌价值不但向公司外的人传达了公司品牌的健康状态和发展趋势，品牌是公司长期发展的目标，更重要的是向公司内所有阶层的员工传达公司的信念，激励员工的信心。品牌经过评估，可以告诉人们品牌的市场表现，以此可以显示自己这个品牌在市场上的显赫地位。再次，品牌资产评估的结果能够激励投资者信心。评估品牌可以让金融市场对公司的价值有正确的看法，可以提高投资者的交易效率。

第三阶段，考虑消费者与品牌的关系，以及消费者在品牌资产评估中的重要作用。基于市场因素的评估结果可以为品牌管理者提供宝贵的指导建议。营销人员通过不懈努力提高品牌的市场表现和地位。但人们发现，最终决定品牌市场表现和地位的，不是营销手段，而是消费者。无论营销手段多么高明，如果得不到消费者的认可，品牌也不会有很大的发展空间。如果品牌对于消费者而言没有任何意义和价值，那么它也绝不可能向投资者、生产商或零售商提供任何意义和价值。所以，基于品牌关系理论（即主张品牌资产主要体现于品牌与消费者关系的程度）的品牌资产评估方法孕育而生，该类方法把消费者看作是品牌资产形成和评估的焦点。因此，品牌资产的核心是品牌与消费者之间的关系程度，对品牌资产的评估便成为如何评估品牌与消费者之间的关系。使用这类方法对品牌资产进行评估的意义如下：

首先，消费者是上帝。公司所做的一切就是为了满足消费者的需求，使得利润最大化。品牌不仅仅是公司自己的，与竞争者相区别的标志，更是消费者赋予公司的财富。所以，品牌价值不仅仅应该从公司内部的指标考虑，更应该考虑到消费者赋予品牌的价值。

其次，有助于发现品牌资产价值的真正驱动因素。品牌资产的实现要依靠消费者购买行为，而消费者购买行为又根本上是由消费者对品牌的看法，即品牌的形象所决定的。尽管以上两类评估方法可以反映品牌资产的大小，但这两类评估方法并不能揭示在消费者心目中真正驱动品牌资产的关键因素，只有基于消费者的评估方法才能够真实反映品牌资产的驱动因素。

再次，有利于公司对品牌形象的保护。品牌资产的价值是每个消费者通过对品牌各个部分认识的总和得出的。消费者对品牌资产的这种认识是消费者在与某一品牌产品或服务打交道的过程中，根据他们的经验、交往与感情综合而成的。

所以，采用消费者评估法有助于为管理人员提供可行的管理方法来评估品牌形象，采取具体行动改进或保护品牌形象，以及对营销项目进行长期监控。

二、财务视角的评估方法

1. 原始成本法

评估品牌最直接的方法莫过于计算其历史成本。而历史成本法是直接依据企业品牌资产的购置或开发的全部原始价值进行估价。其直接的做法是计算对该品牌的投资，包括设计、创意、广告、促销、研究、开发、分销、商标注册，甚至专属于创建该品牌的专利申请费等一系列开支。对于一个品牌，其成功主要归属于公司各方面的配合，我们很难计算出真正的成本。因为我们已经把这些费用计入了产品成本或期间费用，怎样把这些费用再区分出来是一个颇费周折的事情，而且没有考察投资的质量和成果，即使可以计算历史成本，也存在一个最大的问题，它无法反映现在的价值。因为它未曾将过去投资的质量和成效考虑进去，而且，过去的投资与当前投资不同，过去的投资已失去或部分失去意义，因而不能把所有的原始成本简单地累加。历史较长的品牌，其原始成本资料不齐全，也不可追溯。原始成本法无法涵盖品牌未来的获利能力，也会高估失败的或较不成功的品牌。由于种种弊端，它招致了来自多方面的批评。

2. 重置成本法

重置成本法是按品牌的现实重新开发创造成本，减去其各项损耗价值来确定品牌价值的方法。重置成本是第三者愿意出的钱，相当于重新建立一个全新品牌所需的成本。其基本计算公式为：

$$品牌评估价值 = 品牌重置成本 \times 成新率$$

按来源渠道，品牌可能是自创或外助的，其重置的成本的构成是不同的。企业自创品牌由于财会制度的制约，一般没有账面价值，则只能按照现时费用的标准估算其重置的价格总额。外购品牌的重置成本一般以可靠品牌的账面价值为依据，用物价指数快速计算。公式为：

$$品牌重置成本 = 品牌账面原值 \times (评估时物价指数 \div 品牌购置时物价指数)$$

成新率是反映品牌的现行价值与全新状态重置价值的比率。一般采用专家鉴定法和剩余经济寿命预测法。后者的公式为：

$$品牌成新率 = 剩余使用年限 \div (已使用年限 + 剩余使用年限) \times 100\%$$

这里要注意的是，品牌原则上不受使用年限的限制，但有年限折旧因素的制约，不过它不同于技术类无形资产的年限折旧因素。前者主要受经济性贬值（外部经济环境变化）和形象性贬值（品牌形象落伍）的影响，后者主要受功能性贬值（技术落后）的影响。

重置成本法的最大弊端在于：估算重置成本要考虑品牌销售网络、品牌形象、品牌认知品牌市场份额、品牌延伸等诸多因素，非常繁杂。重新模拟创建一个与被评估品牌相同或相似的品牌的可能性太小，可行性不大。有些品牌，如可口可乐、同仁堂、茅台等，根本无法进行重置。和原始成本法一样，重置成本法也无法知道该品牌未来的经济收益。

3. 股票价格法

这种方法由美国芝加哥大学 C. J. 西蒙（Simon）和苏里旺（Sullivan）提出，它适用于上市公司的品牌资产评估。该方法以公司股价为基础，特有形与无形资产相分离，再从无形资产中分解出品牌资产。具体做法是：

第一步，计算公司股票总值 A，这可以通过股价乘以总股数获得。

第二步，用会计上的重置成本法计算公司有形资产的总值 B，然后用股票总值减去有形资产总值，即得公司的无形资产总值 C（C＝A－B）。无形资产可以分解成三个部分：品牌资产 C_1、非品牌资产 C_2 以及行业外可以导致垄断利润的因素（如政府管制，产业集约化形成的）C_3。

第三步，确定 C_1、C_2、C_3 各自的影响因素。

第四步，建设股市价值变动与上述各影响因素的数量模型，来估计不同因素对无形资产的贡献率，然后在此基础上可以得出不同行业中品牌资产占该行业有形资产的百分比 ß o 由 C_1＝B × ß 可以得出品牌资产的数值。

用股票法得出的是公司各品牌资产的总值，因此，这种方法尤其适用只有一个品牌或虽然有多个品牌但仅有一个著名品牌的企业。

4. 未来收益法

未来收益法又称收益现值法，是通过估算未来的预期收益（一般是"税后利润"指标），并采用适宜的贴现率折算成现值，然后累加求和，借以确定品牌价值的一种方法。其主要影响因素有：(1) 超额利润；(2) 折现系数或本金化率；(3) 收益期限。它是目前应用最广泛的方法，因为对于品牌的拥有者来说，未来的获利能力才是真正的价值，试图计算品牌的未来收益或现金流量。因此该种方法通常是根据品牌的收益趋势，以未来每年的预算利润加以折现，具体则是先制订业务量（生产量或销售量）计划，然后根据单价计算出收入，再扣除成本费用计算利润，最后折现相加。在对品牌未来收益的评估中，有两个相互独立的过程，第一是分离出品牌的净收益；第二是预测品牌的未来收益。

收益法计算的品牌价值由两部分组成，一是品牌过去的终值（过去某一时间段上发生收益价值的总和），二是品牌未来的现值（将来某一时间段上产生收益价值的总和）。其计算公式为这相应两部分的相加。

然而，对于收益计量法，存在的问题是：其一是它在预计现金流量时，虽然重视了品牌竞争力的因素，但没有考虑外部因素影响内收益的变化，从而无法将竞争对手新开发的优秀产品考虑在内，而且我们无法将被评估品牌的未来现金流量从该企业其他品牌的现金流量中分离出来，因为它们共用一个生产、分销资源；其二是贴现率选取和时间段选取的主观性较大；其三是在目前情况下，不存在评估品牌的市场力量因素。

三、市场视角的评估方法

市场基础评价法旨在克服会计法上的一些不足，因为品牌是一个长期的投资，而销售量、成本分析、边际报酬、利润以及资产回报率等指标均为短期性数据，不足以适应衡量品牌作为特殊的无形资产时的复杂性。因此，需要从消费者或者企业交易的角度，通过消费者的偏好，对企业实际业务能力表现加以定量化赋值，按照一定的模型来评估品牌资产。

1. Interbrand Group 方法

英国的英特品牌集团公司是世界上最早研究品牌评价的机构。它以严谨的技术建立的评估模型在国际上具有很大的权威性。英特品牌模型同时考虑主客观两方面的事实依据。客观的数据包括市场占有率、产品销售量以及利润状况;主观判断是确定品牌强度。两者的结合成了英特品牌模型的计算公式:

$$V=P\times S$$

式中,V 为品牌价值;P 为品牌带来的净利润;S 为品牌强度倍数。

首先看 P,即品牌带来的纯利润。Financial World 从公司报告、分析专家、贸易协会、公司主管人员那里得到有关品牌销售和营业利润的基本数据。例如,1995 年,吉列这个剃须刀品牌的销售额为 26 亿美元,营业利润为 9.61 亿美元。而我们所关注的是"吉列"这个品牌名称所带来的特定利润。为此,首先要决定这个特定行业的资本产出率。产业专家估计,在个人护理业资本产生率为 38%,即每投入 38 美元的资本,可产出 100 美元的销售额。这时我们可算出吉列所需的资本额为 $26\times38\%=9.88$ 亿美元。然后,假设一个没有品牌的普通产品其资本生产可以得到的净利润为 5%(扣除通货膨胀因素)。用 5%乘以 9.88 亿美元,即 $9.88\times5\%=0.49$ 亿美元。从 9.61 亿美元的盈利中减去这个 0.49 亿美元,我们就得到可归于吉列这个名字下的税前利润,即 9.61—0.49=9.12 亿美元。算出品牌税前利润后,下一步就是确定品牌的净收益。为了防止品牌价值受整个经济或整个行业短缺波动的影响过大,Financial World 采用最近两年税前利润的加权平均值。最近一年的权重是上一年的 2 倍。最后,把品牌母公司所在国的最高税率应用这一盈利的两年加权平均值,减去税收,得到吉列品牌的净收益为 5.75 亿美元。这个数字就是纯粹与吉列品牌相联系的净利润。

第二个方面是估算出品牌强度倍数 S,又称品牌因子,是指品牌的预期获利年限。按照英特品牌公司建立的模型,它由七个方面的因素决定,每个因素的权重有所不同。考察品牌强度时,英特品牌公司主要关注以下七个方面:

(1) 市场特性(Market)。一般而言,处于成熟、稳定和具有较高市场壁垒的行业中的品牌,强度得分就较高。

(2) 稳定性(Stability)。即品牌维护消费者特权的能力。一般企业进入行业越早,就拥有越多的忠诚消费者,品牌强度得分就越高。

(3) 品牌在行业中的地位(Leadership)。属于领导地位的品牌,对市场有更大的影响力,因此,它会较居于其他地位的品牌有更高的强度得分。

(4) 行销国际能力(Internationality)。品牌行销范围越广,甚至能够越过国界,进入海外市场,其抵御竞争者和扩张市场的能力就越强,因而该品牌的强度得分就越高。

(5) 品牌趋势力(Trend)。即品牌对行业发展方向的影响力。在消费者心中越具有现代感,与消费者的需求越趋于一致,该品牌的强度得分就越高。

(6) 品牌支持力(Support)。获得持续投资或重点支持的品牌通常更具有高品牌得分。

(7) 品牌保护力(Protection)。品牌有没有进行专利注册,有没有进行持续有力的打假,其得分值是不一样的。

一般来说,受到特殊法律保护的品牌比较受到一般法律保护的品牌强度得分更高;注册地理范围越广,品牌强度得分越高。

品牌强度系数用上述七个因素加权得出,每个因素的权重如下表(表10-1):

表 10-1 品牌强度评价因素的权重

评价因素	含义	权重(%)
领导力	品牌的市场地位	25
稳定力	品牌维护消费者特权的能力	15
市场力	品牌所处市场的成长和稳定情况	10
国际力	品牌穿越文化边界的能力	25
趋势力	品牌对行业发展方向的影响力	10
支持力	品牌号所获的持续投资和重点支援程度	10
保护力	品牌号的合法性和受保护的程度	5

Interbrand 公司采用专家评价法,对这七个因素进行打分,然后乘以上述权重,就得到了该品牌的品牌强度系数 S。S 值越大,品牌的预期获利年限就越长。仍以吉列为例,该品牌的 1995 年的得分为 17.9。根据公式可计算出吉列品牌价值为 103 亿美元,即

$$V = 17.9 \times 5.75 = 103(亿美元)$$

2. Financial World 方法

美国的 *Financial World* 杂志从 1992 年起对世界著名品牌进行每年一次的跟踪评估,其采用的方法就是建立在英特品牌公司的模型基础上。*Financial World* 的评估结果被各大媒体转载公布,在世界上具有很大的影响力。*Financial World* 杂志每年度公布世界领导品牌的品牌资产评估报告,所使用的方法与 Interbrand 方法基本接近,主要不同之处是 *Financial World* 更多地以专家意见来确定品牌的财务收益等数据:

(1) 该方法强调品牌的市场业绩,首先从公司销售额开始,基于专家对行业平均利润率的估计,计算出公司的营业利润。然后再从营业利润中剔除与品牌无关的利润额,例如资本收益额(根据专家意见法估计出资本报酬率)和税收,从而最终得出与品牌相关的收益。

(2) 根据 Interbrand 的品牌强度模型估计品牌强度系数,品牌强度系数的范围大致在 6 到 20 之间。

(3) 计算出 Financial World 品牌资产=纯利润×品牌强度系数。其具体计算过程见下表(表10-2):

表 10-2 Financial World 品牌资产计算方法

步骤	项目	公式	万宝路(1992)	可口可乐(1993)
1	销售额		154 亿	90 亿
2	利润率	行业	22%	30%

(续表)

步骤	项目	公式	万宝路(1992)	可口可乐(1993)
3	利润	1×2	34亿	27亿
4	资本比率	行业	60%	60%
5	理论资本	1×4	92亿	55亿
6	一般利润	5×5%	4.6亿	2.7亿
7	品牌利润	3—6	29亿	24亿
8	修正利润	三年加权	—	—
9	税率	行业	43%	30%
10	理论纳税	8×9	12亿	7.3亿
11	纯理论	8—10	27亿	16.7亿
12	强度系数	6—20之间	19	20
13	品牌价值	11×12	310亿	334亿

Interbrand 和 Financial World 这两种方法多年发表评估结果,已形成了国际性地位,具有较强的权威性和通用性,可用于任何产品类别或品牌。特别在品牌收购、兼并或租赁等情况下。

3. 北京名牌资产评估事务所的评价方法

这种方法参照英特品牌公司的评估模型,根据中国的实际情况,建立起中国的品牌评价体系。该评价体系以英特品牌模型的七个强度因素为框架,这七个强度因素是:品牌市场份额;品牌的超值创利能力;品牌的出口能力;商标是否具有广泛的法律效力和不断投资的支持;品牌超越地理和文化边界的能力。将这些因素转化为三个评价指标:品牌的市场占有率(M);品牌的超值创利能力(S);品牌的发展潜力(D)。这三个指标的权重不同,分别为 4、4、3(不同行业,略做调整)。其评价公式简单表述为:

$$P(品牌综合价值) = M + S + D$$

实际上,影响品牌价值的因素是多方面的,因此,从多个角度进行品牌资产评估都有其合理性。这就意味着,品牌价值评估方法的多样化有其客观基础,不能强求趋于统一。对于品牌价值的测评不可能十分精确,但这多种方法给我们提供了测评的多种思路,我们可以采用不同的方法对品牌价值分别加以评估,然后再对比分析,取得一个合理的测评值。如果存在较大差距,则应仔细寻找差距存在的原因,并进一步寻找更合理的测评方法。

本 章 小 结

品牌资产就是品牌的顾客、渠道成员、母公司等对于品牌的联想和行为。这些联想和行为使得产品可以获得比在没有品牌名称的条件下更多的销售额或利润。可以赋予品牌超过竞争者的强大、持久和差别化的竞争优势。包括广泛的品牌认知、正面的品牌联想、与预期一致的感知质量、高度的品牌忠诚。具有增值性、波动性、竞争性、依附性、长期性五大特征。

品牌资产由有形要素和无形要素构成。品牌资产的有形要素是指那些用以标记和区分品牌的商标设计等有形的事物,主要包括品牌名称、标志和标记、包装、广告语。品牌资产的无形要素是主要有品牌知名度、品牌美誉度、品牌认知、品牌联想、品牌忠诚等。

品牌资产的建立,品牌经营者的任务就是建立和不断提升品牌知名度、品质认知度、品牌联想度、品牌忠诚度。

创建品牌知名度可以通过标新立异的广告创意、恰到好处的标识、持续重复、公共关系、消费者的口传效应等途径来实现。

建立品牌美誉度主要通过企业主动参与解决特殊社会问题、准确满足公众特殊需要、让企业品牌与特别时空融为一体、坚决占领重要传播场所、真诚服务特别消费个体、巧妙关联著名人物和组织、即时抓住社会重大事件、规范企业的经营行为,树立良好的企业形象等手段来实现。

创建品牌认知通过提供高品质的产品和服务、利用价格暗示、提供产品的品质认证证书等来强化。

创建品牌联想通过品牌属性、品牌利益、选择品牌联想的传播工具等来实现。

创建品牌忠诚通过超越顾客期望、注重售后服务、建立消费者数据库、建立常客奖励计划、成立会员俱乐部等方式来达到。

思考与练习题

1. 简述品牌资产的概念。
2. 品牌资产主要由哪些方面构成,并通过具体例子说明。
3. 品牌资产的建立过程中,经营者的任务有哪些?
4. 简述如何管理品牌的忠诚度。
5. 品牌资产评估的意义在哪里?
6. 简述品牌资产乘数的含义及构成要素。
7. 消费者视角评估方法有哪些评估方法?
8. 从不同的角度谈谈品牌资产评估的方法有哪些?
9. 如果你是经营者,你将如何建立品牌资产,选择一个方面做出详细方案。

案 例 讨 论

拥有品牌,拥有无限财富——特易购

特易购公司成立于1932年,是英国最大的零售公司,也是世界三大零售商之一。它已有80年的历史,在英国,英国人每8英镑的消费中,至少有1英镑花在特易购的

连锁店中;在超市领域,特易购排名在美国沃尔玛和法国家乐福之后,属世界 500 强企业。特易购是英国最大的零售商,2005 年销售额达到了 320 亿美元。除了在英国本土的 691 家大型购物中心外,该公司 42% 的店铺分布于中欧与东南亚各国,是个国际化的超市巨人。像特易购那样因为拥有强势品牌资产而攻城略地、所向披靡,是每一个品牌人的梦想。

1. 发展历程

国际级零售大王都是谁呢?也许你们会自然会想到沃尔玛、家乐福……其实,英国规模最大、最赚钱的食品零售集团特易购,比起这些业界巨头来,一点也不逊色——907 家大型超市,足迹遍布全球 10 个国家。特易购的发展历程,就是一个自有品牌的发展历程,我们从它的发展历程中,可以深深感觉到这一点。拥有品牌,就是拥有了无限资产。让我们来看看这个超市巨人是如何走到今天吧!2006 年 3 月 6 日,据《财富》杂志(Fortune)公布的年度调查显示,英国最大零售商特易购(Tesco)取代英国石油(BP),成为英国最受全球企业欣赏的公司,英国石油屈居第二,第三名是连锁超级市场 J Sainsbury。过去一年,虽然曾有团体指出特易购的扩展过大,但从以上排名显示,该公司地位未受负面指控影响。就世界而言,最受全球企业欣赏的公司是美国通用电气,通用电气过去八年中已六度称冠;第二名是日本丰田汽车;美国宝洁排行第三。至于全球最大零售商沃尔玛,由去年第二位跌至第十位,反映该公司增长倒退受到销售额下降和负面公众形象影响。算到跌幅最大可说是索尼(Sony),从第十九名下滑到第三十四名。可见特易购已经从一个连锁超市成长为一个超级品牌。

2. 巨人的童年

就像很多英国的企业不事张扬一样,特易购总部设在英国一个叫赫夫冈德谢的乡村,办公大楼寒酸得令人匪夷所思——简陋的钢筋混凝土建筑被很多衰败不堪的酒吧所围绕。周围的建筑给人的感觉就是典型的英国式的古旧和悠远。它的大楼内灯光暗淡,像是一家工厂。要不是门口的牌子提示我们,谁也不会想到,这里竟然盘踞着一个顶级超市连锁企业的国际总部。只有大厅墙上挂着的一排时钟(显示各个不同城市的时间)在告诉人们这是一家有国际业务的跨国企业。就是这样一个不起眼的位置孕育了全球发展最快的超市连锁集团之一特易购。特易购原本只在英国国内从事经营活动,目前已在 10 个国家开设了大型超市。特斯特还是全球零售科技的领头羊,它不光拥有全球最棒的供应链系统,而且还是全球最大的网上食品超市。

3. 品牌制胜

2004 年底圣诞大采购时,特易购更是出色地吸引了大批顾客,使得其老对手 Sainsbury 和 Morrison 黯然失色。由于公司业绩优异,2004 年这位特易购公司的首席执行官被 Fortune 杂志评为年度欧洲商人。特易购也在特里的领导下确立了世界第三大零售商的地位,紧随沃尔玛和家乐福之后。在过去几年里英国市场经历了风风雨雨,特易购已经由一家打折零售店成长为世界级的大企业,不仅经营超市和便利店,还提供了全球最大规模的网上杂货服务。这个行业也是风云变幻,英国本土著名零售商 Safeway 被 William Morrison Supermarkets PLC 收购，而超市行业更是受到了英国竞争委员会的两次调查。

在品牌管理的战略层面，特易购的"方向盘"系统操作采用了罗伯特·卡普兰教授的"平衡积分卡"来管理。传统商业系统在零售业的应用上渐渐失去吸引是因为他们忽视了例如客户关系等"无形资产"方面的东西。传统商业目标一直就是：花费最少，卖出最多，其他一切都不重要。而特易购的战略一反传统商业观点，在追求低价与运营目标之间寻得了自己的平衡。

4. 特易购，渠道为王

20世纪90年代初期，特易购所占据的仅是部分较小的、相对低档的市场。当时在英国这种以购物场所判定他人所属阶级的国家，教养良好的中上层阶级家庭妇女大部分都去塞恩斯伯里这样的高级超市购物。但随后英国便迎来了经济衰退期，凭借物美价廉的商品，特易购开始发力向中产阶级市场扩张，业绩蒸蒸日上，并逐渐染指各个阶层的市场。进入21世纪后，有90%的英国人经常到特易购购物。

5. 我有渠道，我怕谁

渠道的力量体现在特易购身上可以说是淋漓尽致，它已经在某种程度上代表了或者说塑造了英国人的生活方式，这不仅仅因为特易购是英国最大的零售商，1/3 的日用百货从这里流向英国人的家中，还因为特易购的顾客以大致相同的比例涵盖了各个阶层的英国民众，包括上层富人、新富阶层、中产阶级、手工业者与一般民众。

这个会员卡的上面带有条形码，如果每位消费客每周购买30件商品，那么特易购的数据库中每年就将增添180亿个新数据；而如果每位消费客每周购买40件商品，那么特易购的数据库中每年就将增添240亿个新数据。这是非常庞大的数据库，所以特易购需要用最先进的统计和分析技术将其归类分析，得出有价值的信息。通过会员卡的记录，特易购可以精确统计顾客在某段时间内购买了何种商品，借此得以了解不同商品之间的潜在购买联系，并据此改变这些商品在店铺中的摆放位置。

庞大的数据库为特易购带来了两点好处。第一，这些数据方便公司向消费者提供特殊的、有针对性的优惠服务。每季度末，会员卡持有者都收到特易购寄来的现金折扣券，其价值相当于顾客当季消费金额的1%。同时，特易购还根据数据库中储存的顾客数据，查出顾客过往购买的商品，通过和亚马逊网站类似的软件分析出顾客可能有兴趣购买的商品，并将这些商品的折扣券一并寄给消费者。所以这个系统有几个方面的功能：有针对性服务客户、优化超市的货品陈列、对消费者需求做出更好的预测。一切都是为了更好的服务客户，有了这样贴心的服务，难怪消费者们对特易购情有独钟呢。

6. 自有品牌

近年来，英国零售业越来越重视开发有特色的自有品牌产品。过去，零售商自己的产品多以畅销品牌为模仿对象，缺乏特色，质量偏低，只好通过大打价格战来吸引顾客。如今，这种单靠低价促销的手法已经明显落伍。

最初，英国超市在生产自有品牌产品时为尽量降低成本，通常采用图案简单、质地较差的包装。现在,越来越多的零售商认识到,产品包装同样可以吸引顾客,自己产品的包装固然要简单大方、成本低廉,但也绝不能给人以低档的感觉,包装设计同样应追求时尚美观,向名牌产品看齐。目前,英国超市在自有品牌产品的市场细分方面已遥遥领先于竞争对手。

如特易购的"物有所值"产品,包括了"最佳"高档产品系列、"绿色食品"系列和"健康饮食"系列等。对于英国零售业而言,推广自有品牌的重点在于品质而并非低价。如前面所说,价格的竞争是超市的共性,但是更高级的竞争发生于品牌层面,这是利润更丰厚的层面,并且代表了超市竞争的未来趋势。

另外要注意的是:并非所有产品都适合用自有品牌来卖。自有品牌商品应具备以下特点:一是消费者在选择这些商品时除了价格因素外没有太多的其他考虑,如卫生纸、毛巾等,这是因为这种商品的购买动机中价格占据了较大的权重,而这正是超市自有品牌所能获得的优势;第二类是单价和技术含量较低的商品,因为技术性较强的商品不好寻找生产厂商,也不利于控制商品质量和售后服务,所以技术含量低一些的商品超市容易控制其最终品质,还是将复杂的产品交给制造商去做;三是最好选择一些保质期短、保鲜程度高的商品,如面包、蔬菜、水果、速冻产品等,这主要是考虑到物流成本的高昂使得超市自己贴自己牌的话会更有优势。

(资料来源:http://info.ceo.hc360.com/)

案例思考题:
1. 试述特易购品牌资产的含义。
2. 试分析特易购品牌资产包含哪些要素。
3. 试分析特易购是如何塑造品牌资产的。

第十一章　品牌保护

学习目的：

1. 了解品牌保护的意义
2. 了解品牌保护的机制
3. 掌握品牌的法律保护
4. 掌握品牌的自我保护
5. 掌握品牌的经营保护
6. 掌握品牌危机处理程序
7. 掌握品牌危机处理方法

开 篇 案 例

七匹狼——打假打出来的品牌

1985年，福建商业气氛已经较浓，很多人开公司做生意。闽南一个海边小镇——晋江金井，出现了一家名为晋江市金井劳务侨乡服装工艺厂的小企业，和当时其他的民营企业一样，它也是挂着集体企业的名号，这就是七匹狼的雏形。用周少雄自己的话说："一开始只是做些小买卖，卖布料，后来慢慢积累，做了两三年后，就萌发了做服装的想法，开办了服装厂。"

"既然我们是七个人一起创业，就叫'七匹狼'吧，按闽南风俗，'七'代表'众多'，是寓意生命、活力和胜利的吉祥数字，既象征着一个由奋斗者组成的团体，又体现了年轻人同心协力、矢志不移的创业精神。而'狼'与闽南话中的'人'是谐音，所以说非常巧合。"周少雄与他的同伴们发誓：为了共同的未来，大家一定要像狼一样，精诚团结，创出一流的牌子。

当时的中国服装企业几乎没有所谓的品牌意识，"品牌只不过是贴在衣服上一块漂亮的小图案而已，除此之外，别无他用"。1990年，七匹狼夹克进入上海"华联""一百"等一线百货大楼，不仅一炮打响，而且取得非常好的销售成绩。但很快，市场上就出现了不少仿冒者，这在当时的服装市场上是非常普遍的现象，何况七匹狼也并非什么声名显赫的大牌，但周少雄却以此为机会，策划了一场现在看来都还算是经典的营销案例：七匹狼大张旗鼓进行打假，将数家仿冒者告上法庭，一时间"真假狼之战"成了上海、北京、广州等地媒体的头版新闻，七匹狼因此而名声大振！事实证明，周少雄的这种的做法,不仅没有影响到七匹狼的名气,反而成功地提升了其品牌的知名度。有关营销专家事后分析说,打假事件确实显示出周少雄在营销理念上的过人之处。就在这一年,周少雄和他的七匹狼开始崭露头角。打假事件让他深知品牌的重要性,最后他们把坏事变成了好事,七匹狼的品牌也获得了很大的发展。

假冒产品不仅仅是七匹狼一家服装企业的问题,也是不少其他晋江知名服装品牌共同面临的问题。一方面,假冒产品往往也是伪劣产品,有损消费者权益;另一方面,假冒产品充斥低端批发市场,有些消费者明知道是假货,出于虚荣心也会购买。假货在市面上出现得多了,购买正品的消费者自然心里不是滋味。这对品牌营销和品牌形象极为不利。

为了更有效地打假,七匹狼在1999年增设了"维权中心",安排若干位员工常年专门负责打假、品牌保护事宜。七匹狼集团和厦门大学法学院、晋江市法院,联合成立课题组研究"品牌保护"。七匹狼提供全程研究的所有科研经费,分别用于资料、咨询、调研和出版等相关费用;晋江市法院可提供相关案例;厦大法学院将提供法律建议并展开研究,制作调查报告。

品牌从本质上来说,是非常脆弱的,无论是来自企业内部的管理失误,还是外部竞争对手和假冒产品的出现,对品牌的生存和发展都会造成极大的负面影响,甚至带来灭顶之灾。因此,当企业辛辛苦苦创立了品牌甚至是名牌后,更应该积极地对品牌加以保护。

第一节 品牌保护概述

一、品牌保护的背景

品牌保护自品牌竞争产生后就应运而生,只要存在两个以上的品牌,就会出现比较。有比较就有鉴别,消费者也就会从比较中选择能给自己带来最大让渡价值的品牌产品。于是品牌之间的竞争开始了,品牌保卫战也随之展开。

1. 品牌保护的心理背景

兰德公司的创始人华特·兰德先生说过,工厂制造产品,心灵创造品牌。"产品"更多是物理性的,而"品牌"则更多是心理性的。由此可见,品牌竞争是指商家对消费者心灵的争夺。消费者对品牌的偏好源于对品牌个性的认同,而对品牌个性的认同似乎又与消费者自己的个性密切相连。品牌个性与品牌的其他所有属性一起,构建了品牌形象。品牌形象源于消费者的心理,这种现象使某些品牌在消费者心目中占据了独特而显著的位置,使得该品牌大受欢迎,销量倍增,还有些消费者甚至为获得该品牌不惜花高额溢价。消费者对著名品牌趋之若鹜的行为,使某些那些处于不利地位的企业铤而走险,利用消费者对名牌产品的喜好,混淆品牌之间的区别,达到浑水摸鱼的目的。

> **相 关 链 接**
>
> **山 寨**
>
> 早晨洗头之后头皮很痒,仔细一看:是瓢柔!泡上一桶康帅傅方便面,抽一支中毕香烟,解闷。早餐后,穿上报喜乌的外套,含一块大白免奶糖,下楼!走进了家福乐超市,商品琳琅满目:玉老吉、娃娃哈、脉劫、蒙午……还有丑粮液呢!超市旁的背德鸡也开业了。

2. 品牌保护的社会背景

在品牌竞争年代,强势品牌成为企业真正的利润增长点,它能获得高于平均利润的超额利润。但在急功近利的企业行为驱动下,某些企业疏于品牌管理,而采取"傍名牌"的不法行为,假冒现象由此产生。假冒伪劣已成为我国经济生活中的一大公害。假冒商品品种多、数量大,从生活日用品到生产资料,从一般商品到高档耐用消费品,从普通商品到高科技产品,从内销商品到外贸出口商品,假冒伪劣几乎无所不在,无所不有。这其中又以制作容易、利润丰厚、销售快捷的假冒名烟、名酒和药品的问题最为严重,而且假冒伪劣商品有向大商品和高科技产品方向发展的趋势。假冒伪劣给不法企业带来的是短期利益,给消费者和企业带来的是严重伤害,这种情形构成了品牌保护的社会背景。

二、品牌保护的定义

品牌保护的经典含义是指企业法定权利的注册与打假,即对品牌所有人、合法使用者的品牌资格实行保护措施,以防范来自各方面的侵害和侵权行为。但在全球经济一体化时代,这一含义已不能适应品牌日益被侵害的现实。品牌遭到的攻击不仅仅是法律意义上的,而且越来越是全方位的,更多时候品牌侵害是来自市场和自身管理不善等原因导致的。例如,品牌的随意延伸、品牌形象的老化、品牌技术的退步、品牌个性的平庸化,等等。这些问题均会引起竞争对手向自己的品牌发动更具针对性的营销战役,从而危害品牌的市场地位。因此,品牌保护必须是对品牌的全面保护,而不只是法律保护。

根据上述分析,本书将品牌保护定义为,企业在品牌中所采取的一系列维护品牌市场竞争优势的活动。它包括巩固提高品牌的竞争力与市场影响,延长其市场寿命,维持品牌与消费者之间的长期忠诚关系,树立良好的品牌形象,促进品牌资产不断增值等行为。品牌保护包含三个方面的内容:品牌的法律保护、品牌的自我保护、品牌的经营保护。

三、品牌保护的机制

与其他品牌管理活动一样,品牌保护是一个复杂的管理系统,具有自己的特点与运行机制。为有效提高企业的品牌保护工作效率,就必须了解品牌保护的基本机制。它们分别是整合机制、预防机制、创新机制与效益机制。

1. 整合机制

整合机制是指由企业主导的,以相关国内、国际法律为基础,整合企业、社会、企业的合作者、顾客等各方面的力量来对品牌进行综合保护的活动机制。构建整合机制的原因主要有以下两方面:第一,由于对品牌的侵害活动影响到社会、企业的合作者与顾客等多方面的利益,有些活动如假冒伪劣还会使企业的竞争对手遭受同样的损失,因此,企业的品牌保护必须整合可以利用的一切力量,包括企业自身、社会、顾客、企业的合作者(甚至竞争者),来实施全面的品牌保护;第二,由于品牌自身的含义越来越复杂,品牌面临着全方位的市场竞争,因而单一的法律手段并不能有效地保护品牌。要想较好地保护品牌,就必须整合企业可以采取的一切手段来对品牌进行综合保护。

2. 预防机制

预防机制是指企业监控品牌受伤害的状况,以便及早采取有效保护措施的活动机制。预防机制的根本木的就是提高品牌对环境的适应性,用尽可能少的投入达到保护的效果。在大多数情况下,采取预防的手段能够降低企业品牌被伤害的风险,减少可能带来的损失,并提高品牌的生存能力。为了建立这种预防机制,企业必须构建与国际互联网连通、资源共享的营销信息系统,尤其要强化其中的品牌运营监控信息系统,提出一套完整的品牌保护监控指标,加强对品牌未来发展状况的预测,建立定期评估制度。

3. 创新机制

创新机制是指企业因不断变化的品牌运营形势,促进品牌保护手段与体制不断变革的活动机制。品牌保护并不是一劳永逸的,其手段与方法也需要不断创新,以提高品牌保护的适应性。创新机制包括树立鼓励创新的观念,设立创新开发部门,策划激励创新的奖励制度,建立有关品牌保护创新的评价体系。

4. 效益机制

效益机制是指企业从经济效益出发,按照自己的资源条件开展品牌保护活动的约束机制。品牌保护是以获得更高的经济效益为其目标的。它作为企业的一项管理活动,必须服从经济规律的制约,也就是说企业应考虑品牌保护的成本与收益的配比关系,通过严格的经济核算,结合自身实际,提出适合自己的品牌保护策略。企业可在原有效益考核机制的基础上,增加对品牌保护的经济核算,建立有关品牌保护的经济核算指标,并注意将企业的品牌保护利益与企业的长远发展目标结合起来。

第二节 品牌的法律保护

品牌法律保护是指从法律制度上对品牌所有人、合法使用者的品牌实行资格保护措施,以防范来自各方面的侵害和侵权行为。品牌法律保护在我国现有法律结构下主要包括商标、商号(字号、厂商名称、企业名称)、商业域名、企业徽标、地理标志(原产地名称)、知名商品特有名称、装潢包装、商务广告语等的保护,上述各种商业标记构成一个商业标记体系,狭义的品牌法律保护就是对这一商业标记体系的保护。品牌法律保护的对象几乎包括了商业标记的所有类型,这些商业标记可以划分为两大类:商号(字号、厂商名称、企业名称)、域名、徽标三种都是标识商业主体的,我们可以统称为主体人格商业标记;商标、商品名称(知名商品的特定名称)、包装装潢、商务广告语、地理标志(原产地名称)这 5 种都是标识商品或服务的,我们可以统称为商品商业标记。本书所讲的品牌法律保护实质是对与经营者商业标记相关权利的保护。

一、商标及其相关概念

1. 商标基本概念

商标是使用最普遍、功能最重要、凝结无形财产价值最大的一种商业标记。商标和品牌是一对最易混淆的名词。至于商标概念的含义,有人认为,"商标是指能够将一经营者的商品或服务与其他经营者的商品或服务区别开来并可为视觉所感知的标记"。也有人认为"商标是指能够将一经营者的商品或服务与其他经营者的商品或服务区别开来并可被人感知的标志"。法律的角度讲"商标是生产经营者在其商品或服务上使用的,由文字、图形、字母、数字、三维标志和颜色组合,以及上述要素的组合构成的,具有显著特征,便于识别商品或服务来源的标记"。

注册商标具有专用权,该专用权是指品牌注册申请人对经过商标主管机关核准注册的商标所享有的权利,简称商标权。商标权包括商标的独占使用权、禁用权、转让权和使用许可权等,其中独占使用权是基本的核心的权利,其他权利都是从独占使用权中派生或延伸出来的。

(1)商标的独占使用权。它是指经核准获得注册的商标的所有人在该注册商标的范围内有独占使用其商标的权利。商标权赋予商标权人"专用"注册商标,其他任何人未经许可不得使用。也就是说,非商标权人不拥有同一商品或类似商品上使用与商标权人相同或近似商标的权利。法律只保护商标注册人专用的权利。需要注意的是,商标的独占使用权是有范围界限的。商标专用权只能在规定的范围有权使用即商标权人只能在品牌注册国的范围内、在该商标所指定的商品范围内享有独占使用权。但是,商标使用权的独占性并不排除通过合法渠道(如转让等)取得其使用权。

(2)商标的禁用权。这是指商标权人有权禁止他人不经过自己的许可而使用该注册商标的权利。也就是说,商标权人有权排除和禁止他人对商标独占使用权进行侵犯。如果他人将与商标权人的注册商标相同或近似的商标使用在已注册的商标所指定的商品或类商品上,商标权人有权请求工商行政管理部门进行行政处理或提起诉讼,有权要求停止这种侵权活动,赔偿损失,以维护商标权人的合法权益。

(3)商标的转让权。它是指注册商标所有人有权将其享有的商标法规定的程序转交给他人所有的权利。但是,商标权的转让,要求受让人必须保证与转让人使用该商标的商品在质量上保持一致,这是商标转让的先决条件。值得注意的是,转让商标专用权,不能形成商标专用权的分割,这就要求转让商标必须把同一种或者类似商品上的相同或者近似的商标(即防御性商标)一起转让,不得保留,以免形成商标权的两个所有人或两个权利主体。还需注意的是,如果转让的商标已与他人签有商标使用许可合同,转让人(原商标权所有人)则需向受让人和被许可人说明情况,并协商一致意见后办理。不得因商标转让而损害被许可人的利益。

(4) 商标的使用许可权。商标的使用许可权是指商标权人通过与他人签订使用许可合同,许可他人(被许可人)使用其注册商标的权利。商标使用许可是作为一种租借使用注册商标的契约形式出现的。它的出现,丰富了商标权的内容,也赋予了商标权人具有依法许可他人使用的权利。正因如此,商标权既包含了商标所有人的专用,也包括了商标权人许可他人使用。但需注意,在实施商标使用许可过程中,必须将按照双方自愿互利原则签订的使用许可合同报商标局备案;同时要求被许可人保证其商品质量必须与许可人的商品质量一致。

2. 商标权是一种知识产权

品牌或商标是企业的无形资产,是企业无形资产中"知识产权"项下"工业产权"的重要内容。商标权作为工业产权,它是知识产权的重要组成部分。因此,商标权具有知识产权的独占性、与商品的不可分离性、时效性和区域性等特征。

(1) 独占性。商标权是商标申请人依照一定的申请、审查、注册等法律程序而获得的对商标使用、转让、许可等方面的特殊权利。商标权一经取得就具有独占性。商标权的独占性又称专用性或垄断性,即指某注册商标的使用权只能归该商标所有者独家占有、使用;而且在行使商标权时,还具有排他性,即指只有商标权所有人才能享有商标使用权,未得到商标所有人许可,其他任何人不得擅自使用。独占性或专用权是商标权最主要的特征,其他特征都是围绕这一特征引发的。

(2) 与商品的不可分割性。依照《商标法》的规定,核准注册的商标必须具有商标权的客体专指商品,没有专指商品的商标无法表现商标权利。核准注册的商标与核定使用的商品是组成商标专用权的一个整体,两者不能分割,也不能改变,在两者同时具备的情况下,商标注册人才享有商标专用权,并且受到法律保护。

(3) 时效性。商标权作为知识产权,它具有严格的时间效力。商标经核准注册之后,在正常使用情况下,可以在某一法定的时间内有效使用,受到法律保护。这一法定时间称为注册商标的有效期。

(4) 地域性。商标的地域性是指在一国核准的商标,其有效的、受保护的范围只在该国领域内,超出注册过或注册地域,商标的专用权则不发生效力。也就是说,经过一个国家注册的商标,仅在该国法律管辖的范围内受到该国法律的保护,其他国家对这一商标没有保护的义务。对于要开拓国外市场的品牌来说,企业欲使自己的品牌获得目标市场所在国的法律保护,还必须按照规定到目标国及时申请注册,取得在该国地域内受到法律保护的商标专用权。

3. 商标权受到法律保护

商标权人有权按照自己的意志处理其商标专用权,可以转让,也可以许可他人使用。如果他人侵犯商标权人的商标专用权,那么,商标权人可以依法要求法律的保护。这是世界各国商标法通用的准则。商标专用权的保护范围,是区别和判断商标侵权与非侵权之间的一条根本界限,也是工商行政管理机构和人民法院正确区分侵权与非侵

品牌管理

权、制止和制裁商标权行为的根本依据。商标侵权行为,即侵犯他人商标专用权的行为,通常是指他人出于商业目的,未经商标权人许可而擅自使用其注册商标,或是把其商标的主要部分用作自己的商标,用在商标权人的相同或类似的商品上,以混淆商标,使消费者误认商标,进而欺骗消费者的行为。

二、商标的种类

1. 普通商标

普通商标是指在正常情况下使用未受到特别法律保护的绝大多数商标。是与驰名商标相对应的一种商标。普通商标的特点:① 普通商标表明商品或服务出自某一经营者。② 普通商标的注册申请人只需是依法登记的经营者。③ 普通商标只需按《商标法》及《细则》规定提交申请。④ 普通商标必须在自己经营的商品或服务上使用自己的注册商标。⑤ 普通商标许可他人使用必须签订许可合同。⑥ 普通商标的受让者包括依法登记的个体工商户、合伙人。⑦ 普通商标则只需一年商标局就可以核准与之相同或近似的商标注册。

企业获得商标的途径主要有以下几种:

(1) 企业自己注册获得商标权。商标申请人按照商标法规定的法定程序,将自己的已使用或将要使用的商标向商标局申请注册,经商标局审查核准,发给商标注册证,交纳规费后,商标申请人就获得了商标专用权,同时也受到商标法的保护。任何人未经商标权人许可,都不得使用该商标,否则,即构成商标侵权行为,将受到法律制裁。

相关知识点

中国企业的注册商标在海外被抢注

根据统计,从20世纪80年代以来,中国出口商标被抢注2 000多起,每年造成10亿元无形资产损失。很多中国老字号甚至像全聚德、同仁堂、女儿红、杏花村都发生过被在海外抢注事例。在东盟国家,这些例子也屡见不鲜:比如四川长虹在印尼、泰国被抢注;一些香烟的品牌,如红塔山、云烟、红梅等在菲律宾被抢注。所以中国企业要开拓东盟市场,首先要给商标一个保护策略。中国企业不仅要保护其商标,也要预防其他企业在东盟抢注其商标,以避免痛失进军东盟的机会。

专家建议,中国企业在东盟保护自己的知识产权需要注意以下10点:

第一,中国企业必须警惕一些要求在东盟作独家代理,或者是在展览会上尝试了解产品市场的商家。很多时候中国企业在积极开发新市场时会遇到一些提出独家代理要求的商家,一旦要求遭到拒绝,那些商家可能以本身的名义在海外市场注册商标,占据中国企业的海外市场,或者阻止他人代理。

第二,中国企业在海外发展,参展时要提高警惕。很多时候一些投机商人可能利用商标拥有者在参展时的疏忽,在海外市场抢注商标,以倒卖、侵权之名收取佣金。

第三,中国企业在国内比较重视中文商标塑造,却往往忽略相应英文商标保护,所以导致有些外国商家有机可乘,通过抢注相应的外文商标来把中国商标拒之门外。

第四,中国企业必须明确在东盟的发展计划,然后建立适合本身的商标防御保护策略。最好就是针对目标市场,委托当地专业事务所。

第五,在东盟注册商标要区别于在中国所用的商标。中国企业最好把中文商标翻译成相应的英文商标或者就使用图形商标,因为英文商标、图形商标在东盟各国比较容易通行,而且图形商标不受语言限制,用图形商标可以保持全球商标的一致性。

第六,在东盟注册商标涉及不同的国家。中国企业注册商标必须要考虑东盟各国不同的法律和文化背景。东盟各国商标法都有商标注册公报,企业需要去注意这些被公报的商标,如果发现雷同、相似,可以及时提出异议,及时反对。

第七,如果这些商标已经在东盟国家被抢注,中国企业想挽回的最直接办法是通过法律途径。企业如果可以提供商标原始凭证来证明这些商标最初是在当地由其最先使用的话,在多数东盟国家我们都是可以根据法律要求撤销抢注商标的。

第八,中国企业也可以通过谈判方法解决被抢注的一些商标。通过法律手段费用可能比较昂贵,程序比较复杂。企业如果要去打官司,可能会失去开发市场良机。中国企业如果能和抢注商标者谈判成功,应该是兼顾市场效益的周全方案。

第九,如果谈判不成,中国企业又不想用法律手段取回商标权,那么最后的方案就是重新注册新商标。东盟国家普遍对中国文字缺乏深度理解,所以如果中国企业推出新的英文商标不会对既有市场形成太大影响。

第十,做好商标打假工作。在东盟有许多小型公司,以假冒为生,在这方面我们会遇到一些恶意使用相似商标以谋暴利的商家。企业有必要建立打假网络,发动业务员密切关注市场上的假冒商标产品。一旦发现假冒,要派专人去进行调查,要保存证据。

中国品牌要进入东盟市场,一定要做知识产权审计,申请并在当地取得商标权的保护。对东盟国家的一些代理,我们有必要和他们签署商业保密合同,尽可能地建立商标保护预警机制。这样能提高中国企业走进东盟的竞争力,使中国企业更快地树立自己的品牌、占有东盟市场。

(2) 通过转让购买获得商标权。商标权转让是指商标权人依照法定程序,将其注册商标专用权转移给他人所有的行为。通过商标权转让,原商标权人不再享有商标权,而受让人获得商标权,成为该注册商标的所有人,获得了完整的商标权。作为一种法律行为,商标权转让是指全部商标权转让,而不是部分商标权转让;商标权转让后,受让人使用该商标标底功能的商品(或服务)不能超过原来核定的使用范围;转让注册商标由转让人和受让人共同提出书面申请,并经国家工商总局商标局核准、公告;商标转让属于自由转让。在商标转让过程中,受让人要向商标权人支付一定数额的转让费。由于这种有偿转让需要通过合同来实现,所以也常被称为有偿的合同转让,或简称合同转让。商标权转让,除了有偿转让形式以外,还有无须支付转让费的继承转让。作为无偿的合同转让形式,它是指原商标权人不复存在或丧失经营能力、由法定继承人无偿地继承其注册商标的法律行为。

(3) 通过特许加盟方式获得商标权。特许加盟是特许人与受许人之间的一种契约关系。根据契约,特许人向受许人提供一种独特的商业经营特许权,并给予人员训练、组织结构、经营管理、商品采购等方面的指导和帮助,受许人向特许人支付相应的费用。通俗讲特许经营是特许方拓展业务、销售商品和服务的一种营业模式。特许加盟也是常用的一种获得商标使用权的可选方式。

2. 驰名商标

我国的驰名商标认定和管理暂行规定的第二条给驰名商标下了个定义,即驰名商标是指在市场上享有较高声誉,并为相关公众所熟知的注册商标。所谓相关公众包括与使用商标所标示的某类商品或者服务有关的消费者,生产上述商品或提供服务的其他经营者以及经销渠道中所涉及的销售者和相关人员等。

(1) 与一般或普通商标相比,驰名商标有其独特的专属独占性特征。主要表现为:

① 驰名商标的注册权超越优先申请原则。就一般品牌来说,只有注册后才受到法律的保护,不注册的品牌则不受法律保护。但是,驰名商标则不同,如果某品牌被商标主管机关认定为驰名商标,那么,按照《巴黎公约》的规定,即使驰名商标未被注册,也在巴黎公约成员国内受到法律保护。即对驰名商标而言,他人申请注册的商标与驰名商标相同或相近似,即使在非类似产品上注册,只要该拟注册的商标可能损坏驰名商标所有人的权益,负责商标注册的部门(国家工商总局商标局)就会将其驳回。

② 驰名商标的专用权跨越国界。驰名商标的专用权,不同于一般法律意义上的、有严格的地域性的商标专用权,而是超越本国范围在巴黎公约成员国范围内得到保护的商标权。这些规定,还适用与主要部分系伪造、仿冒或模仿驰名商标而易于造成混淆的商标撤销。这种做法常被称为"相对保护主义",在大陆法系诸国被采用。在英美等国,驰名商标所有人不仅有权禁止其他任何人在未经许可的情况下在相同或类似商品上使用驰名商标,甚至有权将这一禁止使用其驰名商标的范围扩大到其他一切商品上。

(2) 驰名商标由国家工商行政管理总局商标局认定。由于驰名商标在国际、国内市场上享受特殊的法律保护,所以,积极努力争取获准驰名商标认定是企业在开拓国内外市场过程中获得竞争优势的重要选择。在我国,驰名商标的认定是由国家工商行政管理总局负责。凡在市场上有较高的知名度和较高的市场占有率的商标都可以申请认定驰名商标。

相 关 知 识 点

中国驰名商标的认定标准

2003年4月17日,国家工商行政管理总局根据2001年10月27日新修订的《中华人民共和国商标法》(以下简称《商标法》)及其实施条例,发布了《驰名商标认定和保护规定》(以下简称《规定》),对驰名商标采取了被动认定方式。

第一条　根据《中华人民共和国商标法》(以下简称商标法)、《中华人民共和国商标法实施条例》(以下简称实施条例),制定本规定。

第二条　本规定中的驰名商标是指在中国为相关公众广为知晓并享有较高声誉的商标。

相关公众包括与使用商标所标示的某类商品或者服务有关的消费者,生产前述商品或者提供服务的其他经营者以及经销渠道中所涉及的销售者和相关人员等。

第三条　以下材料可以作为证明商标驰名的证据材料:

(一)证明相关公众对该商标知晓程度的有关材料;

(二)证明该商标使用持续时间的有关材料,包括该商标使用、注册的历史和范围的有关材料;

(三)证明该商标的任何宣传工作的持续时间、程度和地理范围的有关材料,包括广告宣传和促销活动的方式、地域范围、宣传媒体的种类以及广告投放量等有关材料;

(四)证明该商标作为驰名商标受保护记录的有关材料,包括该商标曾在中国或者其他国家和地区作为驰名商标受保护的有关材料;

(五)证明该商标驰名的其他证据材料,包括使用该商标的主要商品近三年的产量、销售量、销售收入、利税、销售区域等有关材料。

第四条　当事人认为他人经初步审定并公告的商标违反商标法第十三条规定的,可以依据商标法及其实施条例的规定向商标局提出异议,并提交证明其商标驰名的有关材料。

当事人认为他人已经注册的商标违反商标法第十三条规定的,可以依据商标法及其实施条例的规定向商标评审委员会请求裁定撤销该注册商标,并提交证明其商标驰名的有关材料。

第五条　在商标管理工作中,当事人认为他人使用的商标属于商标法第十三条规定的情形,请求保护其驰名商标的,可以向案件发生地的市(地、州)以上工商行政管理部门提出禁止使用的书面请求,并提交证明其商标驰名的有关材料。同时,抄报其所在地省级工商行政管理部门。

第六条　工商行政管理部门在商标管理工作中收到保护驰名商标的申请后,应当对案件是否属于商标法第十三条规定的下列情形进行审查:

(一)他人在相同或者类似商品上擅自使用与当事人未在中国注册的驰名商标相同或者近似的商标,容易导致混淆的;

(二)他人在不相同或者不类似的商品上擅自使用与当事人已经在中国注册的驰名商标相同或者近似的商标,容易误导公众,致使该驰名商标注册人的利益可能受到损害的。

对认为属于上述情形的案件,市(地、州)工商行政管理部门应当自受理当事人请求之日起十五个工作日内,将全部案件材料报送所在地省(自治区、直辖市)工商行政管理部门,并向当事人出具受理案件通知书;省(自治区、直辖市)工商行政管理部门应当自受理当事人请求之日起十五个工作日内,将全部案件材料报送商标局。当事人所在地省级工商行政管理部门认为所发生的案件属于上述情形的,也可以报送商标局。

对认为不属于上述情形的案件,应当依据商标法及实施条例的有关规定及时作出处理。

第七条 省(自治区、直辖市)工商行政管理部门应当对本辖区内市(地、州)工商行政管理部门报送的有关驰名商标保护的案件材料进行审查。

对认为属于本规定第六条第一款情形的案件,应当自收到本辖区内市(地、州)工商行政管理部门报送的案件材料之日起十五个工作日内报送商标局。

对认为不属于本规定第六条第一款情形的案件,应当将有关材料退回原受案机关,由其依据商标法及实施条例的有关规定及时作出处理。

第八条 商标局应当自收到有关案件材料之日起六个月内作出认定,并将认定结果通知案件发生地的省(自治区、直辖市)工商行政管理部门,抄送当事人所在地的省(自治区、直辖市)工商行政管理部门。

除有关证明商标驰名的材料外,商标局应当将其他案件材料退回案件发生地所在省(自治区、直辖市)工商行政管理部门。

第九条 未被认定为驰名商标的,自认定结果作出之日起一年内,当事人不得以同一商标就相同事实和理由再次提出认定请求。

第十条 商标局、商标评审委员会在认定驰名商标时,应当综合考虑商标法第十四条规定的各项因素,但不以该商标必须满足该条规定的全部因素为前提。

第十一条 商标局、商标评审委员会以及地方工商行政管理部门在保护驰名商标时,应当考虑该商标的显著性和驰名程度。

第十二条 当事人要求依据商标法第十三条对其商标予以保护时,可以提供该商标曾被我国有关主管机关作为驰名商标予以保护的记录。

所受理的案件与已被作为驰名商标予以保护的案件的保护范围基本相同,且对方当事人对该商标驰名无异议,或者虽有异议,但不能提供该商标不驰名的证据材料的,受理案件的工商行政管理部门可以依据该保护记录的结论,对案件作出裁定或者处理。

所受理的案件与已被作为驰名商标予以保护的案件的保护范围不同,或者对方当事人对该商标驰名有异议,且提供该商标不驰名的证据材料的,应当由商标局或者商标评审委员会对该驰名商标材料重新进行审查并作出认定。

第十三条 当事人认为他人将其驰名商标作为企业名称登记,可能欺骗公众或者对公众造成误解的,可以向企业名称登记主管机关申请撤销该企业名称登记,企业名称登记主管机关应当依照《企业名称登记管理规定》处理。

第十四条 各级工商行政管理部门应当对驰名商标加强保护,对涉嫌假冒商标犯罪的案件,应当及时向有关部门移送。

第十五条 保护驰名商标的处理决定,处理机关所在省(自治区、直辖市)工商行政管理部门应当抄报商标局。

第十六条 各级工商行政管理部门要建立相应的监督机制,制定相应的监督制约措施,加强对驰名商标认定工作全过程的监督检查。

参与驰名商标认定工作的有关人员,滥用职权、徇私舞弊、牟取不正当利益,违法办理驰名商标认定有关事项,依法给予行政处分;构成犯罪的,依法追究刑事责任。

第十七条 本规定自2003年6月1日起施行。1996年8月14日国家工商行政管理局颁布的《驰名商标认定和管理暂行规定》同时废止。

(3) 驰名商标在防止其被用作他人企业名称中的作用。品牌(或商标)与企业名称是两个不同的概念。品牌(或商标)是区别商品或服务不同出处的一种名称及其标记;而企业名称则是区别不同企业的标志。可见,品牌(或商标)和企业名称这两种专用权有不同的注册要求,也有不同的保护范围。但是,品牌(商标)与企业名称也不是断然无关的。有的企业把企业名称的核心部分作为品牌并予以注册,如华北制药厂将"华北"注册了服务商标,钓鱼台国宾馆将"钓鱼台"注册了服务商标;也有的因品牌(商标)知名而将品牌(商标)作为企业名称使用,如日本的"索尼"和中国的"海尔"等均属此种情况。若企业的商标或驰名商标被他人用作企业名称,则会损害商标权人的利益或声誉。故此,企业需给予警示,并运用法律武器保护自己的合法权益。

3. 证明商标

(1) 证明商标能保护权益人的合法权益。证明商标是指由对某种商品或者服务具有检测和监督能力的组织所控制,而由其以外的人使用在商品或服务上,用以证明该商品或服务的原产地、原料、制造方法、质量、精确度或其他特定品质的商标(包括商品商标和服务商标)。证明商标用来证明其标定商品的特定品质,如纯羊毛标志,它作为证明商标,消费者见到它,就知道这个标有纯羊毛标志的商品是纯羊毛的。可见,证明商标有利于企业向市场推销商品,也有利于消费者选择商品。证明商标由具有监控能力的组织注册、管理,将证明商标置于法律保护之下,是生产经营者能够按照规定的条件生产商品、提供服务,保证商品与服务特定的品质,让证明商标的注册人和使用者有章可循,依法使用,使得证明商标具有保护权益人合法权益不受损害的作用。

相关知识点

证明商标与普通商标(商品商标和服务商标)的区别

(1) 证明商标表明商品或服务具有某种特定品质,普通商标表明商品或服务出自某一经营者。

(2) 证明商标的注册人必须是依法成立,具有法人资格,且对商品和服务的特定品质具有检测和监督能力的组织,普通商标的注册申请人只需是依法登记的经营者。

品牌管理

> (3) 证明商标申请注册时必须按照《集体商标、证明商标注册和管理办法》规定，提交管理规则，普通商标只需按《商标法》及《商标法实施条例》规定提交申请。
>
> (4) 证明商标的注册人不能在自己经营的商品或服务上使用该证明商标，普通商标必须在自己经营的商品或服务上使用自己的注册商标。
>
> (5) 证明商标准许他人使用必须依《集体商标、证明商标注册和管理办法》的规定履行手续，发给《准用证》，普通商标许可他人使用必须签订许可合同。
>
> (6) 证明商标与普通商标都可以转让。但证明商标的受让人必须是依法成立，具有法人资格和具有检测和监督能力的组织。普通商标的受让者包括依法登记的个体工商户、合伙人。
>
> (7) 证明商标失效两年内商标局不得核准与之相同或近似的商标注册，普通商标则只需一年商标局就可以核准与之相同或近似的商标注册。

(2) 地理标志证明商标。原产地名称是指一个国家、地区或地方的地名，用于指示一项产品来源于该地，其质量或特征完全或主要取决于地理环境，包括自然和人为因素。这表明，"原产地名称"虽是一个地名，但它已不仅仅是普通的地理含义了。当某个地名与某一商品联系起来，其商品的特定品质完全取决于当地的地理因素（包括当地的土壤、水、气候以及传统工艺）时，该地名就成为这一商品的原产地名称。

申请地理标志证明商标是目前国际上保护特色产品的一种通行做法。通过申请地理标志证明商标，可以合理、充分地利用与保存自然资源、人文资源和地理遗产，有效地保护优质特色产品和促进特色行业的发展。"地名＋品名"是地理标志的核心内容，属于当地生产经营者全体。地理标志的注册者获得的不是"地名＋品名"文字的商标专用权，而是地理标志专用标识的专用权。据介绍，地理标志证明商标是带动地方经济发展的标杆，带有地理标志证明商标的农产品价格普遍比同类产品价格高出20%—90%。章丘市的大葱在注册并使用"章丘大葱"地理标志证明商标后，其经济价值明显提高，由注册保护前的每公斤0.2—0.6元上升到1.2—5元，注册保护后的价格是注册前的2—5倍，每亩纯收入在2 000元以上，主产区乡镇户均收入达到万元。胶州大白菜历史悠久，早在1 000多年前就在胶州出现。注册成功后的胶州大白菜，身价由原来的几角钱一公斤，迅速上涨到平均每棵48元。

三、品牌法律保护策略

1. 提前注册，及时续展

只有经过国家注册的品牌才成为法律保护的商标。商标一经注册，所有人即依法取得商标专用权，他人不得仿制假冒，不得在同种商品或类似商品上使用与注册商标相同或近似的商标，否则就是侵犯商标权。品牌法律保护要求企业具有战略观念，将其具有市场发展前景的商品品牌及时注册，使之成为受法律保护的商标，并积极预防他人抢注。过去我国企业由于商标注册不及时而被国内同行或外商抢注的事件屡屡发生，迫使企业或花重金买回属于自己的品牌,或改名换姓,为再创声誉付出高昂的代价。值得注意的是,我国商标注册审批程序复杂,审批时间较长,这就要求企业在注册时间选择上应坚持提前注册的原则,即在产品生产出来之前就申请商标的注册。

必须指出,商标权的保护是有时间限制的。对此,各国的法律规定不尽相同,我国现行的《商标法》规定,注册商标的有效期为10年,自核准注册之日起计算。如果商标的有效期即满,则应当在期满前6个月(按我国商标法规定,最迟不超过有效期满后的6个月,即宽展期)内申请续展注册(注册商标有效期限按法定程序延续),每次续展注册的有效期为10年。

2. 全面注册,防止模仿

即将纵向注册和横向注册、国内注册和国际注册、传统注册和网上注册相结合,并注重防御性商标的注册。如娃哈哈集团为了有效地防止其他企业模仿或抄袭自己的品牌,在"娃哈哈"之后,又注册了"娃娃哈""哈哈娃""哈娃哈"等一系列防御性商标。

3. 多类注册,预埋管线

即企业申请注册时,不应仅仅在某一类甚至某一种商品上注册,而应同时在很多类商品上注册,为品牌多元化发展预埋管线。在我国,商标注册采用国际分类标准,即将商品分为34类,服务分为8类,一共42个大类。按照我国商标注册"一类商品一件商标一份申请"的原则,在一份商标注册申请书中,只能申请注册一件商标,不能同时申请两件或两件以上,而且这一件商标也只能限定在一类商品之中,不能跨类申请。若使一个商标在34类商品中全部注册,就必须提出34件申请。

4. 争创驰名商标,获取特殊保护

目前,许多企业请求国家商标局认定其商标为驰名商标的一个极为重要的原因,是其商标在国外被他人抢注或是存在商标纠纷,如果商标局出具一份驰名商标认定文件,就能有利于解决抢注商标的矛盾。于是,商标局能否出具驰名商标的证明,似乎成了在国外解决商标纠纷的关键所在。目前,多数国家在国内知识产权立法中对《保护工业产权巴黎公约》中对驰名商标的特别保护内容加以确认,我国也不例外。企业应充分利用这一法律武器,积极创造条件争取驰名商标的认定,从而可以对国内外非法和恶意注册我国驰名商标、牟取非法利益的行为,加以有效的遏制。

第三节 品牌的经营保护

品牌的知名度越高,假冒者就越多,技术失窃的可能性也就越大,品牌搏杀竞争、品牌之间互相斗击、两败俱伤的现象也就越普遍,因此品牌经营者为了能确保品牌健康成长,必须注意进行自我保护。

1. 积极开发并应用防伪技术

有些产品品牌和包装的技术含量低,使制假者伪造极为容易,这是有些品牌的假冒伪劣产品屡禁不止的一个重要原因,所以必须采用高技术含量的防伪技术,从而有效保护企业品牌。例如,娃哈哈纯净水就采用了电子印码、激光防伪、图案暗纹等多种防伪技术。事实上,世界上几乎所有的知名品牌都采用了各种防伪标志,对保护自己的品牌起到了一定的积极作用。

(1) 防伪技术可以从不同角度进行分类。包括以下分类方法:

一是从功能上分为保真防伪和辨假防伪,也就是人们通常所说的积极防伪和消极防伪;

二是从应用领域分类,分为产品防伪、标识防伪、信息防伪;

三是防伪技术使用与辨识的范围可分为公众防伪(明防)、专业防伪(暗防)、特殊防伪三种。

(2) 防伪技术的主要类型。包括以下几类:

一是物理学防伪技术,也就是应用物理学中结构、光、热、电、磁、声以及计算机辅助识别系统建立的防伪技术。

二是化学防伪技术,即在防伪标识中加入在一定条件下可引起化学反应的物质。

三是生物学防伪技术,是指利用生物本身固有的特异性、标志性为防伪的措施。

四是多学科防伪技术,也就是说两种或两种以上学科方法的综合利用以防伪。

五是综合防伪技术,也就是运用上述多种防伪技术加以防伪。

2. 积极利用法律武器参与打假

假冒伪劣作为一种社会公害,是会长期存在的,打击假冒伪劣是一场长期的、持久的战斗,要花费人力、物力、财力,还要成立专门机构,有组织地进行。企业必须加强对知名品牌商标的管理,制定专门的商标管理制度,把商标管理纳入全面质量管理之中。对商标的使用、标识的印制、出入库、废次品标识的销毁等,都要进行严格管理。此外,还可以向消费者普及品牌的商品知识,以便让消费者了解正宗品牌的产品;与消费者结成联盟,协助有关部门打假,从而组成强大的社会监督和防护体系。

(1) 提高认识,立足打假。假冒伪劣作为一种社会公害,是会长期存在的,不可能你一谈打假,假货者就会退出市场,要知道打击假冒伪劣绝对是一场长期的、持久的战斗,我们的企业经营者们更要有长期作战的思想准备。

(2) 多投入人力、物力打假。打假要企业花费人力、物力、财力,需要企业舍得投入。例如,云南玉溪卷烟厂生产的红塔山香烟,曾被称为中国的"万宝路",深受消费者欢迎。但是,全国除西藏、新疆外,各地都已发现假冒的"红塔山"香烟。仅1992年1月至11月,该厂用于打假的费用就高达500万元。又如,西安太阳食品集团公司生产的"太阳"牌锅巴,曾经畅销全国。1990年,锅巴的产值已达1.85亿元,创利税3 000万元。随着大量假冒"太阳"牌锅巴的出现,正宗"太阳"牌锅巴市场遭到严重冲击,每月销售量由3 000吨猛降到每月300吨。该公司为更新防伪技术,两年四次就耗资近600万元。所以,要打假就需要大量的资金投入。

(3) 成立打假办,有组织地进行打假。假冒伪劣历来都是一股毒瘤,渗透在市场的每一个角落,若没有一定的机构和专门人员去负责打假的话,其效果绝对是大打折扣的。鉴于此,我国许多知名企业都吸取了被假冒的经验教训,成立了专门打假机构,配备专职打假人员,积极参与打假,取得了显著成效。杭州娃哈哈集团公司为维护公司的商标权益和名誉,保护自己的名牌产品,于1993年5月成立了打假办公室,积极配合政府执法机关的打假工作,为公司换回直接经济损失320万元。广东健力宝集团有限公司为了有效地做好反假防假工作,专门成立了缉查假冒产品办公室,公司副经理兼任办公室主任,另外还有5名专职人员,有效地打击了假冒健力宝的违法活动。

(4)注重向消费者宣传识别真假的知识。如果消费者能分辨真伪,也就分得清真货和假货,假冒产品也可以从根本上予以杜绝。因此,消费者应广泛利用新闻传媒、公关等形式向消费者宣传本产品的专业知识,让消费者了解产品,掌握一定的商品知识,明白真假之间的区别。只有这样,假冒伪劣产品才能成为无本之木。

3. 严守品牌技术秘密

(1)积极申请专利。企业拥有专利就意味着企业拥有了对市场的控制权,它即是品牌之"矛"——通过技术许可证贸易进一步扩展市场,又是品牌之"盾"——排斥其他企业进入这一技术领域。可以说,专利是企业维护自己品牌地位的重要手段。VCD的先行者万燕就是由于缺乏知识产权的保护意识,没有及时取得VCD整机专利技术,从"先驱"成为"先烈"。因此,我国企业应重视知识产权,熟悉与专利有关的知识和相应的申请程序,保护自己的技术。

(2)严守商业秘密。商业秘密是指不为公众所知悉,能为权利人带来经济利益,具有实用性并经权利人采取保密措施的技术信息和经营信息。主要包括企业的生产方法、技术、程序、工艺、设计、配方、计划、销售和市场信息、客户名单等,大多数是企业赖以生存的绝招,凝聚着企业的劳动和汗水。可口可乐就是典型的例子。我国企业一些重要工作人员在跳槽或退休的时候,常常将生产方法、技术、配方、市场信息等商业秘密带走并转让他人使企业损失惨重。因此,我国企业必须牢固树立保密观念,制定严格的保密制度,以保护企业的利益和品牌的地位。

案例赏析

可口可乐秘方保密120多年

可口可乐的配方自1886年在美国亚特兰大诞生以来,已保密达120多年之久。法国一家报纸曾打趣道,世界上有三个秘密是为世人所不知的,那就是英国女王的财富、巴西球星罗纳尔多的体重和可口可乐的秘方。

为了保住这一秘方,可口可乐公司享誉盛名的元老罗伯特·伍德拉夫在1923年成为公司领导人时,就把保护秘方作为首要任务。当时,可口可乐公司向公众播放了将这一饮料的发明者约翰·潘伯顿的手书藏在银行保险库中的过程,并表明,如果谁要查询这一秘方必须先提出申请,经由信托公司董事会批准,才能在有官员在场的情况下,在指定的时间内打开。

截至2000年,知道这一秘方的只有不到10人。而在与合作伙伴的贸易中,可口可乐公司只向合作伙伴提供半成品,获得其生产许可的厂家只能得到将浓缩的原浆配成可口可乐成品的技术和方法,却得不到原浆的配方及技术。

事实上,可口可乐的主要配料是公开的,包括糖、碳酸水、焦糖、磷酸、咖啡因、"失

> 效"的古柯叶等，其核心技术是在可口可乐中占不到1%的神秘配料——"7X商品"。
>
> "7X"的信息被保存在亚特兰大一家银行的保险库里。它由三种关键成分组成，这三种成分分别由公司的3个高级职员掌握，三人的身份被绝对保密。
>
> 同时，他们签署了"决不泄密"的协议，而且，连他们自己都不知道另外两种成分是什么。三人不允许乘坐同一交通工具外出，以防止发生飞机失事等事故导致秘方失传。

（3）谢绝技术性参观。当今社会，各种间谍技术高超，信息手段发达，造成品牌秘密很难保住，稍不留神，就会给品牌造成不可估量的损失。技术性参观也是商业间谍们获取情报的途径之一。因此，品牌经营者有必要谢绝技术性参观。例如，我国景泰蓝具有独特的制作工艺，国外商人对其垂涎已久，总想窃为己有，但想不到得来非常容易。20世纪80年代初期的一天，一位某国的华侨以"代理商"的身份要求参观景泰蓝的整个生产过程，工厂热情接待并派专人陪同，这位代理商在陪同人员详细的介绍下，参观了整个制作过程，并用摄像机拍下了每个环节。时隔不久，在国际市场上就出现了一种该国制造的景泰蓝，打破了中国产品一统天下的局面。中国景泰蓝自己培养了国外的竞争对手。

品牌的生存与发展就如一艘航行在大海中的船只，无论是来自海水里的礁石还是船员的操作失误都会给船只的航行带来一定的危害。海水就犹如品牌生存的外部环境，船员的操作就像品牌的内部管理，因此，品牌在发展过程中，外部环境的变化和内部管理的失误都会给品牌带来危机，品牌要可持续发展就必须要建立一套品牌危机管理体系。

第四节　品牌的危机管理

一、品牌危机的含义

危机一词最先出现在社会与政治领域，危机几乎成了"事故""灾害""破坏""灾难"的近义词，通常是指危及正常秩序的突发性、灾难性的事故与事件。人们一直试图全面而确切地给危机下个定义，但是实际上危机事件的发生却有着千变万化的现实场景，很难一言以蔽之。有人认为，只有中国的汉字能圆满地表达出危机的内涵，即"危险与机遇"，是组织命运"转机与恶化的分水岭"。站在不同的角度、不同的领域，采用不同的思维方式，对危机的认识、理解便会不同。在危机研究过程中，专家、学者们给危机赋予各种各样的定义。例如：赫尔曼（Hermann）认为危机是指一种情境状态，在这种形势中，其决策主体的根本目标受到威胁且作出决策的反应时间很有限，其发生也出乎决策主体的意料之外。罗森塔尔（Roster）认为危机是对一个社会系统的基本价值和行为架构产生严重威胁,并且在时间性和不确定性很强的情况下必须对其作出关键性决策的事件。巴顿(Barton)认为危机是一个会引起潜在负面影响的具有不确定性的事件,这种事件及其后果可能对组织及其员工、产品、资产和声誉造成巨大的伤害。

由上述危机的定义,可将品牌危机理解为由于企业外部环境的突变和品牌运营或营销管理的失常,而对品牌整体形象造成不良影响,并在很短的时间内波及社会公众,使企业品牌乃至企业本身信誉大为减损,甚至危及企业生存的窘困状态。任何危机的出现往往都具有突发性、破坏性、欲望性、聚众性和持久性。如果对各种突发的危机事件处理不当,就有可能使一个正在走俏的品牌,或者是有百年历史的品牌,一下子打入冷宫,甚至就此消失。因此,无论从品牌发展战略角度还是品牌正常运作角度看,建立完善的危机防范机制和应对体系,对品牌长期、稳定、可持续发展具有重要意义。

二、品牌危机的成因

品牌危机管理的起点,首先应是对其危机的成因要素做出识别,只有将品牌危机的具体成因识别清楚,才能"对症下药",制定出相应的危机管理策略。因此,企业要正确地进行品牌危机管理,就势必要对危机产生的原因有深刻的认识。一般来说,危机产生的原因可以从企业外部与内部两方面来分析。

1. 组织外部的原因

外部因素通常是因为企业和品牌无法进行及时有效了解或控制的原因而引发的,它涉及要素非常多,笔者列举一些具有普遍性的因素:

(1) 宏观经济政治因素。当今时代,世界经济已成一体化,国际经济波动,对一些品牌会产生致命影响。如2008年的由美国开始的金融危机,使美欧金融体系出现了系统性崩溃的风险。美国除了"两房"(房利美和房地美两家抵押贷款商)和美国国际集团(AIG)被政府接管之外,五大银行全军覆没,著名的花旗等商业银行也陷入困境。欧洲金融机构也遭受了直接冲击,许多银行严重亏损,有些甚至倒闭或者濒临倒闭的边缘。对于消费者来说,如此之多的银行在金融危机面前不堪一击,严重挫伤了他们对银行品牌的信赖感。

政治因素也可引起品牌危机,如政府更迭、政府禁令、国与国之间的政治关系破裂、政府间的经贸摩擦等。这些因素可以导致企业的运营出现窘况,品牌形象受损。如法国总统接见达赖造成中国与空客的协议意向推迟,家乐福被卷入"藏独"事件而遭中国民众抗议和围堵、拒购。美国箭牌口香糖在俄罗斯推广时,广告表现上竟然利用了中国的五星红旗,在中国民众通过网络抗议的同时,中国政府也对此提出外交抗议。此外,地区发生的战争导致资源紧缺,从而影响到相关企业的生产,进而导致品牌的形象受到某种程度上的损害。

(2) 民族与文化因素。当品牌在设计或宣传过程中,因为漠视文化差异、忽略民族感情,导致公众产生反感甚至仇视,从而为品牌的市场开拓从一开始就埋下了祸根。日本立邦漆的"蟠龙"广告,CECT手机的"中国种的狗"事件,日本丰田汽车的"霸道"广告。2005年麦当劳在西安、郑州和成都等地曾经播放过一则电视广告，画面表现中竟然有消费者乞求麦当劳优惠而下跪的情节，广告播出后立即引起舆论声讨。麦当劳辩解称："下跪的细节是为了让广告显得轻松和幽默，绝对没有诋毁消费者的意思。"究其原因，是中西方文化存在的差异。这种文化上的差异表现为中西方民族、心理、价值观等不同，即便是在全球化使各国文化上的差异在不断缩小的今天，仍然存在着一个国家和民族区别于其他民族的根本特征。

（3）政策法规因素。因为经济发展过快，而政策法规相对滞后，导致一些品牌在初期赢得了市场，但当产品所在国家随着社会和科技的进步而对政策法规做出调整，同样也会给品牌带来危机。这方面既有外在因素，也蕴含着品牌自身改进不足的因素。中美史克的"康泰克 PPA 风波"，正是如此。因为之前的药品法规里，并没有限制感冒药含 PPA 成分，然而，当新的医学研究证明 PPA 对人体的副作用时，法规对此成分即行禁止。"康泰克"品牌因而蒙受了极大的经济损失。所幸，中美史克公司在危机的处理上比较成功，因而并没有失去消费者的信赖。

（4）自然灾害。自然灾害是指非人为原因造成的品牌危机的总称，既包括地震、台风、火灾、洪水、瘟疫等自然现象带来的狭义的自然灾害，也包括迫于其他自然规律的非人为所能控制的原因造成的伤害，如组织关键人物的突然死亡、经济规律导致的国际经济形势的变化、流行趋势的变化、社会的不断发展进步等。

（5）媒体的错误报道。媒体并不总是公平客观地报道事实。尤其是为了获得独家披露权和抢时间，媒体在某些消息上缺乏严格的把关。这样，容易导致的错误报道。可口可乐就曾经遭受过此种危机而销售量大减。2000年2月27日，英国《星期日泰晤士报》刊登了一篇题为《秘密报告指控甜味剂》的报道，指出包括可口可乐在内的许多饮料使用一种叫作阿巴斯甜的甜味剂，这种甜味剂能分解出有毒物质，从而影响大脑的正常工作，同时它还会诱使消费者喝更多的这类饮料。消息很快传遍全球，引起舆论大哗。但事实上，可口可乐系列产品并没有使用阿巴斯甜，并且经美国全国饮料协会证明，阿巴斯甜已被全球90多个国家批准使用，并不存在上述问题。

2. 组织内部的原因

（1）品牌决策失误。品牌管理者经常会做出有关品牌生存和发展的全局性问题，比如有关品牌战略、品牌定位、品牌扩张等方面的决策。由于决策是由企业的决策层做出的，因此权威性强，影响范围大、影响程度深。一旦出现决策性错误，就会造成严重的品牌危机。

（2）产品质量因素。产品质量是品牌生存与竞争的第一要素。当产品由于设计或制造工艺的原因而有缺陷，甚至对消费者的人身和财产形成威胁时，就很容易引发品牌危机。例如，曾经两度夺得央视广告标王的山东秦池酒，就因在白酒中进行"勾兑"而几乎销声匿迹。此外，2005年肯德基的苏丹红事件，2006年著名化妆品SK-Ⅱ含有毒金属事件，2008年奶粉行业第一把交椅的三鹿的"三聚氰胺"事件……众多的品牌因质量问题而从市场上削弱或消亡。

（3）服务质量因素。这里的服务，既包括服务型品牌，也包括产品型品牌的服务性行为。服务是企业与消费者交往、联络的重要方式，也是有效的竞争手段。当消费者对企业的品牌有着良好的印象时,却因企业在相关服务上不到位而让消费者失望,对品牌形成一种消极态度,是得不偿失的。例如我国近年来常发生消费者不满奔驰、宝马汽车的售后服务,导致动辄抡大锤砸、用老牛拉的行为,对这些全球性品牌在中国市场上造成了恶劣的影响。

(4) 广告公关性错误。广告是一种很好的打造品牌、美化品牌的手段,但广告使用不当则会导致毁灭品牌的效果。比如说广告与东道国的文化相冲突,广告所选择的表达方式不当等。公共关系方面则有可能由于不了解东道国政治法律、法规、文化禁忌等造成与政府及公众之间的误解,招致消费者对产品的抵制等品牌危机发生。

(5) 品牌保护不足。有关统计数字表明我国大约有150个品牌在澳大利亚被抢注,48个品牌在印度尼西亚被抢注,100多个品牌在日本被抢注。例如"红塔山"商标被一印尼企业抢注,"剑南春"商标被一韩国企业抢注。"青岛啤酒"在美国被抢注。可见我国品牌被国外企业抢注的现象特别突出。产品被假冒会对品牌形象造成巨大的损害,从而引发品牌的危机。据有关统计资料显示,全国几乎所有的名牌产品,特别是名烟、名酒,如"红塔山""中华""茅台""五粮液"等,都有假货在市场上销售;近几年还出现了某些伪劣产品"寄生"知名地域品牌的现象,使得一些知名地域品牌受到株连,整体地域品牌的形象、声誉、可信度受到严重影响,广大消费者对这些本来享有很高声誉的品牌产生了信任危机。

(6) 品牌缺乏创新。当品牌缺乏创新时,企业也会因不能很好地满足消费者变化的需求而引发品牌危机。品牌不再创新就会失去活力,消费者对品牌就会丧失兴趣,品牌发生危机也就为期不远了。曾经有很多品牌都曾经是强势品牌或曾经名噪一时,但由于缺乏自我更新,在原有的消费群体逐渐老去而新一代的消费者取而代之的情况下,无法得到新的消费群体的认可和认同,逐渐丧失了在该产品领域的强者地位。有数据表明,我国的老字号正在以每年5%的速度消亡,从新中国成立初期国家确立的10 000多家老字号中,现在70%能勉强维持现状;20%长期亏损,面临倒闭、破产;只有10%左右生产经营具有一定的规模,效益较好。

(7) 人力资源变动因素。企业员工解雇或流失可能会对品牌信誉产生冲击。几乎企业的每一次解雇行为、员工的重新安置和流失都会导致员工的焦虑,使员工丧失忠诚度,并对企业未来产生不稳定感。有不满情绪的现任或前任员工引发的暴力威胁行为可能带来危机。个人或整个企业士气低落也会是发生更严重情况的先兆。这是一个不易察觉、容易忽视的警告信号。这种危机会给企业及其员工造成长期无法愈合的伤痕,也是很难管理和恢复的一种企业危机。

三、品牌危机处理原则

品牌危机是品牌生命历程中无可回避的一种现象,品牌危机由于发生的不可预测性,事先极难防范。而一旦发生,则传播速度快、波及面广,而且品牌越知名,危机发生后传递的速度越快、面越广,处置不当时对品牌的损害也就更大。为了做好品牌的危机管理,我们认为企业应遵循以下行动原则:

1. 主动性

重大危机事件一旦发生，就会成为公众舆论关注的焦点，出现人心惶惶、流言纷飞的危险局面。因此，任何危机发生后，都不可采取回避和被动性应付的态度。当务之急是要积极主动直面危机，迅速采取措施阻断、控制其蔓延、扩散，有效地控制局势，挽救品牌生命，为重塑品牌形象，渡过危机奠定基础。

2. 快捷性

"行动胜于语言"，危机一旦发生，当务之急就是启动危机应变程序，迅速解决问题以堵塞乱源，釜底抽薪以防危机蔓延。对品牌危机的反应必须快捷，无论是对受害者、消费者、社会公众，还是对新闻媒介，都尽可能成为首先到位者，以便迅速、快捷地消除公众对品牌的疑虑。在危机发生的第一个24小时至关重要，如果危机处理失去最佳时机，即使事后再努力，也往往于事无补。迅速的行动会给消费者多一份信任，迅速的行动能在媒体和消费者处于兴奋和关注状态下，不断报道和传播企业积极的态度和真诚的行动，让消费者更多地感知到品牌（产品）的价值。

3. 诚意性

真诚面对，如实相告，是品牌危机管理的又一条不二法则。消费者的权益高于一切，保护消费者的利益，减少受害者的损失，是品牌危机处理的第一要务。品牌危机发生后，企业应及时向消费者、受害者表示歉意，必要是还得通过新闻媒介向社会公众发表致歉公告，主动承担应负的责任，以显示企业对消费者、受害者的真诚，从而赢得消费者、受害者以及社会公众和舆论的广泛理解和同情。

4. 真实性

危机爆发后，必须主动向公众讲明事实的全部真相，不可遮遮掩掩，像挤牙膏一样，那样反而会增加公众的好奇、猜测乃至反感，延长危机影响的时间，增强危机的伤害力，不利于控制局面。危机事件的爆发，虽然有很多因素是企业难以控制的，但是如果企业真诚面对，如实相告，并且采取正确的危机应急处理策略及技巧，无疑能使企业化险为夷，并成为新一轮发展的契机。

5. 统一性

品牌危机处理必须冷静、有序、果断，指挥协调统一，宣传解释统一，行动步骤统一，不可失控、失真、失序。因为危机一般来得突然，处理时不可能事先有周密安排，需当机立断、灵活处理，才能化险为夷，扭转公众对企业包括品牌的误解、怀疑甚至反感。明确怎么去说，谁来说，跟谁说，内部要确定统一的发言人，如果董事长是一个表态，总经理又是一个表态，那么事情只会越弄越糟。

6. 全员性

企业全体员工都是企业信誉、品牌的创建者、保护者、巩固者，当危机来临时，他们不是旁观者，而是参与者。提高危机透明度，让员工了解品牌危机处理的过程，并参与品牌危机处理。这样，不仅可以发挥其整体宣传的作用，减轻企业震荡和内外压力，而且可以使公众通过全员参与，重新树立对企业及品牌的信心。掌握品牌危机处理的原则，是为了更好地处理危机。无论发生何种品牌危机，也不论采取的手段如何，只要我们始终把公众和消费者利益放在首位，采取一系列对社会和消费者负责的行为，就能够增强社会和公众对企业的理解，对品牌的信任感和忠诚度，也就能够在市场中开拓更具胆识、睿智与远见的品牌，并在竞争中化险为夷，重振山河。

7. 创新性

世界上没有两次完全相同的危机，当然也没有完全相同的处理手段和办法。因此，品牌危机处理既需要充分借鉴成功的处理经验，也得要根据品牌危机的实际情况，尤其要借助新技术、新信息和新思维，进行大胆创新。

四、品牌危机处理流程

1. 成立品牌危机指挥中心

一旦企业确认品牌危机已经无可挽回地爆发后，一方面，企业应选定一群职员，如事先选定的危机管理小组人员作为品牌危机紧急状态下的指挥中心，专职从事危机的处理工作。品牌危机处理小组一般由企业的高层管理人员（如首席执行官）、公关人员以及有关部门负责人参加，致力于尽快弄清品牌危机的真相，并准确确认品牌危机的性质、范围及其原因，提出解决方案，并领导、协调企业完成两个危机管理任务。一是调动企业内外资源，以处理危机。二是负责内外沟通。另一方面，企业应让其他人继续公司的正常运营工作，也就是说，在企业危机管理小组与企业运营管理小组之间，应当建立一座"防火墙"，使其尽量减少相互间的干扰。

2. 采取紧急行动，控制危机的蔓延

在企业面对品牌危机时，恐惧和回避都无济于事，隐瞒和掩盖更是行不通。企业应正视摆在企业面前的危机开端，开诚布公地对消费者和社会公众的关注做出合理的回应，那种欺骗或拒绝的做法只会错上加错。正如美国一位企业危机咨询业务的专家考林·夏思指出："如果工作中出现过失，你只是面临一个问题，但如果你再试图遮盖它，那所面临的问题就是两个了，而且，一旦事实真相被披露，谎言可能会比原先的错误更令你为之困扰。"奥古斯丁则给出了正确的策略，"说真话，马上说"。当危机苗头出现时，与其忽视甚至漠视品牌危机的出现，不如在品牌危机全面爆发之前将其控制住并迅速平息。从品牌危机管理角度看，品牌危机事态的严重性往往意味着危机应对资源的缺乏性。因此，应对资源的缺乏性要求品牌管理经理在尽可能地积聚一切可能获得的资源的同时，能够根据事态的缓急轻重，准确评估各个行动的优先次序，并据此分配资源，以求得资源利用效率的最大限度发挥。

3. 进行积极的、真诚的内、外部沟通

完美的沟通是指经过传递之后被接受者感知到的信息与发送者发出的信息完全一致，它在成功的品牌危机管理中是至关重要的。它包括两个方面的内容：对内沟通和对外沟通。

（1）对内沟通。在所有的公众当中，员工一般是最复杂和最敏感的。品牌危机中，员工既可能成为企业最可信的同盟军，也有可能成为极具破坏性的敌对者。因为，品牌危机中，企业要比任何时候都更需要员工的支持。如果他们支持企业，他们就更可能保持一种积极的态度，这有助于说服顾客、供应商等产生同感。

(2)对外沟通。一般而言,品牌危机中需要进行沟通的程度同危机本身的复杂程度和受到影响的社会公众直接相关。对外沟通顾名思义就是指企业在危机中针对企业品牌危机的外部公众所进行的沟通,主要包括对顾客、新闻媒体、其他公众及社会大众的沟通。通常,没有企业不知道顾客的重要性,他们也不会否认新闻媒体对企业危机的报道可能会加大或减小危机处理的阻力和难度的事实,然而,他们往往会忽视企业其他重要的公众,而这仍会使其遭受极大的形象损失。这一部分内容将在下一小节内容进行详细阐述。

> **相 关 链 接**

肯德基品牌危机解决之道

2004年1月份开始,禽流感在亚洲部分地区肆虐,不少人"谈鸡色变",导致以经营炸鸡和鸡肉汉堡为主的肯德基连锁店生意受到较大的影响。随着禽流感的扩散,肯德基在亚洲设有3 000多家分店,其中一半左右分店的营业额开始直线下降。

面对禽流感在越南、日本等地的肆虐流行,中国境内最大鸡制品快餐企业肯德基表示,将确保其鸡肉供应商是在安全情况下生产鸡肉。在新闻发布台上,中国百胜肯德基品牌总经理朱宗毅说,肯德基的鸡肉制品均采用中国本土生产的安全鸡肉。肯德基向中国消费者承诺将严格遵守中国国家食品卫生法规,并确保所销售的食品从原料到成品都符合国家健康卫生检测标准。为了消除禽流感给消费者造成的紧张心理,肯德基继承诺原料鸡全部来自非疫区之后,又于2004年2月5日首次公开了该品牌食品的基本制作工艺,并邀请农业大学营销专家和畜牧业专家品尝产品,以此向社会承诺,其产品可以放心食用。

除此之外,肯德基还出台了一系列措施来应对这次危机。肯德基的危机管理反馈机制,使他安然度过了这次禽流感危机,销售额并没有受到太大的影响。总结来看,其危机解决之道主要表现在以下几个方面:

1. 媒介沟通:抢占先机

肯德基的警觉令人惊讶。当记者将采访提纲传至百胜集团总部半小时后,便接到了对方的电话。"现在是我为您服务,我非常愿意为您解答一切问题。"百胜餐饮集团公共事务部总监王群用极其诚恳的话调回答。"9时40分我收到您的采访提纲,在9时46分我已经给您发过去了三份文件:《肯德基有关禽流感问题的媒体Q&A》《关于肯德基危机处理的对外答复》《肯德基有信心有把握为消费者把关》,或许对您了解整个事情有帮助,请查收。"如何反对媒体的危机提问,肯德基似乎完全是程序化的管理。

2. 提供标准化的声音

面对危机的肯德基,绝不允许有第二个声音出现。在这个"特殊时刻有来自媒体的问题,都统一由百胜的公共事务部出面安排采访"。"我们是肯德基中国公司,发生在其他国家的事不属于我们的职责范围内。""我们的鸡肉都是来自国内的供货商,不是来自疫区,所以不会出任何问题。"

3. 应急计划首抓源头

"成立危机处理小组是第一反应。危机一旦出现苗头,我们的危机处理小组就开始启动。其组成人员覆盖了危机可能涉及的一切部门,比如销售部、公共事务部等,收集各种信息,比如中国政府出台的有关政策,媒体及社会公众的反应等,并及时对危机造成的影响做出反馈,直接向中国区总裁汇报。"王群说。

对于供货商的控制则是危机处理小组的第一事务。对供应商的每一批供货都要求出具由当地动物检疫部门签发的《出县境动物产品检疫合格证明》和《动物及动物产品运载工具消毒证明》,并证明所有的供货"来自非疫区,无禽流感"。一旦发现有任何供应商出现任何问题,公司就会立刻转向改用其他合格的供应商。

4. 向公众传递信心

肯德基专门召开新闻发布会,向公众宣布,世界卫生组织和其他权威机构证明食用烹煮过的鸡肉是绝对安全的,肯德基的所有鸡肉产品全部都经过2分30秒到14分30秒、170℃以上的高温烹制,并立刻将其文字制成条幅,挂在餐厅的每个角落。

5. 日常培训贯彻安全理念

肯德基特别指出,预防危机要从企业创办之日起就着手进行,伴随着企业的经营和发展,要长期坚持不懈。如果等到出现危机才想到危机管理,把危机管理当作一种临时性措施和权宜之计的做法是不可取的。

(资料来源:http://www.6eat.com/)

本 章 小 结

品牌保护是指企业在品牌中所采取的一系列维护品牌市场竞争优势的活动。它包括巩固提高品牌的竞争力与市场影响;延长其市场寿命;维持品牌与消费者之间的长期忠诚关系,树立良好的品牌形象;促进品牌资产不断增值。品牌保护应包含三个方面的内容:品牌的法律保护、品牌的自我保护、品牌的经营保护。

与其他品牌管理活动一样,品牌保护是一个复杂的管理系统,具有自己的特点与运行机制。为有效提高企业的品牌保护工作效率,就必须了解品牌保护的基本机制。它们分别是整合机制、预防机制、创新机制与效益机制。

品牌的法律保护是指从法律制度上对品牌所有人、合法使用者的品牌实行资格保护措施,以防范来自各方面的侵害和侵权行为。在利用法律武器对品牌进行保护时,要做到:(1)提前注册,及时续展;(2)全面注册,防止模仿;(3)多类注册,预埋管线;(4)争创驰名商标,获取特殊保护。

品牌资产还需要自我保护,品牌技术保护是指品牌所有人以技术为手段对品牌实施保护的过程。它包括:(1)积极开发并应用防伪技术;(2)积极利用法律武器参与打假;(3)严守品牌技术秘密。

品牌在经营者在具体的营销活动中所采取的一系列维护品牌形象,保持品牌市场地位的活动。对品牌的经营保护主要包括：(1) 生产方面的自我保护；(2) 销售方面的自我保护；(3) 营销方面的自我保护。

思考与练习题

1. 简述品牌保护的基本含义。
2. 简述品牌保护的意义。
3. 简述品牌保护的基本机制。
4. 简述品牌保护的主要途径。
5. 简述我国商标基本类型有哪些。
6. 简述品牌法律保护的策略有哪些。
7. 简述造成品牌危机的原因主要有哪些。
8. 简述品牌经营保护主要从哪些方面开展。
9. 简述如何进行品牌危机防范。

案例讨论

本土品牌们：请保护好自己的品牌

近年来，随着大量外资涌进国门，我国已形成一浪高过一浪的"合资潮"。诚然，利用外资对中国企业的发展产生了积极的作用，如打破国内企业发展的资金、技术瓶颈，优化产业结构，提高国内企业的管理水平等。但是，天下没有免费的午餐，在我们为引用外资而欣喜的同时，也不难发现中方企业的品牌商标权在合资过程中流失现象相当严重。许多国内知名品牌在合资后被外方吃掉，彻底从人们的视野中消失；有的即使还在市场上抛头露面，但也名存实亡、岌岌可危。

1. 备忘录——品牌商标权流失现象触目惊心

目前，我国企业合资过程中品牌商标权流失的现象极为严重。碳酸饮料市场：外国品牌占有率达到90%以上；化妆品市场：国外品牌已占领75%的市场份额；啤酒行业：年产5万吨以上的企业约60家，72%已属合资，排名前10名的品牌中，中方仅有"青岛""燕京"和"钱江"；洗涤用品市场上，全国4大年产超8万吨的洗衣粉厂已被外商吃掉3个；食品、医药行业，国际品牌市场占有率已达30%至40%……在浪潮汹涌的"合资潮"中，昔日我们许多耳熟能详的本土名牌，如"扬子""香雪海""红梅""熊猫""活力28""天府可乐""北冰洋"等，一个个淡出视线、销声匿迹。我国企业与外商合资，原本是想利用外商在技术、管理等方面的优势，壮大自己。然而实际上，许多外商却利用合资的机会，实现了铲除中方知名商标障碍，从而垄断中国市场的目的。这应该引起我们政府和企业的高度警惕。

2. 警示录——品牌商标权就这样被"忽悠"走

我国企业在合资过程中，品牌商标权流失主要有以下几种形式：

(1) 中方企业品牌商标权被无偿转让，分文未取。许多企业由于缺乏知识产权意识,根本没有认识到品牌是企业发展的撒手锏。有的企业在合资过程中,将自己的品牌拱手白送、让外商无偿使用,导致企业巨大利益的流失。例如,1995年"香雪海"冰箱与韩国三星公司进行合资时,对"香雪海"品牌的价值竟未做评估。据保守估计,当时的"香雪海"品牌价值应在1亿元以上。再有,广东岭南某企业转让"岭南",杭州某企业转让"西湖",广东顺德某企业转让"华宝",四川某企业转让"天府可乐",均无偿转让,分文未取。

(2) 中方企业品牌价值被低估,"骡子卖了驴价钱"。许多企业在同外方合资过程中,对自己品牌价值认识不足,急于引进外资,结果在品牌作价问题上节节让步,使自己品牌的评估价值大大低于应有的价值,"骡子卖了驴价钱"。一些国有企业在评估品牌价值时还有一个怪现象:企业不景气、快破产的时候,则高估品牌价值,以虚夸实力;而企业要把品牌转让给外方时,则低估品牌价值,以达到"促销"的目的。例如,浙江某企业的"东宝"在转让前已具有较高的知名度,但在转让"东宝"时,连同该企业的19项专利,共作价才1 000万元。又如,天津日化四厂同外商合资前,其"金鸡"鞋油已占领了国内市场的半壁江山。但合资时,"金鸡"品牌仅作价1 000万元。还有,广州某牙膏厂在同美国高露洁公司合资时,其知名品牌"洁银"仅作价200万美元,大大低于其应有的价值。

(3) 中方企业品牌商标权被外商买断或获得使用权后,品牌被束之高阁,弃之不用。这是外商吃掉中国知名品牌的"消灭式合资"典型惯用手法。外商为了迅速占领中国市场,需要尽快铲除中国市场上的绊脚石——中方知名品牌,因此外商往往选择中方同行业中的知名企业进行合资。由于中方知名品牌的价值较大,外商一般不会买断其所有权,而是以较少的资金买断其使用权。合资后,外商会利用自己的控股决策权,有意把中方品牌安排在低档产品上使用,或干脆将中方品牌打入冷宫、弃之不用。同时却大力培育外方品牌。中方知名品牌合资后若几年不用,就会被消费者逐渐淡忘,从而一文不值。例如,20世纪90年代初,北京日化二厂的"熊猫"洗衣粉一枝独秀,享誉中国洗涤产品市场。然而在"合资潮"中,"熊猫"这样的"名门闺秀"也难耐寂寞,1994年与美国宝洁公司合资。合资后,宝洁公司利用控股权大力宣传旗下的品牌"汰渍"和"碧浪",而"熊猫"则备受冷落,产量年年递减,从合资时的年产6万吨,降到2000年上半年的4 000吨左右。眼看"熊猫"奄奄一息了,北京日化二厂不得不宣布提前终止与宝洁的合作,重新定位的新"熊猫"上市后,情况迅速好转,2000年下半年的订单达1万多吨。另外,"美加净"化妆品也是同外商合资后被打入冷宫,产量年年递减,最后不得不提前终止合作。这样的案例还有许多,如广州肥皂厂的"洁花",广州啤酒厂的"双喜""广民",成都浪奇股份实业有限公司的"高富力"等,这些昔日曾经风光一时的本土名牌现已淡出消费者的视线,取而代之的是洋牌子"飘柔""潘婷""碧浪"等。

(4) 合资期间新增值或新产生的品牌,其商标权被外方归为己有。例如:20世纪80年代末,我国某知名企业与新加坡郭氏兄弟粮油私人公司合作,在深圳成立了南海油脂公司,使用"金龙鱼"品牌。经过10多年的共同培育,"金龙鱼"已成为国内食用油类第一品牌,但后来中方公司才发现,"金龙鱼"商标权是注册在郭氏兄弟名下,自己多年辛苦培育的原来是别人的品牌,是在为别人做"嫁衣"。最终,中方企业只能退出合作,重新开辟自己的市场。

3. 短视症——品牌商标权流失背后的原因

分析我国企业合资过程中品牌商标权流失的现象,我们不难发现如下原因:

(1) 企业品牌意识淡薄,没有认识到品牌是企业发展的核心竞争力,而过分迷信利用外资这颗"灵丹妙药"的奇效,结果忽视了对自己辛苦培育的品牌的保护,给外商铲除中方品牌提供可乘之机。

(2) 我国目前商标评估制度还不健全,使许多中方企业品牌在合资中被低估或漏估,导致企业知识产权的流失。

(3) 中方一些企业领导急功近利,为了利用外资,不惜"以牌换资",接受外商许多损害中方品牌权益的不公平条件,以解燃眉之急。结果虽然取得了一些眼前的短期利益,却牺牲了企业发展的长远利益。

(4) 一些地方政府部门盲目地将招商引资作为衡量"政绩"的一个指标,片面追求合资企业的数量,却忽视了合资的质量,忽视了企业未来的发展,导致许多企业盲目合资,草率"成亲"。

4. 亡羊补牢——如何防范品牌商标权流失

针对我国企业"合资潮"中品牌商标权不断流失的现象,应该给予高度重视,并采取有效措施,积极防范。

(1) 政策上、立法上、制度上加强控制,政策上应当适当调整引进外资战略,把"好女外嫁"的合资政策同保护民族品牌有机结合起来。

制度上应进一步完善。例如,在合资合作企业的合同章程范本中加入知识产权条款,规定在使用外方品牌的同时,必须使用中方品牌,中方品牌的广告宣传投入不得低于一定比例额度,中方知名品牌商标权只能许可给外商使用,不能转让或部分转让给外方等。国家商标局一般不应批准中国知名品牌商标权转让给外方。

同时政府应当规范自身行为,减少对企业的干预,杜绝为追求"政绩"而盲目"以牌换资"的现象,对使国有企业知识产权严重流失的责任者,应追究其法律责任。

(2) 建立科学的外资质量评价体系,进一步提高合资质量。我们的企业在今后的合资中应考虑几项准则:合资项目是否符合国家产业政策;外商技术水平是否先进适用;能否提高原有企业的经营管理水平;是否有利于增强原有企业活力;合资后企业是否具有长期持续发展的后劲。

中方企业合资前一定要知己知彼,了解清楚究竟是我们利用外资,还是外资利用我们,还是双方互赢。宁愿多花些时间,选择一个良好的合资伙伴,也不要急于草率"成亲",最终酿成苦酒。

(3) 企业应增强品牌意识。品牌是企业参与市场竞争的"尚方宝剑",品牌的发展和培育是一个漫长的过程,中方企业在合资时应有长远的眼光,坚持培育使用自己的品牌、争创自己的驰名商标,切莫为了利用外资而不惜"以牌换资"。如果我们不掌握品牌,最终只能受制于人,被市场竞争所淘汰。

(4) 企业应力争掌握决策权。较具实力的中方企业同外方合资时,应力争企业的控股权,没有控股权就没有决策权,也就等于将命运交给外方手中。中方企业即使因实力所限不能取得控股权,也应努力做到掌握企业运营中的关键环节,如销售渠道等,以免被外方卡脖子。

例如,同样是知名企业,"乐百氏"和"娃哈哈"同法国达能公司合资,命运却大不相同。"乐百氏"因为丧失了控股权,结果何伯权等5名创业者只能黯然离去;"娃哈哈"因为保住了控股权、决策权,实现了"在外资沃土上,长中国品牌大树"的理想。

(5) 建立健全我国知识产权价值评估体系。国家应建立科学、完整的知识产权价值评估体系,只有科学、合理、公正进行知识产权价值评估,才能避免企业品牌商标权被低评漏评现象,防止企业知识产权流失。

(资料来源:世界经理人网站)

案例思考题:
1. 简述我国商标权流失的主要原因。
2. 讨论如何保护我们自己的品牌。

第十二章 品牌升级

学习目的：
1. 了解品牌升级的基本概念
2. 了解品牌升级的必然趋势
3. 掌握品牌升级的基本步骤
4. 了解品牌升级的主要风险
5. 掌握品牌升级的主要策略
6. 了解品牌升级的良好契机

开篇案例

杉杉集团品牌升级案例

杉杉集团的前身是一家员工不足 300 人、负债 300 多万元的地方国有服装厂。通过以市场为导向，以独特的"高品位、精加工、大经营"的经营方针为指导思想，依托品牌升级战略管理，在不到十年的时间里，它已发展成为一家以生产、销售西服及系列服装为主的多元化经营的大型企业集团，公司总产值达 19 亿元，人均创利税是行业人均数额的 59.45 倍，名列行业之首。

一、品牌升级战略管理

品牌是一种产品外显形态与内在质量相统一的名称、标记或符号，借以区分不同企业或竞争对手提供的产品或劳务。品牌升级，就是企业从整体经营拓展的需要出发，在目标市场不断升级的同时，使品牌内涵同步升级，并由此带动企业管理手段创新、管理水平提高，促进经济效益迅速增长。

杉杉品牌升级战略管理，是在企业的经营实践中逐步形成的，它包含着品质管理及生产管理的升级、市场营销网络及组织结构的升级、企业形象经营的升级、产品开发与品牌设计的升级四个部分，其中，生产和市场是物质的，设计和形象是精神的，两者既相互独立又相互统一。品牌升级战略管理作为一个相对独立的管理体系，具有市场性、动态性、全局性和超前性四方面的特征。

二、品牌升级战略管理的实施

1. 品质管理与生产规模的升级

（1）通过引进 ISO9000 族国际质量标准，建立富有杉杉特色的质量保证体系。

1995年,公司开始逐步引进ISO9000族质量标准体系,公司下属西服、时装两大生产公司于1996年正式通过ISO9000认证,并向全体员工提出了"用心选材、精心作业、天衣无缝、尽善尽美、涌酒一流"等质量方针,进一步向员工们灌输质量意识、质量文化,形成齐心协力、团结一致的质量保证体系。

(2) 生产规模实现由传统的手工作坊型向现代大工业型升级。在最初的无名牌阶段,主要是靠传统的手工作坊生产。1989年,杉杉率先在服装行业中提出了"创名牌"的口号,不惜巨资引进先进的流水线。目前,企业已建成五大生产公司,拥有国际先进的大平板恒湿全吊挂生产车间多个,先进服装加工流水线10多条,拥有年加工各类服装300万件套的生产规模,初步建立了现代化大工业生产格局。

2. 市场营销网络及组织结构的升级

(1) 企业由生产型公司向商场型公司转变,主动出击,创造和改造品牌市场。公司经营管理的重点从抓质量、控成本扩展到找市场、发展品牌,同时,企业的管理形态必须随之改变。因此,1996年杉杉集团开始实行决策机构与操作机构分离,在集团公司宏观管理的基础上实现整体组织模式向市场型公司转变。

(2) 市场网络建设由销售业务模式向市场公司模式升级。采取了两种方式:一是在全国各大中城市以建立市场信息公司的方式占领各市场制高点;二是实行"两条腿走路"的"专卖联销策略"。

3. 形象经营的升级

(1) 单纯的产品形象向包含多种要素的企业形象升级。为使品牌和企业形象向高层次方向提升,杉杉集团于1994年选择了CI的导入作为企业形象革命的切入点,其目标定为:定位提升品牌和企业形象;以CI为载体,创立中国的世界名牌;探索民族服装业的振兴之路,推动中国服装业走向世界。

(2) 形象塑造手段由投入型向汇报型升级,无形资产与有形资产同步经营。杉杉的形象经营,目前已完全超越了单纯的广告宣传,正向注重塑造完美形象,注重品牌无形资产的增值等方面转变。

4. 产品开发与品牌设计的升级

(1) 产品开发由简单的工艺改进向产品系列化、多元化方向升级。在拥有独立的品牌市场后,杉杉集团陆续推出一系列冠以本品牌的服装、服饰,并相继投资设立了衬衫、童装、羊绒、服饰公司,产品种类几乎涵盖所有服装大类。

(2) 产品设计的概念由大工业时代的工艺设计向品牌内涵、文化的设计升级。1996年,杉杉率先实现名企、名牌与名师的联合,成为国内首屈一指的服装设计总部,第一次真正将企业的资金优势、市场优势、品牌优势和设计师的设计优势紧密地结合起来,并塑造出一个全新的设计品牌——法涵诗。

(资料来源:根据中华品牌网相关内容编写)

任何企业都希望自己的品牌能拥有强大的生命力,雄厚的品牌资产,然而实际情况却是一些品牌在建立之初或仅经历短暂的辉煌后便迅速老化。由于消费者的需求是不断变化的，市场形势也在不断变化，原品牌已可能无法再适应新环境，此时，进行品牌升级就势在必行了。目前，中国已赫然进入"升级"时代！在未来市场的竞争中，谁在不断升级，谁才能符合时代发展的潮流；谁在不断升级，谁才能持续超越自我；谁在不断升级，谁的品牌才能横霸全球。

第一节 品牌升级概述

一、品牌升级的定义

品牌升级是企业在建立和维护自身品牌资产时所使用的重要品牌战略和战术手段。品牌升级是营销学上的术语，当企业的内部或外部经营环境发生重大改变，企业单纯通过品牌管理手段无法适应这种变化时，就必须进行品牌升级。这种内部或外部经营环境的重大改变包括：客户消费观念和偏好的巨大改变、竞争的加剧、革命性新技术的出现、品牌忠诚度的大幅度下降、品牌老化、战略转型、进入全新市场、业务多元化、品牌兼并等。品牌升级是品牌适应上述重大环境变化，并在变化中寻求维持、提升品牌资产方法的一种必然选择。品牌也需要与时俱进。

综上所述，品牌升级是指按照公司先前的战略规划，在每个阶段同步提升品牌内涵。品牌升级要使品牌内涵围绕目标市场升级的同时不断同步升级，并由此带动企业进行管理手段创新、管理水平提高，促进经济效益的增长等。目前，作为企业战略转型的重要手段，品牌升级包括了品牌定位、品牌产品、品牌形象、营销策略和管理创新等范畴（如图 12-1）。

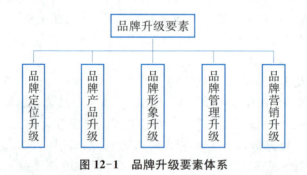

图 12-1 品牌升级要素体系

二、品牌升级的驱动因素

1. 外部因素

（1）市场竞争。竞争要素是品牌升级的外在直接驱动力，也是在品牌升级的第一阶段（品牌强化阶段）发挥了最强的作用力的驱动因素。当今的世界，竞争态势明显加剧,市场更加开放、更加成熟,导致了竞争环境更加复杂和激烈。经济社会的演变,企业市场优势的获取,关键就在于竞争。这样激烈的竞争环境下,企业的发展必然会面临差异化困难、某些产品类别中品牌忠诚度降低、竞争范畴广泛化等困难。而品牌作为让消费者记住和识别某企业产品的有效载体,集中体现了企业的竞争力和市场地位,只有不断地进行品牌升级,提高品牌的美誉度和忠诚度,才能在激烈的竞争中站稳脚跟,才能在市场中占有一席之地。

(2)产业升级。产业升级是品牌升级的中观驱动力,也是在品牌升级的第二阶段(品牌集群化阶段)发挥了最强的作用力的驱动因素。产业升级不是某一家或几家企业的问题,也不仅仅是国家政策制定者的问题,而是实实在在关系到市场中每一个主体的问题。任何企业都摆脱不了产业升级的要求,并且必须在发展好自身品牌,巩固品牌资产,使品牌不断增值的同时,还要努力发挥在创建产业集群品牌过程中的积极作用,同时借助集群品牌的影响力提升企业品牌。

(3)品牌全球化。全球化是品牌升级的宏观驱动力,也是在品牌升级的第三阶段(品牌国际化阶段)发挥了最强的作用力的驱动因素。当前的全球化进程中,任何一家企业都难以与之分割,不管企业是愿意还是不愿意,都将或多或少地参与到全球化的进程中。即便是选择"闭门造车"的企业,国际上的某些力量也会来敲你的大门,因此,品牌全球化也要求品牌要不断升级。

2. 品牌的老化现象

商务部曾在全国实施"振兴老字号工程",从 2006 年起利用 3 年时间重新认定 1 000 家"中华老字号",并给予政策扶持。提起很多中华老字号,可谓人尽皆知,然而在购物的时候人们却想不起它,这种高知名度、低认可度的现象正是品牌衰老的表现。正是这种品牌的老化,让 2 000 多家中华老字号随着时间的流逝,几乎所剩无几。而可口可乐、麦当劳、万宝路等国际品牌却历久弥坚。这些案例表明,品牌的寿命弹性是很大的,只要能有效地对品牌进行升级,就能使品牌青春永驻。因此,企业对品牌进行升级具有一种必然性。

相 关 链 接

蜕变意味着重生

传说中的神鸟凤凰色彩斑斓,法力无边,但它也会老,老的羽毛不掉,就无法自由飞翔,而每次换羽毛,都要将全身的羽毛拔光,再等新的羽毛长出来,这段时间里,它无法飞,也没有吃的,非常痛苦,它必须经历烈火的煎熬和痛苦的考验,才能获得重生,并在重生中升华。

鹰也是一样。它一生的年龄可达 70 岁,但要活那么长的寿命,在 40 岁时它必须做出困难而重要的决定。在这个时候,它的喙变得又长又弯,几乎碰到胸脯;它的爪子开始老化,无法有效地捕捉猎物;它的羽毛长得又浓又厚,翅膀变得十分沉重,使得飞翔十分吃力。

> 此时的鹰只有两种选择：要么等死，要么经过一个十分痛苦的更新过程，150天漫长的蜕变。它必须很努力地飞到山顶，在悬崖上筑巢，并停留在那里，不能飞翔。鹰首先用它的喙击打岩石，直到完全脱落，然后静静地等待新的喙长出来，接着，鹰会用新长出的喙把爪子上老化的趾甲一根一根拔掉，鲜血一滴滴洒落。当新的趾甲长出来后，鹰便用新的趾甲把身上的羽毛一根一根拔掉。5个月以后，新的羽毛长出来了，鹰开始重新飞翔，再度过30年的岁月！

(1) 品牌老化的含义。品牌老化是指由于内部或外部原因，企业品牌在市场竞争中的知名度、美誉度下降，以及销量、市场占有率降低等品牌失落的现象。现代社会技术进步越来越快，一些行业内，产品生命周期也越来越短，同时社会消费意识、消费观念的变化频率也逐渐加快，这都会影响到品牌的市场寿命。品牌老化有两层含义，第一层含义是指品牌缓慢地、逐渐地退化，品牌不会在短时间内很快消亡，而总是随着时间的推移而消亡。品牌最初可能锋芒毕露或新颖独创，但随着时间的推移会失去往日的新意，独创淡化，只能靠一些老客户维持，对于市场已无足轻重；另一层含义是指品牌所反映的消费者的形象在逐渐老化。这种情况下，即使是企业的营销战略针对老年消费者，品牌也应当与老年形象保持距离。巨能钙的品牌对象是老年消费者，企业在广告中也应尽力避免把品牌与60岁以上的顾客相联系。品牌老化的严重危害在于：高知名度、低认知度，就如同进入了艾克所说的"墓地"地带。

(2) 品牌老化的原因。造成品牌老化的大致有以下几个原因。

① 产品缺乏创新。很多品牌老化的主要原因是产品单一、缺乏创新，因为任何一种产品都有一定的生命周期，如果采用单一产品策略，产品的老化就易导致品牌的老化。"南极人"品牌就是如此，由于企业的全部广告都集中在单一产品防寒外衣上，企业很快培育出了具有一定市场影响力的"南极人"品牌，但是由于该产品的老化，"南极人"品牌也很快随着产品进入衰退期而开始老化。

② 产品质量下降。品牌老化的另一个原因就是品牌不再是质量的保证，由于成本核算压低成本经济效益，迫使企业有时在成本与质量方面不能两全。例如，欧莱雅买断"莱文"品牌时，阿普丝香水早已失去往日的辉煌。最初，阿普丝香水是天然材料配制而成，但有时也会加入一定量的人工香料。后来它的香水瓶也改变了，于是消费者对阿普丝香水失去了信心，因此阿普丝香水受到消费者的"封杀"。欧莱雅采取了一系列措施，首先恢复了香水包装、圆瓶和天然成分。此项举措算不上什么惊人之举，然而是十分必要的，它把中断了的与消费者的联系又重新建立起来。产品质量的变化从来都不是一夜之间的事，而是一个潜移默化的过程。

③ 品牌定位模糊。品牌老化的一个重要的原因是品牌定位模糊。定位的成功，可以使企业品牌的竞争力大大提高，反之就会使企业的品牌在消费者心中的形象更加模糊，使企业品牌失去市场。在企业实际经营过程中，品牌定位模糊导致市场失败的例子比比皆是。有的企业一会儿借势于体育运动，推出"生命力离不开运动"对青年人进行大肆煽情；一段时间以后，又重新定位，盲目扩大品牌定位的诉求对象。更有甚者，由于前期的市场

调研工作不够深入,使企业不得不频繁地变换品牌定位,不但造成企业资源的浪费,也给企业的市场开发带来了不利的影响。正确的定位是成功的一半,定位的目的就是创造鲜明的个性和树立独特的市场形象,企业要想拥有很高的市场份额,就必须将定位把握好。

④ 广告宣传不及时。品牌广告的终止意味着其在市场上不复存在,失去了主导地位。行之有效的广告策划是确立品牌形象的重要武器,但是在广告策略上要不断地更新广告创意,使企业的广告创意与企业的品牌定位与品牌形象保持高度一致,否则就容易导致品牌老化。我国著名的烟草品牌"红塔山",在全国烟草行业一直独领风骚,在烟民的眼中抽"红塔山"也是身份和地位的象征,许多成功人士都是该品牌的忠实消费者。如今,随着红塔集团的战略调整,广告策略的变化,"红塔山"在消费者心中的位置发生了很大的变化,逐渐失去了其原有的品牌形象。

⑤ 消费不断升级。改革开放以来,我国居民消费结构不断升级,经济高速增长,人民生活水平不断提高,与此同时,消费需求也在不断改变当中。例如,现代家庭在家用电器购置时,由重视价格转为更注重品牌价值,在购房时不是能住就行,而是讲舒适、设施配套。总之,消费者更注重质与量的协调平衡。另外,中国家庭的消费升级,从改革开放到现在有着清晰的路径,"自行车、手表、缝纫机"——"电视机、洗衣机和冰箱"——"电脑、商品房和汽车"。消费者的观念也在悄然发生变化,由过去购物追逐经济、实惠和耐用,慢慢演变成现如今的追求名牌、品质、享受。炫耀化、时尚化、便利化、环保化、健康化、警觉化等消费,成为时代消费新的内容。

案 例 欣 赏

小肥羊引领火锅消费前沿

作为中式火锅餐饮的代表,小肥羊始终站在美味营养、健康领域的前沿,为处于人生不同阶段、有着不同生活方式和不同文化背景的消费者服务,满足他们对美味、营养、健康以及对幸福生活的共同追求,同时也让小肥羊离世界级中餐品牌的目标更近了一步。

小肥羊餐饮连锁有限公司总裁卢文兵表示,品牌升级是企业对消费者的更大承诺。小肥羊成立12年来,以天然、健康的品质,快乐、共享的理念,弘扬中华餐饮文化,强壮人类健康体魄为发展目标。小肥羊在提出"畅享自然生活"口号以推动品牌升级的背后,是要寻求餐饮的"味"与"道",为广大消费者提供安全、健康、营养的美味,营造健康快乐、积极向上的生活方式,并带动中华饮食的科学和文化走向世界,努力成长为世界级的中餐品牌,向打造"百年老店"的战略目标奋进。为此,2010年3月,小肥羊揭晓并启动了全新的广告语"畅享自然生活",新一轮品牌升级行动由此拉开帷幕。从3月初升级品牌理念后,小肥羊推出的一系列消费者活动,都是在以行动夯实品牌梦想,让崇尚自然、畅享自然的核心理念,落地生根深入人心,赢得消费者的信赖;小肥羊也以自己的思与行,成为引领火锅行业健康发展的风向标,中国餐饮行业"味"与"道"的引领者。

品牌管理

第二节 品牌升级的步骤与风险

一、品牌升级的步骤

市场风云莫测,竞争波谲云诡,只有不变的挑战,没有不变的品牌。"品牌"是给消费者带来溢价、产生增值的一种无形的关系资产,其载体是由名称、象征、口号、产品以及展示环境等构成的物质组合,增值源自物质载体经消费者心智升华后的情感记忆。而品牌升级的目的,正在于通过物质载体的升级实现情感记忆的巩固、加深以至升华。不同的品牌发展阶段不同,面临的竞争状况也千差万别,所以,品牌升级的方式必然要顺势而为。不过,总有一些规律可遵循、借鉴,品牌升级的基本思路如下。

1. 诊断市场——你的品牌现在需要升级吗?

无论何种类型、何等实力的企业在寻求发展时,都时刻面临着生存与发展的压力,而"品牌升级"无疑是有力的解决之策。但是,在市场竞争异常激烈的现实中,任何营销举动都具有风险性,所以做好全面的市场诊断很重要。洞察国内市场变化,关注促进内需引起的消费升级趋势以及消费观念演变后的新时尚潮流追逐趋向,结合自身品牌所处的竞争态势、目标人群与品牌的关系,考察品牌的生长状态。品牌具有生命力,有其相应的成长阶段,品牌升级的过程就是品牌不断更新、焕发活力的过程。新品牌需要不断走向成熟、弱势品牌需要壮大、强势品牌需要维护、老品牌需要更新,找对自身品牌的生命状态,诊断其在竞争中的症结所在,才能确定何时升级,以及如何升级的思路。

> **案例参考**
>
> **"回力"重生,就要中国味儿**
>
> 说起"回力",这曾是一代人的时尚回忆,更是每个拥有者的骄傲。曾经,脚上穿着一双回力鞋,就是一种时尚、一种新潮。"买一双回力鞋,能高兴上好几天。"当时,一双回力鞋的价格,相当于三分之一的月收入,算得上是一种奢侈品了。
>
> 在外有一系列国际大牌,内有福建晋江鞋系虎狼之师的双重倾压下,长期以来,曾经声名显赫的回力品牌近乎被遗忘。从2008年12月到2009年3月,回力卷土重来,推出"再生"计划。在保留中国味儿的老品牌精髓的同时,回力被进行了时尚化的包装。新回力在基本设计上,进行了颜色调整及质量提升,以鞋的红色胶底为主,含有中国红、龙图腾文化,以及中国独有的方块字等元素。为了吸引年轻消费人群的关注,新回力在传播上采取了口碑营销、博客营销和新闻公关等方式。
>
> (资料来源:http://www.jfdaily.com/a/3355537.htm)

2. 锁定路径：选择升级方向

品牌升级的终极目标为巩固或提升品牌的市场占有份额，所以从市场拓展的角度来看，品牌升级方向分为向上、向下和横向延伸。向上延伸，即在产品线上增加高档次产品，使产品进入高档市场。向下延伸，即在产品线中增加较低档次的产品，利用高档名牌产品的影响力，吸引购买力水平较低的顾客购买品牌旗下的低档廉价产品，最终实现市场份额的扩大。横向延伸是将单一品牌应用到多种产品品类上去，建立系列产品或系列品牌。另外，企业还可以通过实施品牌运营，以强强联合的形式实现品牌升级。借助建立品牌战略联盟、获得商标授权许可、吸纳连锁加盟成员，以及采取品牌收购兼并等方式，使品牌实现升级，增加附加价值。

3. 挖掘品质：构筑升级基点

品牌升级，关键是提升品牌核心价值。消费者对品牌价值的精神感受源于产品在满足消费者功能需求基础上的情感给予。所以，实施品牌升级，最为基础的是要从产品入手，挖掘现有产品的潜质，还是开发新品或者拓展新品类，要视市场机会和自身资源情况而定。而无论是哪种产品的升级方式，其共性都是要以提升目标消费者所关注的品质为核心，其是支撑品牌升级的基点。而且，随着经济文化水平的提升，产品品质提升的目标将不再局限于满足消费者对产品、服务的功能性需求，而还要更好地满足消费者的审美需求、体验需求。另外，对于品牌旗下产品线过长，缺乏核心竞争力的情况，应通过整合产品，打造具有优势品质卖点的拳头产品来加以应对。

4. 升华形象：内外兼修才能赏心悦目

升级品牌形象的方式包括提升品牌文化内涵、更新品牌外观和升级经营形象等。提升品牌文化内涵是指根据内在资源、产品品质，以品牌核心价值为中心，根据竞争状况和目标消费者的特征，所进行的文化元素的丰富、文化精神的提升。更新品牌外观，是指通过品牌名称、标识、包装、代言人等外在形象元素的改良，使之个性鲜明，易于识别并有利于承载企业文化理念，有效地建立品牌与竞争者的差异化，最终为目标消费者带来良好的心理感受。而经营形象的升级，则包括企业对外形象、终端形象在品牌升级战略下的包装、服务品质的提升等。

5. 提高价格：占领消费者心智高地

价格不单单是产品获得利润的基础，还是影响品牌在消费者心中地位的重要砝码。所以，作为品牌升级中的价格策略的制定，可谓是前期内在品质和外在形象提升后，与消费者产生实质性买卖关系的关键一环。不同的价位层次决定了市场运作的空间和消费群类型，价格是价值的反映，提价在一定意义上可向消费表明品牌价值的提升。不过，具体的价位以及提价节奏的把握，要根据市场竞争态势以及目标人群的接受程度而定。不过，品牌升级一定不能囿于价格战，其对于品牌的长远发展具有无形的杀伤力。

沙宣涨价，意欲抬高定位

2009 年 9 月，宝洁推出菱形"升级版"新沙宣，提价幅度约二成到四成。虽然宣称增加了新成分，配方有所升级，但在石油原材料价格大跌，国内日化市场"跌"声一片的大环境下，沙宣逆市提价还是引来了质疑。业界普遍认为，近年来，宝洁在高端市场上遭遇了众多竞争对手，以资生堂为代表的一些国际品牌的高端产品价格比沙宣贵得多，其需要一个高端品牌与竞品在专业美发产品领域抗衡，宝洁此举意在抬高沙宣定位。

6. 传播升级：拉近品牌关系

沟通内容决定营销成果，如何让消费者感受到品牌升级后的品牌核心价值，并有意识地根据目标人群的反映，进行实时调整、沟通，是品牌升级的成功保证。品牌升级意味着诉求的升级，应通过广告、公关等传播方式进行品牌新内涵、产品新卖点的精准传播。品牌升级的方向不同，所要选取的传播媒介也必然不同，区域品牌升级为全国品牌，就要从区域媒体转向全国媒体，扩大品牌传播面积，加大传播力度；低端品牌走向高端，就要占据高端媒介资源，强调传播的深度与品位。对于强势品牌而言，传播升级目的是要对品牌的精神诉求进行强化，并实施传递自身的品牌主张；对于弱势品牌而言，传播升级要注重与消费者进行产品新卖点、品牌新形象的沟通，并着力走向情感化，最终实现品牌关系的升华。

北京现代突破拘谨，"爱上生活爱上你"

2009年9月9日，北京现代i30正式上市后，围绕当红明星李孝利展开的一系列主体营销活动正式展开。李孝利和潘玮柏共同演绎的i30主题曲《只要爱上你》同名MV和由李孝利出演的，充满时尚和性感元素的广告片大规模地在多种渠道进行传播。相对索纳塔、伊兰特等车型相对拘谨的市场营销手法，北京现代在i30营销方面进行了突破性的尝试，以适应年轻化的购车消费趋势。

7. 强化终端：夯实前线阵地

销售渠道的升级应该与企业资源状况、营销战略、品牌定位、产品特点进行有效结合，其中终端是品牌升级战略的最终落脚点。一般而言，终端升级分为两方面。一方面为硬终端升级：硬终端是指终端店门头、内部装潢、产品陈列等构成的视觉形象、环境氛围。通过硬终端升级，可以使升级后的品牌更具形象化地展示，为消费者提供直接感受的体验机会；另一方面，为软终端升级：是指在品牌升级战略的指导下，终端人员服务素质的升级，以实现与客户的良好情感沟通与维护。另外，品牌在升级过程中，需要对原有的渠道进行整合，进行必要的战线收缩，应集中锁定与品牌定位相符合的渠道。

8. 系统跟进：将升级进行到底

品牌升级不应该只关注产品、价格、传播、渠道等单方面突破的短期行为，而应将其作为一个系统战略工程,为企业的发展提供持续性的推动。在品牌升级的带动下,最上端的产品生产管理和下端的市场营销网络,以及企业自身的组织管理结构、人才培养,都要实现升级。品牌不仅涉及企业与消费者的关系,还关联到企业内部以及与经销商的关系,所以,只有在实现良好沟通,取得共识后,方能实现品牌升级的最大营销效果。

> **案例参考**
>
> **双品牌＋系统化,上海大众实施整合营销战略**
>
> 作为国内第一家合资轿车企业,上海大众在业内一直扮演着营销先行者角色,其营销特征是品牌整合能力明显,个性鲜明。基于2009年市场变化和企业运营管理规律需要,上海大众全面实施了主动营销。在主流市场,依靠大众与斯柯达两大品牌构架起的互补而完整的产品体系,上海大众已形成了系统化的操作模式与方法。目前,大众品牌在全国已拥有近600家特许经销商/特约维修站,斯柯达也已建立了202家销售网点。在追求快速的同时,营销服务的综合实力也得到了提升。通过新一轮经销商能力和忠诚度提升计划,上海大众建立了经销商能力素质模型和相应的能力审核机制。与此同时,CSE卓越服务项目的推动、24小时援助服务的完善、多种创新的季节性服务活动以及《汽车课堂》等品牌化的客户关爱活动,也正不断巩固着上海大众的品牌地位。

二、品牌升级的困难

对很多处于困境或寻求更大发展空间的企业来说,品牌升级是破釜沉舟之举,应用不当,无异于走向自我毁灭,相反应用得当,能使处于危难中的企业重获新生。这些困难突出表现为:

1. 企业内部达成共识的困难

品牌升级不是营销部门或几个执行人员所能独立完成的,首先要找到问题所在,然后就品牌升级的必要性在企业内部上下之间、各部门之间达成共识,大家齐心协力,分工合作、共担风险来完成。很多时候,企业某些部门甚至一些高层管理人员,没有意识到品牌升级对企业的利害关系,害怕困难,不愿改变。而且品牌升级往往意味着推翻过去的决策,在企业内部必定会遇到阻力。这就需要适当的推动者,晓以利害,说服上下各方面人员,这样才能保证品牌升级顺利有效地执行。

2. 突破原有形象的困难

需要品牌升级的企业往往在市场中处于比较不利的地位,品牌升级对它们关系重大,可说是成败在此一举,因而企业承担了很大的风险。如果品牌升级失误,会导致形势进一步恶化。另一方面,在目前不利形势下,找到一个新的定位切入点很不容易,企业难以打破原有市场秩序,确立自身地位。

3. 消费者认同的困难

原品牌的市场定位在市场上执行一段时间,不管它是否成功,在消费者心目中已经形成了一定印象。而且如果原来的定位曾经很成功,消费者对它的印象就会根深蒂固。这样由于先入为主的原因,品牌升级不容易进行。特别在原有定位成功的情况下,新的定位会在较长一段时间内不被消费者接受。如果重新定位执行方法不当、力度不够,甚至会导致这样的后果:新的定位给消费者的印象不够明晰,加原有的定位又受到损害,消费者对品牌定位的认识变得模糊。

4. 资金投入的困难

企业品牌升级的代价是昂贵的,需要的资金投入通常超过第一次品牌塑造。因为企业要通过加大营销力度,消除原有定位给消费者的印象,同时让新的品牌内涵获得消费者的认同。因此,资金是企业执行品牌升级工作中的一大制约因素。当企业充分认识到品牌升级的困难,并确信有能力克服困难和承担风险时,才能进行下一步决策和执行工作。

第三节 品牌升级的策略

一、品牌定位升级

品牌定位即指企业在产品定位和市场定位的基础上,对特定的品牌在文化取向和性差异上的商业性决策,它是建立一个针对目标市场的品牌形象的过程和结果。从企业的角度,不存在一劳永逸的品牌,从时代发展的角度,要求品牌的内涵和形式不断变化。品牌从某种意义上就是从商业、经济和社会文化的角度对这种变化的认识和把握。所以,企业在建立品牌之后,会因竞争形势而修正自己的目标市场,有时也会因时代特征、社会文化的变化而引起定位升级。例如英国创立于1908年的李库柏(Lee cooper)牛仔裤是世界上著名的服装品牌之一,也是欧洲领先的牛仔裤生产商,近百年来,它的品牌定位在不断地变化:20世纪40年代——自由无拘束;20世纪50年代——叛逆;20世纪60年代——轻松时髦;20世纪70年代——豪放粗犷;20世纪80年代——新浪潮下的标新立异;20世纪90年代——返璞归真。甚至很多品牌由于消费需求的升级,品牌定位也在不断升级,由原来的低档品牌向高档品牌发展升级。

案 例 欣 赏

珂莱蒂尔品牌定位修正案例

面对深圳女装行业品牌建设普遍缺乏高度和文化的现状,以及珂莱蒂尔(Koradior)

自身的定位局限,角色品牌设计认为首要解决的问题就是珂莱蒂尔的品牌升级是什么的升级?通过对珂莱蒂尔目标人群的分析,我们发现单纯的情感诉求已不能清晰地表达服装的文化和内涵。从众多泛泛的"时尚、优雅、休闲、品位"等品牌核心价值概念中抽身,我们为珂莱蒂尔发掘了新的高度——生活方式的升级,即根据珂莱蒂尔消费者的特征创造一种新的生活方式。

什么是盛年女性的生活方式?我们从成都和杭州的城市风格中搜索出了幸福的密码——闲情雅致并以此为核心,进行品牌的全面升级,包括品牌形象的升级、产品概念的升级、品牌传播的升级和终端体验的升级。由内而外、自上而下的品牌全面升级力求整体的统一和局部的协调,从每一个局部的细节着眼,营造出闲情雅致的环境和氛围,给消费者以闲情雅致的感受,并潜移默化地融入消费者的生活。

重新定位,重炼品牌核心价值,珂莱蒂尔实现了从服装品牌上升为生活方式品牌。正是这样的思路转变,珂莱蒂尔打破服装行业还停留在产品层面的诉求现状,创造了三年从六千万到两亿的市场奇迹,由此实现了一次伟大的创新和突破。

二、品牌产品升级

1. 产品与技术升级

前面说到,尤其是对于高科技企业,品牌老化问题往往是致命的。在高科技企业中,品牌创新最重要的是依靠技术创新。英特尔,世界上最大的计算机生产商,靠的就是技术上的不断创新来维持企业的持续发展。从286到586,然后到奔腾等,遥遥领先于竞争对手。比如,当其在386市场上享受高利润时,竞争对手也推出了同等产品来与其竞争,但英特尔可立即推出功能更强大的486,同时386降价一半。这样,它在486市场上尽享利润,而其竞争对手在386市场上苦苦挣扎。技术创新必然带来产品创新,这里,我们主要指产品开发方面的创新,即产品线上的横向延伸。五粮液利用其酿酒技术的优势开发了"浏阳河""金六福"等一系列中档白酒,并迅速成为白酒市场上的新锐,不但占领了更广阔的市场,也赋予了"五粮液"品牌以新意。1995年,在技术创新的基础上,上海大众汽车公司推出新型轿车——桑塔纳2000,配以整体的营销传播策略,在有效促销此款车型的同时,也大大地提升了桑塔纳的品牌形象。产品与技术创新主要可以从以下几方面来进行:

(1)找出新的用途。发现和利用品牌的新功能,能使品牌散发出新的活力,现在产品的同质化趋势越来越严重,找出不同于竞争对手的新功能,能使产品更具有竞争力!新用途的本质可以通过市场调研来获得,了解消费者如何使用该商品,在使用过程中有什么原来被忽视的效用,或者在原来产品的基础上增加新的功能。当然此时要注意几点:第一,新的功能是否有市场价值,即有多少顾客能因为此新功能来使用该产品。第二,开发及推广此新功能的收益和成本的比率。第三,竞争者的反应,若该用途引来非常激烈的竞争,企业需要三思而行。

（2）进入新的细分市场。如果某种品牌的产品已经很成熟，再开发出新的东西已经很难时，此时就应该考虑利用原有品牌的无形资产进入新的细分市场，赋予品牌更丰富的内容。进入新的市场时应注意：第一，选择不同的细分变量分析。第二，找出市场上没有得到良好服务的部分。第三，考虑在成熟的行业中有发展潜力的部分。

（3）增加产品或服务。随着市场竞争的加剧，品牌想在众多的竞争产品中脱颖而出，可以考虑向消费者提供意想不到的服务或特色。一般来说，产品在市场上的成功有两种方式：第一，做得最好，即在产品的某些功能方面达到最优。第二，有自己的特色，即向消费者提供一些很少具备或不具备的价值。这里要注意，增加新的服务时，要找出消费者真正看重的，并与原有产品有充分的联系且能产生实际利益的产品进行扩展。

2. 产品包装升级

包装是产品品质的外部表现形态，也是消费者识别品牌、与企业进行沟通的重要媒介，因此，改进包装是改变品牌形象老化的最直接手段。改进包装应当遵循的思路是：人性化设计，贴近消费者；现代化设计，表现时代感；配合产品升级换代，体现品牌的多层次；加入新元素，传播品牌新概念、新主张，等等。许多消费者还记得，在牛奶凭证供应的年代，闻名全国的上海冠生园大白兔品牌有"七粒大白兔奶糖等于一杯牛奶"的美誉。在牛奶广告铺天盖地的今天，大白兔奶糖销售额一直位于全国同类产品之首。大白兔的市场销售业绩主要得益于冠生园集团实施的品牌战略，其中可圈可点的是大白兔的形象创新：在包装材料上改用不易皱褶的高档材料；包装图案由原来静卧的大白兔改为奔跑的卡通兔。通过包装的变化，大白兔品牌调整为高档、时尚、充满童真的美好形象。

三、品牌形象升级

形象升级，顾名思义，就是品牌不断创新形象，适应消费者心理的变化，从而在消费者心目中形成新的印象的过程。品牌形象升级主要有以下几种方法：

1. 更改品牌名称

对于企业来说，名称是最基本的形象识别要求。如果名字有缺陷又难以更改，一定要及时采取补救措施。伊莱克斯刚进入我国市场就遭遇品牌名字不利于口头传播的困扰。中国消费者觉得伊莱克斯这个名字太长、拗口、不好记，一不留神就容易把"伊莱克斯"叫成"伊拉克"。所幸的是企业反应迅速，及时调整了传播策略，经电视广告反复播放，旋律悦耳、声音清脆的"伊莱克斯"，很快留在了消费者的记忆中。

案 例 欣 赏

摩托罗拉转为 MOTO

摩托罗拉转为 MOTO 品牌升级设计，尽管从"人性历千年不变"的观点考察，类似"新新人类"的青少年一代根本就一直存在，但无论如何，时尚都是 E 时代的主流。

比如手机就由单纯作为沟通的工具,变成年轻人追逐时尚、传达个性和情感的媒介。摩托罗拉在适应 E 时代消费背景的前提下,由此展开号称"MOTO"的新一轮传播运动。

对摩托罗拉而言,想要占领年轻人的心理高地并不是一件很容易的事情。摩托罗拉进入中国的通信设备市场比较早,在中国市场具有先进入者的优势,但这种优势也造成了摩托罗拉品牌转型的困难。因为在消费者印象中,摩托罗拉这个品牌就是一个传统的、重视技术突破的形象,值得信赖但不够亲切。在当今社会,这样的形象显然不足以得到年轻消费者的青睐,甚至面临品牌老化的危险。摩托罗拉必须具备时尚、酷、个性的特征才能贴近"新新人类",MOTO 策略应运而生。

MOTO 其实是台湾地区年轻人对摩托罗拉的昵称,是消费者之间流传的语言。摩托罗拉希望用消费者自己的语言向受众传递公司理念,加强品牌的亲和力。在品牌个性设计中,MOTO 意味着"使消费者的生活更加简单、更聪明和富有乐趣"。它是对其品牌核心形象"智慧演绎,无处不在"的新鲜诠释,同时也传递着摩托罗拉洞悉消费者的需求,"全心为你"的经营理念与公司形象。

2. 变换品牌标识

品牌标识(LOGO)是指品牌中可以通过视觉识别传播的部分,包括符号、图案或明显的色彩和字体。如英荷壳牌集团公司的贝壳造型,耐克的对勾,IBM 的字体和深蓝的标准色等。在品牌经营中,品牌标识变与不变、什么时间变,都是需要企业决策者在反复权衡机会与风险之后才能做出的重大抉择。考察国际名牌的发展历史可以发现大多数公司不同程度地选择了调整策略。改进品牌标识是为了适应时代进步和文化潮流,从而摆脱品牌老化的尴尬境地。更新品牌标识要注意的问题是:不管怎么变都不能背离品牌精髓——核心价值,如耐克挑战极限的体育精神、诺基亚科技以人为本的人文精神。品牌标识的每项要素都要与历史的和现行的识别形象进行比较,明确哪部分需要改动、哪些品牌风格应当保留,使新品牌标识既能保持消费者对品牌的忠诚度,又

能给人以新鲜感。纵观著名品牌的发展过程，无不伴随着企业形象的不断更新，如壳牌、奔驰、可口可乐、百事可乐、富士等。我国的海信、科龙、雅戈尔等著名企业品牌标识也经历了一个不断演变的过程。

案例赏析

李宁品牌换标案

李宁重塑品牌战略，希望在扩大品牌的国际影响力上做出好文章，真正和国际一线品牌叫板。巨大的"90后李宁"几个艺术字，孤傲地伫立在北京市通州区中关村科技园区光机电一体化产业基地兴光五街8号的门口，林丹、陈一冰、何姿、朱启南、马龙、郭跃、彭帅等当红体育明星鱼贯而入。

2010年6月30日，李宁公司在北京总部进行换标仪式，将沿用了20年的李宁LN旧标，更换为"李宁交叉动作"新Logo，并以"人"字形来诠释运动价值观。与此同时，还将"一切皆有可能"的中文口号更改为"Make The Change"的英文口号。

"这是李宁品牌重塑战略的开始，预示着李宁品牌向着国际化目标更近了一步。"李宁先生如此解释换标的意义——正如翻译为中文的口号"让改变发生"所指，李宁对品牌DNA、目标人群、产品定位、价格策略、品牌内涵及开发体系、人员结构等都做了相应的国际化调整。

"90后李宁"在20岁生日之际成为中国体育市场第二名，并为自己定下了未来十年的战略目标：2009—2013年为国际化准备阶段；2014—2018年是全面国际化阶段，成为世界体育品牌前5名和中国体育品牌第一名。

如同7年前联想换标为国际化战略铺路一样，在3年前即制定国际化战略的李宁，希望能摆脱始终缠绕在自己身上的"山寨"国际化形象，真正和国际一线品牌叫板，在扩大品牌的国际影响力上做出好文章。

（根据中国品牌网相关内容改编）

3. 品牌销售终端形象升级

终端即产品销售通路（渠道）的末端，是产品到达消费者完成交易的最终端口，是商品与消费者面对面展示和交易的场所。终端担负着承上启下的重任，所谓承上——就是上联厂家、批发商；所谓启下——就是下联消费者。通过这一端口，厂家、商家将产品卖给消费者，完成最终的交易；通过这一端口，消费者买到自己喜欢的产品，进入实质性消费。企业从产品的研发设计开始，到原材料的采购、生产、组装、包装、入库、物流、分销,到品牌建设、广告宣传,这一切都还只是铺垫,能否完成销售,实现由产品到商品的"惊险一跳",创造价值,还要看终端的临门一脚。

品牌销售终端形象升级,是指终端店的门头、内部装潢、专柜、产品陈列等构成终端店视觉的提升策略。通过终端形象的升级,可以使品牌形象更加时尚化、国际化、潮流化、体验化,彰显产品品质,满足消费者的需求。在终端形象的设计与规划过程中,需要整合品牌资源,充分表达品牌的核心价值思想,以消费者的视角自下而上地进行定位分析,从而设计出有效的终端形象体系。在这方面,星巴克一直非常重视,将店面形象视之为核心竞争力,成立秘密工作室,由一群艺术家、建筑师和设计师规划"明日之店"或"新观念咖啡馆"。

奥康斥资 200 万,终端形象升级 5.0

2009年,在"奥康OFFICE时尚达人"火热播出之际,为全面配合商务时尚这一概念的推广,奥康集团斥资200万,面向全球招标终端形象设计方案,以对原有形象进行换代升级。设计内容包括品牌形象提升、终端形象展示系统、商场店中店系统等。据了解,自1998年奥康率先开出第一家专卖店,建立终端形象后,此次是奥康终端形象的第五次升级。

▶▶ 四、品牌营销升级

1. 广告创新升级

(1)创意。毫无疑问,新奇的创意总给人以新鲜感觉。可口可乐,广告片的不断创意创新,赋予了其无限的活力。百年来,可口可乐活力无限,正如其广告语"永远的可口可乐!"

(2)媒体与发布时间的创新。商务通在大规模投放广告时,投放时段主要在"垃圾时段"如晚间22点以后的午夜,没有企业愿意花钱在这个"垃圾时段"投放广告,所以价格特别低,于是,晚间打开电视,反反复复全是商务通的广告。时段"不好",但广告效果却很好,因为其目标购买群体主要是成功男士,这些人一般工作比较忙应酬比较多,一般很晚回家,回到家后一般会看看书、看看电视放松一下,打开电视时,铺天盖地全是商务通的广告。

(3)代言人的选择。用一个全新的代言人来做广告,也能给人带来耳目一新的感觉。1998年12月18日,第一台商务通上市。当天,恒基伟业与中央戏剧学院的学生陈好签约,陈好成为商务通第一位形象代言人,通过陈好告诉了顾客什么是商务通。1999年4月29日,商务通上市整整5个月,恒基伟业签下了它的第二位形象大使——李湘。在"商务通广告•李湘篇"中,李湘口中念念有词的不再是产品的功能,取而代之的则是一系列张扬产品性能的主题:"一部好的掌上电脑,应该是什么样的""产品好不好,用了才知道""呼机你有了,手机你有了,商务通你有了吗?"主打广告词"科技让你更轻松"明白无误地告诉消费者,科技是人性化的,可以使你更方便。1999年的岁末,濮存昕坐在"大奔"里闪动着他那冷峻的眼睛与李湘互通电话的镜头,帮助商务通完成了"成功男人选择"这一市场定位,也使商务通上市后一年即实现40多万台的销售量。

2. 促销活动升级

对于促销活动,许多人没有正确认识它的意义,适当的促销活动,是对市场的一种拉动和刺激,有助于开拓更广阔的市场。这里强调的是促销更新对品牌更新的意义,适当的促销活动更新能够告诉公司的消费者:我还在领导这个市场,一直在为消费者提供良好的产品和服务,请大家不要忘记我。因此,品牌的促销活动也要不断升级。

五、品牌管理升级

企业与品牌是紧密结合在一起的,企业的兴盛发展必将推动品牌的成长与成熟。品牌的维系从根本上说是企业管理的一项重要内容,品牌管理升级是指从企业生存的核心内容来指导品牌的维系与培养,它含有多项内容,诸如品牌管理观念升级、品牌管理部门升级、品牌管理制度升级、品牌管理过程升级等。

相 关 知 识

CBO的出现意味着品牌管理的全面升级

CBO(Chief Brand Officer)即首席品牌官,是现代组织(包括企业、政府或其他组织)中设置的专门负责品牌战略管理与运营的高级官员,代表CEO就企业形象、品牌以及文化进行内外部沟通。CBO不仅是一种专业人才,更是一种特殊人才。因为他不再仅仅是一个传播者,更是一个企业价值设计的参与者和企业品牌资产经营的责任者。首席品牌官按照国际惯例是由企业副总裁级领导担任,因此在国外,首席品牌官的薪酬少则数十万美元,多则上百万,甚至数百万美元。

首席品牌官的设立,是企业管理的一项机制创新,即把品牌专管提上管理日程。所谓品牌专管,指的是企业设立专人或专门机构,对自有品牌实行专业化管理。品牌之所以需要专管,首先在于它是企业最大的一笔无形资产。尽管这笔资产在许多企业还没有列入财务报表,但它的确为企业所有,是企业人力、物力和财力的长期积聚。比如:为树立企业形象和品牌信誉,争取特许经营等,不得不进行大量的劳务投入;为形成核心竞争力,增加品牌与服务的高科技含量,收购利用发明专利、设计著作权、计算机软件、集成电路布图等,不得不进行大量的知识投入;为提高品牌服务的知名度,尽可能占有更多的市场份额、强化商标、域名的标志功能,不得不进行大量的标志投入;为了实现上述目的,形成长期不断的公关广告投入。实践证明,这些积聚在品牌之下名目繁多，数额巨大的劳务、知识、标志和公关广告资产，只要经营得当并持之以恒，其资产总额完全有可能赶上甚至远远超过有形资产。随着全社会品牌意识的提高，国内某些企业开始设立首席品牌官（CBO）。首席品牌官是和首席执行官（CEO）并列的一个高层职位，全面负责企业发展中品牌营造、维护、宣传和推广等相关事宜。也有企业采取了设立品牌经理的做法，使其与市场、财务、人事经理等重要职位相提并论。

品牌需要专管的第二个理由，在于它是企业生存发展的命脉所系。品牌意味着竞争力，意味着商誉，意味着市场份额。在一定意义上甚至可以说，企业的厂房、机器等全部有形资源和所有人力资源，都有赖于无形资产，特别是有赖于其中居于核心地位的品牌来为它们赋予意义。一旦品牌出了问题，或者极而言之，牌子倒了，那么厂房机器只能闲置，广大工人和技术人员只好遣散，企业随之走到了尽头。反过来，哪怕一把大火把机器厂房完全烧毁，灾难过后，只要品牌挺立就不愁找不到货款，聚不起人才，赢不得新的生存与发展空间。品牌专管的第三个理由是从信用抵押的特殊形式解决困扰，市场交易的信息不对称障碍，也就是让消费者购买名牌心里有底。这无疑对坚定消费信心，扩大市场交易规模大有裨益。

第四节 品牌升级的契机

品牌升级的基本含义和策略方式决定了企业可以根据实际的需要随时进行品牌升级，但是如果配合公司其他方面的业务发展来进行品牌升级，不但会取得更好的效果，而且还可以节约更新费用，以下几种情况是品牌升级的良好契机：

1. 企业重组

组合投资和多元化经营目的是为了提高企业名牌商标的综合实力和企业形象，也为品牌升级提供了良好的条件。美国的第四次兼并浪潮给股东、企业、社会以及企业员工都带来了良好的效益，也为企业品牌提高市场竞争力提供了有利的机会和条件，美国许多世界知名企业就是利用企业重组的机会让一些老品牌焕发了青春。我国许多优秀企业也都通过重组的方式提升了品牌价值，扩大了品牌的影响力。例如，海尔通过吃"休克鱼"的方式，让海尔品牌得以升级到一定的高度。"休克鱼"被海尔用来形容那些虽然接近破产边缘，但设备性能良好，债务也能剥离，只是因为管理不善等原因而陷入困境的企业。海尔认为，这些企业是可以兼并的，只要对之进行科学的管理和重组，是可以使它们"醒转"过来的。在这一策略指导下，海尔先后兼并了20多家企业，通过统一的、科学的管理和重组，实现了兼并后的规模效益，海尔品牌的影响力越来越大。海尔经验告知人们，由于运用了"休克鱼"策略，海尔用了很少的资金就赢得了很大的品牌效应，使"海尔"品牌获得了迅速发展。

2. 公司上市

公司上市是我国企业市场化程度提高的一个重要表现，能够上市的公司一般都是在某一行业具有重大影响的企业。因此,公司上市民提高了企业品牌的知名度、美誉度,又为企业进行品牌更新提供了良好的机会。例如,1988年12月,成立仅仅5年的万科公司公开向社会发行股票2 800万股,集资人民币2 800万元,资产及经营规模迅速扩大,1991年1月29日公司A股在深圳证券交易所正式挂牌交易。上市为万科公司房地产品牌的发展提供大量资金的同时,也使万科成了国内著名的地产品牌。同时为了增强"万科"地产品牌的形象,万科还通过股票市场剥离了一些与地产不相关的项目与企业,进一步巩固了地产业第一品牌的地位。

3. 新品上市

新产品上市也是进行品牌升级的有利机会,企业可以利用新产品改变或者修正原有产品在消费者心目中的地位,突出企业的品牌理念,使品牌具有旺盛的市场生命力,同时在新产品上市的时候进行品牌更新也会节约品牌更新的成本。

4. 战略调整

企业战略调整是指企业经营方向和经营理念的重大变化,为了落实战略调整,企业要进行市场、品牌、产品等多方面的调整,正是通过调整,许多国际品牌保持了旺盛的生命力。因此,战略调整为企业品牌升级提供了条件和时机。例如,为了实现向服务为主的公司的转变,2002年IBM在出售其硬盘业务的同时,收购了普华永道,以增强企业的服务能力,这项收购使IBM由产品型企业向服务型企业的战略转型进一步加速,在对普华永道的整合完成以后,IBM的品牌核心也将进一步由产品转向服务,通过调整赋予了IBM品牌新的含义。

本 章 小 结

品牌升级是指按照公司先前的战略规划,在每个阶段同步提升品牌内涵。品牌升级要使品牌内涵围绕目标市场升级的同时不断同步升级,并由此带动企业进行管理手段创新、管理水平提高,促进经济效益的增长等。

品牌老化有两层含义,第一层含义是指品牌缓慢地、逐渐地退化,品牌不会在短时间内很快消亡,而总是随着时间的推移而消亡。品牌最初可能锋芒毕露或新颖独创,但随着时间的推移会失去往日的新意、独创淡化,只能靠一些老客户维持,对于市场已无足轻重;另一层含义是指品牌所反映的消费者的形象在逐渐老化。

品牌升级的目的,在于通过物质载体的升级实现情感记忆的巩固、加深以至升华。不同的品牌的发展阶段不同,面临的竞争状况也千差万别,所以,品牌升级的方式必然要顺势而为。不过,总有一些规律可遵循、借鉴,品牌升级的基本思路如下:(1)诊断市场;(2)锁定路径;(3)挖掘品质;(4)升华形象;(5)提高价格;(6)传播升级;(7)强化终端;(8)系统跟进。

对很多处于困境或寻求更大发展空间的企业来说,品牌升级是破釜沉舟之举,应用不当,无异于走向自我毁灭,相反应用得当,能使处于危难中的企业重获新生。这些困难及品牌升级的风险突出表现为:(1)企业内部达成共识的困难;(2)企业实行品牌升级有很大风险;(3)消费者认同的困难;(4)资金投入的困难。

品牌升级包括五个方面:(1)品牌定位升级;(2)品牌产品升级;(3)品牌形象升

级;(4)品牌营销升级;(5)品牌管理升级。

品牌升级的契机:(1)企业重组;(2)公司上市;(3)新品上市;(4)战略调整等时机。

思考与练习题

1. 简述品牌升级的定义和升级的必要性。
2. 企业在经营生产过程中应如何对品牌进行升级?
3. 企业在品牌升级过程中应如何避免或降低风险?
4. 企业在品牌升级过程中应注意哪些问题?采取哪些策略?
5. 假设你是一名企业管理者,你将如何进行品牌营销策略升级?
6. 品牌升级存在着哪些契机?
7. 企业品牌升级具有怎样的目的?
8. 在品牌升级过程中会产生哪些困难与风险?
9. 选定一个你所熟悉的企业,完成一份完整的品牌营销升级策划。

案 例 讨 论

伊利品牌升级

没有哪个国家的消费者比中国消费者更崇尚品牌——2011年7月利乐公司发布的研究报告指出,在中国,只愿意购买可信赖品牌产品和服务的消费者比例高达78%,远远高于全球平均比例37%。但人们究竟是如何了解一个品牌的呢?显然,谁能通过定位精准、角度多样的营销行为将品牌内涵与特性传达给消费者,固化品牌影响力,谁就将是市场上的赢家。

推出新产品、进入新市场、利用现有产品争取更大的市场份额⋯⋯中国乳业龙头企业伊利一直没有放弃营销努力。2010年伊利推出品牌升级计划,更是将关注的重心转向消费者,开动营销机器,为伊利奶源、产品结构等核心优势提供强有力的支撑。

1. 消费者成为品牌"粉丝"

品牌认可度是确保企业业绩高速增长,并远远甩开竞争对手的关键。于是,伊利打出偶像牌凝聚"粉丝"的力量。2009年,伊利优酸乳针对时尚、年轻的消费族群推出"我就是巨星"活动,以周杰伦作为伊利优酸乳品牌主张的化身,借助周杰伦强大的明星效应和品牌号召力,刮起一股市场推广风暴,打动年轻一群;2010年底,伊利启用形象健康的知名艺人王力宏,代言其高端产品伊利营养舒化奶。

从郭晶晶到易建联,从周杰伦到王力宏、潘玮柏、刘亦菲等,伊利以代言人的力量聚集了消费人群,最终体现为品牌忠诚度——2011年10月29日,伊利第三季度财报显示,当年1—9月,伊利实现营业收入292.01亿元,同比增长24%,9个月就实现了2010年全年的营业收入。

2. 国际大品牌背书营销

2011年7月,当《变形金刚3》席卷全球的时候,一个牛奶品牌的名字也被全球千万影迷牢牢记住——"It's Shuhua milk!"而此次营销投入费用不高于国内同类商业影片的中国品牌好莱坞大片植入,却引起各大新闻节目、娱乐节目和微博的密集讨论,几乎持续了一个夏季。此次创新营销,不仅是中国食品企业首次与好莱坞大片合作的成功典范,也为中国本土品牌的国际化营销开辟了新的路径。

其实,这并不是伊利第一次与国际大品牌成功合作。基于迪士尼丰富的卡通原型资源与潜在的消费群体,伊利在2010年底与迪士尼签约,成为华特迪士尼在中国的独家乳制品授权商,并迅速推出迪士尼—伊利QQ星酸奶等系列产品。

"伊利给人的感觉越来越'时髦'了,"在北京一家外企担任财务工作的杜成说,"你看,擎天柱都拿着伊利舒化奶去战斗了。"

3. 细分市场营销

除了 Shuhua milk、QQ 星儿童奶系列,伊利向来高度关注细分市场。针对老年人,伊利推出三种"专供品"——听装伊利中老年奶粉、中老年多维高钙奶粉和中老年营养奶粉。除此之外,伊利还不遗余力地宣传科学饮奶营养观,以消费者体验和消费惯性打动中老年消费者。针对白领人群,2008 年伊利将谷粒添加在牛奶中,推出既提高营养价值,又可以饱腹的谷粒多早餐奶,以"红黑谷粒多"卖点打动职场人士。

4. 品质乃品牌之基石

产品品质始终是品牌塑造以及升级的基础,如果品质失去保证,即使营销工作做得再好,也不可能拉动品牌形象。上一个十年是中国乳业爆发式增长的十年。随着中国乳品企业的快速发展和乳品消费市场的扩大,中国人均饮奶量增长了几倍,牛奶产量超过众多乳业发达国家位居全球第三。但是,无论是发展模式还是竞争理念都片面强调发展速度,为整个行业的发展埋下了隐患。其结果是,一些全国性乳品企业以令人瞠目结舌的速度跑马圈地、扩张版图,整个行业陷入恶性竞争中。

伊利,是业内最早开始抓奶源建设的大企业之一。在董事长潘刚坚持的"奶源优先"战略指引下,从 2007 年到 2010 年底,伊利先后投入 60 多亿元用于奶源建设、升级,年均投入约 15 亿元,建成了内蒙古呼伦贝尔、锡林郭勒和新疆天山三大黄金奶源基地,形成了覆盖全国的奶源矩阵。在伊利开始为乳业未来发展探索一条"又好又快"的发展道路时,国内其他乳品企业也开始反思和探索,主动求变,重建竞争规则。

著名财经评论员、中国体制改革研究会高级研究员马宇认为,下一个十年,乳业的关键词应该是"强"。他指出,无论是从奶源管理、人均效益、科技研发等方面看,中国民族乳业的普遍水平与世界顶尖企业仍有差距,下一步的发展应该更专注于苦练内功,而不是单纯追求销售数字和销售排行。

作为唯一一家成功服务于 2008 年北京奥运会和 2010 年上海世博会的中国企业,伊利以产品品质为基石,通过大事件营销,以"最严谨、最全面、最积极"的姿态展示企业的综合实力和品牌形象。品牌升级之后的伊利,通过手段新颖、角度繁多的营销创意,将自己的品牌诉求表现得淋漓尽致。而连续 8 年赞助中国体育代表团的伊利,仍将通过 2012 年伦敦奥运会向世界展示自己的品牌形象。带着前所未有的创新精神和想象力,伊利离"世界一流健康食品集团"越来越近。

(资料来源:根据中国 MBA 信息网相关内容编写)

案例思考题:
1. 伊利品牌升级主要表现在哪些方面?
2. 伊利品牌在求变的过程中,坚持了哪些原则?
3. 如何看待伊利品牌在升级过程中处理"变与不变"的辩证问题?

第十三章　品牌扩张

学习目的：

1. 了解品牌扩张的基本定义
2. 了解品牌延伸的基本概念
3. 掌握品牌延伸的影响因素
4. 了解品牌联盟的基本概念
5. 了解品牌联盟的主要优势
6. 掌握品牌授权的主要模式

开 篇 案 例

盲目扩张——星巴克关店是好事

继 2008 年 7 月宣布裁员 12 000 人，关店 600 家之后，星巴克发布的财务季报显示该年第三季度星巴克净亏 670 万美元，股价也遭腰斩，跌破 16 美元，创下历史新低。与其说全球经济不景气迫使星巴克关店，不如说是品牌的贬值刺破了星巴克的品牌神话。虽然星巴克的官方口径还是诸如全球经济低迷、食品与汽油价格上涨，传导至中产阶级与小资的荷包变扁等问题导致了星巴克的亏损。然而星巴克的灵魂品牌设计师霍华德·舒尔茨不得不私下承认，从 1 000 家店到 13 000 万家的无度扩张，"星巴克体验"的平淡化和"品牌商品化"是导致其亏损的根本所在。

品牌延伸，对星巴克而言，既可能是加法，延伸推动发展，也可能是减法，削弱品牌的整体价值积累。然而品牌扩张的醇香让星巴克有些飘飘然了，认为星巴克品牌的力量是无穷的，扩张的边界超出了星巴克品牌的核心价值。星巴克的开店数量大幅增加，却在匆忙中忘记了选址标准中最重要的一环——能够维持并强化品牌形象：星巴克以精品咖啡自居，开店的位置就应坚持选择符合精品形象的地段，找到好邻居，互相借势造势。但迫于规模扩张的压力，由高级写字楼大量的复制到嘈杂的商场。中产阶级与小资之所以认同星巴克"第三空间（Third Place）"的定位，在于星巴克参透了幽雅的环境、放松的气氛、交际的空间、心情的转换，才是咖啡馆真正吸引顾客一来再来的精髓。大家要的不仅仅是喝一杯咖啡，而是渴望一条都市中交流感情的途径，一个轻松享受咖啡的时刻。随着星巴克的疯狂张阔，当星巴克成为谁都可以心安理得歇脚的地方，人们在匆匆而来，匆匆而去，自然喝不出"星巴克体验"的氛

> 围。新晋小资与中产阶级会觉得"星巴克体验"唾手可得,不过如此;老牌的小资与中产阶级会觉得星巴克已蜕化为一个歇脚的地方,心中的品牌价值也越来越贬值了。
>
> 星巴克品牌延伸的失落告诉我们品牌不是万能的,任何品牌在延伸以前一定要制订详细的计划,我是谁、我要去哪、我可以做什么、我不能做什么、我要怎么表现自己……如果没有科学的规划而盲目延伸,都会使品牌陷入延伸的陷阱中,品牌注定言之无文,行而不远!
>
> (案例来源:中国食品信息网)

第一节 品牌扩张概述

一、品牌扩张的概念

品牌扩张是企业实现其市场扩张和利润增长的"高速公路",是品牌提升的重要途径和表现形式。例如,雅马哈早先是日本一家摩托车生产厂商,后来进入音响、钢琴、电子琴等领域;日本索尼公司从收音机到录音机,再到电视机的品牌扩张;美国魁克麦片公司从卡邦·克伦茨牌的干麦粉到卡邦·克伦茨牌冰激凌棒;又如,中国春都从火腿肠到春都饮品;娃哈哈从儿童饮品到老年人饮品,老年人保健品,甚至其他行业产品等。再如,麦当劳利用其品牌优势开展特许经营、加盟连锁,在全世界范围内扩张等都是典型的品牌扩张行为。一般产品的品牌扩张强调的是企业对某个品牌资源的充分开发和利用,使名牌生命不断得以延长,品牌价值得以增值,品牌的市场份额不断扩大,从而实现企业规模和市场的扩大。

关于品牌扩张的概念,存在诸多不同的认识和见解,有的学者认为:品牌扩张是指企业将某一知名品牌或某一具有市场影响力的成功品牌扩张到与成名产品或原产品完全不同的产品上,以凭借现有成功品牌推出新产品的过程。并认为品牌扩张的现实意义是:借誉入市,推动新产品快速低成本地进入市场;有利于原产品快速的扩张异域市场;有利于企业发展规模经营,走规模经济之路等。这种观点认为品牌扩张实际上就是利用已成名的品牌来推广新产品而已。另外有的学者认为,品牌扩张就是企业把品牌作为要素投入来获取收益,包括品牌延伸、品牌资本运作、品牌转让、品牌授权、品牌国际化等活动。本书认为,品牌扩张既包括了传统意义上所指的利用已成名品牌来推广企业的新产品、开拓市场和提高市场占有率等活动,又包括了利用成名品牌进行联盟、授权等活动,更包括利用品牌作为投入要素进行投资以实现控股、参股以及利用品牌进行全球化扩张的行为。本章主要对品牌延伸、品牌联盟、品牌授权等品牌扩张行为进行阐述。而品牌国际化问题,由于理论体系较大,因此,将在第十四章进行详细阐述。

二、品牌扩张的动因

品牌作为企业重要的资源,甚至对于一些企业品牌是其最主要的资源,应该充分、合理地利用它,使它发挥最大的经济效益。在研究品牌资源合理利用的时候,就不得不研究品牌的扩张,那么品牌扩张的原因是什么?为什么众多世界名牌纷纷实施扩张策略呢?其中的原因有很多方面。

1. 品牌的"光环效应"

消费者使用某个品牌产品或接受某种服务并获得了满意的效果后,就会对此种品牌形成正面评价,形成良好的消费经验,并把这种经验保留下来,影响其他消费行为。尤其消费者在消费某一名牌并获得了满意后,会形成一种名牌的"光环效应",这种效应会影响该品牌下的其他产品或服务。例如,人们购买了安踏牌运动鞋,经过使用并获得了满意(认为其质量好,保护脚等),由此人们会对其他款式的安踏鞋并有好感,对安踏牌的其他产品如运动服、体育器材等也存在好感,并影响人们将来对此类产品的消费行为。

2. 企业实力的推动

从企业内部讲,企业发展到一定阶段,积累了一定的实力,形成了一定的优势,如企业积累了一定的资金、人才、技术、管理经验后,为品牌扩张提供了可能,也提出了扩张要求。特别是一些名牌企业,它们一般具有较大的规模和较强的经济实力,这为实行品牌扩张提供了条件。在企业实力的推动下,企业主动地进行品牌扩张,以充分利用企业资源,在这方面的表现主要是利用品牌优势,扩大产品线或控制上游供应企业,或向下游发展,或是几者的综合,众多企业在积累了一定的实力后,纷纷采用品牌扩张的战略。例如,TCL集团在家电方面取得了优秀的业绩,形成实力后,又向信息产业进军。

3. 市场竞争的压力

企业的生存与发展是在市场竞争中进行的。品牌的生存发展也同样摆脱不了市场竞争。市场竞争的压力常会引发品牌扩张的行为,市场竞争压力下的品牌扩张主要指由于竞争对手在某些方面做出了调整,或进行了品牌延伸或市场扩大,而迫使企业不得不采取相应对策,并采取相应的品牌扩张措施。竞争对手的品牌扩张使其实力增强,规模扩大或发生了其他有利于竞争的变化。例如麦当劳由美国走向世界进行全球性的品牌扩张,其销售额、利润都获得了巨大发展,品牌知名度也在世界范围打响。作为其主要竞争对手的肯德基在这种竞争态度下也必须采取相应的措施,开展品牌扩张战略。肯德基也必须进行全球扩张,以抵御麦当劳实力增长给其带来的竞争压力,否则,肯德基便在这场竞争中处于下风,并可能导致肯德基的失败。另外,这种现象还存在于可口可乐公司与百事可乐公司的竞争中,双方针对性的扩张,措施常层出不穷。

4. 外界环境的压力

企业是在一定的外界环境中生存、发展的,外界环境会对企业的发展、品牌的扩张产生重大影响,外界环境下造成的压力常常也是企业进行品牌扩张的原因之一。企业生存的外部环境主要指影响企业的宏观环境,如政治环境、自然环境等,这些因素对企业来说是不可控的,某一环境因素的变化都可能导致企业进行适应性变革,这些变革很多是品牌扩张的内容。比如,对于石油产业,当石油资源枯竭时,企业必须进行品牌扩张,向新的产业转移;对于一家企业其供应商出现变化而影响到企业时,企业也需要做出相应调整,以适应这种变化的要求。例如,美国杜邦公司在 70 年代面对石油危机,一时无法应对,其产品的营销和价格的营销都处于混乱中,仅仅两年的时间,其利润就下降了 2.7 亿美元,企业的外部环境发生了变化,对于杜邦这样的公司——80%的产品原料是石油,70%的收益来自石油制品,必须进行品牌扩张,采取相应的应对措施。经过利弊权衡后,杜邦公司决定兼并美国第九大石油公司,并创立自己的品牌。此举通过品牌扩张,实现了原料的自给自足,不但降低了成本,而且摆脱了国际市场原油的控制,使杜邦公司在化学工业市场上立于不败之地。

5. 产品生命周期因素

企业的产品总有一个生命周期,对于企业来说这是不容回避的现实。当产品生命周期处于成熟阶段或衰退阶段时,市场需求停止增长并开始下降,这时企业应考虑如何推出新产品或进入新的市场领域,从而避免产品生命周期给企业带来的灾难,实际上,当企业产品处于成熟期或衰退期时,企业就应开始考虑品牌扩张,希望通过品牌扩张推出新产品或转入新行业,从而使企业或品牌继续生存和发展下去。

6. 规避经营风险的需要

企业的经营常会遇到各种风险,其中的一种便是单一的产品,项目或业务经营的失败给企业带来的致命打击。也就是说,对于单项经营的企业来说,此项业务的失败,会使企业唯一的经营活动失败,从而给企业带来严重的损失。由此,众多的企业在发展中往往采用品牌扩张的策略,进行多元化经营,从而规避经营风险。实施品牌扩张,使企业左右逢源保证了企业平稳发展。美国吉利公司前任董事长勒克勒在 1978 年出任总经理时就提出:"本公司不应再以刀片当唯一的事业了。"于是,吉利公司在继续研制新型剃刀的同时,大刀阔斧地进行了品牌扩张,企业经营转向了化妆品、医药及生活用品等多个方面,并在这些行业中取得了成功。到 1980 年,剃须刀和刀片的销量额在其海外业务的总营业中所占比重还不到 35%。正是由于实施单一经营向多元化的战略调整,使吉列开始多条腿走路,使吉列开始的"剃须刀王国"更加巩固。

正是基于以上的种种原因,众多的大企业积极地开展品牌扩张,品牌扩张已成为其发展战略的核心。例如,日本三菱重工业公司拥有 5 个机械厂,机械产品多达 73 种,小至收音机,大至核电站成套设备,有"机械产品的百货商店"之称。宝马这一世界顶级汽车品牌,也在服装、钟表、眼镜、领带、笔,甚至化妆盒等业务领域进行扩张,给人们诠释了一个完全的宝马品牌。

第二节 品牌延伸

品牌作为企业最宝贵的资产,其打造过程漫长而复杂,因此,当一个品牌一旦具备了一定的影响力之后，大多数企业都无法抑制其延伸的冲动，都希望将品牌延伸到新的产品或新的行业之中去，都希望充分地利用这一无形资产。但品牌延伸是一把双刃剑，延伸得当会给企业带来额外的收益；延伸不得当，也可能会给原来的品牌造成极大的伤害。

一、品牌延伸的定义

1979年，Tauber发表了重要论文"品牌授权延伸，新产品得益于老品牌"，提出了对品牌延伸进行系统研究。1990年，艾克和凯勒发表"消费者对品牌延伸的评价"一文，1992年他们又发表"品牌延伸连续性引入的影响"一文，将品牌延伸的理论研究引入一个重要的新阶段，使得实证性的研究加强，并使美国营销学会AMA高度重视品牌延伸的研究。

所谓品牌延伸，是指企业利用已经成功卓著的品牌，将品牌要素完全或部分的延伸至其相关的新产品，甚至不相关的行业、领域，以品牌优势快速切入新市场，并节省市场进入的成本(财务、人力、物力和无形资产成本)。以此来拓展活动半径，扩大生存空间，强化品牌升值，增强企业活力、生命力，从而达到提高企业整体利润的目的。例如娃哈哈品牌从最初的儿童食品营养液已经延伸到12个品类，包括果汁饮料、乳品饮料、饮用水、碳酸饮料、茶饮料、运动饮料、保健品、八宝粥、瓜子、方便面和童装等，碳酸饮料又延伸到可乐、柠檬水、汽水等品种现在，以娃哈哈冠名的果奶、八宝粥、燕窝、绿豆沙、清凉露、AD钙奶、第二代AD钙奶、平安感冒液、纯净水、非常可乐(系列)等产品，正在中国食品饮料市场迅速扩展。

品牌专家科普菲尔(Kapferer)把品牌延伸分为相关延伸(持续延伸)和间断延伸，而美国营销学家凯文·莱恩·凯勒把品牌延伸划分为线延伸(line extension)和大类延伸(category extension)，这两种对品牌延伸方式的划分所表达的意义基本一致。所谓线延伸(也即相关延伸)就是指用母品牌作为原产品大类中针对新细分市场开发新产品的品牌；而大类延伸(也即间断延伸)是指母品牌从原来的产品大类中进入到另一个不同的大类。

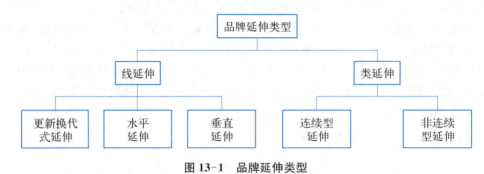

图13-1　品牌延伸类型

1. 线延伸

线延伸是指母品牌作为原产品大类中针对新细分市场开发的新产品的品牌。如不同口味、不同成分、不同型号、不同尺寸的新产品使用同一个品牌,但为了以示区别,可能在包装的颜色、容器大小等方面有所区别,有时也用子品牌来表示区别。"康师傅"推出的"面霸120"和"亚洲美食",与原有产品相比,只是口味、包装规格等发生了变化,产品类别并没有发生任何变化,属于典型的线延伸。实际上,企业在营销中更常用的就是线延伸。

线延伸能够通过在一个品牌名称下提供更多不同的产品,来满足消费者的愿望,而且,管理者经常利用线延伸作为短期竞争工具,来提高一个品牌对有限的货架空间的控制,这也是众多公司热衷于线延伸的主要原因。

线延伸常常包含有风险,它可能使品牌名称丧失它特定的意义。在过去,向店主要一杯可乐时,他会毫不犹豫地给你一杯可口可乐。今天,必须要说明是可口可乐还是百事可乐,甚至是健怡可乐(在冬天,有的人还需要热的可乐)。还有可能因为原有的品牌联想过于强大,使得新的线延伸失败。在进行线延伸时,尽量地弱化产品类别、强调核心联想,往往会降低延伸的失败率。如麦当劳现在尽量弱化鸡类食品的形象,以快乐、愉悦为主题,推出了猪肉汉堡等产品,这样,在一些意外情况(如禽流感)到来时,就不至于造成过大的损失。

线延伸又可分为3种延伸类型:① 升级换代式延伸,由于技术进步等带来的原产品不断更新,如Windows XP取代Windows95、Windows98、Windows2000;② 水平延伸,即同一市场档次的不同市场面之间的延伸,如佳洁士牙膏延伸到佳洁士儿童牙膏;③ 垂直延伸,即现有市场的品牌向更高档次或更低档次延伸,以获得更大的市场覆盖面。

案 例 欣 赏

以改造原有产品拓展市场

美国有一家生产牙膏的公司,产品优良,包装精美,深受广大消费者的喜爱,每年营业额蒸蒸日上。记录显示,前10年每年的营业增长率为10%—20%,令董事部雀跃万分。不过,业绩进入第11年、第12年、第13年时,则停滞下来,每个月维持同样的数字。董事部对此三年业绩表现感到不满,便召开全国经理级高层会议,商讨对策。

会议中,有名年轻经理站起来,对董事部说:"我手中有张纸,纸里有个建议,若您要使用我的建议,必须另付我5万元!"总裁听了很生气:"我每月度支付你薪水,另有分红、奖励。现在叫你来开会讨论,你还另外要求5万元,是不是有点过分?""总裁先生,请别误会。若我的建议行不通,您可以将它丢弃,一毛钱也不必付。"年轻的经理解释说。"好!"总裁接过那张纸后,阅毕,马上签了一张5万元的支票给年轻经理。那张纸上只写了一句话:将现有的牙膏开口扩大1毫米!总裁马上下令更换新的包装。试想,每天早上,每个消费者多用1毫米牙膏,每天牙膏的消费量将多出多少倍呢。这个决定,使该公司第14年营业额增加了32%。

2. 类延伸

类延伸是公司使用相同的品牌名称，从原产品类别进入不同的类别。如登喜路从香烟延伸到了男士饰品、香水和服装等。在类延伸方面，其中连续性延伸是指企业借助技术上的共通性在近类产品之间进行延伸。如理光、佳能利用其卓越的光电技术在照相机、复印机、传真机等产品上进行延伸。非连续性延伸是指品牌延伸超出了产品之间的技术和物理上的局限，覆盖完全不相关的产品类别的行为。如雅马哈是摩托车品牌，也是古典钢琴品牌。

出于分散风险、充分利用已有的品牌资产的想法，公司进行大类延伸合情合理。例如，"华为"这个名字为旗下众多产品提供了品质保护伞和相关联想，这些不是单个"华为"产品所能做到的。华为给消费者的联想已不仅仅是当初制造性价比高的网络交换设备的企业，它已经逐渐成长为具有一定国际化程度的大公司，这是建立在它领先的科技和高效的服务上的，凭借这些，华为就可以在不损害现有品牌的情况下进行品牌延伸。

当然，类延伸的风险比线延伸大，因为当公司从一个产品类别延伸到新的产品类别时，缺乏经验、广告支持，甚至会带来消费者的猜疑。例如，五粮液如果像当初它所宣称的那样向进军芯片行业，制造出来其大类延伸的成果——五粮液芯片，结果应不难预测。因为它延伸的基础仅仅是它的名气，但五粮液给消费者的联想就是它的酒，而且它的核心价值也是与酒、酒文化相连，这种延伸不仅脱离了它所属的行业，也背离了它的核心联想。

二、品牌延伸的优势

在竞争越来越激烈的市场上，要完全打造一个新品牌，是一件非常困难的事情，耗费大量的人力、物力、财力不说，是否能够成功还是一个疑问，而品牌延伸正是借力使力、省心省力的解决之道。借助已经成功的品牌，就好像是站在巨人的肩膀上，可以看得更高，望得更远，产品成功的概率大大增加。尤其是对于发展中的中国企业，品牌延伸不失为一条快速占领市场的"绿色通道"。海尔、美的、春兰、联想、TCL等品牌，运用品牌延伸策略，取得了巨大的成功。

从经济学的角度来看，资源是稀缺的，只有合理配置各种资源，才能充分发挥资源的效用。品牌作为企业一种重要的无形资源，也应该发挥它的最大经济效益。企业或者产品成为品牌，意味着企业品牌资源的迅速增加，企业资源中的有形要素与无形要素之间的比例被打破，过多的品牌资源被闲置。而品牌延伸可以增加企业的有形资源，恢复平衡企业资源，从而充分利用品牌资源，促进企业发展。从行为科学的角度来看，公众往往对知名品牌情有独钟，对陌生品牌则怀有戒备和观望的态度。品牌延伸可以为新产品的上市扫清消费者心理上的障碍，使新产品迅速打开局面。品牌延伸是企业发展的重要手段。具体来说，之所以品牌延伸策略为众多企业所采纳，还因为它具有以下可直接实现的竞争优势：

1. 降低新产品不确定性风险

品牌延伸有利于降低新产品具有的不确定性风险。消费者对新产品总是不十分了解的,较难预期购买和使用新产品的结果,这就是新产品的不确定风险。如果新产品启用新品牌,就会加重这种不确定性,使得消费者更难以接受,因为新品牌也具有不确定性,而新产品采用老品牌延伸,可以减小新产品的不确定性,降低相关的风险。因为老品牌已为消费者所熟知,消费者可以根据老品牌的信息对它延伸的新产品的效用加以联想和预期,因此,新产品的不确定性和风险会有所减小。

2. 节约新产品推广的成本

品牌延伸有利于节约新产品推广的成本。品牌延伸首先省掉了新品牌开发和设计费用;其次,延伸新产品与老产品之间有较密切的联系,这有利于消费者对其产生有利的联想,因此可以减小消费者的认知矛盾造成的间接成本;再次,延伸品牌的传播费用可以大大节约。如延伸品牌的广告宣传只要重点介绍新产品本身,而老品牌就无须多介绍了。而且延伸品牌的广告无须做大改动,老品牌的广告设计、广告媒体和广告代理渠道可以沿用。另外,品牌延伸的成本节约还体现在可以沿用老品牌的包装等。

3. 满足忠实消费者多样化的需求

品牌延伸有利于满足忠实消费者多样化的需求。一家企业增加新品牌能更好地实现产品品类的多样化,但品类多样化对企业资源的要求比较高,没有一定的实力难以做到。而品牌延伸虽然不适合品类多样化,但对大多数资源约束较紧的企业来说,是实现多样化经营的最好选择。因为品牌延伸中的线延伸对资源的要求相对不高。与线延伸相关的产品多样化是品种(以及性能、款式、规格、档次等)的多样化,而品种的多样化比品类的多样化要容易得多,对资源的要求相对不高。可以看到,大多数企业在多样化(或多元化)发展的进程中,都先进行品牌延伸(品种延伸和品种多样化),等到具一定实力后再进入多品牌战略(品种和品类同时多样化),因此,品牌延伸有利于实力一般的企业实现产品和业务的多样化,以此满足忠实消费有多样化的需求,维持品牌忠诚度。

4. 丰富原品牌的内涵

品牌延伸有利于丰富原品牌的内涵:新产品启用新品牌意味着对老品牌的一种"抛弃",企业的新陈代谢容易造成消费者的喜新厌旧,这不利于维护好老品牌。而品牌延伸意味着对老品牌的继承和弘扬,能使原品牌(也称母品牌)的内涵更丰富、更深刻,在消费有心目中的印象更深、形象更完美。

5. 获取更大的范围经济效益

品牌延伸比多品牌有更大的范围经济效益。品牌多个延伸产品之间的联系比多品牌之间更加紧密,更加有整合性或一体化,因为从产生范围经济的多样化结构看,品牌延伸造成的多样化主要是品种(或线产品)的多样化,多品牌造成的多样化主要是品类的多样化,而同一品类的品种(或线产品)之间的联系自然要比不同品类之间的联系更紧密。因此,在可比条件下,在同一品牌下的范围经济效益要高于在同一企业不同品牌下的范围经济效益,因为前者更好的整合性可以更多地节省多种产品之间的协调成本。换言之,品牌延伸可以在一个品牌下实现更大的范围经济效益。

三、品牌延伸的风险

品牌延伸虽能给企业带来诸多好处,而且在有的企业看来短期内甚至全部是好处,不过,品牌延伸自提出和实践以来一直是褒贬各有。事物总有它的两面性,品牌延伸也有其自身特定的风险,主要表现在以下几个方面:

1. 损害原有品牌的高品质形象

当某一类品牌在市场上取得领导地位之后,这一品牌就合成为强势品牌,它在消费者心目中就有了特殊的形象定位,甚至成为该类产品的代名词。如果将这一品牌进行延伸,由于近因效应(即最近的印象对人们的认知的影响具有较强的作用)的存在,就有可能对强势品牌的形象起到巩固或减弱的作用。如果这种品牌延伸运用不当,就会减弱和损害原有强势品牌的形象。特别是在一个高端品牌向下延伸时,这种情况更容易发生。一个原本代表高品质、高品位的高档品牌,如果贸然延伸至一个低档产品上,虽一时会让其销量大增,但长此以往,会将其高品质形象一点点消失殆尽,这就是为什么许多名牌公司不惜巨大投入去打击假冒伪劣了。

2. 淡化主品牌原有的内涵

如果主品牌延伸的广度和深度过大,必然会淡化主品牌在消费者心目中的形象。娃哈哈品牌最初是儿童营养液的代表,随着娃哈哈一步步延伸到纯净水、可乐、八宝粥,娃哈哈儿童饮品的品牌形象已淡化了许多,以至于其想重拾儿童市场——进军童装时,并不是很成功,其主要原因之一就是与其品牌的初始形象已淡化有很大关系。五粮液集团开始将其品牌延伸到日化行业,随着延伸跨度加大,也会稀释其中国白酒第一品牌的形象。海尔这几年的品牌延伸到保险、电脑等行业,其家电品牌的形象也相应淡下来。TCL 几年前是"王牌彩电",现在则更多是被"中国手机新形象"所取代。这种主品牌的淡化有的是企业有意为之,是其品牌上升为理念型而非产品型,以期将来能扩展到更多行业。但是,若主品牌能在新行业成功,当然可弥补损失;如若不成功,则会减低主品牌的价值。

3. 使消费者造成心理冲突

一个品牌取得成功的过程,就是消费者对企业所塑造的这一品牌的特定功用、质量等特性产生特定的定位的过程。品牌如若延伸到一个与主品牌对应下的原产品相对立或易引起消费者反感的产品或行业上,就会对消费者造成心理冲突。例如,娃哈哈原想进军酒业,但由于娃哈哈在纯净水市场有很高的知名度,易给消费者造成"娃哈哈造的酒会不会掺水"的心理冲突,娃哈哈意识到这点,赶紧抽身退去。而三九集团是靠"胃泰"出名的,现在其做三九冰啤,也会让消费者感到心理冲突,毕竟多喝酒会伤胃,但三九又卖胃药,它会不会故意多卖"伤胃"的冰啤,然后让大家多买它的胃药呢?因而,许多企业通常是将品牌延伸到相关或互衬的产品或行业上,那样就会大大降低这类风险。

4. 稀释品牌个性

当一个品牌在市场上取得成功之后,在消费者心目中就有了特殊的形象定位,消费者的注意力也就会集中到该产品的功能、质量等特性上。但如果企业使用同一品牌推出同类的质量、功用相差无几的产品,会使消费者晕头转向,就会淡化该品牌的特性。例如美国斯科特公司对不同的纸类产品都使用斯科特这一名称,包括斯科特面巾纸、斯科特手纸、斯科特透明胶带纸、斯科特特小纸品、斯科特婴儿纸尿布等。与它的竞争对手如沙敏等相比,斯科特公司每一个产品的品牌都显得毫无特点。

5. 跷跷板效应

所谓跷跷板效应是指品牌若延伸到另一个类别的产品时,会发生新产品销量上去了,原品牌产品的市场份额却被竞争对手占领了的情况,就像跷跷板一样,一边翘起,一边就落下。这种情况往往发生在主品牌地位尚未牢靠,便轻易延伸到别的行业的企业。例如,美国的"Heinz"腌菜曾是市场主导品牌,而当企业把"Heinz"延伸到番茄酱市场后,"Heinz"番茄酱成为市场领导产品,但"Heinz"在腌菜市场却被另一品牌"Vlasic"所代替,丧失了在该市场第一品牌的地位。

6. 株连效应

使用同一品牌名称的多种产品中,只要有一种产品在市场经营失败,就可能波及其他产品的信誉,甚至导致消费者对总品牌的"全盘否定",即产生"株连效应"。所谓的"城门失火,殃及池鱼"甚至是"一着不慎,全盘皆输"就是这个道理,特别是延伸的新产品技术还不成熟、质量还不过硬时,更容易出现这种危险。例如,巨人集团在90年代初进入保健品市场,开发了巨人"脑黄金",产品在市场上火暴一时,巨人集团又迅速推出了"巨不肥""吃饭香"等十多种保健品,均取得了不俗的业绩,但后来由于"脑黄金"市场占有率一滑再滑,其他保健品也因此受到"株连"而纷纷落马,巨人集团由此步入了举步艰难的低谷,最终倒闭。

四、品牌延伸的影响因素

1. 核心品牌因素

核心因素主要是指原品牌对品牌延伸的重要影响,其影响又可分为下列因子:首先,核心品牌代表的产品或服务同延伸对象间的相似度,相似度越大,延伸成功的可能性越大;其次,核心品牌市场地位越高,品牌资产越大,延伸成功率越大;最后,如果核心品牌的定位更偏向非属性定位或象征意义时,更易延伸。

2. 消费者因素

品牌延伸的成败最终取决于消费者对其的态度和评价,其中消费者的品牌知识状况是消费者接受延伸品牌的基础。主要分解为以下两大因子:品牌认知度——消费者对核心品牌的了解和知名的程度;品牌联想度——消费者从核心品牌引发相关的联想范围和深度。消费者对核心品牌的了解和认识越深,建立起的品牌联想越丰富,延伸品牌就越容易被接受和见效。

3. 市场因素

影响品牌延伸的市场因素主要有以下两个方面:竞争程度——在竞争性的市场条件下,采用品牌延伸会比建立一个新的品牌更有优势;生命周期——同类产品处于萌芽导入期与处于成熟期相比较,运用延伸的效果前者会明显好于后者,即品牌延伸宜在早期进行。

4. 营销因素

公司在品牌延伸时,有无其他营销组合因素的配合及配合力度,例如相应的广告、营销推广的投入多少、价格和销售网点的状况,也会对延伸的成败产生影响,统称为营销因素。可将营销因素分解为主要包括价格、传播力、销售力等因素。

5. 公司因素

进行品牌延伸的公司背景及状况也会影响延伸的结果,公司因素的影响主要反映在以下两个方面:公司可信度,即消费者对公司满意和信赖的程度;公司相关度,即消费者所认知的公司与延伸的产品之间是否相关,以及关联的紧密程度。

综上所述,能否进行品牌延伸存在多种影响因素,归结起来最基本的包括以下3点:

(1)主品牌地位的确定。主品牌在消费者心目中具有知名度和美誉度是品牌延伸的前提,品牌延伸的根本目的就是为了获得由知名度和美誉度的光环所带来的"晕轮效应"。如果某一品牌的知名度并不大,根基尚未稳定,就迫不及待地进入新的领域,推出新的产品,这样的品牌延伸就会分散企业的人力、财力、物力,削弱品牌的竞争优势。例如,日本的本田公司,它在美国市场上确立其品牌后,虽然具有生产大型摩托车的能力,但由于考虑到其主力品牌还没有在美国消费者心目中形成高品质的品牌联想,因而经过 10 年后,认为主品牌在消费者心目中的形象已经确立,才正式延伸到大型摩托车上,与哈雷·戴维森公司进行较量。由于时机选择得当,因此收到很好的效果。

(2)延伸产品与主品牌之间的较高关联。品牌延伸效果的好坏,决定于品牌原有形象与延伸产品形象之间的相关程度,相关程度大,则延伸效果好。延伸产品与消费者心目中原有品牌概念相关,消费者就能够接受,否则将难以被消费者接受。关联度大的延伸品牌产品对原有品牌能起到连续感知的作用,使消费者产生良性联想,品牌认知得到强化,进而扩大市场份额;如果是跨行业经营或关联度小的产品,延伸品牌的产品所代表的信息不能使原有品牌得到消费者的连续感知,或者使消费者产生不良联想时,就会弱化主品牌认知,模糊主品牌定位。例如,安踏公司从运动鞋到运动服,紧紧围绕运动用品做文章,产品之间的用途、市场、设计风格、广告传播等方面具有极强的匹配性和相似性,从而奠定了安踏作为运动文化品牌的基础。

(3)核心价值的一致性。品牌的核心价值是指一个品牌永恒的本性、精髓和灵魂。它是品牌内涵中最深层次的内容,弥久形成,一般不会因品牌延伸至其他产品领域而改变。新产品加入某一品牌名下,必须符合或强化它的品牌内涵,适应品牌的核心价值。李维斯(Levi's)是牛仔服的鼻祖,极负盛名。长期历史的积淀,使 Levi's 意味着工装裤、耐用、强壮、粗野、蓝领工人。它曾尝试过以 Levi's 品牌推出时装产品,却遭到失败。究其原因,在于人们对时装产品性质、品质、目标市场的理解与 Levi's 的核心价值相去甚远。即 Levi's 的核心价值使之不适合推出时装产品。相反,假如该品牌构建的是一种高级时尚的价值声誉,则它不仅可在牛仔服、时装上,而且也可在其他流行导向的产品如香水、黄金珠宝饰品上获取成功。

案例欣赏

娃哈哈品牌延伸恪守品牌核心价值

近年来娃哈哈突入了儿童服装行业,开始生产娃哈哈品牌的儿童服装,同时在全国还建立了许多娃哈哈儿童服装专卖店。娃哈哈集团做这样的品牌延伸,其差异度是非常大的。因为,娃哈哈品牌的成功起步是因为开发了儿童乳酸饮料,而设计、生产服装与开服装店,这与其原来生产儿童乳酸饮料,无论在技术工艺、生产设备、原材料使用以及人力资源上,都是风马牛不相及的。但是这样的品牌延伸,消费者往往在心里接受方面没有什么不适应,而是认为娃哈哈做这样的品牌延伸很自然、很正常。这就是因为,无论是乳酸饮料、服装还是服装商店,娃哈哈的这次品牌延伸,都牢牢地恪守了一个年龄细分市场,那就是儿童细分市场,这因为这个细分市场没有变,所以使其品牌延伸遵循了一个品牌的核心价值,这样的品牌延伸就比较容易获得成功。

五、品牌延伸的策略

如何让顾客接受采用成名品牌的新产品,并且快速采取购买行为?关键是要让顾客正确理解新产品与成名品牌之间的关系,从而形成一个合理的新产品期望,把他们对成名品牌的信任和喜爱毫无保留的转移到新产品上来。所以企业应考虑采用适当的品牌延伸策略。

1. 产业链延伸

从产业相关性上分析,品牌延伸可向上、向下或同时向上向下延伸,即纵向延伸。例如石油工业向价值链上游石油开采业方向延伸是向上延伸;向石油精细加工或销售即价值链的下游延伸是向下延伸;同时向价值链的上游和下游即石油开采业和石油加工与销售延伸则是双向延伸。采取这种延伸方式为材料的来源、产品的销路提供了很好的自主控制,是一种比较好的延伸方式。

还有一种延伸的方式,如鲜奶向豆奶、果奶等的延伸,属于横向延伸。横向延伸一般具有相同的或相近的目标市场和销售渠道,相同的储运方式,相近的形象特征。这样一方面有利于新产品的营销,另一方面有利于品牌固定形象。

2. 产品线延伸

企业通常采取产品扩展线来增加产品线的长度。另外,企业根据市场与竞争的需要也常常采取产品线填补策略、产品线现代化策略、产品线号召策略和产品线削减策略等。

(1) 产品线扩展。企业超出现有的产品范围来增加它的产品线长度,具体的策略通常有三种:

① 向上延伸。由于处于低档市场的产品常常受到终端零售商及消费者的价格挤压,所以企业的成长空间可能在高档市场,而且该市场的目标消费者对价格不十分敏

感。向上延伸是指在产品线上增加高档次的产品生产线,使商品进入高档市场。日本企业在汽车、摩托车、电视机、收音机和复印机行业都采取了这种方式。20世纪60年代率先打入美国摩托车市场的本田公司,将其产品系列从低于125CC延伸至1 000CC的摩托车,雅马哈紧跟本田陆续推出了500CC、600CC、700CC的摩托车,还推出一种三缸四冲程抽驱动摩托车,从而在大型摩托车市场上展开了有力的竞争。目前,许多发展中国家从发达国家引进先进的高档生产线,在高档次上延伸,都是采取的这种策略。

向上延伸的好处是高档产品具有较高的增长率和利润水平。但是也有一定的风险,例如高档产品市场上的竞争对手可能不仅巩固阵地,还有可能借机进入低档市场;顾客可能不愿相信企业能够生产优质的产品;企业的销售人员和分销商缺乏培训,不能很好地为高档市场服务等。

② 向下延伸。向下延伸是指在产品线中增加低档的产品。企业进行向下延伸可能是由于消费者对价格的敏感增加,或者销售渠道的力量增加,或者技术进步使得产品成本下降,也有可能是由于企业在高档市场的地位受到威胁而增长缓慢,或者当初进入高档市场只是为了树立质量形象,或是为了填补市场空白。向下延伸有利于利用高档名牌的声誉,吸引购买力水平较低的顾客慕名购买这一品牌中的低廉产品。但是,这样做的风险很大,尤其是知名度很高的品牌,可能会破坏原有品牌的品质形象,例如"派克"钢笔的失败。它还可能由于新的低档产品品目会蚕食高档的产品品目使得企业面临更为尴尬的局面;也可能使得竞争者将产品转移到高档市场;经销商可能不愿意销售或者没有能力经营这种产品。

③ 双向延伸。双向延伸是指原定位于中档产品市场的企业掌握了市场优势之后,决定向产品线的上下两个方向同时延伸。一方面增加高档产品,另一方面增加低档产品,扩大市场阵容。例如20世纪70年代后期的钟表业市场竞争中,日本"精工"就采取了这种策略。"精工"以"脉冲星"为品牌推出了一系列低价表,向下渗透这一低档市场;同时,它也向上渗透高价和豪华型手表市场,它收购了一家瑞士公司,连续推出了一系列高档表,其中有一款高达5 000美元的超薄型手表进入了最高档手表市场。再如,上海奇瑞汽车,开始向市场推出的是中档汽车——奇瑞风云、奇瑞棋云,之后同时向市场推出低档汽车——奇瑞QQ和高档汽车——东方之子。双向延伸的风险主要是一些消费者认为高档、中档、低档产品之间的差别不大,因而宁愿选择更低档的产品;同时,可能会模糊原有品牌清晰的定位。

(2) 产品线填补策略。产品线填补策略是在企业现有的产品线范围内增加产品目录,从而拉长产品线。企业采取这种策略的原因可能是企业利润增加,为了充分利用剩余生产能力,或者满足由于产品线不足造成的销售额下降的经销商需要,或者是竞争的需要等。采取填补策略要避免新旧产品的自相残杀,给每一个产品以明确的定位,显示产品目录之间的差异。

3. 其他相关延伸

也叫扩展延伸法,它对于刚刚成长起来的品牌非常有意义。它共包括四层含义:① 单一品牌可以扩展延伸到多种产品上,成为系列产品。例如"金利来"开始以领带而知名,之后扩展到皮鞋、服装、箱包等产品。② 一国一地的品牌可以扩展到世界,成为国际品牌。如"金利来"市场区域由我国香港开始向新加坡、马来西亚、泰国等东南亚国家扩展,然后是中国内地市场,逐渐闻名世界。③ 由一个品牌再扩展衍生出另一个品牌。如在"金利来"的效应下了另一个中国名牌"银利来",成为"金利来"的姐妹花。④ 名牌产品可以扩展延伸到企业上,使企业成为名牌企业。

第三节 品牌联盟

品牌联盟由于投资少、见效快等特点,已经在餐饮、零售、航空和金融服务等行业成为广泛使用的商业战略。早在1994年,根据麦肯锡咨询公司的统计,世界范围内企业联盟的数量——包括品牌联盟公司,正以每年40%的速度增长,涉及数百万美元的资产。品牌联盟作为一种营销新模式,在企业的合作实践中不断得到重视,也获得了成功。现实中有很多品牌联盟的成功例子,如爱立信集团与索尼集团联手成立索尼爱立信移动通讯公司、美国德尔塔航空公司与迪士尼乐园的联盟、动感地带与NBA的联盟等。可见,品牌联盟已成为企业获得持续竞争优势的一种有效战略,是品牌扩张的一种主要表现。

一、品牌联盟的基本概念

关于品牌联盟的含义,国内外有关学者展开了大量研究。例如,国外学者Rao和Ruekert(1994)认为,品牌联盟是指两个或两个以上的独立品牌、产品或其他专有资产的短期或长期联盟与组合。Simonin和Ruth(1998)提出,品牌联盟就是品牌名称、标志或其他品牌资产形成的物理性的(如两个或以上品牌的直接结合)或象征性的(如广告)联盟。Cooke和Ryan(2000)认为,品牌联盟的本质是品牌声誉的背书和参盟方竞争力的合作。Leuthesser,Kohli和Suri(2003)指出,品牌联盟是在维持两个或更多原有品牌特性的条件下,将这些品牌结合而创造一个新的产品或服务。Vaidyanathan和Aggarwal(2000);Fang和Mishra(2002);Voss和Gammoh(2004)等人认为,品牌联盟还可以显著提升合作品牌的感知质量,对不知名合作品牌的提升作用更为显著。国内学者毛瑞锋(2003)认为,所谓"联合品牌"是指两种或两种以上的企业品牌,通过相互联合,相互借助所形成的一种独特的品牌。其中一种品牌可以借助于其他一些品牌来提高自己品牌的社会承受力,以实现"1+1>2"的效应。陈思达(2008)提出,品牌联盟是由两种或两种以上的品牌,为实现特定的战略目标,通过一定的合作方式,相互借助、共担风险、共享利益而形成的一种独特的网络式品牌联合体。

通过上述比较,可将品牌联盟界定为:品牌联盟是两个或两个以上的品牌,为了实现优势相长、资源互补、风险与成本分担、收益共享、品牌资产提升等战略目标,以联盟协议为纽带,以彼此间的承诺和信任为基石,以相兼容、平等独立为合作特性,而结成的长期稳固的经营联盟体。需要指出的是,品牌联盟中的主体不一定都是企业品牌,也可以是非赢利组织品牌与企业品牌的联盟。例如,世界自然基金会作为世界上最大的独立保护组织,它的熊猫标志是世界最知名的品牌之一,这一慈善机构品牌已经与许多产品和服务达成了品牌联盟协议,其中包括再生纸、墙面涂料、毛巾和信用卡。

二、品牌联盟的基本特征

首先,从联盟的组织形式来看,品牌联盟是介于企业与市场之间的一种"中间组织"。品牌联盟与传统的企业不同,它没有明确既定的边界。品牌联盟一方面利用"半结合"的组织化优势来节约各种市场交易费用,体现在信息搜寻成本、讨价还价成本、监督成本等的降低;另一方面,又利用"半市场"中的市场机制来提高交易效率,体现在避免一体化组织的"官僚主义"作风和信息传递障碍、合作中的竞争促使伙伴企业努力提高效率等。

其次,从联盟的行为来看,品牌联盟是一种长远的战略性合作行为。品牌联盟注重从战略的高度和企业长远发展的整体角度来规划企业间的合作关系,合作期限一般较长。而且品牌联盟中的成员从外部其他伙伴品牌获得战略资源、并与自身的战略资源耦合,对伙伴品牌的未来发展与竞争力的持续提升有着积极影响。

第三,从联盟的内部关系来看,建立品牌联盟的各伙伴企业是在优势相长、资源互补、风险与成本分担、收益共享、相互信任、相互独立的基础上通过协议而结成的一种平等独立的合作关系。而且品牌联盟既不是绝对的竞争,也不是绝对的合作,它是"合作与竞争"的综合体,一方面,联盟内各品牌通过合作达到了协同和正面溢出效应,创造了超额收益;另一方面,在利益分配时,哪方对联盟的贡献、承担风险、资本投入越大,获得的利益分配额也就越高,此时竞争就会显得激烈,还有就是未来联盟解散之后,各伙伴品牌又会重新回归竞争。

三、品牌联盟的主要优势

1. 实现资源的互补与共享

每个企业都有自己的长处与短处,品牌联盟的形成有利于各伙伴品牌相互学习彼此的优势,避开劣势,提高竞争能力。

(1) 从必要性来说,根据泰吉(T. T. Tyebjee)和奥兰德(G. E. Osland)等人提出的"战略缺口"(Strategic Gap)假说,客观竞争环境要求企业取得战略绩效的目标与企业依靠自身资源和能力所能够达到的目标之间存在着一个缺口,即战略缺口,这种缺口促使企业由单纯的自我发展转变为寻求联盟与合作。可见,战略缺口是推动品牌所有者在全球竞争中建立联盟的重要动力,战略缺口越大,企业参与品牌联盟的动力越强烈。

(2) 从根本性来说,企业获得持续竞争优势最终决定于企业内外部资源的融合能力,而内部资源属于企业内生变量,相对比较稳定有限,所以企业嫁接外部资源的能力显得十分重要。而通过品牌联盟,与其他伙伴品牌建立合作关系,则成为企业获得外部资源的一种直接有效的方式。品牌联盟能获得的外部资源包括伙伴品牌的商标、商誉、客户资源、产品研发技术、营销手段、分销渠道等。例如,三星产的微波炉起初就是以通用电器公司的品牌卖出。

（3）外部资源可分为外部有形资源与外部无形资源两部分,外部有形资源在使用上的耗费性使其不具有共享性,而外部无形资源并不因为使用而耗费,其具有共享性。通过品牌联盟,伙伴品牌能够形成外部有形资源（特别是异质资源）的互补效应和外部无形资源的共享效应,以增加竞争优势,提升竞争力。

（4）组织学习理论认为,在联盟中创造一种分享知识的环境,将产生共赢的结局。品牌联盟有助于伙伴品牌之间共享、转移一些不易用许可使用方式转让的无形资产,特别是一些难以言明和模仿的隐性知识,诸如伙伴品牌的专有技术、声誉、文化、管理经验、决策方式、企业惯例等,从而提升各伙伴品牌在行业中的竞争地位。需要说明的是影响品牌联盟的互补与共享程度高低的一个关键因素是伙伴品牌间是否建立起相互信赖的协作关系。

2. 拓展新市场

企业为了保持自己在激烈的市场竞争中立于不败之地,就必须不断地开拓潜在市场,即使是国际著名品牌也可能发现进入不熟悉的全新市场所面临的挑战令人望而生畏,而合作开发联盟品牌有着高效率、高回报、低投入、低风险的优点,不失为一种明智的战略选择。

（1）合理的品牌联盟能够提升各伙伴品牌渗透对方品牌消费市场的能力,扩大被对伙伴品牌熟悉的消费群体接受的可能性。这是因为,每个品牌都拥有自己的消费群体,这些群体对原有品牌有一定的认知与偏好,当他们看到熟悉钟爱的品牌与其他品牌联盟时,这种认知与偏好会自然而然地转嫁到新的联盟品牌或伙伴品牌上。这种有益的转嫁、联想,加速了消费者潜在的接受意愿,强化了对品牌的偏好,大大拓宽了联盟各方的市场空间。

（2）在互惠互利的基础上,伙伴品牌可以通过签订品牌联盟协议,充分利用各自的核心竞争优势和各种资源,如产品技术、销售网络,以便开发推广新产品或新服务,或者共同举办各种营销活动来扩大品牌影响,以达到突破市场壁垒、提升知名度、增加市场份额的目的。所以,建立品牌联盟是迅速进入新市场或其他行业领域的捷径。

（3）尤其是对于差异化不明显的产品,通过与其他伙伴品牌建立联盟关系,是创建特色产品或服务、丰富品牌联想、更好吸引消费者的一种有效手段。

3. 打造强势联盟品牌

协同效应是品牌联盟的固有优势,是组建品牌联盟动因之一。所谓品牌联盟的协同效应可以简单地表示为"1+1>2",即联盟的整体价值大于各部分价值之和。换句话说,品牌联盟的协同效应体现在整体强势联盟品牌的打造,强势联盟品牌是各伙伴品牌取得协同效应的最佳载体。

（1）伙伴品牌可以通过彼此间的紧密联系,获得品牌联想的杠杆作用。即将一个品牌良好的联想转移到另一个品牌上,丰富和改善各伙伴品牌与联盟品牌的联想,提高品牌资产价值。这是因为,当一个品牌与其他若干个品牌联盟后,消费者对这几个伙伴品牌的信息、知识、形象、个性进行整合,可能使消费者对这几个伙伴品牌的联想内容更丰富,也可能强化和提升对联盟品牌的联想,进而增加购买意愿。扩展品牌联想的内容,能够增强品牌的差异性和相关性,差异性能够使品牌独树一帜,提升竞争力;相关性能够使品牌联想渗透到更广阔的市场空间,这两点都有利于迅速提升品牌价值,创造更多的品牌附加值,促进强势品牌的形成。特别是"强强联盟"模式,所体现出来的品牌竞争优势更明显。例如,星巴克与美国联合航空公司的品牌联盟,一方面,联合航空公司为乘客提供唯一指定咖啡——星巴克咖啡,保证乘客在飞行旅途中仍可以享受到美味的星巴克咖啡带来的快乐,提升了乘客的体验感知价值,而星巴克咖啡得以进入到新的业务领域,使自己的产品覆盖到竞争对手未重视的航空消费市场;另一方面,也正是由于这种优势合作,使双方的品牌价值得到显著提升,获得更好的顾客口碑。又如,迪士尼和麦当劳的品牌联盟享有很高声誉,它使得麦当劳拥有在全球快餐业推广迪士尼各种产品长达十年的权利,包括迪士尼电影、电视剧、音像制品、主题公园等。

(2)品牌联盟协议中一般会有对联盟品牌的特色产品、商标、广告语主题与口号、包装形状、色彩组合、员工制服等使用权提出排他性规定,控制并只许伙伴品牌在联盟的统一活动中按规定方式使用。这种禁止性规定,能直接将竞争对手排除在外,防止伙伴企业过度使用联盟品牌或者在联盟品牌系列之外的产品、服务上使用。

(3)许多行业的竞争态势已经日趋白热化,产品的生命周期大大缩短,客观上要求企业必须努力减少产品研发、品牌培育、市场推广的时间。而通过不同品牌的联盟,能充分利用各伙伴品牌已有的产品研发技术、品牌培育手段、企业管理制度、市场渠道等宝贵资源与经验,加快强势品牌的打造速度,以及时跟上行业发展动向,赢得先机。

4. 分摊品牌培育成本

当今市场已由产品的竞争过渡到品牌的竞争,企业单独建立、培育、管理、维护一个新品牌需要投入高昂的人、财、物等资本,与其他品牌合作能有效分摊品牌培育成本。

(1)通过与合适的伙伴品牌结为盟友,企业可以使进入一个新市场所需的投资、费用支出最小化。这是因为,单独依靠企业的一己之力,想要进入一个全新、充满机遇、但又完全不熟悉的市场需要的投资规模会大大超过品牌所有者的财政资源,到头来可能是新市场没有进入,反倒占用到企业过多资源而失去原有市场份额。而通过寻找新市场中已有的理想伙伴品牌结盟合作,就能降低新产品的推广费用和新品牌的培育成本。当然,前提是伙伴品牌在个性、文化等是相兼容匹配的,并且联盟能实现互促互进,创造更大价值。

(2)在开拓新市场时,联盟品牌可以直接降低广告宣传等促销费用。这是因为促销费用不仅由合作方共同分担,而且伙伴品牌各自在前期的广告和促销活动对联盟品牌又助了一臂之力,促销费用得以大大降低。

5. 降低品牌经营风险

市场竞争的日趋激烈和信息的不对称性,使得企业经营面临着巨大风险,包括全球化市场下的政治、法律、经济、技术、文化等风险,以及企业自身必须面对的市场、财务、信息管理、品牌管理等风险,这就决定了企业独自开发新品牌、新产品有很高的风险。此时企业通过品牌联盟,加强与其他伙伴品牌的合作,使其做到利益共享,风险分担,有利于降低企业经营风险。与其他伙伴品牌结成联盟,其一,可以扩大信息渠道来源,提高信息的透明度,更好地把握目标市场的需求变化趋势,避免盲目生产给企业带来的库存积压风险;其二,可以实现联盟各类资源、竞争优势、核心能力的互补共享,合作方共同分担品牌经营失败的风险,降低品牌经营的不稳定性。

第四节 品牌授权

一、品牌授权的基本概念

品牌授权是指品牌拥有者利用自身的品牌优势,允许被授权者使用品牌,在一定时间和地理范围内,生产销售某类产品或提供某种服务,并向品牌拥有者支付授权费用的经营方式。全球授权商品零售额每年超过 2 000 多亿美元,并且还在持续增加。授权业最发达的美国占据了世界授权业 65% 的份额,授权商品年零售额达 1 050 亿美元。而面对丰厚的授权业,中国仅占据全世界的不到 0.5% 的份额,而且接受授权的品牌代理商绝大多数来自台湾和香港。目前,品牌授权在国内已呈现快速增长的趋势,它解决了长期以来中小企业的两难问题:尽管产品质量已经达到市场需求,如果不做品牌,产品缺乏知名度,企业无法持续经营;要做品牌,需要持续巨大的费用,结果还难以确定。因此,我国授权业有着广阔的发展空间。授权运营主要有以下几种模式:

第一种,商品授权。被授权商可以运用授权品牌的商标、人物及造型图案等无形资产,运用在产品设计和开发上,并进行销售。这是目前奢侈品在其延伸产品品类上用得最为广泛的授权模式。比如,普拉达将其眼镜类产品授权给全球排名第一位的意大利眼镜大鳄 Luxottica 运营,从产品设计、生产到销售,均由 Luxottica 来完成,普拉达从中收取品牌使用费。

第二种,商标授权。被授权商可以运用授权品牌的商标、人物及造型图案等无形资产,运用在自身品牌的促销、推广活动中,但不得应用在自身产品的设计上进行销售。例如:购买麦当劳套餐赠送天线宝宝玩具,但麦当劳不可以把生产的天线宝宝玩具当成自己的产品来卖。

第三种,项目授权。被授权商可以运用授权品牌的商标、人物及造型图案等无形资产,策划并经营某一主题项目。例如 2008 年奥运会,游泳跳水的场馆命名为水立方。

第四种,专卖授权。被授权商可以加盟授权品牌的连锁专卖店或专柜,统一销售授权品牌的商品。例如,众多的麦当劳、肯德基专卖店。

第五种,专利授权。被授权商可以运用授权品牌的配方等专利技术,应用于经营活动中。例如众多的饮食品牌加盟,就涉及配方的授权。

二、被授权企业的选择标准

品牌公司对被授权企业的筛选标准也是非常严格的,不亚于古代的皇帝为自己的女儿找女婿。因此,要想成为真正的品牌公司的长期合作搭档,自身的实力是最坚实的保障。

首先,被授权企业必须在本专业领域有足够的影响力。中国有句古话说"360行,行行出状元"体现的就是专业影响力。以眼镜为例,全球大多数的顶级奢侈品牌都有了眼镜这一品类,但很少是自己经营的。目前授权集中在全球最具影响力的两家公司,Luxottica 和 Safilo。这两家公司均有近百年的眼镜生产历史,营业额全球排名第一位和第二位。这样的公司经营品牌公司的眼镜产品,具备足够的行业操作能力和影响力,是品牌公司比较理想的选择。

其次,具备研发、设计、生产、经销一体化营运能力。很多延伸产品,需要在被授权渠道完成销售。比如,眼镜需要在眼镜店;香水则需要在百货专柜。如果不具备一体化的营运能力,就不能成为品牌公司真正的合作伙伴。如果仅仅具备生产能力,那就只能做品牌公司的代工厂了,这和长期的品牌授权运营还是有相当的差距。专业的研发机构可以保证品牌公司的材质和款式的创新,强大的设计团队可以保证每个品牌不同的个性和风格,过硬的生产能力可以保证每个产品的完美质量,成熟的销售网络能带给品牌公司叠加的品牌影响力和丰厚的利润。可以说,研发、设计、生产、经销一体化营运能力,是和品牌公司长期合作的前提和基础。

再次,配合性强也是被授权企业的共同特点。即使一个行业影响力足够大,也具备市场运作能力,但企业的配合性不够,也无法成为品牌公司长期的合作伙伴。双方的利益出发点不一样,品牌公司视品牌为生命,只有品牌形象得到维护和加强,才会有长期的利益,所以对品牌的维护必定会促使品牌公司对被授权企业有诸多的要求和管控。而被授权企业更在乎该品牌产品带来的实际销售,当销售和品牌形象相冲突时,是否配合品牌公司的政策,将是考核被授权企业是否长期合作的关键因素之一。

最后,学习能力强也是被授权企业的共同特点。品牌公司有不变的品牌沉积和品牌内涵,但有更多变幻多样的潮流款式和外在表现。每一季,品牌公司将发布本品牌的流行趋势和设计要素,被授权企业必须快速学习并掌握其中的精髓,才会在下一季的新品设计中完全和品牌公司的主打产品相互融合。因此授权企业和被授权企业之间的长期合作,有点像中国传统意义上的婚姻,门当户对是比较形象的比喻,更容易让我们理解他们的相互要求和利益所在。

三、品牌授权的风险

1. 授权监控的风险

被授权者是通过"购买"的方式获得品牌使用权,所以被授权者必须考虑投资的短期收益,往往忽视品牌的维护与发展,就很可能出现一些短期行为。而由于品牌授权者并不直接进行产品的生产,大多授权者远在国外,甚至有的品牌授权者还是"二道贩子",无法对具体的授权企业进行产品质量上的监督,一旦出现质量问题就会危及整个品牌。因此,作为授权方,应构建一套成熟的品牌授权体系。对被授权厂商的选择要慎重,全面考核被授权者资格,确立长远互利的合作关系,决不能谁交钱就给谁授权。同时,要把握发展加盟商的节奏,量力而行,切忌操之过急,免得消化不良。以迪士尼为例,在授权活动开展的初期,迪士尼只管扩充加盟商队伍,对产品的质量不闻不问。后来广告大师贺蒙凯曼建议迪士尼应该注意授权产品的质量,防止劣质产品玷污品牌,得到迪士尼采纳。迪士尼与贺蒙凯曼公司签约由其代表迪士尼处理授权业务。依靠凯曼公司的专业化运作和严格把关,迪士尼授权产品的质量才获得大幅提高。

2. 授权产品冲突的风险

某些授权产品由于企业长期经营战略及实际操作的结果,消费者已经在某一产品上认同了该品牌,使其可延伸性变弱。在这种情况下,如果授权产品与原有产品的关联性较差,甚至产生抵触,就会使消费者产生心理不适,有损品牌形象。例如品牌的原有产品一直是定位于儿童,如果授权产品定位于成人,就难以得到认可如果原有产品是食品,而授权产品是药品、日化用品,就会使产品的可信度降低。由于一些商标所有者缺乏对自身品牌的严格管理,或者为获取更多的利益,同一个商标被授权给多种不同的商品及不同的公司,甚至是相互冲突的产品,就会从根本上造成自身品牌的混乱。

3. 授权变"圈钱"的风险

据报道,有关部门已经发现一些不法之徒打着品牌授权的幌子,有的甚至连商标都未注册,便搞起了所谓的品牌授权,大肆圈钱,然后换个招牌继续招摇撞骗。一旦加入了这样的"联盟",其后果不堪设想。因此作为被授权方,一定要确认授权方是否拥有合法完备的授权资格。品牌授权方是否拥有良好的整体状况和商业记录,品牌授权联盟是否受到相关法律的保护,授权方是否可以提供强有力的培训、法律和协调支持等,决不能仅凭一套花哨的加盟资料和口头承诺便轻率加入,有必要对其进行深入考察。在签订授权合同以及进行授权谈判时,被授权方要对授权方有全面的了解,特别要在授权商品(品牌数量和商品大类)、销售区域(生产和销售的区域)、销售时间(双方履行合同的时间期限)三方面特别注意,否则就容易引起纠纷;另外,由于授权方的多方授权,可能会引起同一品牌在市场上的平行竞争,被授权方也要加强对市场的维护。

4. 授权品牌不受保护的风险

这种风险包括两种情况,一种获得国外品牌授权的商品,与国内企业的注册商标相同或相近时,构成侵权;另一种是品牌根本就无法注册,而为所有商家所通用,这品牌效应就会减弱甚至失去其价。例如 QQ 这个名称,因为作为名字无法注册,所以实际上是一种公共资源,谁都可以用,例如奇瑞推出 QQ 汽车,腾讯也有 QQ 即时通讯软件。如果某个企业愿意,也可以推出 QQ 糖果。而现在腾讯 QQ 准备对品牌授权,应用于各类图书、食品、文具、玩具以及服装等行业,实际上这对于加入者隐藏着极大的风险。不仅 QQ 的名称无法得到保护,即使是腾讯引以为豪的企鹅形象,在其他许多产品中也会屡见不鲜。

5. 克隆仿冒的风险

"'卡丹'到处有,'狐狸'满山走,'鳄鱼'全国游,'金利来'愁愁愁。"这流行在服装界的打油诗,生动描绘了国内市场大为盛行的品牌克隆现象。一个"鳄鱼"品牌,在我国市场上就有新加坡鳄鱼、香港鳄鱼、法国鳄鱼;鳄鱼头标识既有朝左的,也有向右的。尽管

品牌管理

这些"世界名牌"都拥有自己的合法身份,但大都没有在相关的品牌发源地注册,更没有在世界知识产权国际组织——马德里国际商标注册组织进行注册。因此这些克隆品牌在我国是合法的,在国际上却根本得不到承认。据不完全统计,国内市场上类似"华伦天奴"的注册商标一度高达200多个;而与"梦特娇"雷同的品牌持有企业就有60多家。许多享誉国际的品牌在国内的销售受挫,与克隆品和仿冒品的泛滥有着直接的关系,如新百伦、梦特娇、鳄鱼等。对于侵权产品,授权方应予坚决打击。在这方面,迪士尼公司可以说是一个好榜样。1992年,沃特·迪士尼公司驻中国代表不断从国内的少儿画册中发现迪士尼卡通人物的"踪迹"。后来,经过仔细比较后,迪士尼公司认为这些画册属于未经授权的出版物,遂将有关人员告上了法庭并获得胜诉。

本 章 小 结

品牌扩张是企业实现其市场扩张和利润增长的"高速公路",本书认为品牌扩张既包括了传统意义上所指的利用已成名品牌来推广企业的新产品、开拓市场和提高市场占有率等活动,又包括了利用成名品牌进行联盟、授权等活动,更包括利用品牌作为投入要素进行投资以实现控股、参股而最终获取以及利用品牌进行全球化扩张的行为。

企业实施品牌扩张的原因有很多,归纳起来主要有以下几点:(1)品牌的"光环效应";(2)企业实力的推动;(3)市场竞争的压力;(4)外界环境的压力;(5)产品生命周期因素;(6)规避经营风险的需要。

所谓品牌延伸,是指企业利用已经成功卓著的品牌,将品牌要素完全或部分的延伸至其相关的新产品,甚至不相关的行业、领域,以品牌优势快速切入新市场,并节省市场进入的成本。以此来拓展活动半径,扩大生存空间,强化品牌升值,增强企业活力、生命力,从而达到提高企业整体利润的目的。

品牌延伸很为企业带来许多竞争优势:(1)降低新产品不确定性风险;(2)节约新产品推广的成本;(3)满足忠实消费者多样化的需求;(4)丰富原品牌的内涵;(5)获取更大的范围经济效益。但品牌延伸也会企业带来很多风险:(1)损害原有品牌的高品质形象;(2)淡化主品牌原有的内涵;(3)使消费者造成心理冲突;(4)稀释品牌个性;(5)跷跷板效应;(6)株连效应。品牌延伸受到多种因素的影响:核心品牌因素、消费者因素、市场因素、营销因素、公司因素。品牌延伸的策略通常包括:(1)产业链延伸;(2)产品线延伸;(3)其他相关延伸。

品牌联盟是两个或两个以上的品牌,为了实现优势相长、资源互补、风险与成本分担、收益共享、品牌资产提升等战略目标,以联盟协议为纽带,以彼此间的承诺和信任为基石,以相兼容、平等独立为合作特性,而结成的长期稳固的经营联盟体。

品牌联盟的主要优势:(1)实现资源的互补与共享;(2)拓展新市场;(3)打造强势联盟品牌;(4)分摊品牌培育成本;(5)降低品牌经营风险等。

品牌授权是指品牌拥有者利用自身的品牌优势,允许被授权者使用品牌,在一定时间和地理范围内,生产销售某类产品或提供某种服务,并向品牌拥有者支付授权费用的经营方式。授权的方式主要有:(1)商品授权;(2)商标授权;(3)项目授权;(4)专卖授权;(5)专利授权。品牌授权的风险主要有:(1)授权监控的风险;(2)授权产品冲突的风险;(3)授权变"圈钱"的风险;(4)授权品牌不受保护的风险;(5)克隆仿冒的风险。

思考与练习题

1. 简述品牌扩张的基本含义。
2. 简述品牌扩张的主要形式。
3. 简述类延伸与线延伸的区别和含义。
4. 阐述品牌延伸的优势有哪些。
5. 阐述品牌延伸的风险有哪些。
6. 简述品牌联盟的含义及特征。
7. 简述品牌联盟的优势有哪些。
8. 简述品牌授权的主要形式有哪些。
9. 论述授权企业如何规避授权风险,并结合实例进行说明。

案 例 讨 论

红星二锅头的品牌延伸策略

纵观国内高端白酒市场,众多品牌分庭抗礼。不假思索中,早有十几个名字跃入脑海,卖"高贵"的五粮液、讲"品质"的茅台、说"历史"的国窖1573……作为低端白酒市场的第一品牌——红星二锅头,面对竞争如此激烈的高档酒市场,该如何将价值200元的高端新品"红星珍品二锅头"成功地推向市场?又该如何改变二锅头在人们心目中根深蒂固的"便宜货"形象呢?2002年底,红星酒业急需启动新品红星珍品二锅头市场,向高档产品进行延伸。

1. 寻找客观事实

作为低端白酒市场的第一品牌——红星二锅头,虽然在区域市场较为稳固,且消费者品牌认知较为明确,但面对竞争激烈的白酒市场,红星要摆脱低档酒的消费者印象,获得长足的企业竞争力还有很长的路要走,2002年底红星为了满足企业发展的需要,同时也为了提升红星品牌的价值,推出了价格为200元以上的高端新品"红星珍品二锅头",这是一个较为冒险的行为,也是一个大胆的决策,因为推广这个产品首先需要改变二锅头在人们心目中根深蒂固的"便宜货"形象,而且又不能对红星这个品牌造成严重的影响。

实际上,红星企业成立于1949年,是作为向新中国的献礼而指定建设的项目之一。为了能让新中国成立初期生活水平都普通不高的中国大众都能喝上纯正的二锅头酒,国家规定红星二锅头酒的价格不得过高。所以,自红星问世五十多年以来,所生产十余种产品都属于低价位酒。由于红星二锅头甘烈醇厚,价位低廉,受到消费者始终不变的青睐,"红星二锅头"也成了"大众的好酒"的代名词。五十年来,红星品牌下的各种低价位产品始终保持着高销量,一直稳坐北京地区低端白酒市场的第一把交椅。

红星品牌的辉煌延续至今,由于多年的品牌积淀,红星二锅头已在北京人的日常生活中必不可少:朋友聚会喝二锅头,亲人相聚喝二锅头,自斟自饮喝二锅头,借酒消愁是二锅头,真情流露时还是二锅头……二锅头醇厚干烈的口味正符合北京人热情豪爽的性格,北京人对二锅头怀有特殊的亲切感和自豪感,它已经不只是作为酒存在了,而是作为北京文化的一部分存在了。但问卷也同时显示了另外一个奇怪的现象:当问到"你会在何种场合中选择红星二锅头?"时,有95%的消费者选择了"哥们儿聚会",而在"商业宴请或正式场合"中有90%以上的消费者都执否定态度。究其缘由,是因为消费者普遍认为二锅头是低档酒,过于大众通俗,不适合在正式的宴请和重要的场合中饮用。而价值200元的红星珍品二锅头的出现正好为红星品牌的有效提升带来了新的契机。

2. 找到红星品牌的生命点

要想成功推广红星珍品二锅头一个重要的前提便是让人们在消费这个产品的时候忘却红星二锅头的低档的便宜的品牌印象,而去感受一个超越价格因素的价值,消费这个价值,而不是产品,这个价值就是红星这个品牌的核心价值,即生命点。而后让红星珍品二锅头去承载这个价值,以此来提升整个品牌的地位。

我们都知道,人们习惯于将对这个城市的感情寄托在具有典型性的事物上,形成独特的地域性自豪感。诸如兵马俑是西安的骄傲,葡萄干是新疆的代表。北京作为有千年历史文化色彩浓重的古城,文化在各个方面都有体现:建筑文化的代表是长城、历史文化的代表是故宫、饮食文化代表首推北京烤鸭等。而能够代表北京文化的酒却还没有,这个市场至今还是个空缺,在这种隐性心理的刺激下,这里存在着巨大的需求。红星是传承京文化的载体,是在历史长河不断变迁之中唯一秉承正宗京味的精神归依,红星二锅头在北京人心目中有非常好的认知度和好感度,在事实上已经具备了"北京的特色酒"的基础。打破消费者"红星品牌就应该是低价位低档次"的传统认知,建立起"红星二锅头就是能代表北京文化的酒品牌"的新认知,要想完成这样一个战略性的目标,需要在"二锅头、红星、京味"这三者之间建立起一个必然的联系,而"京味儿"无疑是最恰当的表现红星品牌核心价值的词。

在众多品牌林立的高端白酒市场上,红星以"京味儿"的品牌声音,区别于诸如五粮液用"系出名门"来演绎"高贵",国窖1573用"听到的,看到的,品味到的历史"来讲述久远而独树一帜!事实上,为红星的定位正如里斯和特劳特所说:"建立定位,不是去创造某种新奇或与众不同的事项,而是去操纵已经存在于心中的东西,去重新结合已经存在的联结关系。"

"京味儿"的定位清晰准确地提出后,创意就已完成了一半儿了。但这还不能足以让消费者去理解、去共鸣,要想让红星品牌真正与消费者进行深入沟通,并增加消费者的品牌体验,必须有一句核心传播概念去形象描述(也就是生命点描述),以此加深品牌印象。于是一句"品不够的京味儿,离不开的红星"的广告中心语在反复推敲后诞生了!这就是浓缩了京味儿文化的红星品牌最完美的表述,是字字千斤改一不可的金句。

3. 品牌核心传播概念执行表现

品牌生命点以及品牌生命点描述的完成，为红星品牌的价值提升建立了一个基础，要想让这样一个核心概念生动起来，必须要加以形象表现，而要表现这个核心概念需要多方面的手段，其中电视广告又是最直接的。在北京吃喝玩乐往往有这样一个说法"游（玩）长城、逛故宫、吃烤鸭、喝红星二锅头"，这是最代表北京的东西，称为"京城四乐"，在此基础上于是便有了以下的电视广告：

巍峨雄伟的长城上，游客一家老小在长城之巅挥动着胜利的衣袖，小孩子兴奋地高唱：登长城！"玩在京城"的字幕在山峰中浮现。

浑厚庄严的故宫前，几个老外一身戏装打扮，有板有眼地唱念坐打，字不正腔不圆地乐在其中：逛故宫！"乐在京城"的字幕在红砖古墙上凸显出来。

古色古香的烤鸭店里，大师傅切下一片片肥肥的烤鸭片，几个铁哥们相聚一堂：吃烤鸭！"吃在京城"的字幕也随之出现。

当服务小姐将红星珍品二锅头斟上时，浓郁的酒香阻止了大家吃烤鸭的欲望，纷纷嗅着酒香转过了头：品不够的京味儿，离不开的红星！"喝在京城"的字幕适时地映入眼帘！

深厚的文化底蕴，别具一格，独出心裁的切合点，使广告词中的文化传播更加深入人心。因此，以直率的视觉冲击力表现出来，并实现广告产品与消费者意愿的吻合，显得尤为重要。古老的故宫、长城最能代表北京悠久的历史；字正腔圆的京戏是经过几百年沉淀而形成的京文化典范，特别选外国人来唱京戏，更能说明京文化的现代性及不断拓展的国际化趋势；在北京饮食文化中，美味的烤鸭和醇香干烈的红星珍品二锅头已成为人们共同的认知。一个集合京文化精髓的创意成功地为红星珍品二锅头赋予了"京味儿"的文化内涵。

通过挖掘红星品牌的优势特点，确定了红星的品牌核心价值，而又通过生动化、形象化、生活化的方式把它表现了出来，借助电视、报纸、广播等传播工具使红星的品牌价值得到了巨大的提升，使红星二锅头这样一个本就在北京很有人缘的品牌越发显得魅力十足，通过为红星二锅头赋予更深层次的品牌价值红星顺利将产品线进行了延伸。

案例思考题：

1. 红星二锅头品牌延伸属于哪种类型？
2. 红星二锅头品牌延伸过程中关键点有哪些？
3. 红星二锅头品牌延伸给我们带来哪些启示？

第十四章 品牌国际化

学习目的：
1. 了解品牌国际化的基本概念
2. 了解品牌国际化的意义
3. 掌握品牌国际化的主要方式
4. 了解品牌国际化的主要困难
5. 掌握国际化品牌本土化的主要策略
6. 了解品牌国际化的相关法律规定

开篇案例

麦当劳的品牌国际化战略

麦当劳是当之无愧的国际化品牌。麦当劳之所以能够取得全球的成功，归功于处理好了全球化与本土化之间的关系。

在全球化营销方面，麦当劳公司主要是在统一的经营原则的指导下，通过统一的品牌形象与标准化的分销管理来获取规模效益，降低营销成本。在追求品质(Q)、服务(S)、清洁(C)和物有所值(V)的经营原则的指导下，麦当劳公司在营销时使用了全球统一的品牌名称和品牌形象。麦当劳公司正是通过其产品、分布在全球的训练有素的员工、人物偶像及游乐场、麦当劳店的实体设施、口碑和广告展示着麦当劳的品牌形象——顾客脑海中形成的对麦当劳的产品和服务的印象，那就是：高品质的产品、方便快捷的服务、清洁温馨的进餐环境与氛围。

在本土化营销方面，麦当劳公司因地制宜，制定符合当地市场的本土化服务营销组合策略。例如：(1) 产品在标准化的基础上进行适当的本土化。快餐的核心产品是现场烹饪、调制的食物和饮料。麦当劳公司向顾客提供的核心食品始终只是汉堡包、炸薯条、冰激凌和软饮料等，然后根据不同国家的消费者在饮食习惯、饮食文化等方面存在着的差别稍作变化。正如其培训手册中所说："从一个地方到另一个地方只略微地变动标准菜单。"例如，印度人不吃牛肉汉堡，麦当劳就推出羊肉汉堡；在中国，麦当劳就考虑到消费者的饮食习惯、消费水平等因素，推出了麦乐鸡、麦乐鱼、麦辣鸡腿汉堡、麦香猪柳蛋餐等符合中国消费者饮食习惯的快餐食品。(2) 制定本土化的促销组合策略。促销组合策略包括广告人员推销、公共关系和营业推广。制定本土

> 促销组合策略必须考虑当地的文化、风俗和传统。麦当劳公司深知要在中国市场取得成功,必须入乡随俗,获得消费者的了解和认同,拉近与消费者在心理和文化上的距离。麦当劳公司的员工都是经过标准化培训的当地人,本土化促销主要是通过在电视、报纸、互联网上做广告,广告的创意手法常常是利用已有品牌视觉要素——企业标志 M 的造型,广告主角都是普通的老百姓,广告充满人情味。另外,麦当劳公司自进入一个地区以来,就一直致力于积极支持本地的多项公益事业。(3)实行本土化的定价策略。自麦当劳新 CEO 康塔洛浦上任后,麦当劳公司在全球的经营战略转为谨慎扩张,提高单店收入。为刺激销售回升,麦当劳公司实施了自1997年以来最大规模的降价促销。但在中国市场的价格却不降反升,由于促销成功,客流量并未受到影响。除此之外,麦当劳在本土化营销方面,还实施了其他诸多策略。
>
> (根据中华品牌网相关内容编写)

品牌国际化是许多企业追求的目标,也是大企业成功的标志。一般而言,世界著名品牌的成长经历一般是从区域品牌到全国品牌,再到国际品牌,最后到全球品牌四个阶段。品牌国际化为企业赢得了更大的发展空间,也为品牌全球化打下了坚实的基础。目前,国内一些优秀的企业正努力打造国际品牌。但无论在技术上、理念上,还是数量上,我国企业品牌与西方发达国家品牌还存在一定差距,要想最终战胜跨国巨头,我国企业必须在产品质量、技术上缩小与世界品牌的差距,强化服务观念,建立国际化品牌。

第一节 品牌国际化概述

一、品牌国际化的含义

在了解国际化策略之前,我们有必要了解品牌国际化的含义。有的学者认为,当一个企业用相同的品牌名称和图案标志,进入一个对本企业来说全新的国家,开展品牌营销,就是品牌国际化。也有学者认为:品牌国际化扩张是指在保持品牌核心价值不变的前提下,通过采取一系列经济活动来扩大品牌的国际市场占有率和地区覆盖率的方法和策略;它实际上是指品牌在某一领域的经营上已经使现有的资源得到最大限度的利用,在具体考察产品的生命周期的前提下,如何使的品牌的生命得以延长,如何使品牌的魅力才能得以延伸的策略问题。

本书采用黄静对品牌国际化所下的定义,将品牌国际化界定为:将同一品牌,以相同的名称(标志)、相同的包装、相同的广告策划等向不同的国家、不同的区域进行延伸扩张的一种品牌经营策略。其目的是通过品牌的统一化和标准化经营来获取规模经济效益,进而实现低成本运营。通过上述对品牌国际化定义的综述来看,品牌国际化有四个基本的含义:

品牌管理

（1）品牌国际化首先是一个区域性和历史性的概念，即品牌由本土向国外延伸和扩张的长期历史过程。我们说它是一个长期过程，是因为品牌国际化不可能一蹴而就，需要企业付出几年乃至几十年的艰辛努力，才能真正完成国际化的目标。

（2）品牌国际化具有不同的形式。最低级的形式是产品的销售，即有品牌商品的输出；较高级形式是资本的输出，即通过在品牌延伸国投资建厂达到品牌扩张的目的；最高级形式是通过无形资产输出，即签订商标使用许可合同等方式，实现品牌扩张的目的。从全球经济发展趋势来看，发达国家企业已经基本上完成了由商品输出到资本输出再到品牌输出的过渡。当然，风险最小、回报最高、最理想的方式自然是品牌输出方式。

（3）产品国际化不等于品牌国际化。目前，许多中国企业选择 OEM（贴牌生产）。在国际市场上，日本名牌、美国名牌上贴着"中国制造"的标签随处可见。"中国有世界级的产品，无世界级的名牌。"这种有品无牌的状况正成为中国企业走向世界所面临的一种尴尬。而这种尴尬的差距并不是我国产品本身性能和质量方面的差距，而是品牌经营意识、品牌战略方面的差距。与品牌国际化相比，产品国际化带来的利润是非常微薄的。

（4）品牌核心价值保持不变。品牌在国际化过程中，为了适应当地的消费习惯和社会人文环境，其品牌名称、品牌外形可能会做适当的改变，但其品牌核心价值却保持不变，因为这是对消费者的永久承诺。

二、品牌国际化的意义

对于国家来说，众多的国际化品牌能够大大提高本国的国际竞争力，对于企业本身来说，培育国际化品牌也具有非常重要的意义。20世纪80年代中期以后，随着韩国国内企业竞争的加剧，韩国企业品牌也不断扩张，现代、三星等品牌不断向世界发出强有力的信息，使得世界认识并接受了韩国的品牌。品牌国际化对企业的发展有怎样的意义？著名品牌专家凯勒对此问题进行了深入的研究，他认为，企业实施品牌的国际化对于企业来说有以下作用：

1. 增加顾客感知价值

相关研究表明，在企业技术和产品质量相差不大的情况下，国内消费者更信赖国际品牌，这主要是国际化品牌给消费者提供了更多的感知价值。这可能主要是因为，消费者相信国际品牌无论在产品质量还是服务水平上会更加规范、更加标准。例如在全球任何地方，"花旗"二字就代表着花旗银行与众不同的服务，因为它们在世界任何一个地方设立的分支机构都是按同样的服务标准接待顾客，向顾客提供同样水平的服务，从这个意义上讲，"花旗"就代表一种服务标准。

2. 降低制造成本

由于品牌实施国际化，市场空间加大了，需要企业制造出更多的产品。因此，从供应方面来看，品牌国际化能产生大量生产和大量流通的规模效应，降低成本，提高生产效率。经验曲线告诉人们，随着累计产量的增加，生产制造成本会有所下降。因此，品牌国际化不仅能促进产品的生产和销售,更能带来生产和流通的规模经济。

3. 降低营销成本

实施品牌国际化,可以在包装、广告宣传、促销以及其他营销沟通方面实施统一的活动。如果在各国实施统一的品牌化行为,其经营成本降低的潜力更大。如可口可乐、麦当劳、索尼等企业在世界各地采取了统一的广告宣传。可口可乐通过全球化的广告宣传,20多年里为可口可乐公司节省了9 000万美元的营销成本。

4. 使企业获得更多溢价

国际化品牌与国内品牌相比,更够获取更多的利润这是有目共睹的事。例如我国内地企业生产的运动鞋,贴上国际一线品牌的商标之后,立刻身价倍增,而当地企业只能赚取可怜的加工费。欧美一些国家的企业,正是通过品牌国际化获取了丰厚的利润,这些经验坚定了这些国家的企业实施品牌国际化战略。

5. 增强企业竞争力

品牌国际化能增强企业的竞争能力。这是因为,在一个国家产生一个好的构想或建议,能迅速广泛地被吸取或利用。使得企业无论是在企业的研发、生产制造方面,还是在营销或销售方面,在全球范围内汲取新的知识,不断实行改进,能提高企业整体的竞争力。

第二节 品牌国际化的方式

企业应该根据自身的优势和所面临的障碍,选择合适的进入模式参与国际市场的竞争。总的来说,企业进入国际市场的基本模式有出口、许可生产、特许经营、投资、并购等方式,归纳而言可以分为以下三大类:贸易进行式、契约进入式和投资进入式。

一、贸易进入方式

贸易进入方式是指向目标国家出口商品而进入该市场,它是国际化经济的最基本形式。其做法有间接出口与直接出口之分。

1. 间接出口

间接出口是指通过本国或外国的进出口中间商代理本企业的产品出口业务,从而使品牌国际化。间接出口由于本企业与国外市场无直接联系,也不涉及国外业务活动,故不必专设机构和雇用专职人员经营出口,因而有投资少、风险小的优点。但企业无法获得跨国经营直接经验,因此不利于企业深入了解国际市场环境和与国外用户保持联系,无法控制产品进入国外市场的过程;另外,企业对国外市场的营销组合的要素缺乏控制能力。例如,企业无法控制产品在国外市场上的最终价格(因为批发商、零售商的价格加成不受企业影响)。这种品牌国际化进入方式比较适合产品出口量不大且自身营销力量又较为薄弱的企业。

2. 直接出口

直接出口是指企业凭借自己的营销力量,在国际市场上建立自己的营销网络,直接经营产品,从而达到品牌国际化的目的。直接出口有两种形式:其一是设立出口部或国际业务部,向目标国家的中间商出口产品,由后者在目标市场上进行产品经销或代销。其二是在目标国家设立销售的分支机构或子公司就地推销。与间接出口相比,直接出口须支付更多的费用、要设立专门的贸易部门并网罗相关人才,但可以直接进入国外市场取得跨国经营经验,以便及时调整企业的经营策略和方法。

与间接出口相比,直接出口需支付更多的费用,投资和风险都比较大。但它有利于企业掌握国际市场的行情,有利于与国外的用户建立密切的联系,能掌握产品流通领域的主动权,便于企业开展品牌国际化管理。这种进入方式比较适合于产品出口量大或市场规模大、有充分实力足以支持出口业务活动的企业。

二、契约进入方式

契约进入方式是本企业通过与目标国家的法人之间签订长期的、自始至终的、非投资性的无形资产转让合作合同而进入目标国家。由于资金有限或外国政府设置种种障碍,很多企业无法通过出口或海外建厂等途径进入国际市场。通过契约进入方式、企业无须在外国领土上进行大规模资金、技术投入也能在国际市场上分获一杯羹,品牌也能够在国际市场上得到迅速传播。契约进入方式有以下两种形式:

1. 授权经营

通过授权经营进入国际市场一般有两种形式,即对外授权和特许经营。

(1) 对外授权。对外授权是指企业在规定的期限内将自己的无形资产(专利、技术秘密、商标等)转让给国外法人,以摄取特权和其他补偿,如授权费。对外授权具有以下优点:需求资金较少,销售产品的费用较低,当地的授权方可以调整产品、技术或服务以适应当地市场的特点,如效果不好可以停止继续执行协议。其缺点有:授权方不能控制所销售产品的质量,在法律不健全的国家易受版权和专利权的侵犯,当地的授权方对产品或技术所做的调整可能会造成市场策略的改变,授权方不能参与产品或技术的经营管理。

(2) 特许经营。所谓特许经营,就是特许权许让方向受许方转让技术、商标、统一的经营方法,让受许方在本企业的监督与帮助下利用本企业的形象和招牌经营本企业的特定业务。受许方则支付一定金额的特许费。目前,特许经营在西方大多数国家颇为盛行,在美国,特许经营正成为增长最快的贸易形式。在美国有400家公司经营着4 000多家特许经营店,像可口可乐、菲尔德夫人(Mrs Field)、肯德基、麦当劳在许多国家已随处可见了。像麦当劳连锁店,每18分钟就开办一家新的国际连锁分店已成为显示当前特许经营全球化速度的一个最好例证。在国际市场上,特许经营在服务业中特别是快餐业中使用频率最高。其他如商业辅助行业、汽车维修业、基建及相关维修业、零售业和便民商店中也被广为使用。

特许经营的优点在于:

第一,它是不需大规模资金投入即可打入国际市场的一种快捷的方法;

第二,通过出售一揽子特种经营权,提高了特许专业公司的知名度;

第三,特许经营使用费往往被记入到企业所收到的预付款中,可以说这是企业所获得的一笔十分可观的额外营业基金收入。

特许经营的缺点在于:

第一,特许经营主要适用于服务行业,而对于高技术产业或一般制造业则不适宜,也很难推而广之;

第二,一旦特许经营协议签字生效后,管理上也易于出现失控现象,特别是在发展中国家。由于政府干预经济或政局不稳等给监控当地经营活动带来困难。再则,文化和语言障碍也有可能抑制特许经营在国外的有效发展。

2. 合作经营

合作经营是指不同国籍的合作双方以合同的形式明确各自的权利与义务,对某一实体共同经营与管理。合作经营与合资经营不同,合作双方的责任、权益和义务也不同,而是由各方协商决定的,不一定以投资的数额为依据。

三、投资进入方式

投资进入方式是指通过直接投资进入目标国家,即企业将资本连带本企业的管理、技术、销售、财务以及其他技能转移到目标国家,建立受本企业控制的分公司或子公司。投资进入方式是品牌跨国经营的最高形式。与其他进入方式相比,投资进入方式的回报率高,但同时承担的风险也大。

一般来说,投资进入方式主要有以下几种形式:

1. 独资经营

独资经营是本企业拥有被投资企业100％的股权,经营独管。独资经营优点是保证国内母公司具有绝对控制权和经营决策权,可以确保公司整体战略目标的实施;还可避免合资企业中诸如双方经营管理方法、市场目标等方面的不协调以及塑造未来市场竞争对手的不利因素。独资经营缺点是易受东道国政治、经济、文化等不确定因素的影响导致较大的经营风险;投资额高且周期长,成本效益差且即期利润少;难以掌握当地的人文风俗和设立一套符合当地情况的营运组织和管理制度等。

2. 合资经营

合资经营是企业在国外市场上与一家或几家企业共同投资经营一个企业,分享股权,利益共享,风险共担。合资经营的风险相对较小、合作双方可以优势互补。许多国家的政府,特别是发展中国家的政府,比较欢迎合资经营方式,因为这种方式为本国经济发展注入了新的资本,同时避免了外国公司对本国市场的垄断。但是合资经营的方式也有缺点,主要是双方对所经营企业的控制权互受牵制。

采用独资还是合资方式进入国外市场,主要根据东道国的销售环境和企业的长期目标而定。目前,国内一批比较成熟、在国际上有着较强竞争优势的产品。如摩托车、电冰箱、空调和彩电等行业已开始有名牌企业在出口的基础上在海外投资设厂。建成了一批颇具规模的海外加工贸易项目,生产组装自己的产品,建立自己的营销网络,培育自己的名牌,并已有明显的经济回报。如济南轻骑、南方集团及金城摩托在阿根廷、哥伦比亚建厂生产摩托车;上海广电、深圳康佳在非洲、印度等地投资生产黑白、彩色电视机;格力集团在巴西投资建厂生产空调,春兰集团在俄罗斯生产空调;江苏森达集团向世界制鞋王国意大利输出品牌,由意大利三家著名皮鞋厂使用西欧的原、辅材料,定牌生产"森达"牌皮鞋,并部分在西欧销售。

3. 并购

并购式进入则是通过对目标国现有企业进行参股或收购来进入目标国的。并购包括兼并和收购(或购买)两层含义。

(1)兼并。根据《大不列颠百科全书》的解释,企业兼并是指两家或两家以上独立的企业、公司合并组成一家企业,通常由一家占优势的公司吸收一家或更多的公司。在西方国家的公司法中,"企业兼并"又可分成两类,即创立兼并和吸收兼并。

所谓创立兼并(Statutory Merge),又称新设兼并或者联合,是指两家或两家以上的企业合并成一家新企业,新企业接管各参与企业的全部资产、债务和责任,各参与企业将不复存在。

所谓吸收兼并(Consolidation Merge),是指由一家企业收买别的企业,被收买企业因而解散,其全部资产和业务由收买企业接管,全部债务和责任亦由收买企业承担。

(2)收购。收购则强调买方企业向卖方企业的"收购"行为。按照其内容的不同,收购可以分作资产收购和股份收购两类。资产收购,是指买方企业收购卖方企业的全部或部分资产,使之成为买方的一部分;股份收购,是指买方企业直接或间接购买卖方的部分或全部股票的行为。相比之下,资产收购更像一种普通商品交易形式,只不过交易的标的为卖方企业的特定资产罢了;股份收购则是所有权的买卖形式,买方将根据其持股比例承担卖方的权利和义务。

运用资本的力量,通过收购从而拓展品牌与单纯输出自创品牌相比,不仅减少了财力和精力的投入,更免受当地市场各种竞争力量的排挤。最为成功的如联合利华,它在全球的 400 多个品牌,大部分是通过收购本地品牌并推广到世界各地提升为国际品牌的——旁氏原是一个美国品牌,联合利华将其买下并发展为一个护肤品名牌,推广到中国;夏士莲原是在东南亚推广的一个英国牌子,联合利华也将其引入中国;中国牙膏第一品牌"中华"也被其收入旗下。收购是国外知名品牌打入中国市场的常用手段。2002 年 6 月 26 日,全球营养食品工业领导品牌——美国亨氏收购广州"美味源"品牌,并成立独资企业亨氏——美味源(广州)食品有限公司,其意图就在于借国内已有相当市场影响力的"美味源",直接切入国内的调味料和酱料行业。

第三节　品牌国际化要克服的困难及本土化方式

一、品牌国际化要克服的困难

与国内市场相比,品牌国际化要面临一些独特的问题,这些问题一部分来自目标国,另一部分来自本国。而这些问题都是品牌国际化过程中不得不考虑的。

1. 目标国家的市场特征

(1) 市场大小。包括现在和预期的市场大小。在较小的市场可选择低成本的、间接的进入模式,如非直接出口,通过代理、经销商出口,许可证和其他合同进入模式等;反之,销售潜力很大的市场,则应选择高回报的、直接的进入模式,如建立分支机构或子公司出口,或者在国外直接投资等。

(2) 竞争结构。市场类型总是在分散型(许多不占主要地位的竞争者)到买主垄断型(少数占主要地位的竞争者)及垄断型(单一公司)之间变化。对分散型市场,一般选择出口进入模式;对买主垄断或垄断型市场,则常常要求采取固定资产投资的进入模式,以增强企业对垄断型大公司的竞争能力。

(3) 目标市场的基础条件。比如,在与当地的代理商、经销商和其他企业有一般联系或根本不存在联系的情况下,出口型企业可通过分支机构及子公司等直接进入模式,以达到自己的目标的可能性。

(4) 生产规模经济。如果在生产或提供服务上存在规模经济,并且这一规律又超出了主要国家的市场范围,则只要通过集中生产和全球竞争,企业就能够获得成本优势。

2. 目标国家的环境因素

目标国家的环境因素包括政治、经济、社会、文化特征以及自然环境等。这些环境因素对企业选择进入模式具有决定性的影响。首先,目标市场国有关外国企业经营的政策、法规的影响不容小视。限制进口政策,如提高关税、紧缩配额或其他贸易壁垒,使得企业放弃该进入模式而转向其他方式。其次,目标市场国的产业政策也是对欲进入企业影响比较大的法规政策之一。企业要完全理解所在国的产业政策,研究世界市场上与本产业产品相关的政府之间的政治与经济关系。目标国家的地理位置因素(自然因素)也会影响企业进入模式的选择。当距离目标国家很远时,由于运输成本高,增加了成本,出口产品竞争不过当地的产品,只得放弃出口进入模式而转向其他,以免带来更大的花费。在降低运费、大幅度降低运输成本的情况下,出口企业可能在目标国家建立综合运行系统,逐步实行向投资进入模式的转变。

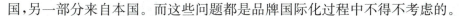

俄罗斯零售业限制外国人进入　中国对俄出口重创

从2007年1月15日起,不允许外国人在俄从事酒类(包括啤酒)、医药类商品的零售;从2007年1月15日至4月1日,外国人在俄市场内从事零售业和在商店之外从事其他零售经营者要减少到40%,从2007年4月1日至12月1日要减少到零。这意味着包括中国人在内的从事零售业的外国人,迎来了零售经销的"严冬"。

据中国商务部的统计,目前,在俄罗斯各地从事商业零售业的中国籍商人达10万人左右。此项法令的实施,意味着10万多名中国商人面临从俄零售市场出局。据

品牌管理

> 黑龙江省黑河市一位主管对俄经贸的官员介绍,俄罗斯采取的这种措施,尤其是其中对在帐篷和露天市场从事商品零售业务的限制,对在俄罗斯的中国商人影响最大。
>
> 据介绍,从20世纪80年代开始,中国人进入俄罗斯市场是从"倒爷"的形式开始的,一直发展到现在。目前俄罗斯和中国开展了正常的贸易往来,各种经商处、商务办有很多,从整体来看,从事零售业的中国商人占在俄中国人总数的近1/4。
>
> 中国人在俄的外国务工者中属于少数,但由于俄罗斯轻工业产品比较缺乏,中国商品性价比高,弥补了这个空缺,因而近年来中国商品逐渐走俏俄罗斯,在俄罗斯市场中的中国商贩也因此越来越多。
>
> 业内人士指出,如果该项法令正式实施,那么很多中国商户就失去了在俄罗斯市场立足的根本,他们的出路只有一条,就是回国。据了解,在俄罗斯的中国商人层次差别很大,一些在90年代赴俄的人中,大多已经成为当地精英,在俄罗斯办厂建房,雇佣独联体或俄当地人做员工,自己只负责从中国境内组织货源。但很多后来者则多以在俄罗斯各地市场"练摊"为主,这些人大都不想长期在俄罗斯搞投资,主要就是进行商品零售,因此,此次禁令对他们的影响最大。
>
> 据介绍,从去年底开始,设在俄罗斯的一些中国商品城已经人去楼空。俄罗斯各大市场的中国商人都不分白天黑夜地紧急甩卖商品,甩卖风已经导致俄罗斯部分地区物价暴跌。
>
> 而对替别人"看摊"的中国商贩来说,关闭市场只能意味着打道回府。在实行劳工配额之后,俄罗斯只招用技术含量比较高的移民,绝大多数华商因此而丧失在俄罗斯工作的机会。
>
> (资料来源:http://www.tybaba.com/news/show-1764.html)

3. 管理上的障碍

即使在全世界市场上所销售的产品类别一样,其营销传播方式、销售方式和销售任务也应该有所区别。销售渠道的性质、销售媒介和顾客的支付能力因不同的国家而存在很大的差别。企业的全球化策略实施的一个重要环节就是在世界各个市场上采取本土化策略,做到"到什么山上唱什么歌""看菜吃饭""量体裁衣"。要想在国际市场上成功,最根本的是将全球营销的标准化与当地市场的本土化有机结合起来。各国市场消费者行为并非决然迥异,而是有一些共同点,由此可以实施营销的标准化,节约成本。各国消费者又存在一些差异,没有本土化,不可能在当地市场成功。

另外,在一些产业里,由于产品变革、市场发展阶段或者消费者的文化观念等原因,消费者只愿意和当地企业打交道。在国际市场上,由于我国企业要不断开拓,打进国际市场,就要不断在进入模式和品牌输出方面多做创新,努力创造中国自己的世界名牌。

4. 社会文化因素

社会文化因素主要是指本国和目标国在社会文化方面的差距。当目标国家与本国的价值观、语言、社会结构、生活方式的区别十分明显时,给国际型企业进入目标国形成的有形和无形的障碍就越大。文化差距大,就会使获得信息及购买软件的成本上升,同时也限制了对目标国家的非投资进入,而只能采取投资进入模式。文化差距还影响企业选择目标国家的先后顺序,企业总是首先选择文化与本国相近的国家。

5. 来自本国的因素

本国的市场、生产和环境因素同样影响企业对目标国进入模式的选择。一个广大的国内市场使企业在国内有很大的发展余地,于是国内市场状况使企业趋向于国内市场导向型,减弱了对各种形式的国际贸易的兴趣。反之,国内市场小的企业热衷于通过出口以达到最佳的经济规模。

本国的竞争态势也影响进入模式,卖方垄断工业企业倾向于仿效那些要增强竞争力量的国内对手。进一步讲,当一个企业想在海外投资时,其竞争对手也随之而至,因为垄断者不愿看到对手在出口和许可证贸易方面对自己构成威胁,他们的反应就是投资。另一方面,分散的工业企业更倾向于采用出口和许可证贸易模式进入国际市场。

品牌国际化需要全球消费者从心理上接受该品牌所包含的有形实体和无形要素。可是国际市场环境复杂多变,故而企业在跨出国门之前必须要对目标国市场进行充分了解和全面分析,克服障碍,选择和采取恰当的国际化途径。唯有如此,才能真正有利于企业国际化营销战略的制定和执行。

二、国际化品牌的本土化方式

能创造出国际知名度的品牌,其背后肯定有特色卓越的产品或服务作为支撑。而这些特色的最初形成和以后的逐渐成熟,绝对体现了母土特色,但也不能完全不变地"克隆",必须根据分支机构所在国的地理、人文状况作适当的调整。否则,很难在当地发展。

实施品牌国际化战略,应坚持全球化与本土化的统一。品牌国际化的过程实际上是与当地消费者进行沟通的过程。一味地追求全球一体化,会忽视地方市场的特殊性;一味地追求本土化,会分散使用资源,降低资源配置的水平和资源使用效率,也不利于品牌整体形象的形成。

1. 产品本土化

世界各地的消费者对产品的实际需求和潜在需求是不一样的。品牌进入当地市场后,要想方设法让自己的产品融入当地人的生活中。产品每跨一个地区,都要通过一系列的消费者测试调查研究,来确保产品满足消费者的不同需要。例如,肯德基为了适应中国消费者的需求,不仅卖起了粥,而且卖起了油条和豆浆。

2. 经营本土化

品牌进入外国市场后,所处的是截然不同的政治环境。当地政府对品牌的经营方式有各自不同的规定,而当地的消费者也有不同于本国消费的习惯和模式。品牌为了彻底融进消费者的心里,同时保证在当地市场上是一个遵纪守法的公民,就要改变原有的经营方式,实现经营模式的转变。只有这样,才能真正地实现品牌国际化。美国安利在中国政府颁布禁止传销业务时,果断地实行"店铺销售+雇用推销员"的模式,成功地建立了具有中国特色的经营模式。这种经营模式既符合中国政府发布的传销禁令,又

品牌管理

迎合了中国消费者的消费心理。

3. 促销本土化

品牌进入外国市场后,要根据当地的风俗人情,巧妙地设计促销方案、广告节目,主动融合本土观念。用当地的节日、重大的新闻事件等有利时机进行促销宣传。

4. 名称本土化

品牌进入外国市场,由于语言的不同,首先要将产品原本的品牌名称转换为以当地的语言表达的品牌。翻译要适应当地语言的内涵和寓意,这样才能被消费者认同,才能在市场上站住脚,进而逐渐拓展市场。因此,品牌翻译对于开发国际市场,是最为关键的一步。品牌翻译是必须兼顾消费者的文化和生活习惯以及审美心理,还要注意一些民族禁忌。例如,"Sprite"饮料初次出现在香港市场上时,根据港澳取吉利心理的常规,按其谐音取名为"事必利",但实际销售情况并不好,后改名为"雪碧",给人以冰凉解渴的印象,产品也随之为消费者所接受。

5. 传播本土化

国外强势品牌每到一个国家或地区,均将当地的文化传统科学地融入自己的品牌传播和自身的品牌思想中,以拉近与消费者之间的距离,挖掘消费者的文化心理,从而让当地人视品牌为生活的一部分。

第四节 中国品牌国际化

随着我国"WTO后过渡阶段"的逐渐完成,国际品牌将加速进入我国。在目前复杂多变的国际市场上,我国企业最主要的竞争优势是成本优势和产品优势,然而最差的就是品牌优势。因此,要促进我国对外贸易的进一步发展,改变我国"制造大国,品牌小国"的现状,实现我国品牌"走出去"的战略,我国企业必须结合自身的特点和状况,借鉴世界知名品牌的成功经验,选择适合我国企业的品牌国际化发展模式,实现我国品牌国际化。

一、中国品牌国际化现状

总体来说,目前我国现有的品牌可大致分为以下三类:第一类:努力建树品牌,并尝试国际化。这些企业走出国门,打入国际市场,在海外建立研发、生产、营销机构,立志于成为国际品牌,比如我国的海尔和联想等。第二类:有意建树品牌,但还力不从心。这类企业已为产品注册了商标,但因管理水平有限,资金实力不足,未能创出自己的国际品牌,比如我国的众多中小服装出口企业。第三类:没有品牌意识,只有生产、销售观念。这类企业认为当前发展品牌是务虚,缺乏现实意义。由于受到管理水平、经营理念及经营环境等因素的影响,我国品牌国际化总体现状不容乐观,与世界知名品牌差距很大,具体来说,目前我国企业的品牌国际化主要面临以下五大问题:

1. 缺乏品牌管理模式

我国很多企业虽已认识到品牌的重要性,开始进行品牌创建和管理,但却很少能够从战略的层次考虑品牌的建设和维持,更缺乏专门的品牌国际化战略。品牌核心价值不清晰,品牌传播推广、品牌维护等具有很大的随意性、分散性,很多工作事倍功半,甚至结果事与愿违,导致品牌缺乏整体性和延续性,无法形成和积累品牌资产。品牌国际化是一个复杂的系统工程,需要良好的管理模式才能实现。海尔 CEO 张瑞敏曾经说过,品牌国际化可以分三步:第一步叫做走出去,就是进到国外的主流国家、主流市场;第二步叫做走进去,就是进到国外的主流渠道、销售主流产品;第三步叫做走上去,也就是真正成为当地的一个主流品牌。

2. 国际知名品牌少

长期以来,我国企业对品牌建设及国际推广并不重视,使得我国民族品牌在国际上的知名度和影响力相当缺乏,我国严重缺乏国际知名品牌,尤其是高端知名品牌。著名营销大师菲利普·科特勒曾在接受中央电视台采访时指出:"中国企业不应该把高端市场让给国际竞争者。占有低端市场意味着收益降低与市场面对价格的压力的增大,而占领高端市场则能通过品牌力量来吸引和维持消费者,从而获取较高的利润。"目前,"中国制造"名号虽然强大,但是"中国品牌"寥寥无几,如何把握贴牌生产和创立自主品牌的关系,还需要广大国内企业思考和把握。

3. 品牌忠诚度不够

长久以来,我国商品总是以"质次价低"的形象出现在国际市场上,很多国外消费者在提到中国商品时,联想到的就是低品质、低价格、低档次,被称为是"地摊货"。这样的品牌形象,使得我国品牌在知名度原本就非常低的情况下,更无法形成品牌的美誉度和忠诚度。实际中可能会有不少国外消费者经常选用我国商品,但他们不是出于对品牌的好感与忠诚,而仅是关注中国商品的低价。

4. 品牌保护意识淡薄

近几年来,由于我国很多企业商标意识淡薄,不懂得保护自己的商标,不少驰名品牌在海外被其他企业抢注。例如,2003 年初,一家名为"加拿大中华名字号商标股份有限公司"的加拿大公司,在当地的面食商品上申请注册了桂发祥十八街商标。据加拿大官方网站内容显示其商标的文字、图形设计以及指定商品等项完全套用了天津桂发祥十八街麻花总店有限公司的商标内容。再比如说,诞生于 1991 年,注册于 1992 年的海信"Hisense",从 1991 年 1 月 11 日起,却成了德国博世-西门子公司旗下的品牌。该公司在德国注册了"Hisense"商标,与海信原创的"Hisense"完全一致,并以该商标开始小规模地销售家电产品。2005 年 3 月,在欧洲市场上,海信与德国博世-西门子家用电器集团谈判索回商标时,博世竟然提出了让海信无法接受的"转让"价格——4 000 万欧元,合 4 亿多元人民币。

5. 品牌设计缺乏国际化思考

首先,品牌国际化必须考虑到不同文化、宗教、风俗习惯和消费者偏好问题,而我国不少品牌的形式设计往往忽略了跨文化因素。如有的品牌仅有中文名称,或者只是中文名的汉语拼音,不能有效地向国外消费者传递商品信息。有些品牌的标志设计具有太强的民族、地域或文化限制,比如中国建设银行的铜钱标志,就不能够向国外消费者传达有效的信息。另外,国内不少品牌在精神内涵的设计上也具有一定的民族局限性,甚至与某些国家或地区的利益和文化相冲突，不适合做全球推广，如奇瑞集团的"东方之子"只能在东亚地区销售。

二、中国品牌国际化发展路径

不同企业选取的品牌国际化模式和路径不尽相同，品牌国际化的成果也有差别。根据我国企业品牌国际化的实践，有学者总结出了中国企业国际化发展的3种策略，即OEM策略、自创品牌策略和本土化品牌策略，而且这3种策略都有很强的企业在使用。

1. OEM策略

OEM(origin entrusted manufacture)的基本含义是定牌生产合作，俗称"贴牌"，就是品牌拥有者不直接生产产品，而是利用自己掌握的"关键核心技术"或者品牌，控制销售渠道，通过合同定购的方式委托其他厂家生产，并直接贴上自己的品牌商标，这种委托生产的合作方式就是OEM。

格兰仕在国际化的品牌运作上选取了这种策略，"不强求在海外市场做GALANZ牌子，重在格兰仕制造"，这是对格兰仕国际化品牌战略的最好诠释。格兰仕的企业定位是做全球名牌家电生产制造中心，给国际知名品牌做OEM，正是这一定位的体现，格兰仕的这种战略里面还有一个应对反垄断的考虑。为此，格兰仕决定降低自有品牌在国外的占有率，通过OEM的方式，以提高产品的占有率来曲线占领市场。格兰仕优势主要集中在制造成本上，但成本优势不能给它带来可持续发展的后续动力。今后几年格兰仕的国际化的品牌战略则是自营品牌与OEM贴牌相配合，利用国际知名企业的品牌、销售及服务网络等资源，把自己的产品成功地打入国际市场。这样，格兰仕不仅可以巧妙地避开市场开拓、固定资产投资等风险，赢得一定的利润空间，而且能实现全球市场的低成本扩张。

2. 自创品牌策略

自创品牌策略即以发达国家市场为"战场"，逐步树立国际市场形象。尽管我国企业的出口额和出口产品的技术含量一年一年地增加，但要想在国际市场竞争中占有一席之地，提高溢价能力，必须创立自主的国际知名品牌。

海尔是最早走出去创品牌的中国家电企业，它从一开始就走了一条注定艰难但成效显著的路，以发达国家为突破口，通过与国外知名跨国公司正面交锋，逐步建立起品牌的知名度。海尔的成功充分说明自创品牌策略对中国企业来说并不是没有可行性，关键在于有没有超前的战略眼光和持之以恒的坚定信心。但自创国际知名品牌的道路是非常艰辛和漫长的，也需要具备一定的条件，如雄厚的资金实力、卓越的研发能力和先进的生产制造技术等。从目前来看，具有充足资金实力和卓越研发能力及营销能力的中国企业并不多，因此，自创国际名牌并不是中国企业可以普遍选择的品牌国际化发展策略。

3. 本土化品牌策略

本土化品牌战略即收购当地品牌，从分利用当地品牌背后的各种战略资源。自创品牌周期太长，在生产、渠道和服务等方面投入的费用过高，风险较大。而收购国外品牌是降低风险，快速进入国际市场的一种方式。通过收购当地品牌，进而获取品牌背后的各种战略资源，包括销售网络、顾客忠诚和市场知识等，进而加快开拓海外市场的步伐。收购当地品牌是本土化品牌战略的一种典型做法。但是，品牌收购也面临着财务风险、文化融合等风险。

除了以上3种典型的品牌国际化模式之外，有些企业还采取了复合型品牌国际化策略。例如，青岛双星为了将自己的产品打入欧美等发达国家市场，选择了OEM策略，而同时在东南亚、拉美、非洲等市场则采取自主品牌策略。其实，不管起步时企业选择的是贴牌还是收购当地品牌，企业国际化经营的战略远景或最高理想都是要树立起自己拥有的国际知名品牌，但因起点不同和品牌国际化进程不同，这个过程可能会有不同的路径，企业最终的品牌格局也会有所差异。中国企业应根据自身的实际情况和品牌国际化的进程，动态地调整其品牌国际化发展策略，一方面降低品牌国际化的风险，一方面发挥自身比较优势，加快品牌国际化进程。

第五节　品牌国际化相关法律与协定介绍

1. 《商标国际注册马德里协定》

《商标国际注册马德里协定》于1891年4月14日在西班牙马德里签订。该协定曾先后修订过6次，最近一次是1979年10月2日在瑞典首都斯德哥尔摩修订的。该协定的宗旨是在协定成员国之间办理马德里商标国际注册。到1996年4月为止，《商标国际注册马德里协定》共有46个成员国。我国于1989年10月4日正式成为《商标国际注册马德里协定》（以下简称《协定》）成员国。从那时开始，我国企业可通过马德里协定在成员国之间办理商标的国际注册。这条注册渠道的主要特点是办理国际注册时省钱、省力、省时。企业可以根据自己的需要，在马德里协定成员国中任意挑选自己需要注册的国家和地区。

《协定》的申请人资格是指什么人有权申请商标国际注册。协定规定成员国的国民，或在成员国有住所的自然人或设有总部的法人，或在成员国中设有真实有效的工商营业场所的，都有权利申请商标国际注册。在这三个条件中只需符合其中一个条件就合乎申请人要求。

凡是马德里协定有关议定书缔约国的任何申请人，其商标在所属国向商标主管部门递交注册申请后，可就同一商标通过所属国的商标主管部门向世界知识产权组织的国际局申请商标国际注册。国际局在申请后即予以公告，并通知申请人要求保护的各缔约国。被要求保护的缔约国在收到国际局的通知后，在12个月（部分国家为18个月）的期限（有异议的话，则时间要更长）内对该商标是否给予保护作出决定。如果在该期限内不向国际局通知驳回在该国的注册及全部理由，即视为该商标已在该国核准注册。经国际局注册的商标，其有效期为10年，期满可以请求续展，每次续展期也为10年。

如果商标所有人在获准国际注册之日起到5年之内，该商标在所属国已全部或部分被撤销而不再享受法律保护时,该商标在指定国家所获得国际注册也随之被全部或部分撤销。但在国际局撤销该商标之日起的 3 个月内,商标所有人可以将该商标转换为有关国家的注册申请,并保留原国际注册日为该商标的申请日;如果该商标享有优先权日的话,则仍能享有优先权日。另外,如果从获得国际注册之日起满 5 年以后,该商标无论在所属国是否全部或部分被撤销,都将不再影响该商标国际注册所产生的权利,而独立地收到指定保护国的保护。

2.《保护工业产权的巴黎公约》

《巴黎公约》保护的对象是专利、实用新型专利、外观设计、商标、服务标记、厂商名称、货源标记、原产地名称以及制止不正当竞争。《巴黎公约》的主要内容原则有:

(1) 国民待遇原则。其成员的国民在保护工业产权方面享受与本国国民同样的待遇。如果非缔约国国民在一个缔约国领土内有永久性住所或真实有效的工商营业所,也享受与成员国国民同样的待遇。

(2) 优先权原则。成员国的国民向一个缔约国提出专利申请或注册商标申请后,在一定期限内(发明、实用新型专利规定为 12 个月,外观设计、商标为 6 个月)享有优先权。若当向其他缔约国又提出同样的申请,则后来申请视作是在第一申请提出的日期提出的。

(3) 专利、商标的独立原则。各成员国授予的专利权和商标专权是彼此独立的,各缔约国只保护本国授予的专利权和商标专用权。

(4) 强制许可原则。《巴黎公约》规定:某一项专利自申请起的四年期间,或者自批准专利日期三年期内(两者以期限较长者为准),专利权人未予实施或未从分实施,有关成员国有权采取立法措施,核准强制许可证,允许第三者实施此项专利。如在第一次核准强制许可特满两年后,仍不能防止赋予专利权而产生的流弊,可以提出撤销专利的程序。《巴黎公约》还规定强制许可,不得专有,不得转让;但如果连同使用这种许可的那部分企业或牌号一起转让,则是允许的。

(5) 商标的使用。《巴黎公约》规定,某一成员国已经注册的商标必须加以使用,只有经过一定的合理期限,而且当事人不能提出其不使用的正当理由时,才可撤销其注册。凡是已在某成员国注册的商标,在一成员国注册时,对于商标的附属部分图样加以变更,而未变更原商标重要部分,不影响商标显著特征时,不得拒绝注册。如果某一商标为几个工商业公司共有,不影响它在其他成员国申请注册和取得法律保护,但是这一共同使用的商标以不欺骗公众和不造成违反公共利益为前提。

(6) 驰名商标的保护。驰名商标如果被他人用于同类商品或类似商品上注册,商标权所有人有权自模仿注册之日起至少五年内,提出撤销此项注册的请求。对于以欺骗手段取得注册的人,商标权所有人的请求期限不受限制。

(7) 商标权的转让。如果其成员国的法律规定,商标权的转让应与其营业一并转让方为有效,则只需转让该国的营业就足以认可其有效,不必将所有国内、外营业全部转让。但这种转让应以不会引起公众对贴有该商标的商品来源、性质或重要品质发生误解为条件。

此外,《巴黎公约》还对专利、商标的临时保护,未经商标权所有人同意而注册的商标等问题作出规定。

3. 《尼斯协定》及《维也纳协定》

（1）《尼斯协定》。《尼斯协定》全称为《有关商标注册用商品和服务国际分类的尼斯协定》，于1961年生效，目前有五十多个成员国，同时有上百个国家使用该协定的国际商标注册用商品分类法。我国于1988年开始采用商标注册用商品和服务国际分类，并于1994年加入该协定。

（2）《维也纳协定》。该协定制定于1973年，1985年进行过修订。截至1997年3月4日，共有9个成员国，我国尚未加入。该协定对巴黎公约成员国开放，加入书应提交世界知识产权组织总干事保存。

《维也纳协定》建立的商标图形要素国际分类不涉及使用商品和服务项目，只涉及商标本身的构成要素，不包括那些不含图形要素的纯文字商标。如果采用文字组成图形，视为含有图形要素的商标。

《维也纳协定》虽然规定了成员国商标主管机关应当在官方文件和出版物中按照商标图形要素国际分类标明注册商标的图形的大类、小类、细目的编号，但是，商标图形要素国际分类的《维也纳协定》对其成员国并无硬性的约束力，可以将商标图形要素国际分类作为本国商标图形分类的主体，也可以将它作为本国商标图形分类的辅助或者补充。

商标图形要素国际分类是经过专家充分论证、修改、补充的比较系统的、完整的、科学的分类，是进行商标检索、审查和建立科学档案管理的有力工具。没有图形要素的分类，不但检索困难，而且对图形商标是否相同近似的审查也难以进行。商标国际注册马德里系统办理商标国际注册所采用的也是这一分类。

4. 《保护原产地名称及国际注册里斯本协定》

在本协定中原产地名称是指一个国家、地区或地方的地理名称，用于指示一项产品来源于该地，其质量或特征完全或主要取决于地理环境，包括自然和人为因素。原属国是指其名称构成原产地名称而赋予产品以声誉的国家或地区或地方所在的国家。

保护旨在防止任何假冒和仿冒，即表明产品的真实来源或使用翻译形式或附加"类""式""样""仿"字样或类似的名称。根据第五条规定的程序，一个在特别联盟国家收到保护的原产地名称，只要在原属国作为原产地名称受到保护，就不能在该国视为已成为普通名称。

5. 《与贸易有关的知识产权协定》

（1）商标权的获得和维持。关于商标权的获得和维护，TRIPS第六十二条规定作了一般程序性要求。作为获得或维持工业产权的一个条件，成员可以要求当事人符合合理的程序和形式。任何授权或注册的程序必须具备合理期限，使授权或注册能够得以进行。关于获得、维持、行政撤销和当事人之间的程序，如异议、无效和撤销，必须公平或公正。

（2）关于商标的许可与转让。关于商标的许可与转让，成员可以确定商标许可与转让的条件；而"确定条件"应理解为不得采用商标强制许可制度。同时，注册商标所有人有权连同商标及其所属的经营一道转让。这一规定明确了许可和转让取消了限制性的条件。

（3）关于注册原则与驰名商标保护。注册商标所有人应享有专用权，防止任何第三方未经许可而在贸易活动中使用与注册商标相同、近似标记去标示相同或类似的商品或服务，以造成混淆的可能。如果将相同的标记用于相同商品或服务，即应推定已有混淆之虞。只要有相同、近似的商标使用于同种、类似商品或服务，就必须予以禁止。

本 章 小 结

品牌国际化(Global Branding)，又称为品牌的国际化经营，是指将同一品牌，以相同的名称(标志)、相同的包装、相同的广告策划等向不同的国家、不同的区域进行延伸扩张的一种品牌经营策略。其目的是通过品牌的统一化和标准化经营来获取规模经济效益，进而实现低成本运营。品牌国际化有四个基本的含义：（1）品牌国际化首先是一个区域性和历史性的概念，即品牌由本土向国外延伸和扩张的长期历史过程；（2）品牌国际化具有不同的形式，最低级的形式是产品的销售，即有品牌商品的输出；（3）产品国际化不等于品牌国际化；（4）品牌核心价值保持不变。

对于国家来说，众多的国际化品牌能够大大提高本国的国际竞争力，对于企业本身来说，培育国际化品牌也有非常重要的意义，并有以下作用：（1）增加顾客感知价值；（2）降低制造成本；（3）降低营销成本；（4）使企业获得更多溢价；（5）增强企业竞争力。

企业应该根据自身的优势和所面临的障碍，选择合适的进入模式参与国际市场的竞争。总的来说，企业进入国际市场的基本模式有出口、许可生产、特许经营、投资、并购等方式，归纳而言可以分为以下三大类：贸易进入方式、契约进入方式、投资进入方式。

与国内市场相比，品牌国际化要面临一些独特的问题，这些问题一部分来自目标国，另一部分来自本国。而这些问题都是品牌国际化过程中不得不考虑到的。因此，在实施品牌国际化战略，应坚持全球化与本土化的统一。品牌国际化的过程实际上是与当地消费者进行沟通的过程。一味地追求全球一体化，会忽视地方市场的特殊性；一味地追求本土化，会分散使用资源，降低资源配置的水平和资源使用效率，也不利于品牌整体形象的形成。

不同企业选取的品牌国际化模式和路径不尽相同，品牌国际化的成果也有差别。根据我国企业品牌国际化的实践，有学者总结出了中国企业国际化发展的3种策略，即OEM策略、自创品牌策略和本土化品牌策略，而且这3种策略都有很多的企业在使用。

在品牌国际化过程中要注意对相关法律规定的了解，例如《商标国际注册马德里协定》《保护工业产权的巴黎公约》等。

思考与练习题

1. 简述品牌国际化的概念和基本含义。
2. 你认为在当前的形势下，中国企业选择什么样进入模式参与国际市场的竞争最合适？
3. 品牌国际化给国家和企业带来的利与弊是什么？
4. 简述品牌国际化的基本形式及其具体表现形式。
5. 结合你所认识的一个国际企业，阐述其在国际化中遇到的困难以及如何实现本土化的。

6. 简述中国在加入WTO后对中国企业品牌国际化带来的利与弊,并针对当前现状对中国企业品牌国际化提出合理的建议。

7. 简述《保护工业产权的巴黎和约》。

8. 品牌国际化相关法律对品牌国际化带来什么意义?

9. 国外品牌国际化战略对我国品牌国际化战略的启示有哪些?

案 例 讨 论

联想品牌国际化案例

中国品牌如何成长为国际品牌,这是所有有志于国际化的中国企业面临的共同问题。联想针对这一问题制定了三步走的战略,每一步战略都伴随有具有极强的新闻价值和传播价值。

1. 从 Legend 到 Lenovo

2001年,联想制定了新的三年发展目标"高科技的联想,服务的联想,国际化的联想"。联想国际化的必备条件之一,是拥有一个全球通行的品牌标识,但联想沿用18年的英文标识"Legend"已在多个国家被抢先注册。同时,经过18年的快速积累,联想已经成为一家在IT领域多元化发展的大型企业,"联想"品牌在中国消费者中的知名率已达90%,但在面对"你认为联想的品牌代表什么"这样的问题时,不同消费者给出的答案却不尽相同。基于以上背景,联想决定推出全球品牌新标识,并对联想品牌架构进行全面的梳理和系统的推广。

我们将联想换标的发布活动设计成一个联想品牌管理的"系统工程",分为四个阶段进行:2003年4月28日,冲破SARS阴霾,在北京借助网络媒体发布新标识。平面、网络、影视媒体三管齐下,深入传播引起社会各界广泛关注。同时,安排在同一天发布首批带有Lenovo标识的产品——多款自主研发的联想手机精品。从2003年7月31日开始,借联想2003年科技巡展之机,在巡展所到之处深入传播和集中展示联想的品牌内涵,诉求联想"创新科技,畅想未来"的理念。2003年10月15日,利用神舟五号火箭成功发射的契机,同步在全国展开以"只要你想"为主题的系列推广活动,诉求"人类用想法改变世界"的创新理念。2003年10月18日,启动品牌沟通日活动,安排联想高层与京城各大媒体进行面对面的互动式沟通,进一步传达"Lenovo联想"的内涵,并宣传联想新的品牌战略。

2. 签约奥运,搭载国际化推广平台

成功换标后,通行证问题已经解决,此时如何搭建一个与联想新的品牌形象匹配的传播平台,将国际化的品牌形象传播出去,成为联想思考的重要问题。在国外人们并不知道来自中国的Lenovo是一家专业的计算机产品生产企业。解决这一问题的目标是要在全球范围内树立Lenovo品牌的知名度和美誉度。很容易被想到的一个方式是投放海量的广告,但全球范围内海量广告的投放对于尚未在海外开展具体业务的联想来说,风险也很大——消费者无法对联想的产品和业务产生直接有效的认知。有没有更好的方式呢?奥运会进入了联想的视野。作为全人类四年一次的体育盛会,奥运会连同它的奥林匹克标志已经成为世界上最有影响力的"品牌",而2008年的奥运会将第一次在中国举行,如果能够成为2008年的奥运TOP,不但有助于树立联想在海外的品牌知名度和美誉度,联想在国内的影响力也将得到有力提升,三星即是先例。

对于传播来讲,联想成为奥运TOP绝对是一个强势的新闻事件,我们丝毫不用担心他的受关注程度。但舆论的方向是否会按照我们期望的方向发展——是否会有很多质疑联想花费不菲而收效可能甚微的声音出现?内容的精心梳理就变得尤其重要。奥运选择联想是对联想实力的认可;联想选择成为TOP是认真分析,理性决策的结果;TOP是国际顶级品牌的俱乐部,TOP合作伙伴长期为奥运发展作贡献成为我们决定向公众传播的三个最重要的核心信息,在实际操作过程中,针对不同层级媒体的保密措施的分别对待,海外媒体的和外地媒体的大规模参会,会后相关采访的安排与重要媒体的一对一的深入沟通等措施的采取确保了良好宣传效果的实现。

3. 收购IBM,国际品牌终成王道

联想为使这一重大新闻能够深入影响最广泛的公众,此次发布会不仅邀请了所有重要的在华境外媒体,同时利用联想遍及全国的18个分区的庞大宣传体系使不能到现场参会的其他地区的媒体也在第一时间获得了本次发布的全部信息。在本次新闻发布会举行后的第二天,几乎所有的媒体都对此事作了及时的深度报道。从中央级的大报到县市一级的地方党报,从千里冰封的北国边陲到万里海疆的南国小城,中国的联想收购了曾经是美国文化象征的IBM电脑的消息令国人振奋。自古好事总多磨,就在联想宣布并购IBM PC业务不久,2005年1月,美国政府以涉嫌国家安全为由,宣传将对此次交易进行审查,消息传来,舆论为之大哗。在此期间,联想采取了有理、有利、有节的积极应对策略并组成了以杨元庆为首的对新闻发言体系,及时向媒体沟通联想对此的态度,并于3月初在众多国内媒体的广告版面刊登了一封由杨元庆和新联想候任总裁沃德亲手签名的致ThinkPad用户的公开信,联想选择这一方式向用户传达他们的承诺和目标,充分表达了对交易能够通过的审查的信心,赢得了舆论的广泛支持,有效配合的"正面战场"的谈判工作。2005年3月9日,联想正式对外宣布,与IBM PC业务的收购交易获得美国政府批准,2005年5月1日,联想又对外宣布,联想顺利完成对IBM PC业务的全部收购交易。至此,历时将近半年的收购宣告结束。

(根据巴黎爱薇网相关内容编写)

案例思考题:

1. 联想品牌更名策略对我国品牌国际化战略的启示有哪些?
2. 赞助奥运对联想品牌国际化形象的塑造的优势体现在哪些方面?
3. 收购IBM PC业务对联想实施国际化战略的优劣势有哪些?

主要参考文献

1. 余明阳. 品牌学. 合肥：安徽人民出版社, 2004.
2. 凯文·莱恩·凯勒著, 李乃和等译. 战略品牌管理. 北京：中国人民大学出版社, 2003.
3. 大卫·艾克著, 沈云冲等译. 创建强势品牌. 呼和浩特：内蒙古人民出版社, 1999.
4. 克里·莱兹伯斯等著, 李家强译. 品牌管理. 北京：机械工业出版社, 2004.
5. 何佳讯主编. 品牌形象策划. 上海：复旦大学出版社, 2000.
6. 刘凤军主编. 品牌运营论. 北京：经济科学出版社, 2000.
7. 黄静主编. 品牌管理. 武汉：武汉大学出版社, 2005.
8. 陈放. 品牌学. 北京：时事出版社, 2002.
9. 苏勇, 陈小平著. 品牌通鉴. 上海：上海人民出版社, 2003.
10. 白光主编. 品牌文化——中外品牌案例. 北京：中国时代经济出版社, 2002.
11. 何建民. 创造名牌产品的理论与方法. 上海：华东理工大学出版社, 2002.
12. 李业主编. 营销管理. 广州：华南理工大学出版社, 2003.
13. 范秀成. 品牌权益及其测评体系分析. 南开管理评论, 2000(1).
14. 卢泰宏. 品牌资产评估的模型与方法. 中山大学学报（社会科学版）, 2002(2).
15. 让-诺尔·卡菲勒著, 王建平等译. 战略性品牌管理. 北京：商务印书馆, 2000.
16. 陈云岗. 品牌管理. 北京：中国人民大学出版社, 2004.
17. 李业. 品牌管理. 广州：广东高等教育出版社, 2004.
18. 周朝琦, 候龙文. 品牌经营. 北京：经济管理出版社, 2002.
19. 乔春洋. 品牌文化. 广州：中山大学出版社, 2005.
20. 朱立. 品牌文化战略. 北京：经济科学出版社, 2006.
21. 余明阳, 杨芳平. 品牌学教程. 上海：复旦大学出版社, 2005.
22. 韩中和. 品牌国际化战略. 上海：复旦大学出版社, 2003.
23. 张冰. 品牌命名攻略. 广州：南方日报出版社, 2004.
24. 叶明海. 品牌创新与品牌营销. 石家庄：河北人民出版社, 2001.
25. 卢冰. 企业品牌危机管理研究. 厦门：厦门大学, 2002.
26. 年小山. 品牌学. 北京：清华大学出版社, 2003.
27. 李苗, 王春泉. 新广告学. 广州：暨南大学出版社, 2002.
28. 冯丽云. 品牌营销. 北京：经济管理出版社, 2006.
29. 里斯, 特劳特. 定位. 北京：中国财政经济出版社, 2002.

30. 贝德伯里,芬尼契尔.品牌新世界.北京:中信出版社,2004.
31. 李光斗.品牌竞争力.北京:中国人民大学出版社,2004.
32. 祝合良.品牌创建与管理.北京:首都经济贸易大学出版社,2007.
33. 张曰瑶,刘华军.品牌经济学原理.北京:经济科学出版社,2007.
34. 秋水.品牌胜典.北京:中央编译出版社,2003.
35. 王新玲.品牌经营策略.北京:经济管理出版社,2002.
36. 科耐普.品牌智慧.北京:企业管理出版社,2004.
37. 希尔,莱德勒.品牌资产.北京:机械工业出版社,2004.
38. 史密斯,惠勒.顾客体验品牌化.北京:机械工业出版社,2004.
39. 曾朝晖.品牌金字塔.广州:广东经济出版社,2004.
40. 艾格.创造强势品牌.北京:中国劳动社会保障出版社,2004.
41. 艾格.品牌组合战略.北京:中国劳动社会保障出版社,2005.
42. 李光斗.升位:中国品牌革命.杭州:浙江人民出版社,2008.
43. 丁桂兰.品牌管理.武汉:华中科技大学出版社,2008.

图书在版编目(CIP)数据

品牌管理/余可发编著. —上海：复旦大学出版社，2016.12(2024.2 重印)
(信毅教材大系)
ISBN 978-7-309-12744-7

Ⅰ. 品… Ⅱ. 余… Ⅲ. 品牌-企业管理-高等学校-教材 Ⅳ. F273.2

中国版本图书馆 CIP 数据核字(2016)第 296421 号

品牌管理
余可发　编著
责任编辑/方毅超

复旦大学出版社有限公司出版发行
上海市国权路 579 号　邮编：200433
网址：fupnet@fudanpress.com　http://www.fudanpress.com
门市零售：86-21-65102580　团体订购：86-21-65104505
出版部电话：86-21-65642845
常熟市华顺印刷有限公司

开本 787 毫米×1092 毫米　1/16　印张 22.25　字数 476 千字
2024 年 2 月第 1 版第 2 次印刷

ISBN 978-7-309-12744-7/F·2333
定价：48.00 元

如有印装质量问题，请向复旦大学出版社有限公司出版部调换。
版权所有　侵权必究